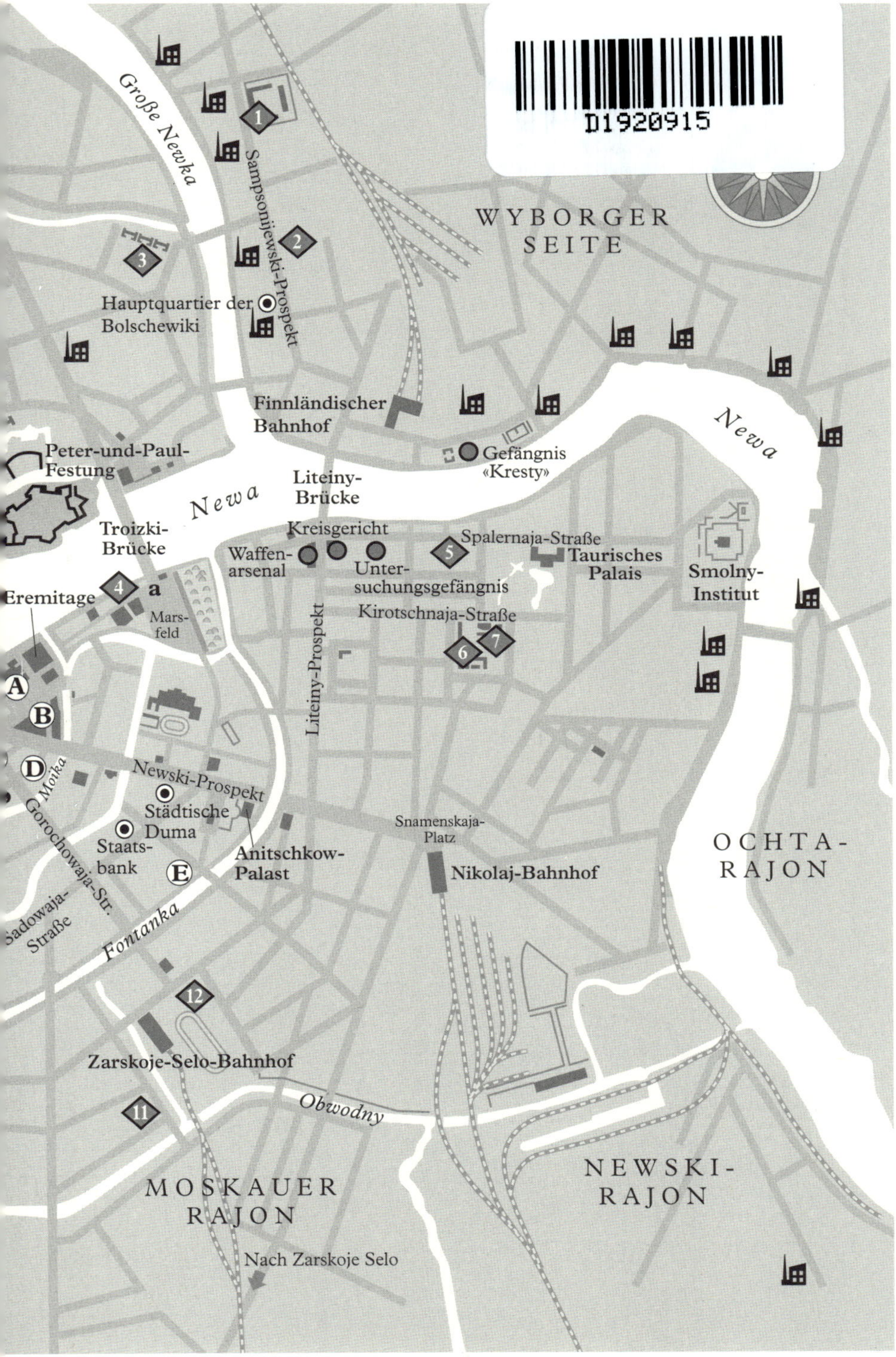
Große Newka
Sampsonijewski-Prospekt
WYBORGER SEITE
Hauptquartier der Bolschewiki
Finnländischer Bahnhof
Newa
Gefängnis «Kresty»
Peter-und-Paul-Festung
Liteiny-Brücke
Newa
Troizki-Brücke
Kreisgericht
Spalernaja-Straße
Waffen-arsenal
Unter-suchungsgefängnis
Taurisches Palais
Smolny-Institut
Eremitage
a
Mars-feld
Kirotschnaja-Straße
Liteiny-Prospekt
A
B
D
Moika
Newski-Prospekt
Städtische Duma
Staats-bank
E
Anitschkow-Palast
Snamenskaja-Platz
Nikolaj-Bahnhof
OCHTA-RAJON
Gorochowaja-Str.
Sadowaja-Straße
Fontanka
Zarskoje-Selo-Bahnhof
Obwodny
MOSKAUER RAJON
NEWSKI-RAJON
Nach Zarskoje Selo
1
2
3
4
5
6
7
11
12

Jörg Baberowski

Die letzte Fahrt des Zaren

Jörg Baberowski

Die letzte Fahrt des Zaren

Als das alte Rußland unterging

C.H.Beck

Mit 37 Abbildungen
und zwei Karten von Peter Palm, Berlin

Wilhelmstraße 9, 80801 München, info@beck.de

www.chbeck.de
Umschlaggestaltung: Rothfos & Gabler, Hamburg
Umschlagabbildung: Die Isaakskathedrale und das bronzene Reiterstandbild
des Zaren Peter des Großen in Sankt Petersburg, ca. 1900,
© akg-images, Berlin
Satz: Janß GmbH, Pfungstadt
Druck und Bindung: Pustet, Regensburg
Printed in Germany
ISBN 978 3 406 83048 8

MIX
Papier | Fördert
gute Waldnutzung
FSC® C014889

verantwortungsbewusst produziert
www.chbeck.de/nachhaltig
produktsicherheit.beck.de

Für Manfred Hildermeier

Inhalt

Das Literatur- und Quellenverzeichnis zu diesem Buch ist auf der Homepage des Verlags abrufbar: https://www.chbeck.de/Letzte-Fahrt-des-Zaren

«Die innere Zersetzung der Staatsmacht macht Revolutionen möglich; sie sind keineswegs eine notwendige, errechenbare Folge. Die Geschichte kennt zahllose Beispiele von völlig ohnmächtigen Staaten, die über lange Zeiträume fortbestehen konnten. Entweder gab es niemanden, der die bestehende Macht auch nur auf die Probe stellte, oder das Regime hatte das Glück, in keinen Krieg verwickelt zu werden und keine Niederlage zu erleiden. Denn Machtzerfall wird häufig nur manifest in direkter Konfrontation; und selbst dann, wenn die Macht schon auf der Straße liegt, bedarf es immer noch einer Gruppe von Menschen, die auf diese Eventualität vorbereitet und daher bereit ist, die Macht zu ergreifen und die Verantwortung zu übernehmen.»

(Hannah Arendt, Macht und Gewalt,
München 2008, 18. Aufl., S. 50.)

«Aber wo war der Zarismus? Es gab ihn nicht mehr. Er zerfiel im Nu. In drei Jahrhunderten wurde er errichtet, in drei Tagen verschwand er.»

(Nikolaj Suchanov,
Zapiski o revoljucii, Bd. 1, Moskva 1991, S. 126.)

Vorwort

Wer glaubt, das menschliche Leben werde vom Verstand gesteuert, sagt Lew Tolstoi, vernichte die Möglichkeit von Leben.[1] Es besteht vielmehr aus einer Reihe von Augenblicken, Momenten, in denen etwas geschieht, was wir nicht in unserer Hand haben. Alle Menschen sind in diesem flackernden Stromkreis des Lebens gefangen. Nur in den Erzählungen, die den historischen Menschen sprechen lassen, kann es gelingen, die Phänomene in ihrem Selbstsein zu zeigen. Dieses Buch ist der bescheidene Versuch, bloß in Geschichten zu fassen, was eigentlich einer theoretischen Erörterung bedürfte.

Ich glaube, daß man bekannten Ereignisfolgen erzählerisch immer noch eine Wendung geben kann, in der sich das Geschehen der Vergangenheit in anderem Licht zeigt. Irgendetwas geschieht, womit man nicht gerechnet hat, was nicht erwartbar war. Nun wird die Gewißheit erschüttert, das Leben sei in scheinbar immerwährendem Recht verankert. Heute halten die Machthaber ihre Untertanen noch in Schach, morgen fürchten sie schon selbst um Leib und Leben. Wir wissen, daß wir sterben werden, aber wir glauben es nicht. Es ist das Unvorhergesehene, das nicht Erwartbare, was allem Leben seine Spannung verleiht. Deshalb muß man dem Wunder und dem Zufall in der Geschichtsschreibung wieder zu ihrem Recht verhelfen. Der Leser mag selbst entscheiden, ob er sich davon berühren läßt. Wenn er sich nicht langweilt, ist eigentlich schon alles erreicht, was ein Autor sich von seinem Buch versprechen darf.

Ohne die Anregungen all der Denker, die in diesem Buch nicht genannt werden, aber stets präsent sind, wäre ich gar nicht erst vorangekommen. Ich habe den gelassenen Skeptikern unter den Philosophen viel zu verdanken. Sie haben mich nicht nur gelehrt, Texte so zu lesen, daß sie ihre eigenen Wahrheiten ausspielen können, sondern mir auch die Augen für die Fragwürdigkeit aller Letztbegründungen geöffnet. Die Geschichtsphilosophen hätten die Welt nur verschieden verändert, schrieb Odo Marquard, es komme jedoch darauf an, sie zu verschonen.[2]

Als ich vor nunmehr vierzig Jahren an der Universität Göttingen damit begann, Geschichte und Philosophie zu studieren, ahnte ich noch nicht, daß es im Betrieb der Wissenschaft nicht um die Wahrheit schlechthin, sondern um Wahrhaftigkeit geht, nicht um die Bestätigung der eigenen Vormeinungen, sondern um das Verstehen fremder Lebensäußerungen, die ein Recht auf Existenz haben. Von Manfred Hildermeier habe ich als Student gelernt, daß man sich nichts vergibt, wenn man versucht, die Welt mit den Augen jener Menschen zu sehen, deren Auffassungen man nicht teilt. Sein Oberseminar war eine Schule gediegener Gelehrsamkeit, eine wöchentliche Übung in gelassener Abwägung und Toleranz. Das ist mir Jahre später erst recht bewußt geworden. Dafür bin ich heute noch dankbar. Ihm, dem Historiker der russischen Revolution, ist dieses Buch gewidmet.

I.

Vor dem Sturm

In den letzten Januartagen des Jahres 1917 reist der junge Sergei Prokofjew, das Wunderkind der russischen Musik, nach Saratow, einer Provinzhauptstadt an der Wolga. Er spielt vor großem Publikum, und, wie stets, berauscht er sich an seinem eigenen Auftritt, den er auch jetzt wieder für unerreicht hält. Überhaupt interessiert sich der exzentrische Komponist nur für die Welt der Musik, das Alltagsgeschehen nimmt er nicht wahr. Was geht ihn die Politik an, die in diesen Tagen so viele Menschen beschäftigt? Warum soll er sich mit Fragen befassen, von denen er nichts versteht, die ihn nichts angehen, die ihn doch nur davon abhalten, seiner Leidenschaft für die Musik freien Lauf zu lassen? Jedes Regime, das ihn in Ruhe lasse, wird er später einmal sagen, sei ihm recht, solange er komponieren könne, was er wolle. Prokofjew ist ein Künstler, der für nichts anderes lebt als für die Musik. Aber er teilt diese Einstellung zum Leben mit Millionen anderer Menschen, die nichts anderes im Sinn haben, als ihr Leben in der Balance zu halten. Sie wissen von den Ereignissen an der Front, von der monströsen Gewalt, die millionenfach erlitten wird, sie spüren, daß sich die Lebensbedingungen verschlechtern und die Stimmung sich verdüstert. Aber sie versuchen, die dunklen Seiten des Lebens zu verdrängen. An eine Revolution denken sie ebenso wenig wie der junge Komponist, der von keinem anderen Gedanken getrieben ist, als so schnell wie möglich nach Moskau und von dort nach Petrograd zu gelangen. Denn sein Publikum wartet auch dort schon auf ihn. Wenn doch nur dieser lästige Schneefall nicht wäre, der nicht aufhören will und der die Schienenwege verstopft, auf denen er durch Rußland reist![1]

Der Schneefall ist nicht die einzige Sorge, die Rußland in Atem hält. Maurice Paléologue, der französische Botschafter, meldet in diesen Tagen nach Paris, daß in Petrograd, der Hauptstadt des Zarenreiches, die vor dem Krieg noch Sankt Petersburg hieß, eine Versorgungskrise ausgebrochen sei, weil die Eisenbahn den Belastungen nicht mehr gewachsen ist, die die Witterung ihr auferlegt. Aus der weit entfernten Ukraine muß das Getreide in den Norden des Landes geschafft werden. Das aber scheint nicht mehr zu gelingen, obgleich die Regierung die Anweisung erteilt hat, Lokomotiven und Waggons zu requirieren. Selbst in den Dörfern lassen sich keine Männer mehr finden, die Schienenwege von den Schneemassen befreien. Das Verkehrsnetz ist überlastet, viele Züge fallen aus oder bleiben liegen. Die Hauptstadt wird schon seit Tagen nicht mehr mit Getreide, Mehl und Fleisch beliefert, in vielen Bäckereien fallen die Öfen aus, weil der Brennstoff zur Neige geht. Der Botschafter wundert sich über die Gleichgültigkeit der herrschenden Eliten. Sehen sie denn nicht, daß sich die Auslagen in den Geschäften leeren, spüren sich nicht, was auf dem Spiel steht? Wie soll man mit solchen Verbündeten einen Krieg gewinnen?[2]

Auf den Straßen der Hauptstadt stehen Frauen in langen Schlangen vor den Bäckereien. Es sind die Armen, die besonders unter der Krise zu leiden haben. Sie können es sich nicht leisten, Dienstboten damit zu beauftragen, für sie einzukaufen, wie es in den wohlhabenden Familien üblich ist. Die Stimmung verdüstert sich, aufgestaute Wut drängt zur Entladung, überall ist diese Atmosphäre nun zu spüren. Alexander Rittich, der Landwirtschaftsminister, steht unter den Abgeordneten des Parlaments im Ruf, ein kluger und umsichtiger Mann zu sein. Er tut, was er kann, aber er trifft auch eine verhängnisvolle Entscheidung. Als er die Depots anweist, den Bäckereien nur eine bestimmte Menge Mehl zuzuteilen, unterläßt er es, diese Anordnung mit der Einführung von Lebensmittelmarken zu verbinden. Und so löst er den Ansturm auf die Läden erst aus, den er eigentlich unterbinden will.[3] Die Geheimpolizei ist über den Unmut, der auf den Straßen herrscht, sehr gut unterrichtet. Gerüchte verbreiten sich in den Schlan-

Schlange vor einer Bäckerei in Petrograd, Februar 1917

gen, die sich vor den Läden gebildet haben. Die einen erwarten eine Revolution, die anderen fürchten, die Regierung könne eine Terrorherrschaft errichten. Konstantin Globatschow, der Leiter der Ochrana in Petrograd, warnt den Innenminister am 26. Januar vor den liberalen Politikern, die sich bereits darauf vorbereiteten, die Ministersessel in Besitz zu nehmen. Im Februar, unmittelbar vor dem Ausbruch der Unruhen, berichten die Agenten der Ochrana auch über die Wut, die sich auf den Straßen entlädt. Ein kleiner Funke werde genügen, teilen die Informanten mit, um alles in Brand zu setzen.[4]

Davon aber will Alexander Protopopow, der Innenminister, ein schlanker Mann mit feinen Gesichtszügen und einem an den Enden gezwirbelten Schnurrbart, nichts hören. Seit September 1916 ist er, ein Abgeordneter, der sich der rechtsliberalen Fraktion der Oktobristen im Parlament verbunden fühlt, im Amt. Die liberalen Abgeordneten verstehen die Ernennung Protopopows, der einmal einer der Ihren war, als Kampfansage des Herrscherhauses. Der Minister gilt ihnen als psychisch instabil und eitel, als einer, der nur auf seinen Ruhm bedacht ist. Mit ihm wollen sie nicht kooperieren.[5] Und bald schon stellt sich heraus, wie recht sie mit ihrer Vermutung haben. Der Minister erscheint in der Uniform eines Gendarmerie-Generals in der Duma, trägt Stiefel mit Sporen und heftet sich ein Komthur-Kreuz an den Kragen. Auch sonst verhält sich Protopopow auffällig, umgibt sich mit Spiritisten und Kartenlesern, die ihm die Zukunft vorhersagen. Manche sagen, er leide an den Spätfolgen einer Syphilis, die er sich vor Jahren zugezogen hat. Eine Witzfigur als Hüter des Gesetzes.[6] Zar Nikolai II. aber hält an seinem Innenminister fest, dessen Höflichkeit und Stilsicherheit auf höfischem Parkett ihm gefällt und weil auch Alexandra, seine Ehefrau, ihm dazu rät. Ihr hat er noch nie widersprochen.

So verhält er sich auch gegenüber den Vorsitzenden des Ministerrates, die zwar nur die Rolle von Conférenciers am Kabinettstisch spielen, aber immerhin die Regierung vertreten und direkten Zugang zum Hof haben. Im Januar beruft der Zar den 67-jährigen Fürsten Nikolai Golizyn auf diesen Posten, einen Mann aus altem Adel, der, wie der Dichter und Chronist der Revolution Alexander Blok süffisant bemerkt, nur davon träumt, sich zu «erholen». Als der Zar ihm eröffnet, daß er ihn zum Regierungschef ernennen wolle, gibt Golizyn zu bedenken, daß er von der Verwaltung der Staatsangelegenheiten nichts verstehe. Aber er wagt es nicht, dem Herrscher zu widersprechen, auch wenn ihm der Gedanke zuwider ist, seine Zeit damit zu verbringen, den «Pöbel» zu regieren, wie er das Volk verächtlich nennt. Nikolai hat für die Besetzung dieses Postens auch den ehemaligen Verkehrsminister Sergei Ruchlow in Erwägung gezogen. Nur spreche der Minister nicht Französisch, wie er zu Golizyn sagt. «Deshalb fiel meine Wahl auf Sie.»[7]

In der Umgebung des Zaren geben Schmeichler und Intriganten den Ton an: der vornehme, exzentrische Minister des Hofes, Graf Woldemar von Fredericks (eigentlich Graf Adolf Andreas Woldemar von Fréedéricksz), ein Aristokrat des 19. Jahrhunderts, der das Parlament für eine geschmacklose Verirrung anmaßender Parvenus hält, der eitle und korrupte Chef der Palastwache, Wladimir Wojejkow, der ein eigenes Mineralwasser vertreibt und sich schamlos bereichert, die

Adjutanten Graf Alexander Grabbe und Konstantin Nilow, ein ehemaliger Admiral, Grobian und Alkoholiker, die den Zaren auf Schritt und Tritt begleiten, ihn von der Außenwelt abschirmen und ihm alle Informationen vorenthalten, die ihn beunruhigen könnten. In den letzten Jahren hat sich der Zar aus der Öffentlichkeit zurückgezogen und im Alexander-Palast von Zarskoje Selo außerhalb Petrograds Zuflucht gesucht, um dort ein abgeschiedenes Privatleben als Familienvater zu führen. Aber die Abschottung erzeugt erst die Intrigen, denen er aus dem Weg gehen will. Denn die Minister sind nur dem Zaren gegenüber verantwortlich. Es gibt weder einen Ministerpräsidenten mit Richtlinienkompetenz noch Kabinettsdisziplin. Jeder verfährt in seinem Ressort, wie es ihm gefällt und kein Reformvorhaben passiert die gesetzgebenden Institutionen ohne die Zustimmung des Herrschers. Wer sein Ohr nicht erreicht, wird es kaum weit bringen.[8]

In den letzten Jahren vor dem Ausbruch des Weltkrieges aber hat sich der Korridor zum Machthaber verengt, kaum noch jemand wird zu ihm vorgelassen. Nur unter diesen Bedingungen konnte es einem Scharlatan wie dem Wunderheiler Grigori Rasputin und all den Schmeichlern und Intriganten überhaupt gelingen, sich am Hof Gehör zu verschaffen und Einfluß auf die Regierungsgeschäfte zu nehmen. Nikolai II. ist willenlos, entscheidungsschwach, stets ordnet er sich seiner Frau und seinen Verwandten unter. Nicht auf Argumente kommt es an, um ihn zu überzeugen, sondern auf den Zeitpunkt, an dem sie vorgetragen werden. Denn immer wieder stimmt der Zar dem zuletzt Gesagten zu. Er glaubt, das Vermächtnis seines resoluten und starken Vaters erfüllen zu müssen, aber für die Rolle des Autokraten ist er nicht gemacht. Und wenn er einmal eine Entscheidung trifft, richtet er Unheil an. Gegen den Rat seiner Minister und seiner Mutter übernimmt er im August 1915 den Oberbefehl über die Streitkräfte, und er schickt den bisherigen Oberkommandierenden, seinen energischen Onkel, Großfürst Nikolai Nikolajewitsch, als Statthalter nach Tiflis. Nun wird er selbst für alle Niederlagen verantwortlich gemacht, die russische Armeen noch erleiden müssen. Auf dem Thron des Selbstherrschers ist der weltabgewandte, höfliche und schüchterne Mann eine Fehlbesetzung.[9]

Seit August 1914 befindet sich das Zarenreich in einem Krieg, auf den es nicht vorbereitet und dem es nicht gewachsen ist. Hunderttausende Soldaten sind in den Schlachten gegen Deutsche, Österreicher und Türken sinnlos geopfert worden, weil die Generäle sich nur auf den Frontalangriff verstehen, ihre Soldaten rücksichtslos in den Tod schicken. Hunderttausende sind in Gefangenschaft geraten. Schon im zweiten Kriegsjahr ist das Offizierskorps nicht mehr wiederzuerkennen. Die adligen Berufssoldaten sind gefallen, ihr Nachwuchs rekrutiert sich aus bäuerlichem Aufsteigermilieu. Es sind die desillusionierten Unteroffiziere und Fähnriche, die der Revolution jenen Rückenwind geben werden, den sie braucht, um sich durchzusetzen. Auch erschüttern Unruhen und Pogrome das Imperium. Denn die Generäle, denen der Zar auch die zivile Befehlsgewalt über alle Territorien westlich des Dnjepr übertragen hat, verwandeln die Frontgebiete in staatenloses Niemandsland, in dem sie nach Belieben schalten und walten. Juden und Deutsche werden aus ihren Dörfern in der Ukraine vertrieben, hunderttausende Bauern fluten mit den geschlagenen Armeen nach Osten. Bevor die Soldaten abziehen, vernichten sie Felder und Dörfer, hinterlassen verbrannte Erde. In den Städten drängen sich Arbeiter und Flüchtlinge, die um Wohnraum und Lebensmittel miteinander konkurrieren, die Inflation verschlingt das Vermögen der Wohlhabenden, die Armen hungern, weil die Versorgung der Armee Vorrang vor den Bedürfnissen der städtischen Bevölkerung hat.[10]

Im Herbst 1915 erteilt Kriegsminister Alexei Poliwanow die verhängnisvolle Anordnung, hunderttausende Reservisten in den Kasernen der großen Städte zu konzentrieren, um sie von dort aus gefechtsbereit an die Front zu schicken. Mehr als 100 000 Soldaten befinden sich im Februar in Petrograd und warten auf ihren Einsatz an der Front.[11] Untätig sitzen die Soldaten auf den Pritschen in ihren Stuben, wo die Offiziere sie dem Trübsinn des Kasernenlebens überlassen. Man weiß nicht, was schlimmer ist: das Leben in der Etappe oder der Kugelhagel, der einen erwartet, wenn man an die Front geschickt wird. Die Reservisten beschäftigt nur ein Gedanke: wie sie es anstellen können, so schnell wie möglich wieder nach Hause geschickt zu werden, und sie werden von Aufrührern, die sich Zugang zu den Soldaten verschaffen, ermuntert, ihren Unmut zum Ausdruck zu bringen.[12] Im Angesicht der kolossalen Verluste, die die russischen Armeen an der Front erleiden, klingt der Patriotismus der Dumapolitiker wie Hohn in den Ohren der Soldaten. Der Stumpfsinn des Kasernenlebens und die Furcht vor dem sinnlosen Tod in den Schützengräben nimmt die Soldaten mehr für die Revolte ein als das Gerede über verlorene Schlachten und den angeblichen Verrat der Minister an der Heimat, über den im Parlament unentwegt gesprochen wird. Denn es ist nicht ihr Krieg, der auf den Schlachtfeldern Galiziens und Weißrußlands ausgefochten wird. Sie haben ihn nicht gewollt. Sollen die Offiziere doch selbst erleiden, was sie ihren Soldaten abverlangen![13]

Am 3. Februar 1917, drei Wochen vor dem Ausbruch der Unruhen, die der Revolution die Tür öffnen, entzieht Protopopow dem Oberbefehlshaber der Nordfront, General Nikolai Russki, das Kommando über die Hauptstadt und legt es in die Hände Sergei Chabalows, eines Schreibtischoffiziers aus Ossetien, der an der Akademie des Generalstabs lehrt. Protopopow ist eifersüchtig, er gönnt den Frontgenerälen keinen Triumph, schon gar nicht in der Hauptstadt, die er unter seiner Kontrolle behalten will. Dafür ist ihm jedes Mittel recht.[14] Chabalow ist zwar ein gehorsamer Stadtkommandant, aber im Gegensatz zu Russki, der im Fronteinsatz ist, weiß er nicht, was er mit der ihm übertragenen Macht anfangen soll. Er teilt die Hauptstadt in Distrikte ein und überträgt das Kommando über die innere Sicherheit Armeeoffizieren, die sich auf die Bekämpfung von Unruhen überhaupt nicht verstehen. Auf den Einsatz von Schußwaffen sollen Polizisten und Soldaten verzichten, ordnet Chabalow an. Denn sobald die Brücken blockiert seien, die die Innenstadt mit den Außenbezirken verbinden, werde sich die Menge wieder zerstreuen. Es ist alles ganz einfach, denkt er. Man sperrt die Arbeiter aus und sorgt dafür, daß sie die Bürger im Zentrum der Stadt nicht länger belästigen. Aber er verschwendet keinen Gedanken auf die Frage, wie ausgerechnet Reservisten, die noch niemals im Einsatz gewesen sind, die Ordnung in der Hauptstadt aufrechterhalten sollen.[15]

Am 18. Februar legen zehntausende Beschäftigte der Putilow-Werke die Arbeit nieder, verlangen die Auszahlung höherer Löhne. Die Direktion aber läßt sich nicht erpressen und sperrt die streikenden Arbeiter aus. Und so wächst das Heer der Unzufriedenen, die mit sich selbst nichts anzufangen wissen. Niemand erkennt die Gefahr, die sich aus der Massierung rebellischer Arbeiter in der Hauptstadt ergibt. Der Innenminister und sein General stellen sich selbst alle Fallen, in die sie wenig später hineinlaufen werden.[16] In der gleichen Woche, am 14. Februar nimmt die Duma, das Parlament, ihre Sitzungen wieder auf, aus allen Regionen des Zarenreiches treffen die Abgeordneten in Petrograd ein, und Protopopow fürchtet schon, die Parlamentarier könnten in Versuchung geraten, sich mit dem Protest von Revolutionären und streikenden Arbeitern zu verbinden. In den Kasernen werden Patronen an die Soldaten ausgegeben, der Ernstfall beschworen, obwohl die Offiziere im Zweifel sind, ob sie den Reservisten trauen können, die, wenn sie die Wahl hätten, lieber auf Polizisten als auf Arbeiter schössen.[17] Protopopow aber versichert dem Zaren, daß kein Grund zur Besorgnis bestehe.

Nikolai II., der seinem Innenminister aufs Wort glaubt, sagt in diesen Tagen zu Michail Rodsjanko, dem gutmütigen, schwergewichtigen Parlamentspräsidenten, daß er die Duma auflösen werde, sollte sie sich mit revolutionärem Aufruhr einlassen.[18] Er hält es offenbar für undenkbar, daß sich das Parlament seinen Entscheidungen widersetzen könne. Rodsjanko, der am 10. Februar zum Rapport in Zarskoje Selo erscheint, beschwört den Zaren, sich von seinem Innenminister zu trennen. Es entfaltet sich ein Gespräch, in dessen Verlauf der Parlamentspräsident sehr deutlich wird. «Sie fordern die Entfernung Protopopows», fragt der Zar erstaunt, und Rodsjanko antwortet ihm: «Ich fordere, Eure Majestät, früher habe ich gebeten, jetzt fordere ich.» Nikolai ist irritiert, aber Rodsjanko läßt sich nicht aufhalten. «Eure Majestät, retten Sie sich. Wir stehen vor großen Ereignissen, deren Ausgang wir nicht vorhersehen können. Das, was Ihre Regierung und Sie selbst tun, verärgert die Bevölkerung in einem solchen Maße, daß alles möglich ist.» Er habe die Regierung einem Hochstapler anvertraut. Er müsse handeln, denn Rußland stehe am Abgrund, und wenn er das Parlament auflöse, werde es zu einer Katastrophe kommen.[19]

Am nächsten Tag schon macht Nikolai Maklakow, der ehemalige ultrakonservative Innenminister, von dem sich der Zar im Sommer

Fürst Nikolai Golizyn (1850–1925), letzter Premierminister des Zarenreiches

1915 auf Anraten des Parlaments getrennt hat, seine Aufwartung im Palast. Immer noch übt Maklakow, Anführer der Reaktionäre im Staatsrat, der zweiten Kammer, einen unheilvollen Einfluß aus und versucht, den Zaren davon zu überzeugen, daß es besser sei, Rußland ohne Parlament zu regieren. Es komme darauf an, sagt er, die Macht in einer Hand zu konzentrieren und den inneren Feind zu beseitigen, damit der äußere besiegt werden könne. Er gibt ihm den Rat, die Duma aufzulösen und die Bürger erst im November 1917 wieder an die Urnen zu rufen. Der Zar schwankt, am Ende aber kann er sich zu einer solchen Entscheidung doch nicht durchringen. Vor Monaten schon hat er dem Vorsitzenden des Ministerrates eine von ihm unterschriebene Blankovollmacht überlassen, die es der Regierung jederzeit erlaubt, die Sitzungen der Duma zu unterbrechen oder das Parlament aufzulösen. Nun erinnert er Golizyn daran, daß er von dieser Vollmacht jederzeit Gebrauch machen könne. «Behalten Sie sie bei sich, und wenn es nötig ist, verwenden Sie sie.»[20]

Allem Verdruß zum Trotz will es die Opposition Ihrer Majestät, wie die Liberalen von den Radikalen verächtlich genannt werden, auf eine Konfrontation mit der Regierung gar nicht ankommen lassen. Sie wäre gern an der Macht beteiligt, weil sie glaubt, besser zu wissen, wie Rußland regiert werden solle, aber von einer Revolution träumen ihre Repräsentanten, die sich im August 1915 in der Duma zu einem «Progressiven Block» zusammengeschlossen haben, nicht. Am Ende säßen sie im Gefängnis, und davon hätte doch wirklich niemand einen Gewinn. Und so verbreiten Alexander Gutschkow, der im Kriegs-Industriekomitee und im Städtebund die Versorgung der Streitkräfte mit Munition und Verpflegung organisiert, und Pawel Miljukow, der wortgewandte Historiker und unbestrittene Führer der Liberalen im Parlament, die Nachricht, daß Protopopow eine Revolution «künstlich» herbeiführen wolle, um sie dann, wie im Herbst 1905, mit Gewalt niederschlagen zu können. In diese Falle, schreibt Miljukow in der Zeitung «Retsch» (Die Rede) dürfe die Opposition nicht hineinlaufen. Unter gar keinen Umständen, rät er auch den Arbeitern, solle man den Aufrufen der Revolutionäre folgen und stattdessen zu Hause bleiben.[21]

Als die Abgeordneten der Duma am 14. Februar zu ihrer ersten Sitzung zusammenkommen, sind überall streikende Arbeiter, fast 90 000, auf den Straßen zu sehen, tausende drängen sich auf der Peterhof-Chaussee im Süden der Stadt, gelangen aber nicht ins Zentrum. Vor dem Parlament haben sich nur einige hundert Demonstranten versammelt. Zwar wird das Gerücht gestreut, der Sozialrevolutionär Alexander Kerenski habe im Parlament über die physische Beseitigung all jener gesprochen, die die Verantwortung für die Krise trügen. Golizyn verlangt von Rodsjanko, er möge ihm das Stenogramm der Sitzung schicken. Sonst aber geschieht nichts.[22] Miljukow aber ist erleichtert, daß niemand zum Sturz der Regierung aufruft, Gewaltexzesse ausbleiben und der Innenminister keine Gelegenheit erhält, der Opposition den Fehdehandschuh hinzuwerfen. Selbst die Revolutionäre wissen um das Risiko, das sie eingehen würden, wenn sie alles auf eine Karte setzten. Seit der Zar der Opposition vor nunmehr zehn Jahren ein Parlament und eine Verfassung geschenkt hat, interessieren sich die Granden und Meisterdenker der Konstitutionellen Demokraten, Pawel Miljukow, Wladimir Nabokow, Pjotr Struwe und all die anderen Liberalen nicht mehr für den Protest der Arbeiter und ihrer Repräsentanten. Und was können die Sozialisten ohne die Unterstützung der liberalen Honoratioren schon tun? Wer kennt Alexander Schljapnikow, Wjatscheslaw Molotow oder Kusma Gwosdjow, die Mitglieder der lokalen Parteikomitees? Viele haben von ihnen noch nie gehört. Lenin, das «Artilleriegeschütz» der Revolution, wie Schljapnikow ihn nennt, lebt im fernen Zürich. «Wir, die Alten, werden die Revolution nicht mehr erleben», sagt er zu Nadjeschda, seiner Frau. Ohne ihn aber wollen seine Anhänger, die in den Komitees das Alltagsgeschäft der Agitation verrichten, den alles entscheidenden Schritt nicht wagen.[23]

Im Ausland streiten Viktor Tschernow und Nikolai Awksentjew, die Anführer der Sozialrevolutionäre, über die Frage, ob die Beteiligung Rußlands am Weltkrieg zu begrüßen sei oder abgelehnt werden müsse. Aber in der Heimat interessiert sich kaum jemand für die Debatten weltfremder Intellektueller, die gar nicht wissen, wonach Arbeitern und Soldaten der Sinn steht. Niemand glaubt, daß der Protest, der sich auf den Straßen zeigt, die alte Ordnung zum Einsturz bringen werde. Sergei Maslowski, ein Offizier und literarisch gebildeter Essayist aus den Reihen der Sozialrevolutionäre, der sich Mstislawski nennt und in der Garnison von Petrograd seinen Dienst verrichtet, hält es für vollkommen ausgeschlossen, daß sich die Staatsgewalt aus der Balance bringen lasse. Wie auch seine Parteifreunde richtet er sich auf weitere Jahre im Untergrund ein. Wohin könnte man sonst schon gehen? Die Reservisten, die in den Kasernen Trübsal blasen, sind unzufrieden mit ihrem Leben, sie hassen die Polizisten, die sich dem Wehrdienst entziehen, ihnen, den Soldaten, aber das Leben verderben. Eigentlich wollen sie nur ein wenig Krawall, auf sich aufmerksam machen. Für die Debatten in der Duma und die revolutionären Ansprachen der Sozialisten interessieren sie sich nicht. Nichts weist auf eine Revolution hin. Die Opposition ist an nichts anderem interessiert, als die Effizienz der Exekutive zu verbessern, nicht aber daran, einen Aufstand auszulösen. «Kein einziger verantwortlicher Politiker», schreibt Alexander Bublikow, ein liberaler Abgeordneter, in seinen Erinnerungen, habe eine Revolution für möglich gehalten.[24] Vor Liberalen und Revolutionären, die zwar unentwegt reden, deren Worten aber keine Taten folgen, fürchtet sich kein Innenminister. An die Schalthebel der Macht werden diese Schwätzer, wie nicht nur Protopopow glaubt, niemals gelangen. Vom Sterben an den Fronten ist in der Hauptstadt ohnehin nichts zu spüren. Die Beamten gehen weiterhin jeden Morgen zum Dienst in ihre Behörden, versorgen sich mit dem neuesten Klatsch des Tages, Polizisten laufen Streife, Minister unterschreiben Dekrete, und die Abgeordneten kritisieren sie. In den Schulen erteilen Lehrer ihren Schülern Lektionen, so wie sie es Tag für Tag tun, in den Bäckereien werden Brote gebacken, vor Gericht wird Recht gesprochen. Am Abend füllen sich die Theater und Konzerthäuser, in den Wohnungen wird das Licht gelöscht. Man geht zu Bett in der Erwartung, daß auch morgen alles wie heute sein wird.

Auch im Palast von Zarskoje Selo, der sich in einer großen Parkanlage, 25 Kilometer südlich von der Hauptstadt, befindet, verläuft das Leben in den gewohnten Bahnen. Von den Abgeordneten der Duma, die sich zu ihrer konstituierenden Sitzung versammeln, nimmt der Zar keine Notiz. Die Brotproteste scheinen ihn überhaupt nicht zu berühren. Vor einigen Tagen hat sich Alexei, der zwölfjährige Thronfolger, beim Spiel mit anderen Kindern angesteckt und ist an einem grippalen Infekt erkrankt. Auch seine Schwestern Tatjana und Olga müssen das Bett hüten. Der Zar selbst hat sich in den letzten Tagen einen Schnupfen zugezogen. Es ist nicht zu übersehen, wie sehr ihm das Wohl seiner Töchter und seines Sohnes am Herzen liegt und wie wenig ihn die politischen Fragen beschäftigen, die das gebildete Publikum in der Hauptstadt aufwühlen. Was geht ihn die Empörung irgendwelcher Politiker an, denkt er, die er gar nicht kennt und die ihn nicht einmal interessieren? In seinem Tagebuch vermerkt er das übliche Einerlei: ein Gebet, ein Besuch im Kinderzimmer, ein langer Spaziergang, Mitteilungen über das Wetter. Vom Parlament ist nicht die Rede.[25]

Am 22. Februar ist Alexander Spiridowitsch, der Stadthauptmann von Jalta und ehemalige Kommandant der kaiserlichen Palastwache, zu Gast im Haus Pjotr Sekretows, eines Generals, der den Fuhrpark und die Automobilschule des russischen Heeres kommandiert. Zur Abendgesellschaft gehören auch Sergei Fjodorow, der Leibarzt des Zaren, der ehemalige Direktor des Polizeidepartements Stepan Belezki und Senator Sergei Tregubow. Die Herren trinken Wein, rauchen Zigarren, amüsieren sich über Abgeordnete der Duma, die angeblich Listen führen, auf denen alle Personen verzeichnet sind, die nach der Revolution verhaftet werden sollen. Sekretow verachtet die Dilettanten, die im Parlament das große Wort führen. Auch Ihre Namen, sagt er zu seinen Gästen, stehen auf den Listen, das wisse er aus sicherer Quelle. Aber wer fürchte sich schon vor Leuten wie Nikolai Nekrassow, der, wie alle anderen Liberalen auch, ein Hasenfuß sei. Er, Sekretow, werde, wenn es zum Äußersten kommen solle, seine Lastwagen mit Maschinengewehren ausstatten und auf die Straße hinausschicken. Dann lacht der General, füllt die Gläser seiner Gäste. Fjodorow pafft grinsend eine Zigarre und auch Belezki ist gut aufgelegt. Männer von begrenztem Verstand, die sich entspannt in ihre Sessel zurücklehnen, weil sie glauben, sich und ihre Umgebung unter Kontrolle zu haben.[26] Wenige Tage später werden sie vom Leben widerlegt.

II.

Der Zar fährt ins Hauptquartier

Mittwoch, 22. Februar 1917

Im Alexander-Palast von Zarskoje Selo herrscht Aufbruchstimmung. Diener laufen durch die Korridore und tragen Koffer hinaus, wo sie in Kutschen verstaut werden, die vor der Auffahrt warten. Der Zar bereitet sich auf seine Abreise nach Mogiljow vor, wo sich das Hauptquartier der russischen Streitkräfte befindet, zu dessen Oberbefehlshaber er sich im August 1915 selbst ernannt hat. Nikolai glaubt, daß der Chef des Generalstabs, Michail Alexejew, ein Mann, der aus bescheidenen Verhältnissen stammt und sich durch außergewöhnliche Leistungen an die Spitze der militärischen Hierarchie emporgearbeitet hat, ihn dort erwartet. In Wahrheit aber ist der Zar eine Belastung für die Generalstabsoffiziere, weil er von der Strategie des Krieges nichts versteht und die Generäle, die mit ihm die Mahlzeiten einnehmen und das Hofleben teilen müssen, von ihrer Arbeit abhält.[1] Nicht nur die Höflinge fragen sich, warum der Zar ausgerechnet jetzt nach Mogiljow fahren will und ob er gut beraten ist, im Angesicht der angespannten Situation die Hauptstadt zu verlassen. Gerüchte verbreiten sich, daß Verschwörer die Zarin töten wollen. Alexander Spiridowitsch, ein einflußreicher Mann mit guten Verbindungen zur Geheimpolizei, unterhält sich in diesen Tagen mit Höflingen, mit denen er bekannt ist und fragt sie, warum der Zar unbedingt ins Hauptquartier fahren wolle, wenn er sich doch auch in der Hauptstadt nützlich machen könne. Aber Nikolai zieht es vor, dorthin zu fahren, wo ihn niemand braucht.[2]

In der unmittelbaren Umgebung des Zaren herrscht dennoch eine ausgelassene Stimmung, weil sich die Höflinge über die Abwechslung freuen, die mit der Reise verbunden ist und sie von der Langeweile des Palastalltags befreit. Wojejkow, der lieber unterwegs ist, als seine Tage in Zarskoje Selo zu verbringen, bestärkt den Zaren deshalb in seinem Vorhaben. Der Innenminister habe ihm versichert, sagt er, daß keinerlei Unruhen zu befürchten seien, er sich also getrost ins Hauptquartier begeben könne. Am 21. Februar erscheint Protopopow selbst im Palast, um dem Zaren die beruhigende Nachricht zu überbringen, daß die Ordnung in seinen Händen gut aufgehoben sei.[3] Auch im Gefolge hält es niemand für möglich, daß die Herrschaft auf dem Spiel stehen könnte. Dmitri Dubenski, Chronist und Hofhistoriker, der den Zaren seit 1914 auf all seinen Reisen begleitet, ist vollkommen arglos, als er den Zug nach Mogiljow besteigt. Zu seiner Frau und seinen Kindern sagt er vor der Abreise, daß es keinen Grund zur Beunruhigung gebe. Schon bald werde er wohlbehalten wieder zu Hause sein.[4]

Am Nachmittag des 22. Februar verlassen zwei identisch aussehende Züge, die sich aus je sechs blau lackierten Waggons zusammensetzen und das Wappen des Herrscherhauses tragen, den Bahnhof von Zarskoje Selo. Aus Furcht vor Anschlägen wird nicht mitgeteilt, welcher Zug vorausfährt. Heute ist es der kaiserliche Zug, der dem Gefolge hinterherrollt. Um 15 Uhr setzt sich die Entourage in Bewegung. Zu ihr gehören der Kommandeur des kaiserlichen Eisenbahnregiments, Sergei Zabel, der Zeremonienmeister Baron Rudolf von Stackelberg, der Hofhistoriker Dubenski, Beamte des Hofministeriums und Ingenieure der Eisenbahn. Eine Stunde später besteigt der Zar seinen eigenen Zug, der mit einem geräumigen Schlafzimmer und einem Büro ausgestattet ist, in dem ein Schreibtisch und bequeme Sessel stehen. In unmittelbarer Nachbarschaft befinden sich die Abteile von Fredericks und Wojejkow, des Chefs der Hofkanzlei, Kirill Naryschkin, des Leibarztes Sergei Fjodorow und der Flügeladjutanten Graf Alexander Grabbe, Nikolai Leichtenbergski (eigentlich: Herzog Nikolaus von Leuchtenberg), Anatoli Mordwinow und Konstantin Nilow. Der mit grünen Seidentapeten ausgeschlagene Salonwagen dient dem Zaren während seiner Reise als Besprechungsraum. Tagsüber stehen vor dem Eingang zum Speisewagen zwei hochgewachsene, auffallend schöne Kosaken, die den Herrscher auch sonst überallhin begleiten.[5]

Niemals weicht der Zar von der täglichen Routine des Hofes ab, auch nicht auf Reisen: Frühstück, Mittagessen und Abendessen in immer gleicher Gesellschaft, die Lektüre von Depeschen und Telegrammen. Am Abend spielt er im Salonwagen Domino mit Nilow, Grabbe und Mordwinow. Nikolai II. schätzt es nicht, wenn in seiner Gegenwart über politische Fragen gesprochen wird. Niemand soll erfahren, was er selbst für bedenkenswert hält, denn nur so gelingt es, glaubt er, all die Intriganten gegeneinander auszuspielen, die auf ihn einreden, und sie im Ungewissen darüber zu lassen, welche Entscheidung er treffen könnte. Der Zar ist ein unpolitischer Herrscher. Für strategische Fragen interessiert er sich nicht, er stellt sich die Politik als Verlängerung seines privaten Haushaltes vor. Alle Höflinge und Minister wissen, daß sie an der kaiserlichen Tafel das Wort nur ergreifen dürfen, wenn der Herrscher es ihnen erteilt. Niemals spricht Nikolai über den politischen Alltag, unangenehme Nachrichten will er nicht hören. Allen Konflikten geht er stets aus dem Weg, weil er ihnen ohnehin nicht gewachsen wäre, wie er selbst weiß. Und so ziehen es auch die Gefolgsleute vor, zu schweigen.[6]

Es ist noch hell, als der Zug des Zaren von Zarskoje Selo langsam nach Süden fährt. Rußland zeigt sich jenseits der Metropole von seiner stillen Seite. Wiesen und Wälder liegen im Nebel, und langsam gleitet der kaiserliche Zug durch die schneebedeckte Landschaft. Vom Krieg und seinen Folgen ist nichts zu sehen und zu spüren. In Rschew, Wjasma und Smolensk stehen Menschen auf dem Bahnsteig, sie lüften ihre Hüte, winken und rufen dem Zaren ein donnerndes Hurra entgegen. Gewöhnlich hält der Zug an den wichtigsten Stationen, und der Zar geht auf den Bahnsteig hinaus, um die zu seinen Ehren versammelten Honoratioren zu begrüßen. Nun aber zieht er es vor, im Waggon zu bleiben, weil ihm die Erkältung zusetzt, die er sich vor Tagen zugezogen hat. Bevor er sich am Abend des 22. Februar früher als sonst zu Bett legt, vertraut er seinem Tagebuch an, was er offenbar für bemerkenswert hält und deshalb in Erinnerung behalten möchte. «Der Tag war sonnig, frostig. Ich las, ich langweilte mich und ruhte mich aus.

Nikolai II. mit Sohn und Töchtern vor dem kaiserlichen Zug, März 1914

Wegen des Hustens ging ich nicht nach draußen.»[7] Am nächsten Morgen um 9 Uhr, der Zug passiert gerade den Bahnhof von Smolensk, wacht Nikolai auf. Er vertreibt sich die verbleibende Zeit damit, das Buch eines französischen Autors über die Eroberung Galliens durch Julius Cäsar zu lesen. Wenige Stunden später trifft er in Mogiljow ein.[8]

III.

Der Protest beginnt

Donnerstag, 23. Februar 1917

Am frühen Morgen des 23. Februar entlädt sich der aufgestaute Zorn in lautem Protest. Im Wyborger Stadtbezirk versammeln sich junge Männer und Frauen auf den Straßen und schreien ihre Wut heraus, ihnen schließen sich nach und nach Arbeiter an, die ihre Werkbänke verlassen und zu den Fabriken ziehen, in denen die Maschinen ihren Betrieb noch nicht eingestellt haben. Nicht alle tun es freiwillig. Demonstranten werfen mit Steinen auf Fabriktore, riegeln die Werkstätten ab, drohen Streikbrechern Gewalt an. Stunde um Stunde wächst die Zahl der Frauen und Männer, die sich in den Protestzug einreihen, der sich über die großen Straßen ergießt, bald sind es mehr als 70 000. Zur Mittagszeit spricht sich auch in den benachbarten Bezirken herum, was sich auf der Wyborger Seite zuträgt.[1] Und nun strömt die Masse auf die Liteiny-Brücke zu, die über die Newa in die Innenstadt führt. In den Industrievierteln bleiben Arbeiter mit ihrer Wut unter sich. Deshalb wollen sie sich jetzt im Zentrum hörbar und sichtbar machen, am feinen Newski-Prospekt und in seinen Nebenstraßen, wo die wohlhabenden Bürger und die Beamten des Staates wohnen. Die Gesellschaft von Besitz und Bildung soll die Wut der Arbeiter zu spüren bekommen. Darauf aber ist die Polizei vorbereitet. Sie holt Männer aus den Straßenbahnen, die durch schmutzige und schwielige Hände auffallen und nachlässig gekleidet sind und schickt sie zurück auf die andere Seite der Newa. Schon am Vormittag riegeln Polizisten die

Liteiny-Brücke ab und drängen die Demonstranten zurück, einigen gelingt es jedoch, sich über die Troitzki-Brücke und über die zugefrorene Newa bis zum Snamenskaja-Platz am oberen Newski-Prospekt durchzuschlagen.[2] Auf dem Liteiny- und dem Suworow-Prospekt blockieren Demonstranten die Schienenwege und zwingen Straßenbahnfahrer, ihnen die Zündschlüssel auszuhändigen. Sie werfen sie in den Fluss. Die Menge schleudert Steine auf Polizisten, eine Straßenbahn wird in Brand gesetzt, eine Bank überfallen. Auf dem Bolschoi-Prospekt plündert die Menge eine Bäckerei.[3] Am Nachmittag begibt sich Louis de Robien, ein Mitarbeiter der französischen Botschaft, zu einem Spaziergang auf den Newski-Prospekt. Beunruhigt ist er nicht. Er trifft auf eine kleine Gruppe von Demonstranten, die von Polizisten eingekreist werden. «Alles ist vollkommen ruhig und die Passanten schauen sie amüsiert an.»[4]

Nicht überall geht es so friedlich zu. An der Kasaner Kathedrale treffen Demonstranten und eine Kosakeneinheit aufeinander, und für einen Augenblick sieht es so aus, als sei das Ende der Proteste nur eine Frage der Zeit. Denn gegen die Kosaken wird sich die unbewaffnete und unorganisierte Menge nicht behaupten können, wie jeder weiß. Zufällig fährt Alexander Balk, der Stadthauptmann von Petrograd, mit seinem Auto an der Kathedrale vorbei, er steigt aus und fordert den Kommandeur einer Kosakenschwadron auf, die Menge sofort auseinanderzutreiben. Die Kosaken setzen sich in Bewegung, in fliehendem Galopp reiten sie die Straße hinab, aber sie drosseln plötzlich das Tempo und drehen ab, noch bevor sie die Menge erreichen. Balk kann nicht glauben, was er sieht. Er erinnert sich noch an das Jahr 1905, als die Peitschen der Prätorianergarde das Regime vor dem Untergang bewahrten. Und nun verweigern die Kosaken zum ersten Mal einen Befehl.[5] In der Nähe des Anitschkow-Palastes an der Fontanka schreit ein Offizier Befehle heraus, aber er wird von der Menge einfach ausgelacht, die spürt, daß sie sich vor Männern wie ihm nicht länger fürchten muß. Auf den Straßen herrscht eine ausgelassene, geradezu fröhliche Stimmung. An manchen Kreuzungen mischen sich Kosaken unter die Passanten, die das Geschehen beobachten, und unterhalten sich mit ihnen. Ein Abgeordneter der Konstitutionellen Demokraten, der zufällig Zeuge dieser Szene wird, erfaßt sofort, daß hier etwas geschieht, was sich in die gewohnten Kategorien nicht einfügen läßt. All das, schreibt er später, wäre zuvor undenkbar gewesen. Am Abend des 23. Februar findet er dafür noch keine Erklärung. Vielleicht ist es Zufall, daß die Kosaken den Gehorsam verweigern. Was immer es auch gewesen sein mag: Die Unentschlossenheit der Staatsgewalt spricht sich herum, sie nimmt den Unzufriedenen die Furcht und läßt sie die Straße als einen Ort sehen, der ihnen gehört.[6]

Die Abgeordneten in der Duma sind von den Unruhen ebenso überrascht worden wie die Regierung. Aber sie können sich über den Unmut nicht einfach hinwegsetzen, auch wenn sie selbst nicht wissen, wie die Versorgungskrise zu bewältigen ist. Im Plenum des Parlaments entbrennt am Nachmittag eine leidenschaftliche Debatte über die Versäumnisse der Regierung. Rittich, der Landwirtschaftsminister, versucht, sich Gehör zu verschaffen, bricht seine Rede aber ab, weil ihn die Abgeordneten durch laute Zurufe zum Schweigen bringen und mit Vorwürfen überhäufen. Wieder einmal glaubt die Opposition, daß ihre Stunde gekommen ist. Die Versorgungskrise, ruft der liberale Abgeordnete Andrei Schingarjow, sei überhaupt erst durch die Inkompetenz der Regierung verursacht worden, von einer «Diktatur der Dummheit, einer Dummheit, die den Staat in der Stunde der größten Gefahr ruiniert», wie er hinzufügt, obwohl doch jedermann weiß, daß der Landwirtschaftsminister für den Brotmangel nicht verantwortlich gemacht werden kann.[7]

Matwei Skobelew, der zur Fraktion der Menschewiki gehört, jener sozialdemokratischen Gruppierung, die sich vor nunmehr fünfzehn Jahren im Streit von Lenin und seinen radikalen Bolschewiki getrennt hat, spricht von «unglücklichen, halbverhungerten Kindern und ihren Müttern», die in langen Schlangen vor den Brotläden stünden, nur um dort zu erfahren, daß die Vorräte aufgebraucht seien. In manchen Gouvernements seien schon Fälle von Skorbut registriert worden. Wie alle Sozialisten denkt auch Skobelew in historischen Analogien. Was er auf den Straßen sieht, erinnert ihn an die Anfänge der Französischen Revolution. Wer wisse denn nicht, ruft er, daß der französische König einst von der herrschenden Klasse beseitigt worden sei, die den Dilettantismus und die Unfähigkeit der Regierung nicht mehr habe ertragen können. Für den Hungertod Tausender sei die Regierung am Ende «grausam bestraft» worden. Skobelew ist klug genug, die Grenze nicht zu überschreiten, die Kritik vom Aufruhr trennt. Er spricht über Ludwig XVI., nicht über Nikolai II. Und auch der Sozialrevolutionär Alexander Kerenski, das rhetorische Sturmgeschütz des Parlaments, dessen theatralische Posen und hysterische Reden ihm landesweit Popularität verschafft haben, will es nicht zum Äußersten kommen lassen. «Wir verlangen», ruft der kleine, drahtige Advokat mit dem Bürstenhaarschnitt und den verkniffenen Augen den Ministern zu, die auf der Regierungsbank sitzen, «daß Sie sich unverzüglich von Ihren Plätzen entfernen.» Aber Kerenski, der sonst seiner Leidenschaft freien Lauf läßt, spürt in diesem Moment, daß er nicht wüßte, was er tun solle, würde man ihm jetzt die Macht übertragen. Wie stets gefallen sich die Abgeordneten darin, feurige Reden zu halten und Forderungen zu stellen, aber eigentlich haben sie keine Vorstellung davon, wie die Krise bewältigt werden soll, die Rußland aus dem Gleis geworfen hat.[8]

Nicht nur die liberalen Abgeordneten sind von den Unruhen überrascht. Auch die Revolutionäre begreifen nicht, was in den Industrierevieren geschieht. Jahrelang haben sie den Aufstand herbeigeredet, und nun sind sie ratlos, weil Arbeiter sich ohne ihre Aufforderung auf die Straße begeben. In ihrer Vorstellung soll das Proletariat, der Messias der Geschichte, die Bühne erst betreten, wenn es dazu aufgerufen wird. Später wird sich der Sozialdemokrat Iwan Tschugurin an die erstaunten Mienen erinnern, die auf den Gesichtern der Revolutionäre zu sehen waren. «Der Februarstreik», wird er schreiben, «brach gegen unseren Wunsch aus.»[9] Ratlosigkeit überall. Die Bolschewiki können der unangemeldeten Demonstration ohnehin nichts abgewinnen. Schljapnikow, der das Parteikomitee in der Hauptstadt führt, hält spontanen Aufruhr für sinnlos. Er folgt Lenins Devise, daß die Revolutionäre besser wissen, was Arbeiter wollen und man diesen deshalb nicht das letzte Wort überlassen dürfe. Aber was kann er schon tun? Die revolutionären Parteien sind schwach, sie haben nicht die Kraft und die organisatorischen Fähigkeiten, um einen Generalstreik auszurufen und zum Erfolg zu führen. Ihre Anführer und Vordenker sind im Exil, und nun ist guter Rat teuer. Was immer sie auch später über die Revolution sagen werden – am 23. Februar überwiegt noch die Angst vor den Konsequenzen, die sie zu tragen hätten, wenn sie alles auf eine Karte setzten. Nicht aus Machtwillen, sondern aus Verlegenheit stürzen sie sich in das Geschehen. Wassili Schulgin, der zynische und unerschrockene Anführer der Monarchisten in der Duma, hat die großspurigen Reden der Sozialisten noch nie ernst genommen. Er hält sie für Papiertiger, die sich vor dem Volk ebenso fürchten wie die liberalen Herren, die im Parlament gelehrte Reden halten. Er findet dafür eine passende Formulierung: «Sie, die Revolutionäre, waren nicht bereit, aber sie, die Revolution, war bereit.»[10]

Am Nachmittag berät sich Protopopow mit Chabalow und erteilt ihm den Auftrag, die Bevölkerung zu beruhigen. Der General erfährt, daß die Speicher in der Stadt mit Mehl und Getreide gefüllt sind und die Vorräte ausreichen, um Petrograd für weitere zehn Tage zu versorgen. Sie aber will er nicht herausgeben, weil ihm die Geheimpolizei versichert, daß der Aufruhr in wenigen Stunden beendet sein werde und die Depots deshalb nicht geleert werden dürften. Und so läßt Chabalow Plakate in der Stadt aushängen, auf denen zu lesen ist, daß alle Bäckereien mit Mehl versorgt seien, sich niemand um sein Wohl sorgen müsse. Am Nachmittag erfährt der General von einem seiner Agenten, daß in den Geschäften, die er, wie er beteuert, selbst inspiziert habe, Mehl in ausreichender Menge vorhanden sei, es keinen Grund gebe, in Panik zu verfallen. Am Abend lädt Chabalow Repräsentanten der Bäcker zu sich ein und erklärt ihnen, daß alle Verkaufsläden weiterhin mit Mehl beliefert würden, die Unruhen Provokateuren und Aufwieglern zugerechnet werden müßten.[11] Solche Versicherungen aber bewirken das Gegenteil dessen, was sie erreichen sollen. Der Sturm auf die Bäckereien nimmt überhaupt erst an Fahrt auf, weil die Frauen, die in den Schlangen stehen und Waren horten, der Regierung keinen Glauben schenken. Wer solche Plakate druckt, glauben sie, hat etwas zu verbergen. Die Journalisten der liberalen Zeitung «Retsch» haben längst begriffen, was Chabalow und Protopopow nicht wahrhaben wollen: daß die Versorgungskrise eigentlich eine Glaubwürdigkeitskrise ist und der Innenminister in der Öffentlichkeit den letzten Kredit verspielt. Die Regierung dürfe nicht den Eindruck erwecken, so «Retsch», als laufe sie den Ereignissen hinterher, als wisse sie nicht, was zu tun sei, sondern müsse Entschlossenheit zeigen und alle Maßnahmen ergreifen, die geeignet seien, die Krise zu überwinden. Wenn niemand mehr an den Willen und die Fähigkeit der Minister glaube, den Ereignissen eine Wendung zu geben, werde sich die Unzufriedenheit vergrößern wie ein Schneeball, der einen verschneiten Abhang hinunterrollt und an Fahrt aufnimmt.[12]

Die Regierung hat alle Vorteile auf ihrer Seite. Sie ist im Besitz der Kommunikationskanäle, sie übt die Kontrolle über die Infrastruktur, über Polizei und Militär aus. Und sie weiß um die Ahnungslosigkeit und Zerstrittenheit der Opposition. Aber diese Selbstgewißheit hält sie auch davon ab, Sicherheitsvorkehrungen zu treffen. Wieder einmal glaubt Protopopow, es reiche, Drohungen auszusprechen. Drei Wochen zuvor sind auf seine Veranlassung hin alle sozialdemokratischen Mitglieder des Kriegs-Industrie-Komitees in ihren Wohnungen in der Hauptstadt verhaftet und in das Kresty-Gefängnis gebracht worden. Protopopow glaubt, Rußland vor einer Revolution bewahrt zu haben, und auch im Ministerrat prahlt er mit seinen Heldentaten. Wie oft hat es schon Unruhen gegeben, die nach wenigen Stunden wieder beendet worden sind, weil es niemanden gab, der den Demonstranten Ziele setzte, wie zuletzt im Juli 1914, als die schockierende Straßengewalt nach wenigen Tagen durch den rücksichtslosen Einsatz der Sicherheitskräfte beendet werden konnte. Und so wird es auch jetzt wieder sein, denkt Protopopow: Man bringt die Rädelsführer der Unruhen hinter Gitter, und sofort fügt sich das Leben wieder in den gewohnten Rahmen ein. Aber er unterschätzt die organisatorischen Fähigkeiten der Arbeiter, die nichts weiter tun müssen, als sich mit ihren Landsleuten aus dem Heimatdorf zu verabreden und den Protest auf die Straßen zu tragen. Das Dorf ersetzt die Gewerkschaft, die Gemeinschaft die Partei. Davon scheint der Innenminister keinen Begriff zu haben. Aber auch Chabalow begeht Fehler. Er erteilt zwar die Anweisung, den Zugang zu den Newa-Brücken abzuriegeln, weil er die Demonstranten daran hindern will, sich im Stadtzentrum bemerkbar zu machen, aber er verzichtet darauf, Polizisten in die Arbeiterviertel zu entsenden, wo sich der Aufruhr stattdessen frei entfaltet.[13]

Am Nachmittag ruft Chabalow den Stadthauptmann Alexander Balk sowie den Chef der Ochrana, Konstantin Globatschow, und einige höhere Polizeioffiziere zu sich, um sich mit ihnen über die Strategie der Sicherheitsorgane zu beraten. Balk bringt den mißglückten Einsatz der Kosaken an der Kasaner Kathedrale zur Sprache. Wie konnte es geschehen, daß die bewaffnete Staatsmacht vor dem Pöbel zurückweicht, will er wissen. Der Kommandeur des Kosakenregiments versucht, sich zu rechtfertigen. Die Kosaken, erklärt er, hätten bislang noch keine Erfahrungen im Polizeieinsatz machen können, auch seien sie nur unzureichend mit Peitschen (Nagaiki) ausgerüstet worden, ihre Pferde nicht darin geübt, sich auf asphaltierten Straßen zu bewegen. Für Chabalow ist die Wiederherstellung der Ordnung ohnehin nur eine technische Frage. So sehen es auch Balk und die Geheimpolizisten, die im Büro des Stadtkommandanten sitzen. Sie verständigen sich darauf, jedem Kosaken für den Kauf einer Nagaika fünfzig Kopeken auszuhändigen. An allen Kreuzungen im Zentrum der Stadt sollen Polizisten postiert, eine Kavallerieeinheit der Kosaken gegen die Demonstranten eingesetzt werden. Der Einsatz von Schußwaffen aber müsse unterbleiben. Eine verhängnisvolle Entscheidung, denn Polizisten, die auf Plätzen und an Straßenecken stehen, sind ein leichtes Ziel für Attentäter, weil sie schon von weitem zu erkennen sind und aus dem Hinterhalt angegriffen werden können. Chabalow schlägt die Lehren aus den Erfahrungen des Jahres 1905 in den Wind. Er versteht nichts von der technischen Seite des Machtkampfes, weiß nicht, wie man die Infrastruktur für die Zwecke der Macht einsetzt und wie man Soldaten motiviert, die den Gehorsam verweigern. Damals, im Dezember 1905, hatten die Strafexpeditionen des Militärs die Zentren der Aufstände eingekreist und voneinander isoliert. Jetzt aber läßt sich die Staatsgewalt an ihrem zentralen Ort belagern, ohne daß ihre Repräsentanten begreifen, was ihnen widerfährt. Nichts weiter als ein Sturm im Wasserglas seien die Proteste, die sich auf den Straßen hörbar machen, glaubt Chabalow. Und im Vergleich zur ersten Revolution ist dieser Brotprotest doch nur ein Hauch, der nichts und niemanden aus dem inneren Gleichgewicht bringen wird. Darin bestärken ihn auch die Agenten der Geheimpolizei. Globatschew hält es für unwahrscheinlich, daß sich die gewalttätigen Ereignisse am nächsten Tag wiederholen könnten, und Chabalow glaubt ihm. Er verzichtet darauf, weitere Sicherheitsvorkehrungen zu treffen, weil er annimmt, daß der Spuk schon morgen zu Ende sein wird. Und so gehen die Herren am frühen Abend beruhigt auseinander und fallen in der Nacht in einen tiefen Schlaf.[14]

Am Abend gibt Maurice Paléologue, der französische Botschafter, einen Empfang in seiner Residenz. Zwanzig ausgewählte Gäste sind gekommen, unter ihnen der spanische Geschäftsträger, der unlängst aus dem Amt entlassene Verkehrsminister und Vorsitzende des Ministerrates, Alexander Trepow, der Direktor der Eremitage, Graf Dmitri Iwanowitsch Tolstoi und der Maler und Kunstkritiker Alexander Benois und seine Ehefrau. Vom Fenster aus sehen die Gäste, wie Arbeiter von der Wassili-Insel aus über die Liteiny-Brücke laufen und Straßenbahnwaggons umwerfen, aber das Geschehen auf der Straße scheint sie nicht zu beschäftigen. Louis de Robien hört Benois nach dem Abendessen noch sagen, daß es einige Vorfälle in den Vororten gegeben habe, denen aber wohl keine Bedeutung beigemessen werden müsse.[15] Paléologue ist irritiert, weil sich offenbar niemand für die Unruhen interessiert. Und so fragt er Trepow nach den Vorkehrungen, die getroffen worden seien, um die Ordnung abzusichern. Trepow zuckt mit den Schultern. Er weiß es auch nicht. «Als ich zu meinen übrigen Gästen zurückkehre, finde ich weder in ihrem Ausdruck noch in ihren Redensarten die mindeste Spur der Besorgnis vor. Man spricht hauptsächlich von einem Fest, das für die Fürstin Leo Radziwill am Sonntag veranstaltet werden soll, das sehr zahlreich besucht und besonders glänzend sein wird, daß es Musik und Tanz gibt.» Wie kann man in einem solchen Augenblick an die Ausrichtung eines Festes denken? Und warum sprechen seine Gäste über die Tanzkünste der Matilda Kschessinskaja, die am Marientheater Triumphe feiert, schweigen

Maurice Paléologue (1859–1944), Botschafter Frankreichs in Rußland

aber, sobald man sie auf die Versorgungskrise anspricht? Paléologue versteht nicht, wie man dem Offensichtlichen mit solcher Gleichgültigkeit begegnen kann.[16]

Am 23. Februar, um 15 Uhr, trifft der Zar in Mogiljow ein. Michail Alexejew, der sechzigjährige Chef des Generalstabes, empfängt ihn mit militärischen Ehren am Bahnhof, obwohl er an einer fiebrigen Erkältung erkrankt ist und sich kaum auf den Beinen halten kann. Nikolai besteigt ein Auto und fährt in Begleitung des Gefolges in sein Domizil, ein kleines zweistöckiges Haus, das auf einem Hügel oberhalb des Dnjepr liegt. Dort wird er für die Dauer seines Aufenthaltes wohnen. Im Nebenhaus ist Alexejew mit seinem Stab untergebracht, auf der anderen Seite der Straße, im Gebäude des Bezirksgerichts, wohnt das Gefolge. In seinem karg eingerichteten Zimmer stehen zwei Feldbetten: eines für seinen Sohn und eines für ihn selbst. Seit er den Oberbefehl über die Streitkräfte übernommen hat, will der Zar nur noch als erster Diener des Staates wahrgenommen werden. Er trägt die Uniform eines Obristen, teilt die einfachen Mahlzeiten mit den Offi-

Nikolai II. und
Alexandra, 1894

zieren und gibt sich als ein Herrscher, der, wie seine Untertanen, ein anspruchsloses, einfaches Leben führt. Die Strapazen der zurückliegenden Jahre haben ihn gezeichnet, niemandem, der den Herrscher zu Gesicht bekommt, bleibt verborgen, wie sehr er sich verändert hat. Seine Haare sind ergraut, das Gesicht von Falten zerfurcht. Er wirkt seltsam abwesend, in Gedanken verloren, als habe eine tiefe Melancholie von ihm Besitz ergriffen.[17]

Kaum hat er seine Residenz bezogen, schreibt er Alexandra einen Brief, versichert ihr, wie sehr er sie und ihre «süße Stimme» und die Kinder vermisse und daß er beherzigen wolle, wozu sie ihn ermahnt habe: stark zu sein und alle seine feste Hand spüren zu lassen. Eigentlich aber, fügt er noch hinzu, sei es nicht seine Art, andere Menschen «anzuschnauzen». Er ziehe es vor, sie mit einer «ruhigen, aber scharfen Bemerkung» davon zu überzeugen, daß er derjenige sei, dem sie Gehorsam schuldeten. Als ob solche Zurückhaltung jemals etwas bewirkt hätte. Auch beklagt er sich bei Alexandra über die Verpflichtungen, die ihn davon abhielten, sich am Abend, wie sonst, mit seinem Puzzle zu befassen. Nicht einmal im Hauptquartier kommt er dazu, sich zu entspannen. Sobald er dafür wieder Zeit finde, fügt er noch hinzu, wolle er auch wieder Domino spielen. Zum ersten Mal ist er ohne seinen Sohn nach Mogiljow gereist, er vermisst ihn. Leer sei das Haus ohne Alexei, schreibt er in sein Tagebuch.[18]

Nikolai scheinen die Proteste, die auf den Straßen Petrograds aufgeführt werden, nicht zu beunruhigen. Er empfängt ausländische Generäle, und am Abend plaudert er mit dem Gefolge, das an seiner Tafel sitzt. Fredericks, der stilsichere Hofminister, der auch ohne Aufforderung das Wort ergreifen darf, räsoniert über die Qualität von Äpfeln und Birnen, die zum Nachtisch gereicht werden, verliert aber kein Wort über die Brotkrise. All die aufsässigen Reden, die in der Duma gehalten werden und die den Pöbel auf die Straßen treiben, denkt er, hätte man Rußland ersparen können. Hätte man ihn, den Hofminister, im Jahr 1905 gefragt, was zu tun sei – er hätte dem Zaren davon abgeraten, Rußland eine Verfassung und ein Parlament zu schenken. Fredericks spricht es nicht aus, aber er hält die gegenwärtige Krise für das Resultat eines faulen Kompromisses, auf den sich ein Mann wie Alexander III., Nikolais Vater, niemals eingelassen hätte. Der Zar, glaubt er, ist Schöpfer allen Rechts und darf, was er einmal gewährt hat, auch jederzeit wieder zurücknehmen. Aber er weiß, daß Nikolai II. für den Moment der Entscheidung nicht gemacht ist. Auch an diesem Abend ist der Zar höflich und zuvorkommend, wie stets, aber verschlossen und in sich gekehrt. Er hört noch Alexejew an und geht zu Bett, ohne auch nur ein Wort über die Ereignisse in der Hauptstadt verloren zu haben.[19]

Im Hauptquartier herrscht eine beklemmende Atmosphäre, weil niemand auszusprechen wagt, was allen auf der Zunge liegt. Selbst die Generalstabsoffiziere haben von den Unruhen schon gehört, und sie

Nikolai II. im Kreise seiner Generäle im Hauptquartier in Mogiljow. Erster von rechts in der rechten Reihe, Nikolai Iwanow, dritter von rechts, Alexei Brussilow, dritter von rechts in der linken Reihe, Michail Alexejew

machen sich Sorgen um die Sicherheit ihrer Familien, die in Petrograd leben. Nun bedrängen sie die Soldaten der Palastwache, ihnen Auskunft über das Geschehen in der Hauptstadt zu geben. Aber auch sie wissen nur, was sie von anderen gehört haben. Am Abend sitzen Dubenski, Fjodorow und Nilow beisammen und sprechen über die Ereignisse im fernen Petrograd, von denen der Zar nichts hören will. Ob sie gut beraten waren, in diesen Tagen die Hauptstadt zu verlassen und sich selbst von allen Informationen abzuschneiden? «Mit einem Wort», wird Dubenski über diese einsamen Stunden später schreiben, «wir malten uns keine fröhlichen Perspektiven aus.» Um Mitternacht verläßt er das Domizil des Zaren. Vor dem Haus stehen Kosaken und Polizisten in Fellmänteln und halten Wache. Feiner Pulverschnee fällt vom dunklen Himmel herab. Tauwetter setzt ein.[20]

IV.

Der Aufruhr erreicht die Innenstadt

Freitag, 24. Februar 1917

Die Ruhe der Nacht ist trügerisch. Schon am frühen Morgen des 24. Februar setzt sich fort, was am Vortag begonnen hat. Wieder stehen Aufwiegler vor den Fabriktoren im Wyborg-Distrikt und fordern Arbeiter auf, sich auf den Weg in das Stadtzentrum zu machen. Nun mischen sich auch Mitglieder revolutionärer Parteien unter die Demonstranten. Sie geben den Arbeitern den Rat, sich mit Eisenstangen, Steinen, Schrauben und Messern zu bewaffnen. Ein gewisser Tichonow führt die Menge an, die von Fabrik zu Fabrik zieht und schon am frühen Vormittag auf 70 000 Menschen anwächst. Arbeiter, die sich dem Protest nicht anschließen wollen, werden mit Steinen beworfen oder verprügelt. Die Stimmung ist aggressiv. Auf dem Weg zum Finnländischen Bahnhof blockiert der Mob Schienen und zerrt Menschen aus Straßenbahnwaggons. Steine kommen zum Einsatz, Ladenfenster zerspringen und Bäckereien werden ausgeraubt. Und nun versuchen mehr als zehntausend Arbeiter, über die Newa ins Stadtzentrum zu gelangen. Auf der Liteiny-Brücke werden sie schon erwartet. Mehr als 500 Polizisten und Kosaken haben sich dort postiert. Sie sollen die Masse zurückdrängen und von der Innenstadt fernhalten. Als die ersten Demonstranten die Brücke betreten, geben die Offiziere den Befehl, die Menge auseinanderzutreiben. Eine Polizeischwadron reitet im Galopp und mit gezückten Säbeln auf die Arbeiter zu. Ihr folgen Kosaken. Die Polizisten schwingen ihre Peitschen, die Demonstranten geraten in Panik, als sie versuchen, den Schlägen auszuweichen. Aber es geschieht nichts von dem, was alle befürchten. Denn die Kosaken halten sich zurück, machen von ihren gefürchteten Nagelpeitschen keinen Gebrauch. Arbeiter schlüpfen unter ihren Pferden hindurch, und in kleinen Gruppen drängen sie sich auf den Liteiny-Prospekt, andere drehen ab und gelangen über das gefrorene Eis auf der Newa ans andere Ufer.[1] Louis de Robien steht an diesem Vormittag am Kai in der Nähe der Liteiny-Brücke und verfolgt die Bewegungen auf dem Fluß. Kleine Gruppen von Arbeitern laufen im Gänsemarsch über das Eis. Am Ufer reiten Kosaken auf ihren kleinen Pferden auf und ab und versuchen, den Demonstranten den Weg abzuschneiden. Mit ihren Lanzen und Karabinern hinterlassen sie bei de Robien einen «pittoresken Eindruck», wie er am Abend in seinem Tagebuch vermerkt.[2]

Inzwischen haben sich auch auf der Petrograder Seite und auf der Wassili-Insel zehntausende Arbeiter versammelt. Um 11 Uhr strömen sie über den Bolschoi-Prospekt und den Kamenoostrowski-Prospekt über die Troitzki-Brücke auf das Marsfeld, und bald erreichen sie das Stadtzentrum. Die berittene Polizei versucht, der Masse den Weg zu versperren, aber das gelingt ihr schon nicht mehr, weil die Demonstranten in Nebenstraßen ausweichen und sich erst auf dem Newski-Prospekt wieder vereinen. Es spricht sich herum, daß die Kosaken ihren Offizieren nur widerwillig gehorchen. Bäckereien und Metzgerläden werden geplündert, Hooligans, die sich unter die Demonstranten gemischt haben, schlagen die Fensterscheiben aller Läden ein, die sie auf ihrem Weg passieren. Unterdessen ist Nicolas Nabokow, der Neffe des liberalen Politikers Wladimir Nabokow, auf dem Weg zur Schule, aber er muß wieder umkehren, weil der Rektor die Anordnung erteilt, daß der Unterricht so lange ausfallen müsse, bis die Ordnung wiederhergestellt sei. Die Straßenbahnen haben ihren Betrieb eingestellt, man käme ohnehin nicht weit, selbst wenn man den Versuch unternähme.[3]

Am Nachmittag gehört der Newski-Prospekt den Arbeitern, die gut gekleideten Passanten bleiben zu Hause, manche Kaufleute verriegeln die Türen ihrer Geschäfte und bedecken die Fensterläden mit Holzplatten. Aus den Häusern schauen Neugierige hinaus, beobachten das Treiben auf der Straße und winken den Demonstranten zu, die an ihnen vorbeiziehen. An der Kasaner Kathedrale und am Reiterdenkmal Alexanders III. am Snamenskaja-Platz machen sich unterdessen Redner hörbar, die mitteilen, was sie für das Gebot der Stunde halten. Der Platz ist ein Ort, an dem nicht nur viele Straßen aus allen Richtungen zusammenlaufen. Dort befindet sich auch der zentrale Nikolai-Bahnhof und die Reiterstatue Alexanders III. Welcher Platz wäre geeigneter, um sich zu Gesicht und zu Wort zu bringen? Ein Arbeiter klettert auf den Sockel des Denkmals. Nun sei die Zeit gekommen, den Krieg zu beenden, dessen das Volk müde sei, ruft er. Kosaken nähern sich, die Menge, die sich auf dem Bürgersteig versammelt hat, erstarrt vor Angst, tausende Augen richten sich gleichzeitig auf die Reiter, die langsam ihres Weges ziehen. Als der letzte Kosak vorüber gezogen ist, durchbrechen Hurra-Rufe die Stille. Die Anspannung löst sich, und der Agitator setzt seine Rede fort.[4] Am Nachmittag, gegen 15 Uhr, strömt eine gewaltige Menschenmasse über den Newski-Prospekt auf den Snamenskaja-Platz zu. Eine berittene Polizeischwadron, die am Ligowski-Prospekt auf ihren Einsatz wartet, stürmt mit gezückten Säbeln herbei, Peitschenhiebe gehen auf die Demonstranten nieder, die aber nicht, wie sonst, weglaufen, sondern sich mit lautem Gejohle auf die Polizisten stürzen und sie mit Holzscheiten bewerfen. Die Pferde kommen aus dem Tritt, bäumen sich auf, und die Schwadron verschwindet so schnell, wie sie gekommen ist.[5]

Prokofjew hingegen glaubt auch jetzt noch, daß es keinen Grund zur Beunruhigung gibt. In der Mittagszeit sucht er eine Bank auf, um Geld abzuheben, und wenig später läuft er auf den Newski-Prospekt hinaus. Er genießt die kalte, klare Luft und die Sonne, die den Boulevard bescheint. Auf der Höhe des Anitschkow-Palastes reitet eine Kosakenschwadron an ihm vorbei. Es wäre natürlich «normal» gewesen, wird er am Abend in sein Tagebuch schreiben, einfach zu Hause zu bleiben. Aber der Newski-Prospekt zeigt sich ihm von seiner besten Seite. «Die Menschenmengen schienen fröhlich in die gleiche Richtung wie die Kosaken zu laufen, so daß ich, ohne nachzudenken, mit ihnen lief.» Vor den Kosaken, die sich im Strom der Demonstranten bewegen, fürchtet sich niemand mehr, selbst Frauen und Kinder schauen sich das «ungewöhnliche Spektakel», wie Prokofjew es nennt, mit offenen Mündern an.[6] Am «Gostiny Dwor», dem größten Basar der Hauptstadt, sieht der Komponist, wie Massen von Arbeitern auf den Newski-Prospekt strömen und sich auf ihrem Weg zum Winterpalast einen Weg durch die Kosaken bahnen, die nicht einmal mehr den Versuch unternehmen, sie zurückzudrängen. An manchen Ecken begrüßen Passanten die an ihnen vorbeireitenden Prätorianer mit Hurra-Rufen. Prokofjew jedenfalls glaubt, Zeuge eines Volksfestes zu sein. An eine Revolution mag er nicht denken. An der Anitschkow-Brücke hört er, wie eine alte Frau mit einem «dummen Gesicht», dazu aufruft, Juden zu schlagen, die doch für die Misere die eigentliche Verantwortung trügen. Ein Arbeiter erklärt ihr, wie Prokofjew noch im Vorbeigehen hört, daß jetzt nicht die Stunde sei, Juden zu töten. Was kann man von dummen Menschen schon erwarten, denkt er sich, und setzt seinen Weg fort.[7]

Juri Lomonossow, der als Professor an der Hochschule der staatlichen Eisenbahn lehrt, läßt sich von den Ereignissen überhaupt nicht aus dem Gleichgewicht bringen. Er geht am Vormittag zum Zahnarzt, danach zum Friseur, dessen Salon sich in der Nähe des Anitschkow-Palastes befindet, also genau dort, wo sich zu dieser Zeit auch Prokofjew aufhält. Im Friseursalon entfaltet sich eine rege Unterhaltung. Die meisten halten die Demonstration für das, was sie schon kennen: ein sinnloser Aufruhr, der bald wieder verebben wird. Von einer Revolution ist nicht die Rede. Merkwürdig nur, wundert sich Lomonossow, daß man den Demonstranten erlaubt, frei auf den Straßen herumzulaufen.[8] Die Dichterin Sinaida Hippius besteigt am Mittag eine Kutsche. Auf der Sergijewskaja-Straße erblickt sie eine kleine Gruppe von Demonstranten, die irgendetwas rufen. Hippius fragt den Kutscher: «Was rufen sie denn?» Er dreht sich nicht einmal zu ihr um. «Wer weiß das schon. Sie schreien, was ihnen einfällt.» Warum soll man sich über das törichte Gebrüll auf den Straßen aufregen?[9]

Balk, der Stadthauptmann, fährt am Nachmittag mit dem Auto durch die Straßen. Er ist mutig genug, auszusteigen und die Demonstranten zur Rede zu stellen. Warum sie nicht zur Arbeit gingen, anstatt ihre kostbare Zeit auf der Straße zu verbringen, will er wissen. Ein Mann behauptet, daß die Regierung das Mehl an Spekulanten verkaufe und es dem arbeitenden Volk vorenthalten wolle. Balk redet auf die Demonstranten ein, versucht, die Gerüchte zu zerstreuen, aber es gelingt ihm nicht, die Menge von seinen guten Absichten zu überzeugen. Und dennoch ist auch er keineswegs beunruhigt. Nicht einmal die Minister geraten aus der Fassung, sie glauben, daß Chabalow genau weiß, was zu tun ist. Es ist nicht ihre Aufgabe, sich darüber Gedanken zu machen. Außenminister Pokrowski speist in diesen Stunden im Haus der Makarowa, einer Admiralswitwe. Zum illustren Kreis der Gäste gehören der Cousin des Zaren, Großfürst Boris Wladimirowitsch, der amerikanische Botschafter, einige Hofdamen und Mitglieder des Staatsrates. Die Minister sind gut aufgelegt, es wird gescherzt und gelacht, und als Diener das Dessert auftragen, tauschen sie sich mit dem Großfürsten über den bevorstehenden Staatsbesuch des persischen Prinzen aus. Kein Wort fällt über die Unruhen, die sich eigentlich nicht ignorieren lassen. Am späten Nachmittag verlassen die Gäste das Haus. Pokrowski, der an der Fontanka wohnt, begleitet den Grafen Juri Olsufjew noch zu seinem Domizil am Gribojedow-Kanal, in der Nähe der Kettenbrücke. Dort, in den Nebenstraßen, ist von der Aufregung des Tages nichts zu spüren. Wohlbehalten kommt der Außenminister zu Hause an.[10]

Im Parlament verschärft sich der Ton, weil sich die Unentschlossenheit der Staatsgewalt auch dort herumspricht. Rittich muß sich dem johlenden Plenum stellen, das ihn auspfeift, als er sich erklären will. Die liberalen Abgeordneten Andrei Schingarjow und Sergei Schidlowski werfen dem Landwirtschaftsminister Versagen vor. Es sei vollkommen sinnlos, Mehl zu rationieren, man müsse auch Bezugsscheine für Brot ausgeben und die Versorgung in die Hände des Stadtparlaments legen. Denn nur dort sei jener Sachverstand konzentriert, der mehr denn je gefragt sei. Im Kreis der Revolutionäre sind jetzt schrille Töne zu hören. Nikolos Tschcheidse, ein georgischer Sozialist und Pionier der sozialdemokratischen Bewegung im Kaukasus, der zum Führungskreis der Menschewiki gehört, will von Kompromissen mit der Regierung nichts mehr hören. In der Stunde der Not müsse sich das Parlament mit den Massen verbinden, ruft er. Und auch Kerenski sagt schon voraus, daß die Duma mehr sein werde als eine Vertretung der Wohlhabenden und Gebildeten. Sie müsse sich, erklärt er, in ein Bollwerk der politischen Erneuerung und gesellschaftlicher Selbstorganisation verwandeln. Mit anderen Worten: Auf eine Verständigung mit der Regierung dürfe sich das Parlament gar nicht mehr einlassen. Es müsse sich vielmehr mit dem Protest der Straße verbinden und sich durch ihn legitimieren. Das geschieht auch sogleich, als der Abgeordnete Pjotr Krylow aus dem Gouvernement Samara hinter das Rednerpult tritt und mitteilt, was er soeben auf den Straßen selbst gesehen hat. «Meine Herren Abgeordneten der Staatsduma», ruft er pathetisch aus. Auf seinem Weg zum Parlament sei er Zeuge eines erhabenen Geschehens geworden. Eine «gewaltige Volksmasse» bewege sich über den Newski-Prospekt und seine angrenzenden Straßen auf den Snamenskaja-Platz zu. Kosaken hätten sich schützend vor eine alte Frau gestellt, die von der Polizei mit Peitschenhieben traktiert worden sei. Tosender Applaus ertönt, die Abgeordneten johlen und jubeln. Es scheint, als habe sich die Vorsicht vergangener Tage in Luft aufgelöst.[11]

Rittich verläßt den Plenarsaal, läßt sich im Ministerpavillon der Duma in einen Sessel fallen und weint bitterlich. «Ich kann nicht mehr», sagt er zu Wassili Maklakow, einem prominenten Abgeordneten der Konstitutionellen Demokraten, der ihn zu trösten versucht. Mit nichts und niemandem sei die Duma einverstanden, jeden Vorschlag lehne sie ab, den die Regierung ihr unterbreite. So könne er sein Amt nicht länger wahrnehmen. Maklakow beruhigt den Minister, dessen Nerven vollkommen zerrüttet sind. Niemand wolle sich an ihm vergreifen. Aber er müsse auch verstehen, daß die Liberalen sich nicht mit einer Regierung verständigen könnten, der ein Mann wie Protopopow angehöre.[12] Am Abend gehen die Abgeordneten auseinander. Sie haben die Regierung beschimpft, aber sie haben keine Entscheidung darüber getroffen, was sie ohne sie tun würden.

Die klügeren Abgeordneten wissen, daß der Zusammenbruch der staatlichen Ordnung auch ihr Ende wäre, denn das Parlament repräsentiert nur eine Minderheit der Bevölkerung. Zwar dürfen alle männlichen Untertanen des Zarenreiches an den Wahlen teilnehmen, aber das Zensuswahlrecht begünstigt die Gebildeten, deren Repräsentanten in der Duma den Ton angeben: Liberale und Konservative vor allem. Sie haben ein großes Interesse daran, sich mit der Regierung zu verständigen, weil das Volk, das sie gar nicht kennen, sich in freien, allgemeinen und gleichen Wahlen ein anderes Parlament geben würde. Der schwergewichtige Parlamentspräsident Michail Rodsjanko, den sonst nichts aus der Ruhe bringt, weiß, was er zu verlieren hat. Er ist ein Anhänger der Monarchie und Großgrundbesitzer, der die rechtsliberalen Oktobristen in der Duma vertritt. Am Nachmittag besteigt er ein Auto und fährt durch die Innenstadt, um sich selbst einen Überblick über die verworrene Lage zu verschaffen. Was er sieht, scheint ihn zwar nicht aus der Fassung zu bringen, aber auch nicht zu beruhigen. Er wird Zeuge der Wut, die sich auf den Straßen entlädt und er spürt die Elementargewalt, die sie hervorbringt und vor der er und seinesgleichen sich mit gutem Grund fürchten. Wohin wird der Protest führen? Er wagt keine Prognose. Aber die Exzesse der Revolution von 1905 hat auch er noch nicht vergessen, als die Herrenhäuser brannten, Pogrome das Land verwüsteten und Terroristen Jagd auf die Beamten des Staates machten.[13]

Rodsjanko erkennt die Gefahr, die sich am Horizont abzeichnet. Sofort begibt er sich zu Rittich. Gemeinsam suchen sie Kriegsminister Michail Beljajew in seiner Wohnung auf, um ihn davon zu überzeugen, daß eine Sitzung des Ministerrates einberufen werden müsse. Im Angesicht der Versorgungskrise sei keine Zeit mehr zu verlieren. Es müsse ohne Verzug gehandelt werden. Beljajew greift zum Telephonhörer und ruft den Vorsitzenden des Ministerrates, Nikolai Golizyn, an, der die zuständigen Minister, den Bürgermeister und einige Abgeordnete der Duma in den Marienpalast am Isaaks-Platz ruft, dem Sitz der Regierung und des Staatsrates. Dort fällt die Entscheidung, die Versorgung der Stadtbevölkerung in die Hände der Stadtduma zu legen und Bezugsscheine für den Erwerb von Brot auszugeben. In den Depots lagern mehr als 460 000 Pud (1 Pud = 16,38 kg) Mehl, genug, um die Stadt wenigstens für zehn Tage mit Brot zu versorgen. Eigentlich hätte die Regierung nichts weiter tun müssen, als die Mehlvorräte an die Bäckereien zu verteilen. Damit wird nun die Stadtverwaltung beauftragt. Nur haben sich die Motive des Protestes schon verschoben.

Kommen die Korrekturen zu spät? Denn es geht den Demonstranten nicht mehr um Brot, sondern darum, sich von einer Ordnung zu befreien, die sie für ihr Unglück und den verhängnisvollen Krieg verantwortlich machen. «Das Brot wird allmählich vergessen», wie Hippius in ihrem Tagebuch vermerkt. Um 18 Uhr gehen die Minister wieder auseinander, ohne über die Konsequenzen der Unruhen gesprochen zu haben. Protopopow ist zu den Beratungen gar nicht erst erschienen. Er hat offenbar Wichtigeres zu tun. Als Golizyn am Abend nach Hause fährt, hat sich der Aufruhr schon gelegt. Er glaubt deshalb, daß keinerlei Sicherheitsvorkehrungen getroffen werden müssen. Nur Beljajew erteilt eine Anweisung. Die Reden Fjodor Roditschews, Tschcheidses und Kerenskis, die am Nachmittag in der Duma gehalten worden sind, ordnet er an, dürften in den Zeitungen nur noch gekürzt wiedergegeben werden. Als ob sich die Arbeiter auf den Straßen von Wortbeiträgen der Parlamentarier lenken ließen![14] Weder Golizyn noch Rittich verstehen, daß Macht auf Tatkraft, Voraussicht und Glaubwürdigkeit beruht, darauf, daß man denen, die im Besitz der Staatsgewalt sind, vertraut. Dieses Vertrauen wird nun verspielt, auch deshalb, weil es in Rußland zwar einen Ministerrat, aber kein Kabinett gibt. Golizyn ist ein machtloser Conférencier, der sich mit Verkehrsminister Eduard Krüger-Woinowski, mit Finanzminister Pjotr Bark, Rittich oder Pokrowski vielleicht noch verständigen kann, nicht aber mit Protopopow und Chabalow, die ihre Inkompetenz auch noch öffentlich ausstellen.

Am Nachmittag erscheint Spiridowitsch, der Stadthauptmann von Jalta, zum Rapport im Innenministerium. Der stellvertretende Minister empfängt ihn, und sie unterhalten sich über die wirtschaftliche Lage auf der Krim und die Anlage neuer Seebrücken an der Strandpromenade von Jalta. Alle baurechtlichen Fragen, der Minister setzt eine wichtige Miene auf, müßten geklärt sein, bevor der Zar in die Hauptstadt zurückkehren und eine Entscheidung treffen werde.[15] Was sich unterdessen auf den Straßen zuträgt, scheint im Ministerium kaum jemand zu bemerken, wohl auch deshalb, weil die Ministerien und das Taurische Palais, der Sitz des Parlaments, in einem Halbkreis von den Kasernen der Garderegimenter umgeben sind. Die Soldaten Ihrer Majestät werden nichts unversucht lassen, glauben die Beamten, um sie vor dem Pöbel zu schützen, so wie sie es immer schon getan haben, wenn ihre Hilfe gefragt war. Am späten Nachmittag telegraphiert Chabalow an den Generalstabschef nach Mogiljow, daß auf dem Newski-Prospekt Fensterscheiben eingeschlagen und Straßenbahnwaggons umgeworfen worden seien. Kosaken aber hätten die Menge auseinandergetrieben und die Ordnung wiederhergestellt, ohne überhaupt von ihren Waffen Gebrauch zu machen. Alexejew scheint Chabalow zu vertrauen, denn er stellt keine Fragen.[16]

Sonst aber geschieht nichts. Chabalow lehnt es ab, auf die gefrorene Eisdecke schießen zu lassen, über die Arbeiter ans andere Ufer zu gelangen versuchen, wie Beljajew es ihm telephonisch empfiehlt. Um jeden Preis will er vermeiden, daß sich wiederholt, was vor nunmehr zwölf Jahren, am 9. Januar 1905, geschah, als Arbeiter auf den Straßen der Hauptstadt zu Hunderten von Kosaken und Soldaten erschossen wurden. Aber er weiß nicht, wie er die Angriffe auf die Streifenpolizisten verhindern soll, die an den Straßenkreuzungen postiert sind und mit ihrem Leben spielen. Am Abend bespricht sich Chabalow mit Offizieren und Geheimdienstagenten, die ihm raten, unzuverlässige Kosaken aus der Stadt abzuziehen und durch loyale Einheiten ersetzen zu lassen, die aber erst herbeigeholt werden müßten. Protopopow überläßt es Chabalow, sich um die Bekämpfung der Unruhen zu kümmern, obwohl es seine Aufgabe wäre, der Polizei Anweisungen zu erteilen. Niemand versteht, warum der Minister nicht zu hören und zu sehen ist. Der französische Botschafter ist besorgt. Immerhin ist Rußland ein mit Frankreich verbündetes Land in einem Krieg, dessen Ausgang ungewiß ist. Von Außenminister Pokrowski erfährt Paléologue aber nur, was er ohnehin schon selbst in Erfahrung gebracht hat. Die Unruhen wären weniger beunruhigend, sagt Pokrowski, wenn der Innenminister nicht den Verstand verloren hätte. Aber was könne man von einem Mann erwarten, der Rat bei Spiritisten suche und sich allabendlich mit dem Schatten Rasputins bespreche?[17]

Am Abend leeren sich die Straßen im Zentrum der Hauptstadt, denn auch die Demonstranten, die nun in ihre Quartiere zurückkehren, müssen einmal schlafen. Und so kommt es, daß sich die gehobene

Michail Beljajew (1863–1918), letzter Kriegsminister des Zaren

Gesellschaft in Sicherheit wähnt. Alexander Rödiger, der bis 1909 Rußlands Kriegsminister gewesen ist und nun dem Staatsrat angehört, ist auf dem Weg in die Oper. Seine Frau begleitet ihn. Auf dem Spielplan steht eigentlich «Kamennyi gost» (Der steinerne Gast), ein Werk von Alexander Dargomyschski. Kurz vor der Aufführung aber teilt ihnen die Theaterdirektion mit, daß der Chor in den «Streik» getreten sei und stattdessen Nikolai Rimski-Korsakows Oper «Maiskaja Notsch» (Die Maiennacht) aufgeführt werde. Die Rödigers verbringen dennoch einen vergnüglichen Abend im Konzerthaus und fahren nach dem Ende der Vorstellung noch zu Freunden, um mit ihnen Tee zu trinken. Von einer Revolution hat auch dort niemand etwas bemerkt.[18]

In unmittelbarer Nähe befindet sich die Wohnung des kaiserlichen Stallmeisters Nikolai Burdukow. Am Abend versammelt sich dort eine illustre Schar. Nikolai Sablin, der dem Zaren als Marineadjutant dient, ist zu Gast, aber auch zahlreiche Würdenträger und Hofleute sind der Einladung Burdukows gefolgt, neben Spiridowitsch der ehemalige und der amtierende Innenminister, Nikolai Maklakow und Protopopow. Ein Orchester der Leibgarde des Preobraschenski-Regiments unterhält die Abendgesellschaft mit klassischer Musik. Diener tragen Speisen auf, Kaffee, Liköre und Zigarren werden gereicht. Die Stimmung ist ausgelassen wie schon lange nicht mehr. Die Gäste erfreuen sich an den kuriosen Darbietungen eines berühmten österreichischen Hypnotiseurs, der den Anwesenden die Zukunft voraussagt. Er reicht Zettel herum, die Gäste sollen sie mit ihrem Namen beschreiben. Anhand der Handschrift bestimmt der Kartenleser, welche Zukunft den Anwesenden bevorsteht. Protopopow, sagt er, werde eine Katastrophe erleben, aber wenn es ihm gelänge, sie zu bewältigen, werde er es zu höchstem Ansehen bringen. Spiridowitsch sieht, wie der Innenminister dasitzt wie ein «Esel» und nickt. Der Abend endet mit einem peinlichen Aufritt, der die Gäste in Verlegenheit bringt. Ein Sänger trägt «Tschastuschki» vor, derbe und ordinäre Schüttelreime, wie sie in den Dörfern gesungen werden.

«Сидит Сеня на заборе
с революцией в взоре
Подошла Я взглянула
Прямо в рожу плюнула»

«Da sitzt Senja hinterm Zaun,
mit der Revolution in seinem Blick
Da kam ich vorbei und schau' ihn an,
in die Fresse spuck' ich ihm.»

Man unterhält sich noch eine Weile, um die Verlegenheit zu überspielen, und dann nehmen die Gäste ihre Mäntel und fahren nach Hause. Auf den Straßen empören sich die Armen über den Brotmangel, und hinter der Wohnungstür des kaiserlichen Stallmeisters wird ein Stück aus dem Tollhaus aufgeführt.[19]

Im Hauptquartier ist das Leben noch in der Balance der alltäglichen Routine. Der Zar absolviert die Lagebesprechung, hört, was ihm Alexejew über den Frontverlauf zu sagen hat, empfängt Würdenträger, die aus Petrograd nach Mogiljow gekommen sind, und spricht mit den Vertretern der ausländischen Militärmissionen. Am Nachmittag besteigt er mit seiner Entourage ein Auto und läßt sich zur Stadtgrenze bringen, um dort spazieren zu gehen. Von dieser Angewohnheit kann er nicht lassen, ganz gleich, wo er sich befindet, weil ihm sein englischer Hauslehrer, es ist nunmehr zwanzig Jahre her, gesagt hat, daß ein Gentleman seinen Körper bei guter Gesundheit halten müsse. Am späten Nachmittag treffen die ersten verstörenden Nachrichten im Hauptquartier ein, wenngleich das Telegramm Chabalows über das Ausmaß der Unruhen noch nichts verrät. Auch in Zarskoje Selo verbreitet sich die Kunde von den Brotunruhen. Alexandra teilt ihrem Gatten mit, daß «arme Leute» Bäckereien geplündert hätten, und eher beiläufig und lapidar fügt sie hinzu, daß ein gewisser «Kedrinski» für seine frechen Reden gehängt werden müsse. Kerenski wäre zweifellos verärgert, wenn er erführe, daß man im Palast zwar von seinen Reden weiß, aber nicht einmal seinen Namen kennt. Am Nachmittag hat die Zarin den dänischen Botschafter im Palast von Zarskoje Selo empfangen und ihm versichert, daß die Armee loyal sei und man sich auf sie verlassen könne. Ignoranz, wohin man schaut. Der Zar aber mißt alldem keine besondere Bedeutung bei. Am Abend empfängt er einen Brief von Alexandra, der ihm telegraphisch übermittelt wird. Von ihr erfährt er, daß seine Töchter, Olga und Tatjana, und sein Sohn Alexei an den Masern erkrankt sind. Diese Information ist wichtig genug, um sie dem Tagebuch anzuvertrauen. Der abendliche Eintrag endet mit den Worten: «Das Wetter war unangenehm, Schneesturm. Ich ging ein wenig im Garten spazieren. Ich las und schrieb.»[20]

V.

Die Gewalt eskaliert

Samstag, 25. Februar 1917

Am 25. Februar weiten sich die Proteste auf das gesamte Stadtgebiet aus: Betriebe, Läden und Behörden schließen ihre Tore, Straßenbahnen stellen den Betrieb ein, und auch Taxis fahren nicht mehr. Und nun beginnt der Exodus aus den Fabriken, zehntausende von Arbeitern strömen auf die Straßen der Industrieviertel. Und weil die Universitäten und Verwaltungsbehörden geschlossen sind, schließen sich ihnen auch Studenten und Angestellte an. Für mehr als 200 000 Menschen ist die Straße an diesem Samstag das eigentliche Zuhause. Wie auch am Vortag bewegt sich der Zug aus allen Richtungen auf die Brücken zu, die die Außenbezirke mit dem Zentrum verbinden. Zum Schutz gegen die Peitschen der berittenen Polizei werfen sich Arbeiter in schwere Mäntel und Lammfelle und bewaffnen sich mit Schrauben, Eisenstangen und Messern. Wladimir Sensinow, ein Publizist und prominenter Sozialrevolutionär, ist überwältigt, als er die Kolonnen sieht, die sich über die Straßen ergießen. «Schwarze Massen von Arbeitern auf dem Newski. Von der Kasaner Kathedrale bis zur Admiralität konnte man sich nicht mehr fortbewegen, auch das Militär kam nicht durch.»[1]

Im Wyborg-Distrikt bewegt sich am Vormittag eine Kolonne von 600 Arbeitern über den Sampsonijewski-Prospekt auf die Liteiny-Brücke zu. Die Menge stockt, als ihr auf der Höhe der Finnischen Gasse eine Hundertschaft von Kosaken und Dragonern den Weg versperrt.

Aus dem Nichts erscheint plötzlich eine Schwadron berittener Polizisten. Ihr Kommandeur nähert sich den Arbeitern, redet auf sie ein und versucht, sie zum Rückzug zu bewegen. Dann aber drehen die Kosaken ab und überlassen die Polizisten ihrem Schicksal. Allein auf sich gestellt, haben sie der gewaltigen Masse nichts entgegenzusetzen. Sofort stürzt die Menge auf den Kommandeur der Schwadron zu. Wie von Sinnen ziehen Arbeiter ihn vom Pferd, schlagen ihn mit Eisenstangen und fügen ihm ernste Verletzungen zu. Polizisten versuchen, ihn in Sicherheit zu bringen, werden aber von der wütenden Menge auseinandergetrieben. Ein Hagel von Steinen und Eisenteilen geht auf sie nieder, im Handgemenge verliert ein Polizist seinen Revolver und seinen Säbel. Am Ende fallen Schüsse, und es gelingt, den Kommandeur, der auf der Straße liegt und das Bewußtsein verloren hat, in ein Krankenhaus zu bringen.[2]

Unterdessen lernen die Demonstranten, Angriffe zu parieren. Als am Vormittag hunderte von Arbeitern über die Liteiny-Brücke in das Stadtzentrum vorrücken wollen, kommt ihnen eine Polizeikompanie entgegen. In fliehendem Galopp und mit erhobener Peitsche stürzt sich ein Gendarmerieoffizier auf die Menge, die auseinanderläuft und ihn ins Leere reiten läßt. Hinter ihm schließt sich der Kreis. Er sitzt in der Falle. In Panik schlägt er mit einem Säbel um sich, Arbeiter bekommen ihn zu fassen, reißen ihn vom Pferd und schlagen mit einer Holzlatte auf ihn ein. Jemand entwendet ihm den Revolver und schießt ihm ins Herz. Im Wyborg-Distrikt beginnt die Jagd auf Polizisten schon in den frühen Morgenstunden. Bald schon ziehen sie von den Kreuzungen ab, wo sie nichts weiter als unbewegliche Zielscheiben wären. Im Laufe des Tages wird die Telephonleitung unterbrochen, die den Stadthauptmann mit den Polizeiwachen jenseits der Newa verbindet.

Nun verlieren Chabalow und seine Dienststellen den Überblick, sie können den Einsatz von Polizisten und Kosaken schon nicht mehr aufeinander abstimmen. Was die Polizei nicht leisten kann, sollen nun Soldaten in ihre Hände nehmen. Auf diese Aufgabe aber sind sie nicht vorbereitet, wie sich bald zeigt. In einer Röhrenfabrik auf der Wassili-Insel geraten Arbeiter aneinander, weil die einen arbeiten, die anderen streiken wollen. Sie schlagen mit eisernen Gegenständen aufeinander ein,

Schwerverletzte liegen vor den Toren der Fabrik. Nach einer Weile erscheint eine Kompanie des Finnländischen Regiments auf dem Gelände, aber ihre Anwesenheit vermag die erhitzten Gemüter nicht zu besänftigen. Ein Arbeiter tritt aus der Menge hervor und überhäuft den Befehlshaber der Kompanie mit obszönen Beschimpfungen. Der Offizier aber will sich nicht beleidigen lassen. Er entsichert seinen Revolver und tötet den Arbeiter durch einen Schuß in den Kopf. In Windeseile verbreitet sich die Nachricht von der Mordtat nicht nur in den Fabriken und unter den Demonstranten, die sich auf den Weg in das Stadtzentrum machen, sondern auch in den Kasernen. Solche Botschaften werden in den Baracken nicht gern gehört, das wissen auch die Offiziere, die gute Gründe haben, sich vor den eigenen Soldaten zu fürchten.[3]

Am Nachmittag verwandelt sich die Innenstadt in ein Heerlager. Berittene Polizei, Kosakenschwadronen und Militärkompanien schwärmen aus, und Chabalow glaubt, diese Demonstration der Macht werde die Demonstranten einschüchtern und sie zur Aufgabe zwingen. Er begreift nicht, daß Polizisten und Soldaten keinen Erfolg haben werden, wenn es ihnen nicht gelingt, räumliche Distanz zu jenen herzustellen, die sie bekämpfen sollen. Die Soldaten wissen überhaupt nicht, was im Kampf gegen Zivilisten geboten ist. Niemand hat es ihnen beigebracht. Es ist für sie geradezu unmöglich, im städtischen Gewirr von Straßen, Gassen und Plätzen konzentrierte Ansammlungen von Menschen aufzulösen, ohne selbst in den Sog der Gewalt hineingezogen zu werden. Denn in der Stadt herrschen andere Bewegungsgesetze als auf offenem Feld. Niemand weiß, wer Freund, wer Feind und wer nur unbeteiligter Zuschauer des Geschehens ist, und wenn Soldaten auf Frauen und Kinder schössen, wären sie dem Chaos, das dann ausbräche, hilflos ausgeliefert.

Selbst unter den Offizieren steht der Polizeidienst in geringem Ansehen, weil er Soldaten demoralisiert. Die Polizei aber ist auf die Hilfe der Armee angewiesen, weil sie nur auf wenige, unzureichend ausgebildete und entlohnte Männer zurückgreifen kann. Ausgerechnet in diesem Augenblick verliert sie den unverzichtbaren Flankenschutz der Kosaken, die sich ihr gegenüber zuerst neutral und dann sogar feindselig verhalten. Die Kosaken bewegen sich mit ihren kleinen Pferden im Schrittempo durch die Menschenmassen, man ruft ihnen ein Hurra entgegen, und sie nicken den Demonstranten zu, denen sie geschickt ausweichen. Als Arbeiter auf die Nikolai-Brücke strömen, die die Wassili-Insel mit dem Zentrum verbindet, lassen die Kosaken sie gewähren, obwohl sie den Befehl erhalten haben, die Menge zu zerstreuen. Auf dem Newski-Prospekt schießen Polizisten, die um ihr Leben fürchten, panisch in die Menge, am Snamenskaja-Platz, am oberen Ende des Newski-Prospekts, wo sich hunderte von Demonstranten versammelt haben, stößt ein Kosak einen Polizeioffizier vom Pferd und tötet ihn mit einem Hieb seines Säbels. Als der Polizist mit gespaltenem Schädel auf dem Asphalt liegt, kräht und johlt die Menge, die das Reiterdenkmal Alexanders III. umstellt hat, und läßt den Kosaken hochleben, der die Mordtat begangen hat. Auf dem unteren Newski-Prospekt aber, in unmittelbarer Nähe der Stadtduma, treffen die Demonstranten auf Gegenwehr. Soldaten einer Ausbildungseinheit des Wolhynischen Regiments töten neun Arbeiter, die ihnen den Weg versperren und sich weigern, auseinanderzugehen.[4]

Auch de Robien wird am Nachmittag an der Kasaner Kathedrale Zeuge eines weiteren Zusammenstoßes zwischen Demonstranten, Gendarmen und Kosaken, die mit gezückten Säbeln und Peitschen in die Menge galoppieren und sie auseinandertreiben. Auf dem Rückweg zur Botschaft fahren zwei Panzerwagen mit hoher Geschwindigkeit an ihm vorbei. Ihre Sirenen heulen, auf ihrem Dach sind Maschinengewehre montiert. «Das machte einen unangenehmen Eindruck auf mich», schreibt der Diplomat am Abend in sein Tagebuch.[5] Der 17-jährige Wladimir Nabokow, Sohn des gleichnamigen liberalen Politikers und zukünftiger Schriftsteller, sitzt an diesem Nachmittag im Wohnzimmer und schaut aus dem Fenster auf die Morskaja-Straße. Er sieht Soldaten und Demonstranten, die aufeinander schießen, und er erblickt den ersten Toten, der auf einer Bahre weggetragen wird. Ein Soldat zerrt am Bein der Leiche und versucht noch, sich in den Besitz der Stiefel zu bringen, die der Tote nicht mehr brauchen wird. «All dies im eiligen Laufschritt», wie Nabokow beobachtet.[6]

Die Soldaten folgen ihren Offizieren nur widerstrebend. Wenn sie eine Wahl hätten, würden sie ihnen den Gehorsam aufkündigen, nicht, weil sie auf eine Revolution warten, sondern weil sie das Leben in den Kasernen nicht länger ertragen und um keinen Preis an die Front geschickt werden wollen. Im Reservebataillon des Wolhynischen Regiments, dessen Rekruten in einer Kaserne im Zentrum der Hauptstadt untergebracht sind, ist der Defätismus schon seit langem zu spüren. Und nun überträgt Chabalow ausgerechnet einer Ausbildungseinheit dieses Bataillons die Aufgabe, die Demonstranten von den Straßen zu vertreiben, die sich am Reiterdenkmal Alexanders III. versammelt haben, um aufrührerischen Reden zu lauschen. Vom Kompaniechef, Hauptmann Iwan Laschkewitsch, erhalten sie den Befehl, die Masse zurückzudrängen und den Zugang zum Newski-Prospekt abzuriegeln. Unwohl fühlen sich nicht nur die Soldaten, sondern auch die Unteroffiziere, denen die Verantwortung für den Einsatz auf der Straße übertragen wird. Ein Unteroffizier mit Erfahrungen im Fronteinsatz unterhält sich mit Arbeitern und gibt ihnen zu verstehen, daß die Offiziere zwar Anordnungen erteilen, sie, die Soldaten, sie aber nicht befolgen werden. Von ihren Waffen wollen sie im Ernstfall jedenfalls keinen Gebrauch machen.[7]

Am Nachmittag kommt es zu einer ersten Feuerprobe, als eine tausendköpfige Menge vom Newski-Prospekt aus auf den Platz strömt. Soldaten bewegen sich auf die Masse zu, die sofort zurückweicht und sich in den Nebenstraßen auflöst. Vom Ligowski-Prospekt eilt eine berittene Polizeieinheit herbei und traktiert die zurückflutende Menge mit Peitschenhieben. Kosaken, die in der Nähe patrouillieren, drängen die Polizisten in die Gontscharnaja-Straße ab, die parallel zum Alten Newski-Prospekt nach Osten verläuft. Es fallen Schüsse, drei Polizisten werden von Gewehrkugeln getroffen, ihre Leichen fallen auf die Straße. Und nun strömen die Demonstranten in großer Zahl auf den Platz, ohne daß die Reservisten der Ausbildungskompanie überhaupt den Versuch unternehmen, sie daran zu hindern. Ein Oberst, der das Geschehen aus sicherer Entfernung beobachtet, läuft auf einen Hauptmann zu, dem es offenbar einerlei ist, was seine Soldaten tun. «Was ist das hier für eine Schweinerei?», herrscht ihn der Oberst an. «Warum lassen Sie das zu? Sie werden jetzt sofort die Menge auseinanderjagen und ihr die Flaggen abnehmen.» Der Hauptmann aber ignoriert den schreienden Offizier.

Solche Befehle müsse die Infanterie überhaupt nicht ausführen, erwidert er kühl und verweist auf die Kosaken, die in der Nähe stehen. Nun wendet sich der Oberst dem Kommandeur der Kosakeneinheit zu. «Das ist völlig inakzeptabel, diese Menge, ich bitte Sie, die Flaggen zu entfernen und die Menge auseinanderzutreiben.» Der Kosak lächelt. Wenn ihm so viel daran liege, solle er es doch selbst versuchen.[8]

Unterdessen erbarmt sich ein Fähnrich und erteilt den Befehl, die Versammlung aufzulösen. Aber in den Augen der Reservisten ist keine Entschlossenheit mehr zu sehen, die Masse weicht nicht zurück, nicht einmal, als die Soldaten auf Sichtweite an sie herankommen und die Spitzen ihrer Bayonette auf sie richten. Was können die Soldaten schon tun? Umringt von Demonstranten, können sie die Distanz nicht mehr aufrechterhalten, die es ihnen erlaubt hätte, von ihren Schußwaffen Gebrauch zu machen. Schössen sie jetzt in die Menge – die Folgen wären auch für sie unabsehbar. Und so bleiben die Soldaten, wo sie sind, bewegen sich keinen Schritt nach vorn. Unter wüsten Beschimpfungen erklimmt der Fähnrich die Reiterstatue und reißt die rote Fahne herunter, die Demonstranten dort angebracht haben. Er stolpert, fällt zu Boden, sein Säbel löst sich vom Koppel, Arbeiter entreißen ihm die Waffe und versuchen, ihn zu lynchen. In letzter Minute verhindern Soldaten, daß die Meute den Fähnrich in Stücke reißt.[9]

Aber auch an anderen Orten machen sich Offiziere an diesem Nachmittag zum Gespött und setzen ihre Autorität in den Augen der Soldaten aufs Spiel. Am Nachmittag des 25. Februar dringen Offiziere und Soldaten des Wolhynischen Regiments in eine Wohnung am Newski-Prospekt ein, wo sich liberale Parlamentsabgeordnete zu einer Besprechung versammelt haben. Ein Offizier eröffnet den anwesenden Politikern, daß unangemeldete Versammlungen nicht gestattet seien, er die Herren deshalb verhaften müsse. Bevor die Abgeordneten von Soldaten auf die Straße geführt und im Konvoi zur nächsten Polizeistation gebracht werden, hat noch jemand den prominenten liberalen Politiker Michail Tereschtschenko angerufen, der sich sogleich auf den Weg zur Polizeistation macht, wo seine Parteifreunde festgehalten werden. Tereschtschenko, der aus einer wohlhabenden ukrainischen Fabrikantenfamilie stammt und weiß, wie man sich Respekt verschafft, zitiert den befehlshabenden Offizier herbei und demütigt ihn in Gegenwart seiner Soldaten. Ob er denn jemals in seinem Leben an der Front gewesen sei, will er von ihm wissen, und ob er sich nicht schäme, unbescholtene Bürger zu verhaften, während Hunderttausende ihr Leben für die Heimat opferten? Der Reviervorsteher ist offenbar erleichtert, daß er die Verantwortung für die Verhaftung der liberalen Politiker nicht übernehmen muß, und er nutzt die Anwesenheit Tereschtschenkos, um die Angelegenheit so schnell wie möglich aus der Welt zu schaffen. Er läßt die Personalien der Abgeordneten aufnehmen, dann dürfen sie nach Hause gehen.[10] Die Autorität der Offiziere gerät ins Wanken, und die Soldaten fragen sich, aus welchem Grund sie Vorgesetzten gehorchen sollen, die nicht einmal imstande sind, sich im Kreis von Zivilisten Respekt zu verschaffen. Erstmals zeigt sich die Staatsgewalt in all ihrer Schwäche und Verletzbarkeit. Und die Soldaten erkennen und nutzen diese Schwäche. Sie warten nur auf den Augenblick, der es ihnen ermöglicht, sich bemerkbar zu machen.

Am Abend leeren sich die Straßen, die Offiziere ziehen ihre Soldaten ab und führen sie in die Kasernen zurück, ein Fehler, wie sich bald herausstellt. Denn die Staatsgewalt überläßt der Revolte die Aufmarschplätze, als sie die Entscheidung trifft, das Zentrum der Stadt in der Nacht zu räumen. Chabalow versteht nicht, daß sich die unzufriedenen Reservisten in den Mannschaftsunterkünften unbemerkt mit renitenten Unteroffizieren verbinden, die ihnen einreden, daß der Tag der großen Meuterei nahe ist. Am späten Abend versucht Hauptmann Laschkewitsch noch, die Rekruten auf ihre Dienstpflichten einzuschwören. Er läßt sie im Hof der Kaserne antreten und macht ihnen Vorhaltungen. Ihr «schändliches Verhalten» habe die Ehre des Wolhynischen Garderegiments besudelt, ruft er ihnen zu. «Ich verlange, daß Ihr bei der ersten sich bietenden Gelegenheit diesen Schandfleck tilgt. Ich denke, daß Ihr mit mir einer Meinung seid, nicht wahr?» Die Soldaten schweigen. Sie wissen, daß die Unteroffiziere des Regiments schon über den Moment sprechen, der einmal kommen wird und mit dem sie jetzt all ihre Hoffnungen verbinden.[11]

Der Maler und Kunstkritiker Alexander Benois zieht es am Nachmittag des 25. Februar vor, zu Hause zu bleiben und nicht, wie gewöhnlich, die Akademie aufzusuchen. Denn Bekannte haben ihm gesagt, daß Soldaten auf Demonstranten schössen und der Innenminister den Befehl gegeben habe, Maschinengewehre auf den Dächern zu postieren. Benois erinnert sich noch an die erste russische Revolution und an den Petersburger «Blutsonntag». Damals, am 9. Januar 1905, hatten Kosaken eine friedliche Prozession von Arbeitern gewaltsam aufgelöst und wahllos in die Menge geschossen. Und nun fürchtet der Kritiker, es könne wieder so kommen, der Alptraum sich wiederholen, dem er gern entgehen würde. Aufgewühlt von den Ereignissen sitzt er am Schreibtisch in seiner großen, mit antiken Möbeln und Kunstwerken ausgestatteten Wohnung im Zentrum der Stadt und denkt über die Konsequenzen nach, die sich für einen wie ihn ergeben könnten, sollte die Regierung gestürzt werden. Zu Beginn des Jahres 1906 war es der Regierung gelungen, die Unruhen niederzuschlagen, weil ihr Innenminister, Pjotr Durnowo, von den Repressionsinstrumenten des Staates rücksichtslosen Gebrauch machte und weil der Ministerpräsident, Sergei Witte, der liberalen Opposition verlockende Angebote unterbreitete, die sie nicht ablehnen konnte. Die Liberalen bekamen, was sie sich wünschten, ein Parlament und eine Verfassung. Der Rest erledigte sich von allein. Aber was bliebe der Regierung jetzt, im Angesicht des Krieges, noch zu tun, um ihre Überlebenschancen zu verbessern? Ob man dem Untergang noch entgehen, noch einen Ausweg finden könne? Wahrscheinlich werde die Polizei, denkt Benois, den Aufstand, wie stets, niederschlagen. Aber was dann? Verzweifelt schreibt er am Abend in sein Tagebuch: «Auf der anderen Seite unterliegt es keinem Zweifel, daß das Geschwür vollständig gereift ist und es früher oder später platzen mußte. Welche Schurken, oder besser gesagt, welche Idioten haben das Land und die Monarchie in eine solche Krise geführt?»[12]

Die Regierung begeht Fehler um Fehler und so öffnet sie der Opposition erst den Raum, in dem sie sich entfalten kann. Ganz Petrograd strömt auf die Straßen, so scheint es, weil die Furcht verschwunden ist, die sonst die Bewegungen der Masse lenkt. Manchmal

Alexander Benois (1870–1960), Maler und Kunstkritiker

genügt ein kleiner Schritt, um eine Flucht- in eine Hetzmasse zu verwandeln.[13]

Protopopow kann sich mit Durnowo, dem skrupellosen Innenminister vergangener Tage, nicht messen. Damals, im Januar 1906, hatten Strafexpeditionen und Standgerichte kurzen Prozeß mit den Aufständischen gemacht. Daran mag Protopopow nicht einmal denken. Zur Anwendung exzessiver Gewalt ist er schon deshalb nicht bereit, weil ihm der Ernst der Situation auch am dritten Tag der Unruhen nicht zu Bewußtsein kommt. In der Mittagszeit empfängt sein Stellvertreter den Stadthauptmann von Jalta, Spiridowitsch, um sich mit ihm über die Frage auszutauschen, ob die neu zu errichtenden Brücken an der Meerespromenade mit Holzbalken versehen oder asphaltiert werden sollen. Niemand scheint beunruhigt zu sein. Protopopow, zu dem Spiridowitsch nach dem Ende der Beratungen vorgelassen wird, ist vergnügt und gut gelaunt, erkundigt sich nach dem Wetter und dem Leben auf der Krim. Dann läutet das Telephon im Büro des Ministers. Protopopow nimmt den Hörer ab. Der Polizeichef ist am Apparat. Auf dem Snamenskaja-Platz hätten sich Arbeiter zu einer Kundgebung versammelt, hört er ihn sagen, und ein Polizeioffizier sei von einem Kosaken getötet worden. Spiridowitsch rät dem Minister, den Täter unverzüglich vor ein Kriegsgericht zu stellen. Aber davon will Protopopow nichts hören. Die Aufrechterhaltung der Ordnung habe er in die Hände Chabalows gelegt, der schon wisse, was zu tun sei.[14]

Wenige Minuten später wird Protopopow wieder ans Telephon gerufen. Jetzt ist die Zarin am Apparat, die im Palast von Zarskoje Selo von allen Informationen abgeschnitten ist und nun in Erfahrung bringen will, welche Sicherheitsvorkehrungen der Innenminister getroffen hat und wie er den Brandherd zu löschen gedenkt. Spiridowitsch verläßt das Büro des Ministers und begibt sich in ein Nebenzimmer. Durch die angelehnte Tür hört er, daß Protopopow englisch spricht, jene Sprache, in der sich Alexandra auch gegenüber ihrem Ehemann verständlich macht. Ihr versichert Protopopow sogleich, daß Chabalow den Unruhen ein Ende setzen werde. Das alles sei nur eine Frage von Stunden. Es bestehe also überhaupt kein Grund zur Besorgnis. Am Abend empfängt der Innenminister Gäste in seiner Wohnung, die in der Nähe des Newski-Prospekts liegt. Geladen ist auch der Kommandeur der Leibgarde des Pawlowski-Regiments, Konstantin Grimm, der nicht glauben kann, was er zu hören bekommt, als er Protopopow auf den Ernst der Lage hinweist. Protopopow scherzt und lacht, es ist nicht mehr zu übersehen, daß er an fortschreitendem Größenwahn leidet. Die Revolution werde sich nur zu dem einen Zweck auf den Straßen zeigen, versichert er: um dingfest gemacht und niedergewalzt zu werden. Dieser Aufgabe werde sich nun Chabalow annehmen. Grimm zuckt mit den Schultern, und ratlos verläßt er die Wohnung des Ministers.[15]

Chabalow aber ist ebenso orientierungslos wie der Innenminister: Soll er nachgeben, den Soldaten verlockende Angebote machen oder Schußwaffen einsetzen und sich auf das letzte große Gefecht vorbereiten? Beljajew jedenfalls glaubt, daß es einen «furchtbaren Eindruck

Alexander Protopopow (1866–1918), letzter Innenminister des Zaren

auf unsere Verbündeten macht, wenn die Menge auseinandergetrieben wird und Leichen auf dem Newski-Prospekt liegen.»[16] Der Kriegsminister ist ein Zauderer, der sich vor den blutigen Konsequenzen fürchtet, die er zu tragen hätte, wenn er die Maschinengewehre sprechen ließe. Aber die Ereignisse haben all seine Erwägungen schon obsolet gemacht. «Es ist interessant, daß die Regierung keine erkennbaren Lebenszeichen von sich gibt», so Hippius in ihrem Tagebuch. «Wo sie ist und wer eigentlich schaltet und waltet, ist nicht klar. Das ist neu.» Im Jahr 1905 seien noch entschlossene Männer zu sehen gewesen, die mit den Revolutionären nicht zimperlich umgegangen seien. Aber jetzt? «Es riecht nach irgendeinem gigantischen Leichnam. Weiter nichts. Seltsame Empfindung.»[17] Wenn doch wenigstens die Frontgeneräle über das Geschehen in der Hauptstadt im Bilde wären! Aber sie wissen nichts, weil Protopopow und Chabalow sie mit unzureichenden Informationen versorgen. Russki, der Oberbefehlshaber der Nordfront, ist ein erfahrener Frontoffizier, aber er glaubt auch, daß der Innenminister weiß, wovon er redet. Schon am 24. Februar erreichen ihn Gerüchte, die auf

Ungewöhnliches hinweisen, aber er kann sich nicht vorstellen, daß die Ordnung tatsächlich zusammenbrechen könnte.[18]

Zu Beginn der Unruhen wäre es für die Regierung noch möglich gewesen, die Oberhand zu behalten. Der Innenminister hätte nichts weiter tun müssen als Aufwiegler aus der Stadt auszuweisen, die Polizei im Zentrum der Stadt zu konzentrieren und Ansammlungen von Menschen auf den Straßen aufzulösen. Der Kriegsminister hätte unzuverlässige Soldaten an die Front und Garderegimenter von der Front in die Hauptstadt verlegen müssen. Mit der Konzentration zehntausender Menschen aber, die dicht zusammengedrängt die Straßen bevölkern, ist die Staatsmacht überfordert. Wer hätte im unübersichtlichen städtischen Dickicht schon den Befehl geben wollen, das Feuer auf Unbewaffnete zu eröffnen, wer wäre bereit gewesen, dafür die Verantwortung zu tragen? Später fragen sich die Zeitgenossen, was geschehen wäre, wenn der Zar im Palast von Zarskoje Selo geblieben und nicht ins Hauptquartier nach Mogiljow gefahren wäre, wenn Alexejew den Informationen Protopopows keinen Glauben geschenkt hätte? Erst nach und nach kommt Ministern und Generälen zu Bewußtsein, daß der Zar das Schicksal der staatlichen Ordnung einem Hochstapler anvertraut hat, der sie alle ins Verderben führen wird.[19]

Jetzt erst begreifen Sozialisten wie Liberale, daß sie den Aufstand unter ihre Kontrolle bringen müssen, solange die Regierung der Revolte nichts entgegensetzt. Man muß dem Geschehen eine Richtung geben, das Machtvakuum füllen, bevor es andere tun. Am Abend des 25. Februar beraten die Abgeordneten des Stadtparlaments über die Versorgungskrise, deren Bewältigung nun in ihren Händen liegt. Die Stimmung ist aufgeheizt, Kerenski wird von den Anwesenden mit Applaus begrüßt. Wie stets, wenn er sich zeigt, erhöht sich die Raumtemperatur. Seine stakkatohaft herausgestoßenen Sätze elektrisieren die Deputierten, selbst ein vorsichtiger Liberaler wie Andrei Schingarjow will vom Dialog mit der Regierung nichts mehr hören. Ohne einen politischen Systemwechsel, da sind sie sich einig, wird sich die Versorgungskrise nicht beheben lassen. Arbeiter und Studenten drängen in den Plenarsaal, Tote und Verwundete werden von der Straße hereingetragen. Schljapnikow, der Zeuge des Spektakels ist, fühlt den Moment der Entscheidung.[20] Die zauderhaften Liberalen denken nun in Alternativen. Sie wollen keine Revolution, sie wollen vielmehr an der Regierung beteiligt werden. Und so fragen sie sich, ob es sie teurer zu stehen kommen könnte, sich von der Revolte fernzuhalten oder sich in den Kampf um die Macht zu werfen. Wider Willen stürzen auch sie ins Offene und Ungewisse, ohne die Folgen zu berechnen, die sich aus hingeworfenen Sätzen ergeben.

Die Brotkrise ist ein Geschenk für diejenigen, die alles auf eine Karte setzen wollen und deren Stunde nun gekommen ist. Sie verstehen, daß das Ende des Brotmangels auch das Ende der Revolte wäre. Warum also hätten Revolutionäre der Regierung bei der Bewältigung der Krise helfen sollen? Sie vergessen, daß sie einmal Anarchisten, Bolschewiki, Menschewiki, Legalisten, Anhänger und Gegner des Krieges gewesen sind. Sie arbeiten gemeinsam daran, den Protest in eine organisierte Aktion zu verwandeln, versuchen, die Soldaten in den Kasernen zu erreichen und sie davon zu überzeugen, daß die Revolte der Arbeiter auch in ihrem Interesse ist. Sie nutzen landsmannschaftliche Bindungen für ihre Zwecke, appellieren an den Gemeinschaftssinn der Bauernsoldaten, der in der Stunde des Aufruhrs Wunder bewirken könnte. Denn wer will schon an die Front geschickt werden und sein elendiges Leben in einem schmutzigen Schützengraben beenden?[21] Manche Revolutionäre erinnern sich noch an den Herbst des Jahres 1905, als es ihnen gelang, die Kontaktsperre zu überwinden, die das Regime zwischen Soldaten und Zivilisten verhängt hatte. Der Schlüssel zum Erfolg liegt in der Beherrschung der Kommunikationsstrukturen.

Die Anführer der revolutionären Parteien wissen, daß sie mit ihrer Freiheit und ihrem Leben spielen, als sie die Entscheidung treffen, die Initiative zu ergreifen. Noch ist nichts entschieden, und es steht zu befürchten, daß sich die Liberalen wieder einmal mit der Regierung auf einen Kompromiß einigen werden. Dennoch rufen die Bolschewiki die Soldaten der Garnison auf Flugblättern dazu auf, sich gegen ihre Offiziere zu erheben. Barrikaden müßten auf den Straßen errichtet, das Elektrizitätswerk und das Telegraphenamt besetzt werden. Am Abend versammeln sich Mitglieder des menschewistischen Parteikomitees und der Kooperativen-Bewegung, um, wie im Herbst 1905, über die Einberufung eines Arbeiterrates zu beraten. Aufbruchstimmung erfaßt die revolutionären Parteien, deren Führer nun Morgenluft wittern. Mehr als andere wissen die Agenten der Ochrana: Im revolutionären Untergrund werde über den Einsatz von Bomben gesprochen, berichten sie, mit denen Terroristen die Polizei das Fürchten lehren wollten. «Das Volk ist davon überzeugt, daß eine Revolution begonnen hat», schreibt ein Agent der Ochrana an den Stadthauptmann. Es sei geradezu fahrlässig, die Revolutionäre gewähren zu lassen, die an Selbstsicherheit gewönnen, weil die Regierung tatenlos zusehe, wie die staatliche Ordnung zusammenbreche. Die Agenten sehen mit eigenen Augen, wohin der Autoritätszerfall führt und wo sich der Aufruhr seine Bühnen schafft. «Im Augenblick spielen die Fabriken die Rolle riesiger Clubs», schreibt ein Informant am Abend des 25. Februar, «und deshalb würde die Schließung der Fabriken für zwei, drei Tage die Massen ihres Informationszentrums berauben, wo erfahrene Redner die Menge elektrisieren, die Tätigkeiten einzelner Fabriken koordinieren und allen Äußerungen überhaupt erst Gleichförmigkeit und Organisation verleihen.»[22]

Mogiljow liegt still im Nebel, nicht einmal vom Krieg, der im Westen tobt, ist etwas zu spüren. Aber selbst im fernen Hauptquartier spricht sich herum, was in der Hauptstadt geschieht. In der Entourage des Zaren herrscht eine angespannte Atmosphäre, doch niemand wagt es, den Herrscher auf das Geschehen anzusprechen. Alexejew und Wojejkow glauben dem Innenminister aufs Wort, und deshalb schenken sie den Unruhen nicht die Aufmerksamkeit, die sie verdient hätten. Alexejew, der das Vertrauen des Zaren und der Duma genießt und manches bewirken könnte, ignoriert die Gefahren und ist mit dem Geschehen an der Front beschäftigt. Wojejkow kümmert sich unterdessen um seine privaten Angelegenheiten. Am Nachmittag sucht er eine Wohnung für seine Frau, die ihren Besuch in Mogiljow angekündigt hat. Nikolai II. plaudert mit seinem Gefolge, empfängt Diplomaten und Generäle und erkundigt sich nach dem Befinden seiner Kinder. Nach dem Spaziergang am Nachmittag vergnügt sich der Zar im Kreis der Höflinge.[23]

Am Nachmittag treffen die ersten Nachrichten im Hauptquartier ein. Chabalow teilt telegraphisch mit, daß mehr als 200 000 Arbeiter in den Ausstand getreten seien, Demonstranten die Fensterscheiben von Geschäften und Straßenbahnen einschlügen und Polizisten attackierten. Jetzt erfährt der Zar auch von der Befehlsverweigerung der Kosaken und davon, daß ein Polizeioffizier von einem Kosaken getötet worden ist. «Das Militär hat keine Waffen eingesetzt», fügt Chabalow seinen Ausführungen noch hinzu.[24] Aber der Militärkommandant gibt sogleich Entwarnung. Die Bewegung sei spontan, unorganisiert, versichert er, ein Pogrom, wie eh und je, und deshalb bestehe kein Grund zur Sorge. Wie stets werde das Militär energische Maßnahmen treffen und die Unruhen im Keim ersticken. «Die Menge ist auseinandergetrieben worden.» Auch Protopopow meldet sich noch zu Wort, sendet beruhigende Worte an das Hauptquartier. «Es werden energische Maßnahmen ergriffen, um weitere Unruhen zu unterbinden.» Wojejkow, der ebenso arglos ist wie der Innenminister, trägt dem Zaren nicht nur den Text des Telegramms, sondern auch die Deutung Protopopows vor: ein Pogrom, der zwar lästig ist, aber die Staatsgewalt nicht erschüttern kann. So schildert es ihm auch seine Frau, die im Palast von Zarskoje Selo von allen Nachrichten abgeschnitten ist und glaubt, daß der Innenminister ihr nicht nur die Wahrheit sagt, sondern auch weiß, was zu tun ist. «Eine Bewegung von Hooligans» – so nennt Alexandra die Bewegung, die sich auf den Straßen Petrograds vollzieht. Im Hauptquartier ist man mit diesen Versicherungen offenbar zufrieden.[25]

Noch am gleichen Abend, um 19 Uhr, weist der Zar Chabalow an, die Unruhen niederzuschlagen, und er glaubt, nach allem, was man ihm erzählt hat, eine solche Operation sei ein Unterfangen, das in wenigen Stunden beendet werden könne. Dem Aufruhr müsse ein Ende gesetzt werden, befiehlt er, und zwar «morgen». Bevor er zu Bett geht, schreibt er noch einige Sätze in sein Tagebuch. Lakonisch vermerkt er: «Ich stand spät auf. Der Bericht dauerte 1 ½ Stunden. Um 14:30 fuhr ich zum Kloster hinaus und betete vor der Ikone der Mutter Gottes. Ich machte einen Spaziergang auf der Chaussee nach Orscha. Um 18 Uhr ging ich zur Vesper. Ich arbeitete den ganzen Abend.» Tag für Tag ein

Déjà-vu, wie Wassertropfen, die in regelmäßigen Abständen auf den Boden fallen. Eine Brotrevolte! Nichts, worüber sich das Gefolge den Kopf zerbrechen müßte![26]

Um 22 Uhr empfängt Chabalow den Stadthauptmann und mehrere höhere Offiziere in seinem Amtssitz, um mit ihnen über die Strategie der kommenden Stunden zu beraten. Er liest ihnen den Befehl des Zaren vor, der ihnen keine Wahl läßt. Mit beruhigenden Worten wird man sich im Hauptquartier nicht mehr zufriedengeben, solange kein Ende des Aufruhrs in Sicht ist. Am kommenden Tag muß der Aufstand niedergeworfen werden, daran läßt Chabalow keinen Zweifel. Er erteilt deshalb die Anweisung, Ansammlungen aufzulösen und Schußwaffen gegen «aggressive» Demonstranten einzusetzen. Aber er leidet unter dem moralischen Druck, der auf ihm lastet. Vor der Untersuchungskommission der Provisorischen Regierung wird er zwei Wochen später über die seelischen Qualen sprechen, die ihm der Befehl des Zaren bereitet: «Was werde ich tun? Wie soll ich das unterbinden? Als man gerufen hat: Gebt Brot, hat man Brot gegeben, und fertig. Aber als auf den Fahnen ‹Nieder mit der Autokratie› geschrieben stand – wie kann man sie dann noch mit Brot beruhigen? Aber was tun? Der Zar gab den Befehl: man muß schießen ... Ich war am Ende – ich war vollkommen am Ende.» Noch in der Nacht werden auf Anweisung Chabalows mehr als einhundert stadtbekannte Revolutionäre verhaftet, unter ihnen befinden sich fünf Mitglieder des lokalen bolschewistischen Parteikomitees. Davon unterrichtet er sogleich Alexejew. Es seien Plakate in der Stadt ausgehängt und Gewalttäter vor den Konsequenzen gewarnt worden, die sie zu tragen hätten, schreibt er. Wer bis zum 28. Februar nicht an seinen Arbeitsplatz zurückgekehrt sei, werde zum Militär eingezogen und an die Front geschickt. Chabalow beschließt sein Telegramm mit den Worten: «Der Abend verlief vergleichsweise ruhig.»[27]

Gegen Mitternacht kommen die Minister in der Wohnung Golizyns zusammen, sie hören, wie Protopopow und Chabalow ihnen versichern, daß der Aufruhr am nächsten Tag ein Ende finden werde. 30 000 Soldaten seien mobilisiert, gepanzerte Fahrzeuge und Artillerie in Stellung gebracht worden. Die Minister sitzen in bequemen Sesseln, und außer Beljajew scheint niemand beunruhigt zu sein, wie Balk sich später an die denkwürdige Sitzung erinnern wird. Nikolai Maklakow und Alexander Trepow, die als Mitglieder des Staatsrates an der Sitzung teilnehmen, raten dem Innenminister, das Kriegsrecht über die Hauptstadt zu verhängen und Standgerichte einzusetzen, die mit den Aufständischen kurzen Prozeß machen. Die Duma müsse aufgelöst und neutralisiert werden. So sehen es auch der Oberprokuror des Heiligen Synods, der Justiz- und der Kriegsminister. Sogleich entfaltet sich eine heftige Kontroverse, denn die übrigen Minister glauben nicht an die Macht der Waffen. Die Regierung, sagen sie, müsse sich mit der liberalen Opposition verständigen und sie an der Macht beteiligen. Einen anderen Ausweg aus der Krise könne es nicht geben. Es gelingt Rittich und Pokrowski, das Kabinett von ihrer Friedensmission zu überzeugen, und so erhalten sie den Auftrag, am nächsten Tag Verhandlungen mit den liberalen Abgeordneten aufzunehmen. Übermüdet und erschöpft verlassen die letzten Minister um 4 Uhr morgens die Wohnung Golizyns, ohne eine Entscheidung getroffen zu haben.[28]

Auch am Abend des 25. Februar füllen sich die Restaurants, Theater und Clubs mit Menschen, die nach Abwechslung und Unterhaltung suchen. Im Mariinski-Theater spielt ein Orchester. Paléologue und Prokofjew sitzen im Publikum und lauschen der «Fantasie» von Camille Saint-Saëns. Der französische Botschafter ist verzückt, die Musik sei «wunderbar in ihrem fieberglühenden Romantismus», schreibt er am Abend in sein Tagebuch. Als die Besucher das Konzerthaus verlassen, hat sich Stille über die Stadt gelegt. Automobile und Kutschen sind nicht mehr zu sehen, an den Straßenecken stehen Polizisten und Soldaten, die Gewehre im Anschlag. Es scheint, als sei Petrograd in einen tiefen Schlaf gefallen.[29]

VI.

Der Zar läßt schießen

Sonntag, 26. Februar 1917

Die Sonne strahlt, der blaue Himmel und der kürzlich gefallene Pulverschnee erzeugen eine Feiertagsstimmung in der Hauptstadt. Je schöner das Wetter, desto größer die Menschenmenge, die sich auf den Straßen versammelt.[1] Aber die Ruhe ist trügerisch. Denn an diesem Sonntag versucht die Regierung, die Initiative zurückzugewinnen. Auf Veranlassung Chabalows werden Schulgebäude, Verkaufsläden und Fabriken verriegelt, damit sich die Aufrührer nicht mehr an überdachten Orten versammeln können, in den Kasernen hat man Offiziere an die Telephonapparate beordert, die verhindern sollen, daß Revolutionäre Kontakt zu den Soldaten aufnehmen. In nur wenigen Stunden verwandelt sich die Innenstadt in ein Heerlager, überall patrouillieren Soldaten und Kosaken. Es spricht sich herum, daß Chabalow den Soldaten befohlen hat, von ihren Schußwaffen Gebrauch zu machen. Aber kaum jemand glaubt noch, daß wirklich geschehen könnte, was viele befürchten. Schon vor Tagen haben Agenten der Ochrana den Innenminister davor gewarnt, die Wiederherstellung der Ordnung in die Hände unerfahrener Reservisten zu legen. Aber Protopopow läßt Chabalow gewähren. In wenigen Stunden werde der Wahnsinn ein Ende finden, glaubt er, und ihm und seiner Voraussicht allein wird dieser Erfolg zu verdanken sein.[2]

Auch an diesem Vormittag strömen Zehntausende über die zugefrorene Newa ans andere Ufer. Aber nun stoßen die Demonstranten an manchen Orten auf Gegenwehr. Überall in der Stadt sind Schüsse zu hören. Die Lage ist unübersichtlich. Sergei Frisch, ein Gymnasiast, der sich auf die Straße wagt, weil seine Neugier größer ist als seine Furcht, sieht, wie Arbeiter am Kaufhaus «Gostiny Dwor» Handgranaten auf Polizisten werfen, ein Gendarm vom Pferd gezerrt und von der Anitschkow-Brücke in die Fontanka gestoßen wird, vor den Augen der Kosaken, die dem Schauspiel zusehen, aber nicht eingreifen. Auf dem Newski-Prospekt drücken sich Passanten an Häuserwände, um dem Kugelhagel zu entgehen, den die Gewehre der Soldaten ausstoßen. Wer auf wen schießt und woher das Feuer kommt, ist kaum auszumachen, weil es keine abgegrenzten Räume gibt, in denen sich die Kombattanten auf Distanz halten ließen.[3]

Auch Orest Allegri, der Chefdekorateur der Kaiserlichen Theater, wird in der Nähe Zeuge des absurden Spektakels, das sich auf den Straßen im Zentrum der Stadt vollzieht. Am Kutusow-Denkmal vor der Kasaner Kathedrale präsentiert ein Offizier seinen Säbel und schreit auf die Demonstranten ein, die sich auf dem Platz versammelt haben. Aber die Menge läßt sich von den uniformierten Repräsentanten des Staates nicht länger beeindrucken. Ein Soldat tritt hervor, er nimmt dem Offizier den Säbel aus der Hand und zerbricht ihn unter dem Gelächter der Umstehenden über seinen Knien in zwei Teile. An der Palastbrücke, die zum Winterpalast führt, ist eine Kosakenpatrouille postiert, die den Zugang zum Schloßplatz abriegeln soll. Ihr Kommandeur entsichert seinen Revolver, droht der Menge, die auf die Brücke zuläuft, aber die Kosaken lassen die Demonstranten vorbeiziehen. Zum ersten Mal sieht Allegri bewaffnete Arbeiter, und er fragt sich, woher sie die Gewehre haben, mit denen sie nun in die Innenstadt strömen.[4]

Inzwischen haben sich die Kosaken aus dem Geschehen vollkommen zurückgezogen, sie reiten auf ihren kleinen, untersetzten Pferden in Gruppen durch die Straßen, ihre Peitschen und Speere im Anschlag. Die silbernen Ohrringe, die ihnen ein verwegenes Aussehen verleihen, blinken in der hellen Mittagssonne. Aber auf ihren bronzefarbenen, sonnengebräunten Gesichtern ist kein böser Blick mehr zu sehen. An manchen Kreuzungen bleiben sie stehen, unterhalten sich mit Passanten, die nach den neuesten Nachrichten verlangen. Der Sozialrevolutionär Wladimir Sensinow, der sich in diesen Stunden auf dem Newski-Prospekt aufhält, mag nicht glauben, was er sieht. Die Prätorianergarde verweigert den Gehorsam. Wann hat es das jemals gegeben?[5]

Auch in den Reservebataillonen gerät die Autorität der Offiziere ins Wanken, aber sie ist noch nicht gebrochen, weil niemand den ersten Schritt wagt und den Befehl verweigert. Iwan Tschugurin, ein Arbeiter, der in einer Menge über den Newski-Prospekt läuft, erinnert sich später an die dramatischen Minuten, die über Leben und Tod entscheiden. Das Signalhorn ertönt, die Soldaten legen die Gewehre an, die Masse stockt, aber dann bewegt sie sich weiter, weil es niemand für möglich hält, daß der Schießbefehl wirklich erteilt wird. Plötzlich feuern die Soldaten eine Salve, sogleich folgt eine zweite. In Panik läuft die Menge auseinander, Menschen werfen sich auf die Erde, kriechen über den Asphalt und versuchen, sich in Sicherheit zu bringen. Tote und Verletzte liegen auf der Straße. Tschugurin und seine Gefährten rufen den Soldaten noch etwas zu, aber sie können nichts mehr bewirken.[6]

Die Militärmaschine vollstreckt, was man ihr aufträgt, aber ihre Soldaten verrichten den Vollstreckungsdienst nur noch widerwillig. Auf dem Snamenskaja-Platz sind auch an diesem Sonntag zwei Kompanien des Wolhynischen Regiments aufmarschiert. Sie sollen Demonstranten, die sich von der Nikolajewski-Straße (der heutigen Marat-Straße) her dem Zentrum nähern, den Zugang zum Newski-Prospekt versperren. Die Soldaten aber stehen untätig herum, und erst als Hauptmann Laschkewitsch selbst erscheint, bitten sie die Passanten, den Platz zu räumen. Furcht spricht aus ihrem Worten: Man solle den Weg freimachen, denn wenn sie nicht gehorchten, würden sie von ihren Offizieren erschossen. Am Nachmittag strömen weitere Arbeiter auf den Snamenskaja-Platz. Laschkewitsch, der sich im Dachgeschoß eines in der Nähe gelegenen Hotels eingerichtet hat und von dort aus den Platz überblickt, weist einen Fähnrich an, seinen Soldaten den Schießbefehl zu erteilen. Zweimal ertönt das Signalhorn, manche Soldaten richten ihre Gewehre in die Höhe und schießen ins Leere, die meisten aber folgen dem Befehl und feuern mehrere Salven in die Menge. In Panik zerstreut sich die Masse. Tote und Verwundete bleiben auf der Straße zurück, ein junges Mädchen liegt schwer verletzt auf dem Trottoir und weint vor Schmerzen. Soldaten bringen sie in die Vorhalle des Nikolai-Bahnhofs, wo eine wütende Menge sie umringt. «Warum habt ihr geschossen?»[7]

An der Kreuzung, wo die Sadowaja-Straße auf den Newski-Prospekt stößt, befindet sich das Hospital, in dem die Baronesse Olga Putjatina ihren freiwilligen Dienst verrichtet. Sie schaut in dem Moment aus dem Fenster, als Polizisten und Demonstranten aufeinander schießen. Menschen pressen sich an Hauswände, laufen panisch in alle Richtungen auseinander. Putjatina sieht Tote und Verwundete, die auf dem Asphalt liegen und von Ambulanzen geborgen werden, die sofort herbeieilen. Am Nachmittag werden die ersten Verwundeten in das Hospital gebracht und versorgt. Manche sterben, bevor man sie operieren kann. Ein Anblick des Elends.[8]

Die meisten Soldaten haben noch niemals einen Menschen getötet, kaum einer von ihnen war an der Front, und nun verlangt man von ihnen, Zivilisten zu erschießen. Ihre Feuertaufe haben sie sich anders vorgestellt. Nun überwiegt die Scham darüber, daß sie, die mit der Waffe in der Hand Zar und Vaterland gegen äußere Feinde verteidigen sollen, sich für einen Dienst mißbrauchen lassen, den sie verabscheuen. Denn es sind ihresgleichen, auf die sie schießen sollen. «Ich kann den Leuten nicht mehr in die Augen schauen», sagt Unteroffizier Timofei Kirpitschnikow zu einem Kameraden, der mit ihm auf dem Snamenskaja-Platz steht: «Wenn die Sache schon so ist», antwortet der Soldat, «dann müssen wir uns entscheiden, ob wir das Alte mit aller Gewalt verteidigen oder uns dem Volk annähern.» Zwar sind die Würfel noch nicht gefallen, die Meuterei zeichnet sich als Möglichkeit noch nicht ab, aber die Unteroffiziere denken darüber nach, ob sie den nächsten Befehl noch befolgen sollen.[9]

Am späten Nachmittag gelingt es Agitatoren aus den Arbeitervierteln, sich Einlaß in die Kaserne des Pawlowski-Regiments zu verschaffen. Sie konfrontieren die Soldaten mit der Nachricht, daß Offiziersschüler ihres Regiments auf unbewaffnete Zivilisten geschossen hätten. Mehrere Kompanien verlassen daraufhin die Kaserne und machen sich auf den Weg zum Newski-Prospekt, wo sie sich dem Aufruhr anschließen wollen. Ohne schwere Waffen – die Soldaten tragen 30 Gewehre und 100 Patronen mit sich – aber kommen sie nicht weit. Am Katharinen-Kanal begegnen sie einer berittenen Einheit der Gendarmerie, und sofort eröffnen sie das Feuer auf die Polizisten, die, von Kugeln getroffen, von ihren Pferden fallen oder Reißaus nehmen. Auf Anweisung Chabalows eilen Soldaten des in der Nähe stationierten Preobraschenski-Regiments herbei, die die Meuterer überwältigen und sie zwingen, in die Kaserne zurückzukehren. Damit aber will sich der Kriegsminister nicht zufriedengeben. Beljajew erwartet, daß die Meuterer vor ein Standgericht gestellt und zum Tode verurteilt werden. Aber wie soll es denn gelingen, mehr als 800 Soldaten vor den Richter zu bringen? Von solch drastischen Maßnahmen will Chabalow nichts hören. Er verlangt die Auslieferung der Aufwiegler und befiehlt, sie in die Peter-und-Pauls-Festung zu bringen und sie dort so lange zu inhaftieren, bis das Untersuchungsverfahren abgeschlossen ist. Dazu aber kommt es erst gar nicht, weil der Gefängnisdirektor mitteilt, daß keine Zellen zur Verfügung stünden, in denen sich die Meuterer unterbringen ließen. Und so bleiben sie auf freiem Fuß.[10]

Auch jetzt noch vertraut Chabalow den Wirkungen von Drohungen, und er hofft, daß es reichen wird, den Aufrührern die Instrumente zu zeigen, die man zur Anwendung bringen könnte. Er glaubt, daß seine Strategie aufgehen werde, weil sich die Staatsmacht entschlossener zeigt als am Vortag. Aber er weiß nicht, daß sich die Nachricht von der Meuterei im Pawlowski-Regiment bereits im ganzen Stadtgebiet herumspricht und auch in den Kasernen für Unruhe sorgt. Am Abend verständigen sich Kirpitschnikow und einige andere Unteroffiziere des Wolhynischen Regiments darauf, am nächsten Morgen ihre Vorgesetzten zu töten und die Soldaten der benachbarten Kasernen aufzufordern, es ihnen gleich zu tun. Am Bett Kirpitschnikows versammeln sich die Zugführer und geloben, sich am nächsten Tag den Befehlen ihrer Offiziere zu widersetzen. Noch in der Nacht verbreiten sich die Nachrichten von der bevorstehenden Meuterei in den Stuben der Soldaten.[11] Chabalow hingegen hält es weiterhin für vollkommen unmöglich, daß sich die Unruhen in eine Rebellion der Soldaten verwandeln könnten, wohl auch deshalb, weil ihm nicht bewußt ist, daß in den Zirkeln der liberalen und sozialistischen Parteien schon darüber gesprochen wird, wie dem Aufruhr eine Form gegeben werden könne.

Bereits am Vormittag haben sich Rittich und Pokrowski zur Staatsduma begeben, um mit Abgeordneten des «Progressiven Blocks» darüber zu beraten, wie das Parlament an der Macht beteiligt werden könne. Die Liberalen erheben bescheidene Forderungen. Die Regierung solle zurücktreten und den Zaren auffordern, ein neues Kabinett einzusetzen und es mit vertrauenswürdigen und populären Männern zu besetzen. Über die Berufung der Minister solle in Zukunft der Regierungschef befinden, der Herrscher müsse sich aus dem Alltagsgeschäft der Politik zurückziehen. Maklakow spricht es deutlich aus: Die Katastrophe könne nur abgewendet werden, wenn der Zar eine Regierung des Vertrauens einsetze und alle kompetenten Minister in die Regierung zurückhole, die unter dem Einfluß Rasputins aus ihren Ämtern entlassen worden seien. Alle Anstrengungen müßten sich auf die erfolgreiche Fortsetzung und Organisation des Krieges konzentrieren. Aber er weist Rittich und Pokrowski auch einen verlockenden Ausweg. In der Zwischenzeit, empfiehlt er, solle die Sitzungsperiode der Duma unterbrochen werden, damit sich die Gemüter beruhigen und Reformen in Gang gesetzt werden könnten. Maklakow schlägt nichts anderes als die Selbstentmachtung des Parlaments vor, weil er weiß, daß er der Regierung ein Angebot machen muß, das der Zar nicht ausschlagen kann. Pokrowski fragt, wer denn das Amt des Ministerpräsidenten übernehmen solle. Ein Mann aus den Reihen der Bürokratie oder der Duma? «Ernennen Sie einen populären General zum Premierminister. Wir haben einen solchen: Alexejew. Ihm vertrauen die Duma und das Land.» Und Maklakow fügt noch hinzu, daß der «Progressive Block» überhaupt nicht nach einer Regierung des Parlaments, sondern nach einer Regierung des Vertrauens verlange. Sie lasse sich auch ohne Beteiligung der Duma herstellen. Maklakow verweist auf Sergei Sasonow und Wladimir Kokowzow, die ehemaligen Minister für Auswärtige Angelegenheiten und Finanzen, und auf Pokrowski selbst. Jetzt komme es nur noch darauf an, ein Reformprogramm zu formulieren und die geeigneten Männer zu benennen, denen man zutraue, es

Wassili Maklakow (1869–1957), Rechtsanwalt. Einflußreicher Abgeordneter der Konstitutionellen Demokraten in der IV. Duma

auch zu verwirklichen. «Die Duma könnte ein solches Kabinett und ein solches Programm nicht ablehnen», glaubt Maklakow. «Aber verlieren Sie keine Zeit. Es ist Ihre letzte Chance.»[12]

Pokrowski und Rittich hören sich an, was die Liberalen ihnen zu sagen haben und versprechen, sich mit ihren Kollegen im Kabinett zu beraten und das Einverständnis des Zaren einzuholen. Dann kehren sie in den Marienpalast zurück, um dem Ministerrat Bericht zu erstatten. Zuhören aber will ihnen jetzt niemand mehr, Protopopow schon gar nicht, der dem Rat des Chefs der Ochrana, Alexei Wassiljew, folgt und empfiehlt, die Duma zu schließen. Wozu sollen sie zurücktreten, denken die Minister, und einer Regierung des Vertrauens Platz machen, wenn der Aufruhr doch schon morgen beendet sein wird? Golizyn holt die vom Zaren schon im Januar unterschriebene Blankovollmacht aus seiner Jackentasche, die ihn ermächtigt, die Sitzungsperiode der Duma zu unterbrechen und gibt bekannt, daß er von dieser Möglichkeit sofort Gebrauch machen wolle. Der Herrscher selbst habe ihn autorisiert, das Parlament zu beurlauben. Kaum hat Golizyn seine Unterschrift unter das Dokument gesetzt, reißt Protopopow es ihm aus der Hand und läuft, gut gelaunt, hinaus, um die Neuigkeit sofort zu verbreiten. Im Ministerrat entbrennt ein heftiger Streit. Pokrowski und Rittich sind außer sich. Die Regierung habe ihre letzte Chance verspielt, einen ehrenvollen Ausweg aus der Krise zu finden. Beljajew und Bark hingegen halten an der Auffassung der Konservativen im Kabinett fest, daß der Rücktritt der Regierung unmöglich sei, weil nur der Zar allein über die Entlassung der höchsten Staatsdiener befinden könne. So sieht es auch Golizyn, der umgehend ein Telegramm nach Mogiljow entsendet und den Zaren darüber informiert, daß die Regierung seinen Willen vollzogen habe.[13] Als Rodsjanko erfährt, daß vom Rücktritt der Minister keine Rede mehr sein kann, macht er sich sogleich auf den Weg zum Marienpalast. Golizyn bereitet ihm einen kühlen Empfang und zeigt ihm die Blankovollmacht des Zaren, die ihn ermächtigt, die Duma aufzulösen. Der Beginn der nächsten Sitzungsperiode sei auf unbestimmte Zeit verschoben, teilt er noch gönnerhaft mit, bevor der Parlamentspräsident sein Büro in aufgebrachter Stimmung verläßt.[14]

In der Wohnung des Abgeordneten Wassili Schulgin läutet das Telephon. Wassili Maklakow ist am Apparat. Er bittet ihn, wie auch alle übrigen Abgeordneten des «Progressiven Blocks», sich sofort zur Staatsduma zu begeben. Es sei Eile geboten, Entscheidungen müßten getroffen werden, die keinerlei Aufschub duldeten. Schulgin, das Gesicht der Konservativen in der Duma, ruft Pjotr Struwe an, den feinsinnigen Intellektuellen und Meisterdenker der Liberalen, der in der Nähe wohnt, und gemeinsam machen sie sich zuerst auf den Weg zu Wassili Maklakow, von dem sie erfahren wollen, was geschehen ist, und dann laufen sie zum Parlament. Weil Straßenbahnen und Kutschen ihren Betrieb eingestellt haben, gehen sie zu Fuß durch die menschenleeren Straßen. Die Sonne taucht die breiten Boulevards der Hauptstadt in helles Licht, auf dem Eis, das die Newa bedeckt, funkeln glitzernde Sterne. Struwe ist krank und gebrechlich, und so nimmt ihn Schulgin bei der Hand. Mehr als sechs Kilometer müssen sie bis zum Sitz des Parlaments, des Taurischen Palais, das im nordöstlichen Teil der Innenstadt an der Spalernaja Straße liegt, zu Fuß zurücklegen. Schulgin spürt, daß die Ruhe auf den Straßen trügerisch ist, daß irgendwo hinter den Brücken und Palästen, die von der Sonne angestrahlt werden, sich jener Sturm zusammenballt, dessen Ankunft alle erwarten.[15]

Zur gleichen Zeit macht sich Fürst Wladimir Obolenski, der dem Zentralkomitee der Konstitutionellen Demokraten angehört, auf den Weg in die Basseinaja-Straße im Zentrum der Stadt. Dort wohnt Alexander Demjanow, ein Rechtsanwalt und Freund, der ihn zum Frühstück in sein Haus eingeladen hat. Auch Obolenski, dessen Wohnung sich auf der Petrograder Seite befindet, legt die Wegstrecke zu Fuß zurück. Er sieht Demonstranten, die sich auf den Straßen versammeln und Kosaken, die sich dem Geschehen gegenüber vollkommen gleichgültig verhalten. Ist das die Revolution, von der die Radikalen überall sprechen? Obolenski weiß es nicht, und auch die Gesellschaft, die sich in der Wohnung Demjanows einfindet, ist ahnungslos. Unter den Gästen erblickt Obolenski Alexander Kerenski, den Einpeitscher der Sozialisten in der Duma, der das Geschehen auf den Straßen ebenso wenig auf Begriffe bringen kann wie die Liberalen. Die Gäste sind pessimistisch gestimmt, niemand glaubt, daß der Aufstand erfolgreich sein wird. Es wird wie immer kommen, denken sie: Die Polizei wird in die Menge schießen und der Aufruhr ein blutiges Ende nehmen. So war es immer schon, und so wird es auch jetzt wieder sein. In bedrückter Stimmung gehen sie am späten Vormittag auseinander. Obolenski und Kerenski, die noch in der Duma erwartet werden, verlassen gemeinsam das Haus Demjanows. Kerenski fürchtet sich vor den Soldaten, die an der Troitzki-Brücke postiert sind, glaubt, daß man ihn bei der ersten passenden Gelegenheit verhaften wird. Heute ist er noch ein Hasenfuß, morgen schon wird er den Volkstribun und Helden spielen, der vor nichts und niemandem Angst hat.[16]

Am Nachmittag treffen die letzten Abgeordneten des «Progressiven Blocks» in der Duma ein. Auch in ihrem Kreis kommen Zweifel auf, ob der Widerstand sie nicht doch noch teuer zu stehen kommen werde. Die Abgeordneten spielen jetzt auf Zeit, weil sie nicht verlieren wollen, was sie aufs Spiel setzen würden, wenn sie der Regierung den Kampf ansagten. Die führenden Köpfe des «Progressiven Blocks» versammeln sich im Büro Rodsjankos, des Parlamentspräsidenten und beraten darüber, was nun zu tun sei. Maklakow berichtet von seinen Verhandlungen mit der Regierung und spricht von den Erwartungen, die er mit den gegebenen Versprechungen verbindet. Was wäre, wenn sie aufgefordert würden, eine Regierung zu bilden? Über Jahre hätten sie die Regierung kritisiert, ihr den Krieg erklärt, aber niemals die Machtfrage gestellt, sagt Schulgin, der nun danach verlangt, Abgeordnete zu benennen, die für ein Regierungsamt in Frage kämen. Betretenes Schweigen. Die Anwesenden fühlen sich offensichtlich unwohl, denn es ist ausgerechnet der konservative Abgeordnete Schulgin, der ihnen den Spiegel vor das Gesicht hält. Eine Weile schauen sie verlegen zu Boden, dann ergreift Schingarjow das Wort und sagt, was stets zur Sprache kommt, wenn im Kreis der Liberalen die Machtfrage gestellt wird. Es sei, sagt er, verfrüht, schon jetzt nach der Macht zu greifen, weil doch gar nicht ausgemacht sei, ob sie sich mit solchem Verlangen durchsetzen könnten. Besser warten, als die Regierung unnötig zu provozieren. Denn die Minister haben ihr Versprechen gegeben, nach einem gemeinsamen Ausweg aus der Krise zu suchen. Schulgin lächelt, er weiß, daß er auf sich allein gestellt wäre, wenn er sich auf seine liberalen Mitstreiter verlassen müßte. Allen ist es peinlich, über die Machtfrage überhaupt gesprochen zu haben.[17]

Als die Abgeordneten das Büro Rodsjankos verlassen, werden sie von Kerenski aufgehalten, der ihnen zufällig über den Weg läuft. Man müsse, sagt er, der vor Stunden selbst noch unentschlossen war, jetzt handeln und die Macht in andere Hände legen. In welche, fragt Maklakow. «Das ist egal, wenn es nur keine bürokratischen sind», gibt ihm Kerenski zur Antwort. Aber sie wüßten doch überhaupt nichts über die Technik des Regierens, entgegnet Maklakow, der nicht versteht, warum ausgerechnet einer wie Kerenski, den er für einen unverantwortlichen Schwätzer hält, den Umsturz leichtfertig herbeiredet. Die Dumapolitiker fürchten sich vor der Verantwortung, die auf sie fiele, wenn die Regierung wirklich zurückträte. Sie haben sich daran gewöhnt, unter dem Schutz der staatlichen Gewalt die staatliche Gewalt zu kritisieren. Aber im Angesicht der Revolution wird ihnen das Herz schwer.[18]

Selbst in den revolutionären Zirkeln überwiegt am vierten Tag der Unruhen noch die Vorsicht, auch wenn sich die Sozialisten den Anschein geben, Führer zu sein, die wissen, was der Tag von ihnen verlangt. Am Abend versammeln sich die Vorsitzenden der sozialistischen Parteikomitees in der Wohnung Kerenskis. Sie fragen sich, wie es geschehen konnte, daß der Aufruhr ohne sie zum Ausbruch gekommen ist und warum sie nichts weiter als Zaungäste des revolutionären Geschehens sind. Immerhin spricht Nikolai Sokolow, ein Rechtsanwalt, der den Menschewiki nahesteht, über die Meuterei im Pawlowski-Regiment und verlangt, daß Entscheidungen getroffen werden müßten. Sensinow empfindet ein seltsames Unbehagen, weil selbst die Sozialrevolutionäre zaudern, die sonst immer nach der einsamen Tat der Entschlossenen rufen, denen es aber, wie den Liberalen auch, an jenem Mut fehlt, den die Stunde der Entscheidung von jedem verlangt. Die Masse sucht nach Führern, denkt er, weil irgendjemand ihre Wünsche in Worte und Programme fassen, ihr Ziele setzen muß. Aber wer wäre dazu bereit? Von Entschlossenheit ist an diesem Abend nichts zu spüren. Iwan Jurenjew, ein Bolschewik, rät zur Vorsicht. Es werde keine Revolution geben, sagt er, man solle sich stattdessen auf «eine lange Periode der Reaktion» vorbereiten und sich auf die Rolle von Beobachtern beschränken. Wochen später werden sich die Bolschewiki in heldenhafte Posen werfen, am Nachmittag des 26. Februar aber gefallen sie sich noch in der Rolle von Bedenkenträgern.[19]

Am späten Abend läutet das Telephon in Pokrowskis Wohnung. Wassili Maklakow ist am Apparat. Was denn inzwischen geschehen sei, und ob die Regierung das Angebot der Opposition aufgreifen wolle, will er wissen. Pokrowski entgegnet mit ruhiger Stimme: «Einer ihrer Wünsche ist erfüllt worden. Die Sitzungen der Duma werden unterbrochen. Über den Rest werden wir am Mittwoch beraten.» Maklakow kann nicht glauben, was er hört. Solchen Zynismus kann sich eigentlich nur leisten, wer Herr der Lage ist, denkt er. «Wissen Sie, was jetzt vor sich geht? Die Truppen meutern.» Die Soldaten des Pawlowski-Regiments hätten damit begonnen, ihre Offiziere zu entwaffnen. Davon habe er noch nichts gehört, antwortet Pokrowski, der offenbar vollkommen ahnungslos ist, weil Protopopow und Beljajew versichert haben, daß die Revolte noch am gleichen Abend zu Ende sein werde. «Dann habe ich mit Ihnen nichts mehr zu besprechen», fährt ihn Maklakow an und legt den Telephonhörer auf.[20] Die Duma reicht der Regierung den Ölzweig, und sie verspielt die letzte Chance, die sich ihr noch bietet, um den Untergang abzuwenden! Eine andere Interpretation kann es für Maklakow gar nicht geben.

Nicht einmal im engsten Umfeld Nikolais II. stößt die Auflösung des Parlaments auf Zustimmung. Maria Fjodorowna, die energische und willensstarke Mutter des Zaren, fragt sich, was ihren Sohn dazu bewogen haben mag, die Sitzungsperiode der Duma zu unterbrechen und die Abgeordneten nach Hause zu schicken. In ihrem Tagebuch verliert sie auch vor sich selbst die Fassung und lässt ihren Ressentiments freien Lauf. Wie immer, klagt sie, habe Nicky sich seiner Ehefrau unterworfen, die allein für diese «Dummheit» verantwortlich sei und die in Abwesenheit ihres Gatten offenbar auch alle wichtigen Entscheidungen treffe. «Die Duma ist geschlossen worden. Warum? Man sagt, daß dies bestimmt von ihrer Hand veranlaßt worden ist. In diesem Moment erneut ein furchtbarer Fehler. Man muß wirklich verrückt sein, um dafür eine solche Verantwortung auf sich zu nehmen.»[21] Aber was kann sie schon tun? Ihr Sohn ist in Mogiljow, sie selbst in Kiew, und so hofft sie, daß der unglückliche und willensschwache Herrscher wenigstens ihre Telegramme liest und überdenkt, was andere ihm einreden.

Während Maklakow mit Pokrowski telephoniert, versammelt Protopopow höhere Polizeioffiziere in seiner Wohnung, unter ihnen befinden sich der Direktor des Polizeidepartements, Wassiljew, und der Chef der Petrograder Ochrana, Globatschow. Globatschow glaubt schon nicht mehr daran, daß sich die Fahrt in den Abgrund noch aufhalten läßt. In den vergangenen zwei Tagen, warnt er den Innenminister, sei die Staatsgewalt unentschieden aufgetreten, das Militär der Polizei in den Rücken gefallen, und so hätten die Demonstranten geglaubt, es sei erlaubt, was sie täten. Zu Beginn der Unruhen hätte man die Gruppen noch von den Straßen vertreiben können. Nun sei es dafür zu spät. Was könnten Polizisten und Soldaten gegen eine zehntausendköpfige Menge, die, dicht gedrängt, die Straßen überflute, noch ausrichten, wie verhindern, daß sich am nächsten Tag abermals Massen von Menschen im Stadtzentrum versammeln? Die Staatsgewalt habe einfach den richtigen Moment verpaßt, um ihre Autorität wiederherzustellen. Denn Chabalow sei außerstande, die Reservisten in den Kasernen unter der Kontrolle ihrer Offiziere zu halten. Protopopow aber läßt sich nicht aus der Ruhe bringen. Er trinkt Kaffee, schaut vergnügt in die Runde, und sagt: «Chabalow wird die Bewegung niederschlagen, das ist seine Angelegenheit.» Bedrückt verlassen die Polizeioffiziere die Wohnung des Innenministers. Globatschow trifft sich noch am gleichen Abend mit Chabalow, beschwört ihn, Vorkehrungen gegen die Unzuverlässigkeit der Reserveregimenter zu treffen, bekommt aber auch von ihm nur zu hören, daß die Rekruten den Befehlen ihrer Offiziere zweifellos gehorchen werden. Man müsse sie nur mit den richtigen Instruktionen ausstatten.[22]

Spät in der Nacht lädt Golizyn die Minister in seine Wohnung. Ratlos stehen sie beieinander und wissen nicht, was sie tun sollen. Chabalow hinterläßt bei allen Anwesenden den Eindruck eines verstörten und verwirrten Menschen. Mit offenem Mund steht er im Wohnzimmer und läßt sich von Golizyn zurechtweisen, der ihm vorwirft, die Regierung über das tatsächliche Geschehen auf den Straßen getäuscht zu haben. Manchen Ministern kommt erst jetzt der Ernst der Lage zu Bewußtsein. Bark ist verzweifelt, Rittich gar nicht erst erschienen, weil er den Liteiny-Prospekt, in dessen Nähe er wohnt, schon nicht mehr passieren konnte. Nur Protopopow verbreitet weiterhin Optimismus. Er sei soeben zu Fuß durch die Innenstadt gelaufen, verkündet er stolz. Es sei ihm nichts widerfahren, es gebe also keinen Grund, in Panik zu verfallen. Plötzlich fallen Schüsse, Schreie sind zu hören, die von der Straße in die Wohnung Golizyns vordringen. Die Minister fühlen sich nicht mehr sicher, und so treffen sie die Entscheidung, die Sitzung in den Marienpalast zu verlegen. Sofort rufen sie drei Autos herbei, die sie über den Newski-Prospekt zum Regierungsgebäude bringen. Von einer geordneten Sitzung aber kann keine Rede mehr sein. Ununterbrochen läuten die Telephone, Nachrichten aus dem Ministerpavillon der Duma werden durchgestellt und es wird mitgeteilt, daß Rodsjanko mit dem Zaren verhandelt und ihn aufgefordert hat, sich seiner Regierung zu entledigen. Erst am frühen Morgen verlassen die Minister den Palast und gehen nach Hause.[23]

Manche erleben aber auch diesen Tag noch als Normalität. Prokofjew arbeitet in seiner Wohnung, die sich in der Nähe der Ismailowski-Brücke befindet, an einem Violinkonzert und geht am späten Nachmittag zu einem Spaziergang hinaus. In den Nebenstraßen ist es still, und er glaubt, die Revolution sei nur ein Gerücht, dem man keine Aufmerksamkeit schenken müsse. Am Abend bricht er noch einmal auf, besucht Freunde, mit denen er Bridge spielt. Jetzt muß er sich einen Weg durch dichte Menschenmassen bahnen, die die Straßen bevölkern. Das Gedränge erinnert ihn an eine österliche Mitternachtsmesse. Aber er mißt dem Auflauf keine besondere Bedeutung bei. «Wir spielten bei den Sacharows bis um fünf Uhr morgens», schreibt er in sein Tagebuch, «und als ich nach Hause lief, waren die Straßen leer und alles war ruhig.»[24] Alexander Rödiger, der ehemalige Kriegsminister des Zaren, ist zur gleichen Zeit auf dem Weg zu seinem Schwiegervater, der ihn und seine Frau zum Abendessen eingeladen hat. Die Rödigers gehen zu Fuß, sie laufen von der Fontanka über den Liteiny-Prospekt und den Wladimir-Prospekt zur Großen Moskauer Straße, ein Fußweg von etwa zwanzig Minuten. Auch sie sehen Massen von Menschen, die sich in Gruppen an den Straßenecken drängen, an allen Kreuzungen stehen Soldaten, vor den Kirchen Wachtposten. «Um ein Uhr nachts kehrten wir nach Hause zurück, wieder zu Fuß, die Straßen waren völlig menschenleer und es herrschte auf ihnen eine unheimliche Stille. Der ganze Newski-Propekt wurde von der Admiralität aus mit Scheinwerfern erleuchtet.»[25]

Wladimir Nabokow, der Herausgeber der liberalen Zeitschrift «Prawo» und prominentes Mitglied der Konstitutionellen Demokraten, verbringt den Abend in der Wohnung Josif Gessens, seines engsten Freundes. Sie unterhalten sich über die Inkompetenz des Innenministers, aber sie halten es selbst jetzt noch für unwahrscheinlich, daß die Ordnung zusammenbrechen könnte. Am Abend geht Nabokow durch leere Straßen nach Hause, wo er gegen Mitternacht wohlbehalten ankommt.[26] Nicht einmal der krisenerprobte Strafverteidiger Nikolai Karabtschewski läßt sich vom Aufruhr aus der Balance bringen. Am Abend sitzt er in der Loge des Kaiserlichen Theaters, wo eine Benefizveranstaltung zu Ehren des Schauspielers Juri Jurjew ausgerichtet wird.

Man führt Lermontows «Masquerade» auf, ein Bühnenstück in Versen. Karabtschewski vergißt das Gedränge auf den Straßen sofort, so sehr verzückt ihn die Darbietung. Am Ende der Aufführung ertönt brausender Applaus, Jurjew betritt die Bühne und nimmt Geschenke des Zaren und seiner Mutter entgegen. Ovationen lassen das Theater erbeben, während sich draußen vor der Tür die Ouverture zu einem anderen Drama ankündigt.[27] Hippius empört sich am Abend über den Zynismus des hauptstädtischen Publikums, das von den alltäglichen Vergnügungen auch jetzt nicht ablassen will. «Das sind sie, diese widerwärtigen Leute, die heute die Theater bis zum Bersten füllen. Ja, in großen Scharen sitzen sie im ‹Maskenball› im Kaiserlichen Theater, von überall her sind sie zu Fuß gekommen (andere Verkehrsmittel gibt es nicht), ergötzen sich an Jurjews Darstellung und Meyerholds Inszenierung – ein Parkettplatz hat 18 000 gekostet. Und den Newski hinab knattern die Maschinengewehre.»[28]

Die Fürstin Radziwill sieht keinen Grund, warum sie das Fest absagen soll, das schon lange versprochen ist. Am Abend treffen die Gäste ein, unter ihnen der französische Botschafter und seine Mitarbeiter, Mitglieder des Herrscherhauses. Die Musiker verspäten sich. Auf dem Gesicht des Großfürsten Boris Wladimirowitsch bemerkt de Robien einen Ausdruck der Besorgnis, aber das hält ihn nicht davon ab, zu tanzen. Als die französischen Diplomaten am späten Abend nach Hause zurückkehren, finden sie den Newski-Prospekt leer und verlassen vor. An den Kreuzungen stehen Soldaten und wärmen sich an Lagerfeuern, die sie entzündet haben. Nirgendwo sind Kutschen und Taxis zu sehen, und so laufen die Diplomaten zu Fuß durch die dunkle Stadt. «Als wir zu unserem Haus zurückkamen», so de Robien in seinem Tagebuch, «reitet eine Kompanie der Kosaken auf der Straße an uns vorbei. Der Schnee dämpft die Geräusche der Hufeisen, man hört nur das Klirren der Waffen.»[29] In der Zentrale der Geheimpolizei beginnen die Mitarbeiter, Akten zu verbrennen und Spuren zu verwischen. Spiridowitsch weiß, was die Stunde geschlagen hat. «Alles war ohne Worte klar.»[30]

Der Zar verbringt den Tag, wie er den vorherigen beendet hat, als ob nichts Bemerkenswertes geschehen sei. Um 11 Uhr nimmt er den

Bericht Alexejews entgegen. Um 12:30 wird das Frühstück serviert, und am Nachmittag geht er in Begleitung seines Gefolges außerhalb der Stadt spazieren, spricht mit Bauern, die am Wegesrand stehen und sich bekreuzigen, als sie den Herrscher sehen. Am Abend liest er Akten und spielt Domino mit Nilow und Grabbe. Dubenski, der die psychische Verfassung des Zaren besser kennt als die Adjutanten, hält die zur Schau gestellte Gleichgültigkeit des Zaren für eine Fassade, hinter der sich ein resignativer Charakter verberge. Nikolai wisse, daß er sich nicht einmal mehr auf die Garderegimenter verlassen könne, daß Chabalow und Protopopow der Lage nicht gewachsen seien, glaubt Dubenski, aber er hat sich «buchstäblich damit abgefunden, was inzwischen geschehen war». Admiral Alexander Bubnow, der im Hauptquartier die Marine repräsentiert, sieht klarer als die Höflinge, welche Gefahren der Ordnung drohen. Allenthalben nur Reservebataillone, unzuverlässige Kosakenkompanien und nirgendwo kampferprobte und loyale Regimenter, die imstande wären, dem Aufruhr ein Ende zu setzen. Niemand aber verfügt über den strategischen Weitblick, auf den es jetzt ankommt und der dem Zaren die Augen öffnen könnte, und niemand bringt den Mut auf, dem Herrscher die Wahrheit zu sagen. Dubenski weiß um die Einsamkeit des Zaren, der deshalb unfähig ist, den Ernst der Lage zu erkennen und eine kraftvolle Entscheidung zu treffen. Allein und auf sich gestellt, überläßt er sich dem Fatalismus.[31]

Um 13 Uhr teilt Chabalow telegraphisch mit, daß Soldaten das Feuer auf Demonstranten eröffnet hätten, er selbst die Anordnung erteilt habe, weitere Unruhen durch den Einsatz von Schußwaffen zu unterbinden. «Heute, am 26. Februar, ist es seit dem Morgen ruhig in der Stadt.» Und er glaubt offenbar, daß er den Zaren mit solchen Meldungen zufriedenstellt.[32] Die Liberalen wissen, daß sie nichts erreichen werden, wenn sie es Chabalow überlassen, das Hauptquartier mit Informationen zu versorgen. Und so versuchen sie, den Zaren selbst ins Spiel zu bringen, ihm das Geschehen in der Hauptstadt in dramatischen Wendungen zu schildern, in der Hoffnung, von ihm jene Legitimation zu bekommen, die sie für ihr Reformprogramm brauchen. Am Abend schickt Rodsjanko ein Telegramm an General Alexejew und teilt ihm mit, daß die Unruhen in der Hauptstadt außer Kontrolle geraten seien. Die öffentliche Ordnung lasse sich durch den Einsatz von Gewalt allein nicht mehr aufrechterhalten, die Lebensmittelversorgung sei zusammengebrochen, die Rüstungsfabriken in der Hauptstadt würden nicht mehr mit Brenn- und Rohstoffen beliefert und hätten ihren Betrieb eingestellt. Und so stürze sich die «hungrige, arbeitslose Masse spontan und unaufhaltsam in die Anarchie.» Rodsjanko malt die Wirklichkeit in dunklen Farben. «Die Regierung befindet sich in vollständiger Auflösung und ist vollkommen außerstande, die zerrüttete Ordnung wiederherzustellen. Rußland drohen Erniedrigung und Schande, da der Krieg unter solchen Bedingungen nicht siegreich beendet werden kann.»[33] Es gebe nur einen Ausweg: der Zar müsse die Regierung entlassen und eine Persönlichkeit ernennen, der das ganze Land vertrauen könne. Nur auf diesem Weg werde Rußland den Glauben an sich selbst und seine Führer zurückgewinnen. Rodsjanko fleht Alexejew an, diesen Standpunkt dem Zaren vorzutragen, bevor es zu spät sei. «Man darf nicht mehr zögern, zögern bedeutet den Tod. In Ihren Händen, Euer Hochwohlgeboren, liegt die Entscheidung über den Ruhm und den Sieg Rußlands. Einen solchen wird es nicht geben, wenn die von mir genannte Entscheidung nicht unverzüglich getroffen wird. Helfen Sie durch Ihren Einsatz, Rußland vor der Katastrophe zu retten. Ich flehe Sie von ganzem Herzen an.»[34] Selbst Alexandra ist beunruhigt. Protopopow habe ihr zwar versichert, schreibt sie ihrem Mann, daß der Aufruhr am nächsten Tag endgültig niedergeschlagen werde. Aber sie beginnt sich dennoch zu fürchten, weil sie von den Bluttaten erfährt, die sich in der Stadt zugetragen haben. In der Nacht vom 26. auf den 27. Februar trifft ein Telegramm des Innenministers in Mogiljow ein. Protopopow teilt darin mit, daß Schußwaffen zum Einsatz gekommen und die Aufwiegler von Straßen und Plätzen vertrieben worden seien. In Moskau sei es ruhig.[35]

Nikolai speist auch am Sonntag im Kreis seiner Generäle. Niemand ergreift das Wort, weil dem Zaren nicht danach zumute ist. Wortlos erhebt er sich nach dem Dessert vom Tisch und geht in sein Arbeitszimmer, nicht einmal an der geselligen Runde, dem «circle», der sich gewöhnlich nach dem Essen zusammenfindet, zeigt er noch das geringste Interesse.[36] «Ich hoffe, daß Chabalow weiß, wie man diese Straßenunruhen schnell beendet», schreibt er seiner Frau. In seinem Tagebuch läßt er den Tag lakonisch Revue passieren: «Ich schrieb Alix und fuhr auf der Bobruisker Chaussee bis zur Kapelle, wo ich spazieren ging. Das Wetter war klar und frostig. Nach dem Tee las ich und empfing Senator Tregubow vor dem Mittagessen. Am Abend spielte ich Domino.»[37]

VII.

Meuterei

Montag, 27. Februar 1917

Die Meuterei beginnt in der Kaserne des Wolhynischen Regiments. Am frühen Morgen versammeln sich Soldaten des Reservebataillons auf dem Appellhof. Sie sollen, wie am Sonntag zuvor, Demonstranten vom Snamenskaja-Platz vertreiben. Dazu aber kommt es nicht mehr. Kirpitschnikow, der rebellische Unteroffizier, der schon am Vortag angekündigt hat, wonach ihm der Sinn steht, stellt sich vor die angetretene Formation und hält eine Ansprache. Es sei nun der Moment gekommen, den Gehorsam zu verweigern und sich auf die Seite der Aufständischen zu schlagen. Als Hauptmann Laschkewitsch davon erfährt, eilt auch er auf den Hof und verlangt von den Soldaten, sich den Anordnungen der Offiziere bedingungslos zu unterwerfen. Aber sein Appell verhallt ungehört, kalte Ablehnung schlägt ihm entgegen, Soldaten bringen ihn durch laute Zurufe zum Schweigen. Laschkewitsch läuft auf einen Unteroffizier zu, der besonders laut schreit, weicht aber abrupt zurück, als dieser sein Gewehr auf ihn richtet. Er erblaßt, zieht einen Zettel aus seiner Jackentasche und verliest die Anordnung des Zaren: daß der Aufruhr um jeden Preis niedergeschlagen werden müsse. Aber die Soldaten lassen ihn nicht mehr zu Wort kommen, stürzen sich auf ihn, greifen nach ihm. Als Laschkewitsch panisch Reißaus nimmt, erschießen sie ihn. Ein Dammbruch. Es gibt jetzt kein Zurück mehr, das begreifen Soldaten wie Offiziere. Der Kommandeur des Bataillons, ein Oberst, verliert die Nerven, weiß nicht, was er tun soll, und in seiner Kopflosigkeit versäumt er es, sich mit den renitenten Unteroffizieren zu verständigen. Es verstreicht kostbare Zeit, die die Meuterer nutzen, um Tatsachen zu schaffen. Nun beginnt die Jagd auf Offiziere, manche werden in den Kasernen getötet, andere suchen rasch das Weite, bevor aufgebrachte Soldaten sie ergreifen können. Auf sich allein gestellt, ziehen die Reservisten in kleinen Gruppen durch die Kaserne, bemächtigen sich der Waffenkammern des Regiments und versorgen sich mit Gewehren und Munition.[1]

Wie aber werden sich die Kameraden in den benachbarten Kasernen verhalten? Wird man sie gegen die Aufständischen ausspielen? Der Erfolg der Meuterei hängt jetzt davon ab, ob es gelingt, den Funken der Revolte auch jenseits der eigenen Kaserne zu entzünden und in loderndes Feuer zu verwandeln. Am Vortag war der Ungehorsam noch ohne Konsequenzen geblieben, weil die Soldaten des Pawlowski-Regiments in ihrer Kaserne isoliert werden konnten. Das Wolhynische Regiment aber befindet sich im Zentrum der Stadt, dort, wo auch die Kasernen des Preobraschenski- und des Litauischen Regiments untergebracht sind, die das Taurische Palais, den Sitz der Duma, in einem Halbkreis umschließen. Um 9 Uhr morgens dringen bewaffnete Soldaten des Wolhynischen Regiments in die benachbarten Kasernen ein, und bald weitet sich die Meuterei auch auf das Preobraschenski-, das Litauische Regiment und das sechste Pionierbataillon aus.[2] Die Soldaten des Preobraschenski-Regiments schauen aus den Fenstern ihrer Stuben und sehen, wie ihre Kameraden aus der benachbarten Kaserne mit entsicherten Gewehren über die Straße laufen und Jagd auf ihre Offiziere machen. Das ist auch für sie das Signal, sich der Revolte anzuschließen. Wie von einer unsichtbaren Kraft gezogen, strömen die Soldaten der dritten und vierten Kompanie aus der Kaserne über die Kirotschnaja-Straße auf den Newski-Prospekt, nachdem sie das Waffendepot aufgebrochen und sich in den Besitz der Gewehre und Patronen gebracht haben.[3]

Es spricht sich sofort herum, was in den Kasernen geschehen ist, und in wenigen Minuten entfachen die Funken überall das Feuer des Aufruhrs. Soldaten schlagen die höheren Offiziere, reißen ihnen die

Schulterstücke von den Uniformjacken, manche werden von der entfesselten Menge gelyncht. Bald ziehen sie in kleinen Gruppen durch die Straßen, rauben Waffendepots aus und schießen auf Gendarmen und Polizisten. In der Mittagszeit ziehen die bewaffneten Meuterer über die Liteiny-Brücke in den Wyborg-Distrikt und tragen den Aufruhr in die Industrieviertel. Am Finnländischen Bahnhof fällt ihnen ein Waffenmagazin in die Hände, aus dem Arsenal der Artillerieschule entwenden sie 40 000 Gewehre und 30 000 Revolver und töten den kommandierenden General. Die Revolution bewaffnet sich, und niemand ist imstande, dem chaotischen Geschehen Einhalt zu gebieten. Vereinzelt widersetzen sich Offiziere noch. Als Meuterer den Versuch unternehmen, die Kaserne des Moskauer Regiments zu stürmen, leisten die Offiziere, die sich dort verbarrikadiert haben, entschlossenen Widerstand. Stoßweise schießen sie mit ihren Maschinengewehren aus den Fenstern der Kaserne in die Menge, Tote und Verwundete liegen auf dem Asphalt. Die Gegenwehr bricht zusammen, als die Meuterer Feuer in der Kaserne legen und die Offiziere erschießen, die aus dem brennenden Gebäude zu entkommen versuchen.[4]

Auf der Kirotschnaja-Straße, die südlich des Taurischen Palais' verläuft, kommt es zu einer letzten Kraftprobe, als eine Kompanie des Litauischen Regiments den Meuterern den Weg versperrt. Der kommandierende Offizier, ein Oberst, gibt seinen Soldaten den Befehl, auf die Kameraden zu schießen. Manche bringen ihre Gewehre in Anschlag, andere zögern, sehen einander fragend in die Augen. Im Moment, der über Leben und Tod entscheidet, senken sie die Waffen. Der Oberst ist außer sich vor Erregung, er zückt seinen Säbel und überschüttet die Meuterer mit wüsten Beschimpfungen. Ein Soldat des Wolhynischen Regiments geht auf ihn zu und stößt ihm sein Bajonett in die Brust. Der Offizier sackt in sich zusammen und fällt auf die Straße. Der Bann ist gebrochen, die Furcht der Soldaten vor den Konsequenzen ihres Ungehorsams verflogen.[5]

Es sind jetzt die Offiziere, die fürchten müssen, ihr Leben zu verlieren. Wladimir Stankewitsch, ein Sozialrevolutionär, der als Fähnrich im Preobraschenski-Regiment dient, kommt nur durch einen glücklichen Zufall mit dem Leben davon. Auf der Kirotschnaja-Straße umzingeln ihn aufgebrachte Reservisten und entwaffnen ihn, ein betrunkener Rekrut ruft, man solle den Fähnrich sofort erschießen. Aber dann macht sich ein Soldat bemerkbar, der Stankewitsch erkennt und ein gutes Wort für ihn einlegt. Er sei ein «Guter», ruft er. Und so lassen sie ihn seines Weges ziehen.[6] Der bolschewistische Agitator Stepan Skalow, der am 27. Februar eine bewaffnete Gruppe von Arbeitern und Soldaten anführt, begreift sofort, daß es darauf ankommt, Soldaten in Situationen zu bringen, die ihnen keinen Ausweg mehr lassen, sie unumkehrbar an die Revolution ketten. Soldaten, die ihre Offiziere töten und ihren Eid brechen, haben nichts mehr zu verlieren, denn würde der Aufstand scheitern, wären sie ihres Lebens nicht mehr sicher. Sie haben keine andere Wahl, als das Werk der Zerstörung bis zum siegreichen Ende fortzusetzen. Für niemanden ist der Rückzug jetzt noch eine verlockende Option.[7]

Inzwischen besetzen Soldaten die Bollwerke des Staates, Justizgebäude und Gefängnisse. Zuerst brechen sie die Tore des Kresty-Gefängnisses auf, das sich auf der nördlichen Seite der Newa im Wyborg-Distrikt befindet, dann wenden sie sich dem Untersuchungsgefängnis am Liteiny-Prospekt zu und befreien alle Gefangenen, unter ihnen den ehemaligen Vorsitzenden des Petersburger Arbeiterrates, Georgi Chrustaljow-Nossar und die Mitglieder des Kriegs-Industriekomitees, die vor zwei Wochen verhaftet worden sind. Tausende versammeln sich vor den Gefängnissen, und jedes Mal, wenn ein Häftling durch das Tor schreitet, bricht die Menge in Ovationen aus. Auf Schultern werden die Freigelassenen durch die Straßen getragen, ganz gleich, wer sie sind und aus welchem Grund man sie eingesperrt hat. Unter den Freigelassenen befindet sich auch der Polizeiinformant und Büroleiter des ehemaligen Ministerpräsidenten Boris Stürmer, Iwan Manassjewitsch-Manuilow, der im Herbst 1916 auf Betreiben des damaligen Innenministers wegen eines Dienstvergehens verhaftet worden war. Die Soldaten wissen nicht, wer er ist, mit Hurra-Rufen geleitet ihn die Menge aus dem Gefängnis, nur mit einem hellen Pyjama bekleidet, schreitet er durch den frostigen Tag.[8] Pjotr Saburow, ein Senator, der seinen Dienst am Obersten Gericht verrichtet, findet in seinem Tagebuch für diesen Moment die passenden Worte. «Das ist unser Sturm auf die Bastille.»[9]

Nach und nach versorgen sich nicht nur Soldaten, sondern auch Zivilisten mit Waffen. Der Mob plündert Geschäfte, wirft ihre Besitzer hinaus, Lastwagen fahren durch die Straßen, auf ihnen sitzen Soldaten und Zivilisten, die Granaten, Gewehre und Säbel in ihren Händen halten. Hooligans und Kriminelle, die sich Patronengürtel um die Schulter gehängt haben, schießen auf Passanten, die ihnen über den Weg laufen. Pawel Dybenko, ein Matrose, der sich den Bolschewiki angeschlossen hat, sieht, wie zwei Lastwagen, auf deren Ladeflächen bewaffnete Arbeiter und Studenten sitzen, durch die Straßen sausen. An einer Kreuzung stoßen sie auf eine Polizeipatrouille. Die Polizisten eröffnen sofort das Feuer, als die Lastwagen näherkommen. «Eine verwundete Frau fällt vom Wagen. Die anderen springen herunter, verstecken sich hinter dem Wagen und beginnen zu schießen. Einer hantiert an einem Maschinengewehr und wird mit ihm nicht fertig. Ich laufe hinzu, packe das Maschinengewehr und eröffne das Feuer auf die Polizisten. Hinter Ecken und Zäunen fliegt ein Hagel von Steinen auf sie. Einige Minuten darauf ergeben sich die Polizisten, zwei von ihnen sind tot.»[10]

Im Bezirksgericht am Liteiny-Prospekt legt der Mob Feuer und setzt das Gebäude der Geheimpolizei in der Twerskaja-Straße in Brand. Die Eindringlinge rauben die Gerichtskasse aus und werfen tausende Akten in die Flammen. Rechtsanwälte, die sich noch im Gebäude befinden, versuchen, die kostbaren Portraitbilder vor den Flammen zu retten, bevor sie sich selbst in Sicherheit bringen. An den Ausschreitungen beteiligen sich auch Kriminelle und Polizeispitzel, die ein großes Interesse daran haben, alle Strafakten zu vernichten, die über sie Auskunft geben könnten. Auf das Innenministerium wird ein Brandanschlag verübt, mehr als zwanzig Polizeistationen stehen in Flammen. Zwar ist die städtische Feuerwehr im Einsatz, aber auf ihrem Weg zum Bezirksgericht versperren ihr Plünderer den Weg. Das Gerichtsgebäude ist nicht mehr zu retten, es brennt vollkommen aus. In unmittelbarer Nähe belagern Soldaten das Haus des Hofministers, Graf Fredericks, dessen Frau sich allein in ihrer Wohnung befindet und vor Angst vergeht. Die Angreifer schießen von der Straße aus in das Wohnzimmer des Ministers, legen Feuer und nehmen mit, was ihre Hände tragen können. Die Gräfin kommt mit dem Schrecken davon, ihre Wohnung aber ist nur noch ein Trümmerhaufen, nachdem die Plünderer abgezogen sind.[11]

In der Mittagszeit versucht der Menschewik Nikolai Suchanow, sich zu Fuß über die Spalernaja-Straße zur Staatsduma durchzuschlagen, aber er kommt nur langsam voran, weil jeder Schritt, der über eine Straße führt, sein Leben in Gefahr bringen könnte. Überall sieht er Menschen, die hektisch hin und her laufen, Arbeiter mit Gewehren und einzelne Gruppen von Soldaten, die sich selbständig gemacht haben. Er hört das Rattern von Maschinengewehren, das Pfeifen der Kugeln, aber er weiß nicht, woher die Schüsse kommen und wem sie gelten.[12] So erleben es auch Nabokow, Stankewitsch und de Robien, die am Straßenrand stehen und das verrückte Schauspiel betrachten. Maschinengewehre und Pistolen kommen zum Einsatz, Granaten explodieren, weil die Zivilisten mit den Waffen nicht umgehen können, die sie aus den Arsenalen geraubt haben. Ein unbeschreibliches Durcheinander. «Es schien, als schössen die Gewehre von selbst», wie sich der Sozialrevolutionär Sensinow an diesen Tag erinnert.[13]

Inzwischen ist auch der Fuhrpark der Armee in die Hände der Aufständischen geraten. Die Soldaten konfiszieren Last- und Panzerwagen, stehlen Automobile, die auf den Straßen herumstehen. In hoher Geschwindigkeit brausen die Fahrzeuge durch die Stadt, auf den Ladeflächen stehen betrunkene und johlende Soldaten mit aufgepflanzten Bajonetten. Das rasende Automobil ist das eigentliche Symbol der Revolution, es ist ein Ausdruck der Geschwindigkeit, mit der sich die Verhältnisse verändern. Gestern noch liefen die Reservisten mit gesenktem Blick durch die Straßen und zogen ihre Mützen, wenn sie einem wohlgeborenen Herrn begegneten, und heute schon sind sie im Besitz der Stadt, in der sie tun und lassen, was ihnen gefällt.[14] Sinaida Hippius schaut aus dem Fenster ihrer Wohnung, die an der Sergijewskaja-Straße, in unmittelbarer Nähe zur Staatsduma, liegt. Was sie sieht, treibt ihr alle Illusionen über die Friedfertigkeit des Volkes aus. «An den Fenstern zieht eine schreckliche Menschenmenge vorüber: Soldaten ohne Gewehre, Arbeiter mit Säbeln, junge Leute und sogar Kinder von sieben bis acht Jahren mit Bajonetten und Dolchen.»[15]

Manchen kommt erst im Laufe des Tages zu Bewußtsein, daß in der Hauptstadt etwas geschieht, was sich in die gewohnten Kategorien nicht einordnen läßt. Am Vormittag begibt sich Prokofjew, wie an jedem Tag, ins Konservatorium. Auf dem Spielplan steht die Generalprobe von Tschaikowskis Oper «Jewgeni Onegin». Gegen Mittag, die Probe ist gerade beendet, faßt er den Entschluß, einen Spaziergang zu machen und sich auf den Straßen umzusehen. «Warum gehen wir nicht hinaus und schauen es uns an, Alexander Iwanowitsch?», sagt Prokofjew zum Bibliothekar des Konservatoriums, der ihn entgeistert ansieht. Wie kann man nur auf die verrückte Idee kommen, im Kugelhagel, inmitten entfesselter Massen, spazieren zu gehen? Prokofjew aber läßt sich von seinem Vorhaben nicht abbringen. Er schlendert die Morskaja-Straße entlang, bis er den Newski-Prospekt erreicht. Dort betritt er ein Restaurant und ißt einen Aal. Nach dem Mittagessen setzt er seinen Spaziergang fort, der ihn nun auf den Schloßplatz führt. Dort sieht er Soldaten, die einem Hauptmann lauschen, der ihnen zuruft, daß sie in Zukunft genug zu essen bekämen. «Das kam mir nicht besonders interessant vor», schreibt Prokofjew am Abend in sein Tagebuch, «und so ging ich in die Millionnaja-Straße zurück.» Dort aber, auf der nördlichen Seite des Newski-Prospekts holt ihn die Wirklichkeit ein. Er hört Schüsse und das pfeifende Geräusch fliegender Gewehrkugeln. In Panik laufen die Massen auseinander, und auch Prokofjew wird von fliehenden Menschen mitgerissen. Eine Weile irrt er ziellos umher, läuft nach Osten in Richtung des Nikolai-Bahnhofs, aber er wagt es nicht, den Newski-Prospekt zu überqueren und nach Hause zurückzukehren, aus Furcht, eine Kugel könnte seinem Leben ein Ende setzen. An der Fontanka-Brücke unterbricht er seinen Spaziergang, denn vom Liteiny-Prospekt her ertönt das Rattern von Handfeuerwaffen. In der Nähe steht ein Arbeiter, und Prokofjew faßt sich ein Herz und spricht ihn an. Ob es denn möglich sei, den Fontanka-Kanal zu überqueren, will er wissen. Die Antwort des Arbeiters ist ermutigend. In seinem Tagebuch gibt er den Dialog wortgenau wieder: ‹Ja, das können Sie. Gehen Sie hinüber. Es sind unsere Leute, die hier die Front halten.› ‹Was meinen Sie mit unseren Leuten?› ‹Ich meine die bewaffneten Arbeiter und die Soldaten, die auf unsere Seite übergelaufen sind.› Das war neu für mich. ‹Bewaffnete Arbeiter› – na, vielen Dank. Es schien so, als hätten wir jetzt einen richtigen Kampf vor uns. Ich fragte: ‹Und wie ist es, wenn ich über den Liteiny laufe›? Im selben ruhigen und selbstsicheren Ton erklärte mir der Arbeiter: ‹Das wäre nicht so gut. ‹Die› haben sich gut eingegraben.›»[16]

Prokofjew kehrt zum Winterpalast zurück, und von dort läuft er zum Marsfeld. Lastwagen fahren an ihm vorbei, johlende Soldaten mit aufgepflanzten Bajonetten schwenken rote Fahnen und schießen Gewehrsalven in die Luft. Langsam begreift auch Prokofjew, daß die Tage des Friedens gezählt sind, die Revolution kein Geschehen ist, das man einfach ignorieren könnte. An der Troitzki-Brücke verliert er das Gleichgewicht und rutscht auf dem glatten Eis aus. Ein Offizier, der ihm auf die Beine hilft, gibt ihm den guten Rat, langsam zu gehen, denn die Kugeln träfen ihn ohnehin, ganz gleich, wie schnell er sich auf der Straße fortbewege. Aber selbst in der Hitze des Gefechts bleibt sich der exzentrische und kauzige Komponist treu. In seinem Tagebuch empört er sich über die Dummheit des Offiziers, der von den Bewegungsgesetzen im Raum offenbar noch nie etwas gehört hat. «Ich hätte ihm entgegnen können, daß, wenn es eine Minute und nicht drei Minuten dauert, einen offenen Raum zu überqueren, es eine dreimal geringere Chance gibt, währenddessen erschossen zu werden. Aber ich war nicht in der Stimmung für eine rationale Konversation, und so beschränkte ich mich darauf, ihm zu sagen: ‹Ja, aber ich bin in Eile›, verbeugte mich und ging weiter.»[17] Erst am Abend gelingt es ihm im Schutz der Dunkelheit, den Newski-Prospekt zu überqueren und in seine Wohnung in der Perwaja-Rota-Straße zurückzukehren. In der Nähe befindet sich auch die Kaserne des Ismailowski-Regiments. Nachts wird er vom Geschrei der Soldaten und den Gewehrsalven in seiner Umgebung geweckt, die erst am frühen Morgen des 28. Februar allmählich verhallen. Nun begreift Prokofjew, daß er Zeuge einer Revolution geworden ist.[18]

Auch Maurice Paléologue, der französische Botschafter, begibt sich auf die Straße, um sich selbst ein Bild zu machen. Er sieht, wie verschreckte Passanten über den Newski-Prospekt laufen und den Kugeln auszuweichen versuchen, Soldaten Barrikaden errichten und

Sergei Prokofjew (1891–1953), Pianist und Komponist

auf Kameraden schießen, die der Regierung noch die Treue halten. Er hört das Knattern der Maschinengewehre. Nun hat er genug gesehen. «Unter dem Kugelregen kehre ich mit Lavergne, der sich in reiner Selbstgefälligkeit mit ruhigem langsamem Schritt an den gefährlichsten Punkt vorgewagt hat, in die Botschaft zurück.» In der Mittagszeit sucht Paléologue dann das Außenministerium auf. George Buchanan, der britische Botschafter, begleitet ihn, und gemeinsam weisen sie Pokrowski, den russischen Außenminister, auf die Gefahr hin, die der Regierung droht, wenn sie nicht handelt. «Also ist es doch ernster, als ich dachte», sagt Pokrowski, fängt sich aber sogleich wieder und versichert den beiden Diplomaten, daß die Regierung genau wisse, was zu tun sei. Die Sitzungen der Duma seien unterbrochen worden, und mit Ausnahme Protopopows seien alle Minister der Auffassung, daß nun ein Militärdiktator eingesetzt werden müsse, um den Aufruhr im Keim zu ersticken. Paléologue hält all diese Versicherungen für Augenwischerei. In Frankreich seien drei Dynastien gestürzt worden, weil sie den «Sinn und die Macht der Bewegung, die sie umbrandete, zu spät verstanden.» Er sieht keinen Grund, warum es der zarischen Dynastie anders ergehen sollte. Pokrowski stimmt dem Botschafter zu. Auch er weiß, daß die Macht am seidenen Faden hängt. «Der Kaiser ist blind», sagt er noch, bevor Paléologue und Buchanan das Ministerium verlassen.[19]

Die Würdenträger des alten Regimes ergreift das blanke Entsetzen, als sie die Erfahrung machen müssen, der Wut des Volkes hilflos ausgeliefert zu sein. Alexei Tatischtschew, ein höherer Beamter des Landwirtschaftsministeriums, wird zufällig Zeuge des Aufmarsches tausender Soldaten, der sich über den gesamten Newski-Prospekt erstreckt. Sie alle sind auf dem Weg zur Staatsduma, wo sie sich der Opposition zeigen wollen. Ein Lastwagen fährt vorbei. Angst steigt in Tatischtschew auf, als er bemerkt, daß auf der Ladefläche niemand geringerer als der ehemalige Ministerpräsident Iwan Goremykin steht, ein Greis, der das 77. Lebensjahr schon hinter sich gelassen hat. Er ist umringt von bewaffneten und feindseligen Soldaten, triumphierend richten sie ihre Gewehre auf den alten Mann, der sich kaum auf den Beinen halten kann.[20] In wenigen Stunden hat sich die Sozialpyramide des alten Rußlands auf den Kopf gestellt. Und so empfinden es die Herren von einst auch. Baron Michail von Taube, Senator und Professor für Völkerrecht, empfindet Ekel vor den undisziplinierten und betrunkenen Soldaten, die im Begriff sind, alles zu zerstören, was einem wie ihm lieb und teuer ist. Fassungslos sieht er dem Chaos ins Gesicht, das sich in der Hauptstadt wie ein ansteckendes Virus ausbreitet. Niemand ist mehr sicher vor den Übergriffen der Plünderer, die in die Häuser der Besitzenden und Gebildeten eindringen und sich nehmen, was ihnen gefällt.[21] So erlebt es auch der berühmte Strafverteidiger Karabtschewski, der in der Nähe des Newski-Prospekts wohnt und von einem außer Kontrolle geratenen Mob ausgeraubt wird. Einst hat er Terroristen, Sozialrevolutionäre und Opfer von Pogromen vor Gericht verteidigt, aber das interessiert die Soldaten nicht, die nur sein Geld wollen. Sie richten ihre Gewehre auf den Rechtsanwalt, konfiszieren sein Auto und fahren damit davon. Karabtschewski, der stets im Auftrag des Rechts sein Wort erhoben hat, versteht nicht, warum die Volksmassen nicht schätzen, was er für unverzichtbar hält. Die Polizeireviere seien im Sturm genommen und in Brand gesetzt, Offiziere auf offener Straße gelyncht worden, klagt er. Begleitet von triumphierendem Geschrei und Gewehrsalven dringen die Soldaten in die Häuser der Bürger ein und rauben sie aus. Stets erklären sie, auf der Suche nach Maschinengewehren zu sein, und sie glauben, sie in Wohnungen und auf Hausdächern zu finden. Karabtschewski sieht, wie sie im Hof des Nachbarhauses einen Hausmeister töten, nur weil er das Tor nicht schnell genug geöffnet hat.[22]

Der Soziologe und Sozialrevolutionär Pitirim Sorokin schwört der Gewalt an jenem Nachmittag ab, als er Zeuge ihres Exzesses wird. Sein Weg führt ihn von der Staatsduma auf die Petrograder Seite, ein Fußweg von mehr als zehn Kilometern. Überall begegnen ihm betrunkene Soldaten, die Weinläden plündern und sich nun an den Emblemen der alten Ordnung zu schaffen machen. Sie zerschlagen die Symbole der Autokratie: Wappen, Portraits, Büsten und Denkmäler. Manche steigen auf Leitern, die an Hauswänden lehnen und beseitigen systematisch die Symbole der Monarchie, vor allem die Adler, die die Fassaden schmücken. Bilder des Zaren liegen zerrissen auf der Straße. Es ist dunkel, weil die Straßenlaternen ausgeschaltet worden sind. Das Geräusch heftigen Gewehrfeuers dringt an Sorokins Ohren, niemand weiß, woher es kommt, aber es scheint so nah zu sein, daß die Passanten stehen bleiben und sich an die Häuserwände pressen, um den fliegenden Patronen auszuweichen. Von weitem sieht er das Bezirksgericht, das in Flammen steht und Polizeistationen, die brennen, ohne daß irgendjemand eine Anstrengung unternimmt, das Feuer zu löschen. Auf den Gesichtern derer, die diese Zerstörung beobachten, sieht Sorokin einen Ausdruck tiefer Befriedigung. Menschen, die sonst friedlich sind, aktivieren die niedrigsten Instinkte in sich, und in der Masse verlieren sie alle Hemmungen und Schamgefühle. «Ihre Erscheinung, in rotem Feuerschein, war dämonisch, wie sie schrien, lachten und tanzten.»[23]

Die eigentliche Wut aber richtet sich gegen Offiziere und Polizisten, die sichtbaren Repräsentanten der alten Ordnung. Überall ist das gleiche Schauspiel zu beobachten: Gruppen von Arbeitern und Soldaten, die in Häuser eindringen und nach Menschen suchen, die sie für Spitzel oder Konterrevolutionäre halten. Auf dem Bolschoi-Prospekt treten Männer und Frauen auf einen Polizisten ein, der blutend und bewußtlos am Boden liegt. Sorokin, der nur langsam vorankommt, wird am unteren Ende des Newski-Prospekts, in der Nähe des Winterpalasts von einer Menschenmenge aufgehalten, die sich vor einem Haus versammelt hat. «Was passiert hier?», fragt Sorokin. «Sie durchsuchen das Haus eines reaktionären Generals», bekommt er als Antwort zu hören. In diesem Moment zersplittern Fensterscheiben, ein Mann wird von Soldaten aus dem vierten Stock auf die Straße geworfen. Er stößt unmenschliche, erschütternde Schreie aus. Als sein Körper dumpf auf dem Asphalt aufschlägt, lösen sich Männer aus der Masse, treten und schlagen auf den Sterbenden ein. Angewidert wendet sich Sorokin ab und setzt seinen Weg fort. So hat er sich die Revolution nicht vorgestellt.[24]

In Gruppen töten Arbeiter und Soldaten Polizisten, wo immer sie ihrer habhaft werden. Gerüchte befeuern das Spektakel der Gewalt. Polizisten hätten Maschinengewehre auf den Dächern postiert und schössen von dort aus auf Demonstranten, heißt es nun überall. Selbst Alexander Schljapnikow, der im Parteikomitee der Bolschewiki den Ton vorgibt, glaubt den Gerüchten, die schon vor dem Ausbruch der Unruhen auf den Straßen verbreitet worden sind. Auch von Scharfschützen ist die Rede, die sich angeblich in den oberen Stockwerken der Häuser versteckt halten. Vielen Menschen erscheinen die frei erfundenen Geschichten glaubhaft, die Ermordung von Polizisten deshalb halbwegs plausibel. In Wahrheit erzeugen die Soldaten, die planlos auf Hausfassaden schießen, den Kugelhagel selbst, den sie für Gegenfeuer halten. Zwar sind auf einigen Dächern Scharfschützen postiert, die Panik unter den Demonstranten verbreiten sollen. Auch ist auf dem Winterpalast ein Maschinengewehr zur Abwehr von Luftangriffen montiert. Aber weder sind Polizisten mit Maschinengewehren ausgestattet worden, noch wissen sie, wie sie zu bedienen sind.[25]

Selbst die Straßenpolizisten, die nur den Verkehr regeln, sind dem Mob hilflos ausgeliefert, werden erschossen oder mit Säbeln in Stücke geschlagen. Globatschow sieht mit eigenen Augen, wie bewaffnete Arbeiter auf Offiziere der Gendarmerie einschlagen, bis sie zusammensacken und sich nicht mehr bewegen, ihre Kleidung in Brand setzen oder sie an Armen und Beinen an Autos festbinden und durch die Straßen schleifen. Ein Polizist wird mit Benzin übergossen und angezündet, am Ufer der Newa werden Polizisten erschossen und ins Wasser geworfen.[26] Olga Putjatina, die am Nachmittag ihren Dienst im Krankenhaus verrichtet, beobachtet vom Fenster aus, wie zwei Soldaten auf der Wladimirskaja-Straße einen Offizier erschießen, der sich weigert, ihnen seinen Säbel auszuhändigen. Wenig später dringen betrunkene Soldaten in das Hospital ein, auf der Suche nach Maschinengewehren, die sie dort vermuten. Der Sicherheitsapparat löst sich in wenigen Stunden auf, Polizisten und Gendarmen verkleiden sich als Zivilisten, manche schlüpfen in Frauenkleider, um in ihnen unerkannt aus der Stadt zu entkommen. Das alte Regime liegt in Trümmern, und niemand scheint es zu bedauern.[27] Später werden die siegreichen Revolutionäre das Märchen von der friedlichen Revolution verbreiten, weil sie ihre Namen nicht mit Bluttaten beflecken wollen. In Wahrheit fallen mehr als 1400 Menschen dem Furor zum Opfer, tausende werden verwundet, dutzende Offiziere allein auf den Marinestützpunkten in Kronstadt und Helsinki von ihren Soldaten getötet.[28]

Schon in der Mittagszeit telegraphiert Chabalow an das Hauptquartier, daß die Soldaten des Wolhynischen Regiments meutern und Reservisten der benachbarten Regimenter sich ihnen angeschlossen hätten. «Ich ergreife alle Maßnahmen, die mir zur Verfügung stehen, um den Aufstand niederzuschlagen. Ich glaube, daß es notwendig ist, unverzüglich zuverlässige Einheiten von der Front zu schicken.»[29] Balk, der Stadthauptmann, ruft Protopopow an und teilt ihm mit, was in den Kasernen geschieht. Der Innenminister aber antwortet ihm mit ruhiger Stimme: «Nun, wir werden sehen, möge Gott dafür sorgen, daß sich bis zum Abend alles wieder beruhigt.»[30] Auch Beljajew verbreitet immer noch Optimismus. In seinem Telegramm, das er zur gleichen Zeit an Alexejew schickt, verspricht er, was er gar nicht einlösen kann: daß der Krone treu ergebene Kompanien und Bataillone angetreten seien, um den Unruhen ein Ende zu setzen. «Bis jetzt ist es noch nicht gelungen, den Aufstand niederzuschlagen, aber ich bin fest überzeugt, daß bald Ruhe sein wird, für diesen Zweck werden erbarmungslose Maßnahmen ergriffen. Die Staatsgewalt garantiert den inneren Frieden.»[31] Chabalow aber ist hoffnungslos überfordert. Er weiß nicht, was er mit der ihm übertragenen Macht anfangen und wie er den Kommunikationsvorteil für die Wiederherstellung der Ordnung nutzen soll. Auf eine blutige Auseinandersetzung mit den Aufständischen, auf die Verbreitung von Furcht und Schrecken ist er überhaupt nicht vorbereitet. Chabalow ist nicht Durnowo, der im Januar 1906 den Aufruhr durch Strafexpeditionen mit Feuer und Schwert niederwarf und sich auch von Skrupeln nicht beirren ließ. Die Unentschlossenheit des Militärkommandanten spricht sich auch unter den Aufständischen herum. Auf den Straßen lachen die Passanten über die Warnschüsse, die seine Soldaten abgeben, weil gewiß ist, daß sie sich vor ihnen nicht mehr fürchten müssen. Zwar gelingt es noch, 1500 Soldaten eines meuternden Regiments durch loyale Soldaten entwaffnen zu lassen. Aber Chabalow kann sie weder bestrafen noch inhaftieren, weil es keine Gefängnisse mehr gibt, die nicht in den Händen der Meuterer sind und in die man sie hätte bringen können.[32]

Am Nachmittag steht die Kaserne der Gendarmerie in Flammen, und auch in der Pionierschule des Heeres wird Feuer gelegt. Chabalow beauftragt nun Oberst Alexander Kutepow, einen erfahrenen Frontoffizier des Preobraschenski-Regiments, der sich zufällig in der Hauptstadt aufhält, mit der Aufgabe, die Meuterer aus dem Stadtzentrum zu vertreiben. Kutepow begibt sich sogleich zum Sitz des Stadthauptmanns, wo Balk und Chabalow ihn empfangen. Chabalows Nerven sind zerrüttet, sein Unterkiefer zittert unkontrolliert, wie der Oberst sofort bemerkt. Kein gutes Omen! An der Spitze von 1000 Soldaten, die mit Maschinengewehren und 15 Geschützen ausgestattet sind, zieht Kutepow vom Winterpalast aus nach Osten, dorthin, wo die Kasernen der aufsässigen Regimenter liegen. Das Unternehmen ist von Anbeginn zum Scheitern verurteilt, weil Chabalow Kutepow keinen

Verbindungsoffizier zur Seite stellt und es auch kein Feldtelephon gibt, mit dessen Hilfe die Strafexpedition hätte gelenkt werden können. Absurd ist auch die Vorstellung, man könne mit Maschinengewehren und Geschützen, die für den Kampf auf Distanz geeignet sein mögen, irgendetwas ausrichten. Und so werden Kutepows Soldaten auf dem Liteiny-Prospekt von Meuterern und Arbeitern eingekreist. Nun können sie sich nicht mehr fortbewegen. An der Kirotschnaja-Straße kommt es zu einem heftigen Schußwechsel, Tote und Verletzte bleiben zurück, aber es gelingt der Strafexpedition nicht, ihren Weg fortzusetzen. Kutepows Soldaten desertieren, er selbst bringt sich in einem Hospital in Sicherheit, wo ihn Krankenschwestern vor dem wütenden Mob verstecken. Nach und nach erodiert die Disziplin auch in den übrigen Einheiten, weil niemand mehr einen Grund sieht, sich in einen Kampf zu werfen, der sinnlos geworden ist. Die Lage ist aussichtslos, denn es gibt keine Munition und kein einziges Ersatzregiment mehr, das Chabalow gegen die Aufständischen einsetzen kann.[33]

Im Grunde wissen weder die Meuterer, noch die Verteidiger, was sie tun, weil sie keinen Überblick über die Situation haben und deshalb panisch, ohne Sinn und Verstand um sich schießen. Kaum jemand trifft ins Ziel, kaum jemand weiß, wie man eine Einheit im Straßenkampf führt. Louis de Robien, der sich am Nachmittag auf dem Liteiny-Prospekt aufhält, sieht die Panik in den Augen der Soldaten, die sich gegen ihre Offiziere erhoben haben. Erst als ihnen bewußt wird, daß die Verteidiger ebenso viel Angst haben wie sie selbst und beim ersten Schuß, der sie trifft, Reißaus nehmen, gewinnen sie an Selbstsicherheit. «In Wahrheit ist es nicht einmal eine Meuterei, es ist Panik», schreibt de Robien, aber es ist eine Panik, die in dem Augenblick überwunden wird, als die Soldaten begreifen, daß sie keine Wahl haben, daß sie siegen müssen, wenn sie nicht untergehen wollen.[34]

Chabalow ist nun ein Militärkommandant ohne Soldaten. Seine Proklamationen, auf denen er mitteilt, daß das Kriegsrecht über Petrograd verhängt worden sei, werden von den Wänden gerissen. Es ist um die Macht geschehen, und Chabalow weiß es. Am späten Nachmittag nähern sich 3000 betrunkene und johlende Soldaten, die auf dem Alexandrowski-Prospekt eine Spirituosenfabrik ausgeraubt haben, dem

Barrikaden auf dem Liteiny-Prospekt, 27. Februar 1917

Hauptquartier der Geheimpolizei. Der Chef der hauptstädtischen Ochrana, Globatschow, begreift, was die Stunde geschlagen hat. Er versammelt seine Mitarbeiter und rät ihnen, sofort das Weite zu suchen und abzutauchen. Als letzter verläßt er selbst das Gebäude, schließt die Tür hinter sich und fährt unerkannt mit dem Zug nach Zarskoje Selo, wo noch Frieden herrscht und er sich in Sicherheit wähnt. Der Mob durchsucht unterdessen die Zentrale der Ochrana, tausende Akten werden verbrannt, das Mobiliar zertrümmert. Danach begeben sich die Marodeure in die Wohnung des Innenministers im gleichen Gebäude und verwüsten sie. Wassiljew, der Leiter der Geheimpolizei, ist gar nicht erst zum Dienst erschienen, sondern zu Hause geblieben. Und so entgeht er dem Furor des Mobs, der sich der Zentrale der Ochrana bemächtigt hat. Die scheinbar allmächtigen Geheimpolizisten räumen das Feld, ohne auch nur einen Schuß abgegeben zu haben. Dieser Rückzug ist das Eingeständnis, daß alles verloren ist.[35]

Chabalow, der sich mit seinem Stab und in Begleitung Balks in das Gebäude der Admiralität begeben hat, weil er sich nur dort noch sicher fühlt, ist jetzt allein, und er kann sich nur noch auf den Mut der Verzweifelten verlassen. Ein Hauptmann des Preobraschenski-Regiments bringt nun den Gedanken ins Spiel, alle Kompanien des Regiments, die noch nicht zu den Aufständischen übergelaufen sind, auf dem Schloßplatz zu versammeln, um mit ihnen die letzte Schlacht zu schlagen. Zur Überraschung Chabalows gelingt es ihm, zwei Kompanien des Preobraschenski-Regiments und zwei Kompanien der Garde-Equipage zu mobilisieren und auf dem Schloßplatz aufmarschieren zu lassen. Dann aber geschieht nichts, weil niemand weiß, wohin sie die Soldaten schicken und was sie tun sollen. Dunkle Gestalten in Zivil umschleichen die Soldaten, besprechen irgendetwas mit ihnen. Und weil niemand einen Befehl erteilt, verlassen die durchgefrorenen Männer nach und nach den Platz und kehren in ihre Kasernen zurück.[36] So endet der Versuch, die letzten Reserven zu mobilisieren, als Farce.

In seiner Verzweiflung greift Chabalow zum Telephonhörer, ruft Graf Paul von Benckendorff, den Hofmarschall des Zaren, in Zarskoje Selo an und bittet ihn, die wenigen Soldaten, die ihm noch geblieben sind, mit Proviant aus den Vorratskammern des Palastes zu versorgen. Benckendorff verspricht, alles zu tun, was in seiner Macht steht, aber auch er versteht sofort, daß die Tage der alten Ordnung gezählt sind. Er hört die Verzweiflung und die Panik in der Stimme des Generals, und es wird ihm klar, daß es sich nur noch um Stunden handeln kann, bevor alles zusammenbricht.[37]

Unterdessen streiten die Minister, die am frühen Nachmittag zu einer Sitzung in der Wohnung Golizyns zusammengekommen sind, immer noch darüber, was im Angesicht des Zusammenbruchs zu tun sei. Spiridowitsch, der an der Sitzung teilnimmt, ist entsetzt, als er sieht, in welchem Zustand sich Chabalow befindet. Er ist verängstigt, seine Stimme bebt und seine Hände zittern. Die Würfel seien gefallen, erklärt er resigniert, Hilfe sei nicht mehr zu erwarten, weil sich keine Einheit mehr finden lasse, die der Regierung noch die Treue halte. Aufgebracht und aufgewühlt verlassen die Minister die Wohnung Golizyns, weil sie sich vor den Massen fürchten, die bedrohlich näherkommen. Um 15 Uhr weichen sie in den Marienpalast, den Regierungssitz aus. Niedergeschlagen nehmen die Minister in einem dunklen Raum, an dessen Decken goldene Kronleuchter hängen, am Kabinettstisch

Platz. Es wird ihre letzte Sitzung sein. Nun kommt endlich zur Sprache, was seit Tagen unausgesprochen geblieben ist und jetzt aus den Ministern herausbricht. Beljajew überzeugt seine Kollegen, Protopopow aus der Regierung zu verstoßen. Ihn machen sie für das Versagen verantwortlich, das sie in diese ausweglose Situation gebracht hat. Mit kühlem Gestus fordert Golizyn Protopopow auf zurückzutreten. «Mir bleibt jetzt keine andere Wahl mehr als mich zu erschießen», entgegnet er und verläßt den Raum. Nun hat Rußland keinen Innenminister mehr, niemanden, der den Sicherheitsorganen, die in Auflösung begriffen sind, noch Befehle erteilen kann.[38]

Die Ereignisse haben keinen Urheber, es scheint, als vollzöge sich die Revolte unabhängig von den politischen Parteien und ihren intellektuellen Interpreten. Stets haben sie in der Vergangenheit von Reformen und Revolutionen gesprochen, sich damit gebrüstet, es besser zu wissen als die dunkle Masse. Und nun tanzt das Volk auf den Straßen, und niemand weiß, welche Antwort man darauf geben soll. «Wer hatte die Soldaten auf die Straße gerufen?», fragt sich Stankewitsch an diesem Tag. «Keine einzige Partei hätte sich diese Ehre zuschreiben und auf diese Frage eine Antwort geben können. Wer konnte diesen Ausbruch vorhersehen? ... Mit welchen Parolen gingen die Soldaten auf die Straße? ... Wer führte sie an, als sie Petrograd eroberten, als sie das Bezirksgericht in Brand setzten? Keine politische Idee, keine revolutionäre Parole, keine Verschwörung, kein Aufstand, sondern eine spontane Bewegung, die die alte Ordnung vollständig in Schutt und Asche legte.»[39] Keine Führung, keine Lenkung, nirgendwo eine Idee, wie der Elementargewalt, die sich nun Bahn bricht, zu begegnen sei. Die Liberalen sind ratlos, und auch die Sozialisten stehen vor einem Rätsel, das sie nicht lösen können. Isaak Steinberg, der dem Führungskreis der Sozialrevolutionäre angehört, weiß sehr genau, daß die Intelligenzija vom Volk, in dessen Namen sie gern spricht, genauso weit entfernt ist, wie die Regierung. Seinem Tagebuch vertraut er diese Wahrheit schonungslos an. Die Revolution, schreibt er, habe sich «außerhalb der Parteien» vollzogen.[40] Dabei aber kann es nicht bleiben, wenn die Opposition den Lauf der Dinge nicht sich selbst überlassen will. Jemand muß die Initiative ergreifen, die Masse lenken und ihr Ziele setzen, bevor es andere tun und die Regierung sich vom Schrecken erholt.

Es ist 9 Uhr morgens. Das Telephon klingelt. Schulgin nimmt den Hörer ab. Andrei Schingarjow ist am anderen Ende der Leitung. «Sie müssen zur Duma kommen. Es geht los.»[41] Zur gleichen Zeit ruft Rodsjanko, der Parlamentspräsident, Nekrassow, einen alten Vertrauten, an. Golizyn habe die Eröffnung der Sitzungswoche, die für den kommenden Tag geplant sei, auf Anfang April verschoben, auf Anweisung des Zaren, wie er hinzufügt. Diese Zumutung dürfe sich das Parlament nicht gefallen lassen. Deshalb bitte er ihn, alle Abgeordneten zusammenzurufen, die er erreichen könne. Nekrassow lässt sich von der Telephonvermittlung sofort mit fünfzehn Abgeordneten, unter ihnen auch Kerenski, verbinden und erklärt ihnen, worum Rodsjanko sie bittet.[42] Aber der Weg zur Duma ist beschwerlich, weil Plünderer und marodierende Soldaten auf den Straßen umherziehen. Sergei Schidlowski, ein prominenter Abgeordneter der rechtsliberalen Oktobristen, der auf der Petrograder Seite wohnt, kommt schneller als andere voran, weil er mit einem Auto zur Duma fährt, auf dessen Dach eine Flagge des Roten Kreuzes weht. So kommt er ungehindert an den Posten vorbei, die auf den Brücken Passanten kontrollieren, und erreicht die Duma rechtzeitig, um noch an den Beratungen in Rodsjankos Büro teilzunehmen.[43] Obolenski, der sich zu Fuß auf den Weg zum Taurischen Palais macht, wundert sich, daß auf der Sadowaja-Straße alle Geschäfte geöffnet sind. Er sieht Passanten, die Waren beäugen, lachen und scherzen, als ob nichts geschehen sei, was sie aus der Ruhe bringen könnte. «Alles, wie immer.» Selbst der Newski-Prospekt macht einen verlassenen Eindruck, erst im Umkreis der Duma begegnen ihm Massen von Menschen, die aus allen Richtungen auf das Parlament zulaufen. Am Haus Miljukows, unweit des Taurischen Palais', bleibt Obolenski stehen. Miljukow öffnet die Tür und ruft ihm zu: «Gehen Sie rasch zur Duma. Sie hat sich wahrscheinlich schon zur konstituierenden Versammlung erklärt.»[44]

Schulgin und Schingarjow, die im selben Haus auf der Petrograder Seite wohnen, brechen früh auf, brauchen für die sechs Kilometer lange Wegstrecke bis zur Duma mehr als zwei Stunden, und so werden sie Zeugen des großen Aufruhrs. Lastwagen brausen an ihnen vorbei, auf ihnen stehen Soldaten, rote Fahnen wehen im Wind, auf den Brükken drängen sich Neugierige, die sich das Schauspiel nicht entgehen lassen wollen, das die Soldaten aufführen. Schulgin schätzt, daß mehr als 30 000 Menschen auf dem Weg zur Duma sind, und er fragt sich, warum der Militärkommandant nicht den Befehl erteilt hat, die Zufahrtsstraßen abzuriegeln, die zum Taurischen Palais führen. An der Spalernaja-Straße kommt ihnen eine Trauerprozession entgegen. Der Abgeordnete Michail Alexejenko wird zu Grabe getragen. «Soll man ihn bedauern oder beneiden?», fragt sich Schulgin.[45]

Die Abgeordneten, die nach und nach im Taurischen Palais eintreffen, wissen, was der Zar von ihnen erwartet: daß sie auseinandergehen, bis es ihm gefällt, sie wieder zum Dienst zu rufen. Aber sie mögen sich seinen Befehlen nicht länger beugen und sind nunmehr entschlossen, angesichts der Gewaltexzesse, deren Zeugen sie selbst geworden sind, die Entscheidungsgewalt an sich zu ziehen. Seit dem späten Vormittag debattieren die Abgeordneten, die in Rodsjankos Büro zusammengekommen sind, was sie im Angesicht der Ereignisse tun können. Der Ältestenrat findet eine salomonische Lösung: das Parlament fügt sich dem Befehl des Zaren und unterbricht seine Sitzungsperiode, aber die Abgeordneten gehen nicht auseinander. Sie versammeln sich nun nicht mehr im Plenarsaal, sondern im «Weißen Saal», einem Nebenraum. So versuchen sie den Anschein einer informellen Zusammenkunft zu erwecken. Die Abgeordneten sind aufgewühlt, verängstigt, als sie den kleinen Saal betreten. Sie alle fürchten sich vor den betrunkenen und bewaffneten Soldaten und der rohen Gewalt, die bald auch die Duma heimsuchen könnte. «Ihr Atem, der sich langsam näherte, war schon zu spüren», wie Schulgin sich später an den Tag der Entscheidung erinnern würde.[46]

Draußen vor der Tür fallen Schüsse, Soldaten belagern das Parlament und begehren Einlass. Dann bahnen sie sich einen Weg in das Gebäude und töten einen Wachmann, der sich ihnen entgegenstellt. Schidlowski sieht, wie ein kleiner, unscheinbarer Student, der ein riesiges Gewehr in den Händen hält, hektisch irgendwelche Anordnungen erteilt, in der Kantine mit dem Gewehrkolben auf den Tresen schlägt und den Kellnern befiehlt, Speisen aufzutragen. Die Eindringlinge spüren ihre Macht. Jeder Mann, der ein Gewehr trägt, ist nun auch ein Herr, vor dem sich andere fürchten. Ein berauschendes Gefühl, das ausgekostet werden muß. Im «Weißen Saal» sitzen die Liberalen in ihren Sesseln und erstarren vor Angst. Als sich die Menge dem Gebäude nähert und die ersten Schüsse zu hören sind, nehmen manche Abgeordnete Reißaus und springen aus dem Fenster in den Schloßpark.[47] Nikolai Suchanow, Menschewik und Chronist der Ereignisse, findet die richtigen Worte für die Verzweiflung der liberalen Politiker. Auf eine Revolution seien sie nicht vorbereitet gewesen. Und nun kommt sie zu ihnen, die Revolution, und sie fragt nicht, ob den Herren von Besitz und Bildung gefällt, was sie überbringt.[48]

Wohin sollen die Soldaten schon gehen, an wen können sie sich wenden, wenn nicht an das Parlament, das allein imstande ist, der Regierung nicht nur die Stirn zu bieten, sondern sie auch zu ersetzen? Ein Meer von grauen Mänteln belagert die Duma, auf der nun alle Hoffnungen ruhen. Stankewitsch führt ein ganzes Bataillon des Preobraschenski-Regiments in Marschformation zum Parlament, an der Spitze spielt eine Militärkapelle auf, eine beeindruckende Prozession von revolutionär gestimmten Offizieren und Soldaten, die sich über eine Distanz von einem Kilometer erstreckt. Tschcheidse, der Anführer der Menschewiki in der Duma, tritt zu den Soldaten hinaus. Er ist ergriffen, er fällt auf die Knie, ergreift die rote Fahne der ersten Kompanie und küßt das Symbol der siegreichen Revolution.[49] Lastwagen für Lastwagen braust über den Newski-Prospekt und bringt Soldaten zum Taurischen Palais. Auf dem Platz vor dem Parlament werden Maschinengewehre und Handgranaten abgeladen, man trägt Blumen, Silberbarren und Lebensmittel ins Foyer, Tausende drängen herbei, um zu erfahren, was im neuen Zentrum der Macht entschieden wird. Sogar Miljukow, der unterkühlte Professor und Spiritus Rector der Liberalen, ist überwältigt. Sein Traum geht in Erfüllung. Das Parlament hat sich über Nacht in einen Ort verwandelt, an dem Machtfragen entschieden werden. Es wird zum Zentrum einer Wallfahrt.[50]

Gegen seinen Willen verwandelt sich das Abgeordnetenhaus in eine

Der Eingang zum Taurischen Palais, 27. Februar 1917

Tribüne der Revolution. Stunde um Stunde treffen Ergebenheitsadressen aus allen Kompanien im Taurischen Palais ein, die aussprechen, was Soldaten von den Parlamentariern erwarten. Die Abgeordneten sollen sich von der Monarchie lossagen und nach der Macht greifen, fordern sie. Kerenski, Tschcheidse und Skobelew laufen zu den Soldaten hinaus, aber ihre Ansprachen beruhigen die Massen nicht, sondern bringen sie erst recht in Rage. Aus diesem Sog gibt es kein Entkommen, die Abgeordneten wissen es, und so fügen sie sich in ihr Schicksal und nehmen den Auftrag an, der ihnen erteilt wird. Skobelew bittet die Soldaten um Geduld. Es sei keine leichte Aufgabe, eine neue Regierung einzusetzen, weil die Liberalen mit der alten Ordnung nicht brechen wollten. «Die Duma schwankt noch. Sie können sich nicht dazu entschließen, die Macht in ihre Hände zu nehmen. Wir üben Druck auf sie aus.»[51]

Zu Kompromissen aber sind die Soldaten nicht mehr aufgelegt. Ihr Ungehorsam soll anerkannt, die Meuterei legalisiert werden. Anderenfalls, so fürchten sie zu Recht, würde die Gegenrevolution zwar Bauern und Soldaten, nicht aber die Herren von Besitz und Bildung bestrafen, so wie im Jahr 1905, als die große Meuterei in einem blutigen Gewaltakt niedergeschlagen wurde. Damals wurden die Bauern bestraft, die liberalen Herren aber mit Verfassung und Parlament beschenkt und korrumpiert. Für Soldaten und Arbeiter ist das Parlament deshalb nichts weiter als ein Ort, an dem Privilegien ausgegeben werden und Volksvertreter lernen, sogleich zu vergessen, in wessen Namen sie sich haben wählen lassen. Die bürgerlichen Schichten ziehen den «größtmöglichen Gewinn» aus der Revolution, wie es der französische Syndikalist Georges Sorèl einst formuliert hat, und die Volksmassen, die Reservoire «gesunder Instinkte», gehen, wie stets, leer aus. Solche Ungerechtigkeit solle nicht noch einmal triumphieren, das Parlament ein unmittelbarer Ausdruck des Volkswillens sein. Nie wieder soll sich wiederholen, was zwölf Jahre zuvor geschehen ist: daß die einen die Revolution machen und die anderen die Lorbeeren ernten.[52] Die Liberalen hingegen sind der Auffassung, daß vom Volk als einer Willenseinheit keine Rede sein könne, erst die Repräsentation vieler durch einzelne werde dem Einzelwillen gerecht und verwandele Abgeordnete in Sachwalter öffentlicher Interessen. Mit solchen Argumenten aber können sie niemanden mehr für sich gewinnen. Die Soldaten bestehen darauf, daß ihr Wille nicht nur ausgeführt werden müsse, sondern daß sich die liberalen Eliten zu ihrer Revolution auch bekennen.[53]

Aber es nicht nur ihre Funktion im Machtgefüge, die der Duma die Rolle des Königsmachers zuweist. Es ist auch ihre Lage in der Geographie der Stadt. Denn manchmal kommt der Wille erst zur Wirkung, wenn er sich die Topographie zunutze machen kann. Am Stadtrand wären die Meuterer unter sich geblieben. Im Zentrum aber können sie sich sichtbar und fühlbar machen. Die Duma wird zum Zentrum der Erhebung, weil ihre Abgeordneten die Unruhen, die sich in ihrer unmittelbaren Umgebung bemerkbar machen, nicht ignorieren können und weil sie Soldaten und Arbeitern, die das Parlament bedrängen, Antworten auf ihre Fragen geben müssen. Für die Abgeordneten, die von den Ereignissen überrumpelt wurden, brechen nun schwere Stunden an. Was sollen sie tun, sie, die sich von bewaffneten Soldaten eingekreist und bedroht fühlen, sie, die eine Reform des Staates, aber keine Revolution gewollt haben? Wenn man schon nicht verhindern kann, was auf den Straßen geschieht, mögen die liberalen Abgeordneten gedacht haben, kann man sich wenigstens darum bemühen, den Aufruhr unter Kontrolle zu bringen, in der Hoffnung, daß es am Ende nicht schlimmer kommen wird. Stepan Skalow, ein bolschewistischer Arbeiter, der an diesem Tag eine Gruppe von Soldaten zur Duma führt, weiß sehr genau, daß die liberalen Politiker keine Revolution wollen, sich aber zu ihr bekennen müssen, weil die Massen sie zwingen, «zur Musik des Straßenaufstandes zu tanzen».[54]

Wie aber sollen sie den aufgepeitschten Massen erklären, daß die Revolution für die liberale Opposition kein Ausweg ist? Rodsjanko ist verzweifelt, weil er spürt, wie wenig sein Versuch verfängt, die Soldaten zu besänftigen. «Hört auf Eure Offiziere», ruft er den Soldaten eines Reserveregiments zu, das im Stadtteil Ochta, östlich der Newa, stationiert ist, «denn ohne Vorgesetzte wird sich das Militär in eine Masse verwandeln, die nicht imstande ist, die Ordnung wieder herzustellen.» Zu den Soldaten des Preobraschenski-Regiments, die das Parlament belagern, sagt er: «Ohne Offiziere können die Soldaten nicht existieren. Ich bitte Sie, sich Ihren Offizieren unterzuordnen und ihnen zu vertrauen, so wie wir Ihnen vertrauen. Kehren Sie ruhig in Ihre Kasernen zurück, um beim ersten Befehl dort zu erscheinen, wo Sie gebraucht werden.»[55] Sogar Miljukow, der sich dem Lärm der Straße nicht gern aussetzt, läuft nun zu den Soldaten hinaus, hält flammende Ansprachen und fleht die uniformierte Masse an, die militärische Disziplin zu wahren. Sollten sich die Regimenter in der Hauptstadt in einen desorganisierten Mob verwandeln, warnt Miljukow, werde die Konterrevolution einen Vorwand haben, der es ihr erlaubt, die Revolte in wenigen Stunden niederzuschlagen. Die Liberalen werden später verkünden, daß die Soldaten gekommen seien, um ihre Treue zur Duma unter Beweis zu stellen. In Wahrheit aber diktieren sie den Abgeordneten, was zu tun ist, denn in dem Augenblick, in dem sie die Entscheidung treffen, ihren Offizieren den Gehorsam zu verweigern, sind sie auch für den Einsatz an der Front nicht mehr zu gebrauchen. Man hat sich den Soldaten auf Gedeih und Verderb ausgeliefert – das begreifen die Abgeordneten in diesem Augenblick. Der Höhepunkt der Revolte ist auch der letzte Tag der Duma. Auf Rodsjankos bleichem Gesicht zeichnet sich ein Ausdruck der Verzweiflung ab, Verzweiflung über die eigene Ohnmacht und Hilflosigkeit. Andere sitzen in ihren Büros und weinen, die Hilflosigkeit treibt sie in die Hysterie.[56]

Schulgin, der Zyniker unter den Abgeordneten, weiß, daß das Ende der Staatsduma angebrochen ist, nicht nur formaljuristisch, sondern auch physisch, denn dem Druck der grauen Masse kann niemand widerstehen. Stunde um Stunde läuft Rodsjanko zum Eingang hinaus, um unter den Klängen der Marseillaise Ansprachen an die Soldaten zu richten, die gekommen sind, um die Revolution und sich selbst zu feiern. Rodsjanko ist eigentlich ein konservativer Großgrundbesitzer, der um jeden Preis an der Monarchie festhalten will, aber er ahnt, daß ihm diese Kraftanstrengung nicht mehr gelingen wird. Die Soldaten mißtrauen ihm und seinesgleichen, und er weiß es. «Ich möchte nicht rebellieren», sagt er zu Schulgin. Und Panik liegt in seiner Stimme. «Ich bin kein Aufständischer, ich habe keine Revolution gemacht und ich will sie nicht machen».[57] Noch wenige Stunden zuvor träumten die Liberalen von einer Regierungsbeteiligung, und nun müssen sie sich mit der Tatsache abfinden, daß es keine Regierung mehr gibt, an der sie sich beteiligen könnten. In den Augen der Sozialisten sind die Liberalen ohnehin nichts als «Konterrevolutionäre». Damit müssen sie zurechtkommen.[58]

Manche Liberale, vielleicht Gutschkow und Miljukow, mögen ahnen, daß die Hitze des Feuers, an dessen Entfachung sie sich gegen ihren Willen beteiligt haben, sie am Ende selbst verbrennen wird. Miljukow befindet sich in diesen Stunden im Plenarsaal, berät sich mit Abgeordneten und empfängt Besucher. Aber er gibt ihnen auf ihre Fragen nur vage Antworten. Seine ganze Erscheinung strahlt in diesem Moment nichts als Ratlosigkeit aus.[59] Für den Kult rücksichtsloser Härte, wie ihn Lenin und seine Anhänger pflegen, ist der feinsinnige Professor und stilvolle Intellektuelle nicht gemacht. Nur eines weiß Miljukow besser als die Träumer in seiner Fraktion: daß Revolutionen zwar leicht ins Werk gesetzt, aber nicht leicht beendet werden können. Aber was hätte er jetzt, als eine Entscheidung fällig, aber noch nicht gefällt worden ist, schon tun können?

Michail Rodsjanko (1884–1956), Parlamentspräsident, Abgeordneter der rechtsliberalen Partei der Oktobristen

Die Sozialisten fürchten sich vor den Soldatenmassen und der Gegenrevolution nicht weniger als die Liberalen. Sie spüren, daß die Anarchie auch sie selbst in Gefahr bringen und sie verschlingen wird, wenn es ihnen nicht gelingt, die Gewalt der Soldaten einzudämmen, sie wenigstens auf ein Ziel hin zu lenken. Nicht einmal Kerenski, der sonst feurige Reden hält, ist sich seiner Sache sicher. Am Vortag fürchtete er noch, verhaftet zu werden, sollte es Chabalow gelingen, den Aufstand niederzuschlagen. Weder die Menschewiki noch die Bolschewiki wissen in diesen Stunden, wie sie der Elementargewalt begegnen und in welche Bahnen sie sie lenken sollen. Ist die Stunde des Umsturzes wirklich gekommen? Und ist man auf sie vorbereitet, fragen sie sich. Im Angesicht der großen Meuterei aber eröffnen sich ihnen auch Möglichkeiten, von denen sie Stunden zuvor nicht einmal zu träumen gewagt hätten. Sie haben keine Wahl: zögern hieße, alle Chancen zu verspielen, die ihnen der Aufruhr in die Hände gibt. Denn im Gegensatz zu Miljukow und seinen Freunden, die immer noch an den Kompromiß glauben, können sie alles verlieren. «Wir können nicht zurück. Wir können nirgendwo hin», so steht es in einem Flugblatt, das vom Stadtkomitee der «Meschrajonzy», einer sozialistischen Gruppe, die den Bolschewiki nahesteht, am Nachmittag tausendfach verteilt wird.[60] Sieg oder Untergang. Etwas anderes kommt jetzt nicht mehr in Frage. Die Strafe vor Augen, die zu erleiden wäre, wenn die Gegenrevolution gewönne, treten die Sozialisten die Flucht nach vorn an, stürzen ohne Ziel und Plan ins Ungewisse. «Das ist genug, um uns alle zu hängen, im Fall, daß die Revolution niedergeschlagen wird», sagt Pitirim Sorokin zu den Soldaten, die ihn am 27. Februar in einem rot beflaggten Auto durch die Stadt fahren.[61]

In der Mittagszeit strömen nicht nur Soldaten zum Taurischen Palais, sondern auch Sozialisten aller Couleur, die sich Zugang zum Plenarsaal verschaffen und den linken Flügel des Parlamentsgebäudes okkupieren. Um 14 Uhr erscheinen dort auch Gwosdjow und die übrigen Mitglieder der Arbeitergruppe des Kriegs-Industriekomitees, die von aufständischen Soldaten aus dem Gefängnis befreit und sofort zur Staatsduma gebracht worden sind. Nach und nach treffen weitere prominente Sozialisten am Ort der revolutionären Erhebung ein. In einem Parlamentsbüro versammeln sich am Abend etwa dreißig bis vierzig Personen, sozialistische Abgeordnete und ihre Sympathisanten, und verständigen sich darauf, einen Arbeiter- und Soldatenrat ins Leben zu rufen, so wie im Herbst 1905. Sokolow, Tschcheidse, Suchanow, Skobelew, Juri Steklow und andere sitzen an einem Tisch und verfassen einen Aufruf an die Arbeiter und Soldaten der Hauptstadt, der sogleich vervielfältigt und tausendfach auf den Straßen verteilt wird. «Bürger! Die in der Staatsduma tagenden Vertreter der Arbeiter, Soldaten und der Bevölkerung Petrograds geben bekannt, daß die erste Sitzung ihrer Vertreter heute stattfindet, um 19 Uhr abends, im Gebäude der Staatsduma. Alle auf die Seite des Volkes übergegangenen Militäreinheiten sollen sofort ihre Vertreter wählen, je einen pro Kompanie, die Arbeiter in den Fabriken je einen für tausend. Fabriken, die weniger als tausend Frauen und Männer beschäftigen, sollen je einen Deputierten wählen.»[62] Im «Provisorischen Exekutivkomitee», dem Repräsentanten der sozialistischen Parteien angehören und das sich selbst ermächtigt, im Namen des Volkes zu sprechen, fallen alle Entscheidungen, bevor die Wahlen zum Arbeiter- und Soldatenrat überhaupt beendet worden sind. Zunächst einigen sich die Revolutionäre darauf, die Gründungsversammlung des Provisorischen Exekutivkomitees als «Initiative» zu deklarieren und die eigentliche Wahl am nächsten Tag nachzuholen

Der eigentliche Wahlakt vollzieht sich chaotisch, nach Regeln, die niemand überprüfen kann. Die Mitglieder der sozialdemokratischen Fraktion in der Duma mobilisieren ihre Anhänger in den Fabriken, im Taurischen Palais erscheinen politische Gefangene, die freigelassen worden sind und nun verlangen, als Delegierte in den Arbeiter- und Soldatenrat aufgenommen zu werden. Jeder, der über Verbindungen verfügt oder einen Telephonapparat zur Hand hat, mobilisiert in diesen Stunden die eigene Gefolgschaft. Am Abend treffen Arbeiter aus verschiedenen Bezirken im Parlament ein und geben sich als Delegierte ihrer Fabriken aus. Niemand überprüft, ob sie wirklich gewählt worden sind, niemand registriert sie. Wer erklärt, gewählt worden zu sein, wird in den Saal hineingelassen, denn Bescheinigungen gibt es nicht. Schljapnikow ist, wie alle übrigen Sozialisten auch, keineswegs irritiert über die «mündlichen» Mandate, mit denen die Delegierten sich selbst ausstatten. «Wer hätte sie schon überprüfen können?»[63]

Am Abend des 27. Februar versammeln sich im Plenarsaal der Duma 250 Soldaten und Arbeiter der Duma, die vorgeben, Vertreter ihrer Kompanien oder Fabriken zu sein. Unaufhörlich strömen Menschen in den Saal, und niemand weiß, wer sie entsendet oder autorisiert hat. Die Intellektuellen können sich auf keinerlei Vollmacht berufen, denn niemand hat sie ermächtigt, sich einen Sitz im Arbeiter- und Soldatenrat zu verschaffen. Sokolow, der an der Eingangstür steht, empfängt die Mitglieder der revolutionären Parteien und erklärt ihnen, wer von ihnen abstimmen dürfe und wer nicht. Warum aber werden Kerenski, der doch Abgeordneter der Staatsduma ist oder Suchanow, der Herausgeber verschiedener Zeitschriften gewesen und nun Redakteur der von Maxim Gorki herausgegebenen Zeitung «Nowaja Schisn» (Das neue Leben) ist, mit Stimmrecht ausgestattet, andere aber nicht? Niemand kann das in diesen Stunden mit Gewißheit sagen.[64] Im Grunde ist wahlberechtigt, wer sich zufällig im Saal aufhält und glaubhaft machen kann, ein Anhänger der Revolution zu sein. Mit den Spitzfindigkeiten des Wahlrechts hätten die Soldaten ohnehin nichts anfangen können. Ihnen kommt es vor allem darauf an, daß ihr Recht, etwas zu verlangen und zu bekommen, anerkannt wird.

Auf die Selbstregierung des Volkes wollen sich aber auch die Revolutionäre nicht verlassen, die sich nun selbst ermächtigen, Entscheidungen in seinem Namen zu treffen. Dem Exekutivkomitee, Herz und «Regierung» des Arbeiter- und Soldatenrates, so einigen sich die Sozialisten, sollen je drei Sitze an die Bolschewiki, Menschewiki und Sozialrevolutionäre vergeben werden. Zu Anfang geben die Menschewiki den Ton vor, weil sie es sind, die der Rätedemokratie zum Erfolg verholfen haben. Wenige Tage später werden weitere Sozialisten in das Exekutivkomitee aufgenommen, vor allem Sozialrevolutionäre, deren schnörkelloser Bauernsozialismus unter den Soldaten in höherem Ansehen steht als die historischen Abstraktionen der Marxisten. Und auch die Bolschewiki versuchen, sich mit ihren Repräsentanten im Exekutivkomitee – Alexander Schljapnikow, Pjotr Stutschka, Lew Kamenew und Wjatscheslaw Molotow – zu Wort zu bringen, wenngleich ihr Einfluß auf das revolutionäre Geschehen gering ist. Ins Präsidium des Exekutivkomitees, das die «Regierungsgeschäfte» führen soll, werden Kerenski, Steklow, Suchanow, Schljapnikow, Skobelew und Tschcheidse entsandt. Noch bevor sich die Delegierten des Arbeiter- und Soldatenrates überhaupt versammeln, schaffen die Anführer der sozialistischen Parteien Tatsachen, bemächtigen sich der Machtapparate, die sie mit ihren Gefolgsleuten besetzen und ergreifen Besitz von den Büros, in denen noch vor einigen Tagen liberale Abgeordnete zu Hause gewesen sind.[65]

Was immer die Revolutionäre auch im Sinn haben – die Machtfrage liegt dennoch in den Händen der Liberalen. Irgendjemand muß die Generäle davon überzeugen, daß eine Reform des Systems auch in ihrem Interesse ist. Denn sie sind nur an militärischen Erfolgen und am Erhalt des Imperiums interessiert, aber nicht bereit, dafür Preise zu entrichten, die von Revolutionären festgelegt werden. Kerenski, Tschcheidse, Sensinow, sie alle machen sich keine Illusionen über ihre Möglichkeiten. Zwar haben sie die Soldaten der Garnison auf ihrer Seite, aber kein Frontgeneral würde mit ihnen kooperieren, wenn sie nach der Macht griffen. In wenigen Stunden würde eine Strafexpedition in der Hauptstadt erscheinen und dem Spuk ein Ende bereiten. Deshalb überlassen sie es den liberalen Politikern, sich mit den Militärkommandeuren zu verständigen.

Noch am Vormittag hätten die Liberalen mit der alten Ordnung nicht brechen wollen. Dazu werden sie nun gezwungen. Zwischen der Straße, auf der sich eine Revolution vollzieht und der Duma, wo das Hohelied des Rechtsstaats gesungen wird, gähnt ein Abgrund. Über ihn läßt sich keine verbindende Brücke schlagen, man kann allenfalls über ihn hinüberspringen.[66] Die Liberalen müssen Kompromisse machen: mit den Sozialisten, die auf die Gewehrläufe der Garnison verweisen, und mit den Frontgenerälen und dem Zaren, die sich mit einer Revolution niemals abfinden würden. Mit den Grundgesetzen des Jahres 1906, die allein den Zaren ermächtigen, das Parlament aufzulösen und eine Regierung seiner Wahl einzusetzen, wollen sie nicht brechen. Es kommt ihnen darauf an, Macht auf legale Weise zu verlagern. Anderenfalls werden die Generäle ihnen die Unterstützung versagen.[67] Die Optimisten unter den Liberalen haben die Hoffnung noch nicht aufgegeben, den Verhältnissen ihren Stempel aufdrücken zu können. Denn das Machtvakuum eröffnet Möglichkeiten, die den Sozialisten nicht zur Verfügung stehen. Miljukow und seine Anhänger wissen aus Erfahrung, daß der organisierte Liberalismus für den Zaren und seine Generäle das geringste unter allen vorstellbaren Übeln ist. Und auch die Liberalen ziehen die Herrschaft der Generäle der Anarchie der Straße vor. Soldaten und Bauern schlagen alles entzwei, denken sie, und dann greifen gebildete und besonnene Parlamentarier nach der Macht, einigen sich mit den militärischen Befehlshabern und richten den Staat wieder auf.[68]

Deshalb unternehmen sie nun den Versuch, den Herrscher davon zu überzeugen, eine Regierung des gesellschaftlichen Vertrauens einzusetzen. Sie sei, glauben sie, der einzige Ausweg aus der Krise, der ihnen noch bleibt. In der Mittagszeit richtet Rodsjanko einen leidenschaftlichen Appell an den Zaren. «Die Sitzungen der Staatsduma sind durch einen Ukas Ihrer Majestät bis April ausgesetzt. Die letzte Bastion der Ordnung ist beseitigt worden. Die Regierung ist völlig außerstande, die Unruhen niederzuschlagen. Auf die Truppen der Garnison ist kein Verlaß. Die Reservebataillone der Garderegimenter sind vom Aufruhr erfaßt worden. Man tötet die Offiziere ... Der Bürgerkrieg hat begonnen und ist entflammt. Ordnen Sie sofort die Berufung einer neuen Regierung an, auf der Grundlage der Prinzipien, die ich Eurer Majestät in meinem gestrigen Telegramm dargelegt habe. Verwirklichen Sie diese Maßnahmen unverzüglich durch ein allerhöchstes Manifest. Majestät, zögern Sie nicht. Wenn sich die Bewegung auf die Armee ausweitet, wird der Deutsche triumphieren und der Untergang Rußlands und der Dynastie wird unausweichlich sein. Im Namen ganz Rußlands bitte ich Eure Majestät, das Dargelegte auszuführen. Die Stunde, die Ihr Schicksal und das der Heimat entscheidet, ist angebrochen. Morgen kann es schon zu spät sein.»[69]

Nikolai liest, was Rodsjanko ihm geschrieben hat, aber es scheint ihn nicht zu beeindrucken. Ratlos zuckt er mit den Schultern und sagt zu seinem Hofminister, Graf Frederiks: «Schon wieder hat mir der dicke Rodsjanko irgendwelchen Unsinn geschrieben, auf den ich ihm nicht einmal antworten werde.»[70] Wie könne er denn einem Mann antworten, erklärt er gegenüber Wojejkow, der ein Präsident ohne Parlament sei, der überhaupt keine Funktion ausübe, die ihn dazu ermächtigen könnte, ihm Ratschläge zu erteilen.[71] Der Zar deutet all die Vorhaltungen und Warnungen als einen Versuch Rodsjankos, von seinen eigenen Machtgelüsten abzulenken und ihn zu täuschen. Der Zar hält den Parlamentspräsidenten für einen pathetischen, machtbesessenen Schwätzer, und er erinnert sich daran, daß die Liberalen im Dezember 1916 schon einmal den Versuch unternommen haben, eine Palastrevolte anzuzetteln, seinen Onkel, Großfürst Nikolai Nikolajewitsch, gegen ihn auszuspielen und ihn vom Thron zu stoßen. Die Rebellion, glaubt er, ist nichts weiter als eine Episode, die bald schon Vergangenheit sein wird. «Ich bin nicht lange bei dem Bericht geblieben», schreibt er in sein Tagebuch, nachdem er sich mit Rodsjankos Ratschlägen befaßt hat.[72] Und so verstreicht kostbare Zeit. Die Unentschlossenheit des Zaren und die Ahnungslosigkeit der Generäle spielen der Revolution in die Hände und verurteilen die liberalen Dumapolitiker gegen ihren eigentlichen Willen zum Handeln. Wie stets tappt Nikolai in Fallen, die er sich selbst gestellt hat.

Bereits am Nachmittag begibt sich Rodsjanko zu Golizyn und überredet ihn, den Zaren um die Demission des Kabinettes zu ersuchen und ihm vorzuschlagen, ihn, Rodsjanko, oder den Fürsten Georgi Lwow, einen edlen und sanften Menschenfreund, zum Ministerpräsidenten zu ernennen. Nur so könne die Katastrophe noch abgewendet werden. Golizyn läßt sich sofort mit dem Hauptquartier verbinden, aber er erhält eine abschlägige Antwort, obgleich Alexejew dem Zaren empfohlen hat, dem Rat des Regierungschefs zu folgen.[73] Rodsjanko aber läßt sich nicht entmutigen und bringt nun den Bruder des Zaren, den Großfürsten Michail Alexandrowitsch, ins Spiel, mit dem er bereits vor zwei Tagen über die Reform des politischen Systems gesprochen hat.

Der Großfürst, der in Gatschina lebt und erst herbeigeholt werden muß, ist ein einfacher Mann, ebenso willenlos und entscheidungsschwach wie sein Bruder, untalentiert in politischen Geschäften. Aber er ist auch ein liberal gesinnter Anhänger der konstitutionellen Monarchie, und das allein zählt in diesem Augenblick. Am frühen Abend kommt es zu einer Begegnung Michail Alexandrowitschs mit Rodsjanko und Nekrassow, die ihn darum bitten, auf seinen Bruder einzuwirken. Eine Regierung des gesellschaftlichen Vertrauens müsse eingesetzt, das Kabinett aufgelöst werden. Ob er sich vorstellen könne, eine Diktatur unter seiner Führung in Petrograd zu errichten und einen populären General mit der Regierungsbildung zu beauftragen, fragt er den Großfürsten. Michail Alexandrowitsch aber will weder Regierungschef noch Diktator sein, und ohne Absprache mit seinem Bruder mag er auch keine Entscheidungen treffen. Und so besteigen Rodsjanko, Nekrassow und der Großfürst gegen 20 Uhr ein Auto und fahren zum Marienpalast, um sich mit den Ministern zu beraten. Auf ihrem Weg werden sie von Soldaten aufgehalten und kontrolliert, fahren am brennenden Bezirksgericht vorbei in die Regierungszone, wo das Regime die Kontrolle über das Geschehen noch nicht verloren hat. Im Konferenzraum schlägt ihnen kalte Ablehnung entgegen. Die Minister haben keine Wahl, sie müssen siegreich sein, wenn sie politisch überleben wollen. Selbst Pokrowski, der liberal gesinnte Außenminister, ist nicht zu Kompromissen aufgelegt, wenn es um den Erhalt der Ordnung geht, erklärt, daß der Rebellion ein Ende gesetzt werden müsse, koste es, was es wolle.[74]

Noch wenige Stunden zuvor haben Golizyn und Beljajew Alexejew darum gebeten, loyale Regimenter von der Front abzuziehen und in die Hauptstadt zu entsenden. «Die Lage in Petrograd wird sehr ernst. Der militärische Aufruhr kann mit den wenigen Truppen, die ihrer Pflicht treu ergeben sind, nicht unterdrückt werden; im Gegenteil, viele Einheiten gehen allmählich zu den Rebellen über.» Es müßten, fährt Beljajew fort, zuverlässige Einheiten von der Front abgezogen und in die Hauptstadt geschickt werden. Chabalow habe die Nerven verloren, sei vollkommen ratlos. Er habe deshalb die Anordnung erteilt, Michail Sankjewitsch, einen erfahrenen und im Kampf bewährten Frontgeneral, zu seinem Stellvertreter zu ernennen und ihn mit der Leitung der militärischen Operationen zu betrauen. Chabalow ist entmachtet, kann keine Anordnungen mehr erteilen.[75] Aber die Minister wissen, daß es mehrere Tage dauern kann, bis die Strafexpedition in Petrograd eintrifft. Deshalb greifen sie nun nach dem rettenden Strohhalm, den der Parlamentspräsident ihnen reicht. In der Stunde der Not kennt Golizyn keine Skrupel. Für den Machterhalt opfert er auch den Zaren und reicht Rodsjanko die Hand. Das Kabinett solle zurücktreten, der Großfürst mit diktatorischen Vollmachten ausgestattet werden. So leicht aber läßt sich Michail Alexandrowitsch nicht zum Diktator machen. Er könne und dürfe ohne die Zustimmung des Bruders keine Entscheidungen treffen, und er bitte darum, ihn mit dem Hauptquartier telephonieren zu lassen. Beljajew bestellt ein Auto, und gemeinsam mit dem Großfürsten fährt er ins Kriegsministerium, wo er sich gegen 22:30 mit Alexejew verbinden läßt.[76]

Michail Alexandrowitsch beschwört den Chef des Generalstabes, seinem Bruder die Bitte Golizyns zu übermitteln, alle Minister zu entlassen und eine Person mit der Bildung einer Regierung zu beauftragen, die das Vertrauen der Bevölkerung genieße. Sobald der Zar sein Einverständnis gegeben habe, möge er ihn ermächtigen, diesen Entschluß in der Hauptstadt bekannt zu machen. Mit der Bildung einer neuen Regierung solle er den Fürsten Georgi Lwow beauftragen. Und er fügt noch hinzu, daß er dem Zaren davon abraten müsse, nach

Michail Alexejew (1857–1918), Generalstabschef der russischen Armee 1915–1917

Zarskoje Selo zurückzukehren, niemand könne für seine Sicherheit garantieren. Sich selbst bringt er gar nicht erst ins Spiel, weil er nicht derjenige sein will, der den Bruder hintergeht. Wenig später übermittelt Alexejew die Antwort des Zaren. Eine Verschiebung seiner Rückreise komme nicht in Frage, er habe General Nikolai Iwanow, den Eroberer Galiziens, als Diktator eingesetzt und werde ihn an der Spitze einer Strafexpedition nach Petrograd entsenden. Seinen Anordnungen müßten sich alle Minister fügen. Eine Demission des Regierungschefs komme nicht in Frage, alle Minister müßten im Amt bleiben. Er danke seinem Bruder für gute Ratschläge, aber er wisse selbst, was nun zu tun sei. Alles weitere werde er, der Zar, nach seiner Rückkehr entscheiden.[77]

Als Beljajew und der Großfürst in den Marienpalast zurückkehren und verkünden, was der Zar entschieden hat, verlieren die Minister jeden Mut. Golizyn läßt sich auf seinen Stuhl fallen, schaut fassungslos umher: «Was tun, was tun wir jetzt», fragt er. In diesem Augenblick erreicht ihn die Nachricht, daß sich Massen von Soldaten auf den Palast zubewegen. Das Ende ist nahe, daran gibt es für niemanden im Raum noch den geringsten Zweifel. Und so verlassen die Minister den Palast so schnell wie möglich und verschließen die Türen hinter sich. Nur

Krüger-Woinowski und Pokrowski, der Verkehrs- und der Außenminister, bleiben aus unerfindlichen Gründen in ihren Büros und warten dort auf das Ende. Als Rodsjanko und Nekrassow am Abend zur Duma zurückfahren, sehen sie mit eigenen Augen, daß die Revolution gesiegt hat, weil es keine Zonen mehr gibt, die von der Regierung noch kontrolliert werden.[78] Chabalow telegraphiert am späten Abend an Alexejew: «Ich bitte, Ihrer kaiserlichen Hoheit darzulegen, daß ich den Befehl, die Ordnung in der Hauptstadt wiederherzustellen, nicht ausführen kann. Die Mehrheit der Einheiten, eine nach der anderen, haben die Seiten gewechselt und weigern sich, gegen die Meuterer zu kämpfen. Andere Einheiten haben sich mit den Meuterern verbrüdert und ihre Waffen gegen die seiner Majestät ergebenen Truppen gerichtet. Die ihrer Pflicht ergebenen Einheiten haben den ganzen Tag über gegen die Meuterer gekämpft, es gab hohe Verluste. Am Abend war der größte Teil der Hauptstadt unter der Kontrolle der Meuterer. Ihrem Eid treu sind nur einige wenige Teile verschiedener Regimenter, die unter dem Befehl des Generals Sankewitsch am Winterpalast postiert sind, mit denen ich den Kampf fortsetzen werde.»[79]

Liberale wie Sozialisten wundern sich darüber, daß Chabalow keinen Gebrauch von seinen Möglichkeiten macht. Denn auch am späten Abend ist er strategisch noch im Vorteil. Er kontrolliert die Schaltstellen der Macht. Die Ministerien, der Staatsrat, die Börse, die Peter-Paul-Festung, der Winterpalast, der Generalstab und das Telegraphenamt werden von loyalen Soldaten bewacht, und bis zum Abend des 27. Februar können Chabalow und Beljajew nach Belieben Telegramme an das Hauptquartier des Zaren versenden und mit den Beamten in den Ministerien telephonieren, weil die Revolutionäre erst spät auf den Gedanken kommen, die Kommunikationskanäle zu unterbrechen. Auch hat sich herumgesprochen, daß eine Strafexpedition auf dem Weg ist, um den Unruhen ein Ende zu setzen. Am nächsten Tag schon könnte sie eintreffen und die alte Ordnung wieder herstellen. Aber Chabalow hat sich bereits aufgegeben.[80] Mstislawski, der im Haus des «Bundes republikanischer Offiziere» mit anderen Revolutionären den Soldatenaufstand koordiniert, versteht nicht, warum Chabalow die ihm verbliebenen loyalen Einheiten im Zentrum der Hauptstadt konzentriert, wo sie von Meuterern eingekreist und demoralisiert werden. Ohne Munition und Verpflegung, abgeschnitten von aller Kommunikation, sind die Soldaten leicht zu überreden, die Seiten zu wechseln. Unter solchen Umständen können Offiziere nichts mehr bewirken. Mstislawski weiß, was dem Stadtkommandanten offenbar nicht einfällt: Chabalow hätte seine Truppen aus der Stadt hinausführen, sich mit dem Hauptquartier verbinden und seine Einheiten keilförmig vom Rand ins Zentrum hineinführen müssen, um am Ende doch noch zu siegen.[81]

Jetzt aber zerfällt die Garnison, Regimenter und Bataillone lösen sich auf. Die Soldaten verwandeln sich in wenigen Stunden in bewaffnete Wegelagerer, die in kleinen Gruppen auf den Straßen herumlaufen und nicht wissen, wie sie sich die Zeit vertreiben sollen. Wem hätten sie sich schon widersetzen können? Alles hätte anders kommen können, wenn die Führung entschlossen gehandelt und loyale Truppen von der Front abgezogen und rechtzeitig, am ersten oder zweiten Tag des Aufruhrs, nach Petrograd entsandt hätte. «Für mich, als Karriere-Offizier, war es klar», urteilt Lew Tugan-Baranowski, ein Major, der im Generalstab dient, wenige Tage nach dem Zusammenbruch, «daß zwei Regimenter mit Maschinengewehren ausgereicht hätten, um Petrograd zu unterwerfen.»[82] So sehen es die meisten Repräsentanten der alten Ordnung. Man hätte die Soldaten drei Tage lang herumlaufen, rauchen und Straßenbahn fahren lassen sollen, hört der Schriftsteller Michail Prischwin den Fürsten Konstantin Schachowskoi sagen. «Danach zehn Personen greifen, aufhängen, und alles wird wieder wie früher.»[83] Die Repräsentanten der Staatsgewalt aber verpassen den richtigen Augenblick. Inkompetenz und Entscheidungsschwäche bereiten der Revolution den Grund, auf dem sie ihre Truppen aufmarschieren lassen kann. Für Globatschew ist der Zusammenbruch kein Zufall, sondern eine Folge systematischen Versagens. Kein strategischer Kopf, nicht einmal ein Hasardeur ist zu sehen, der imstande wäre, dem Geschehen eine Wendung zu geben, und das, obwohl die Staatsmaschine noch auf der Höhe ihrer Möglichkeiten ist und die Beamten in den Behörden ihre Arbeit verrichten. Das alte Regime zerbricht an der Unfähigkeit seiner Repräsentanten, im richtigen Augenblick richtige Entscheidungen zu treffen.[84]

Das Ende der alten Ordnung kommt nicht, weil sich die Volksmassen gegen sie erheben, sondern weil die herrschenden Eliten sie nicht mehr verteidigen wollen. Alle wenden sich von der Regierung und ihrem Zaren ab: der Rechtsextremist Wladimir Purischkewitsch ebenso wie der Menschewik Nikolos Tschcheidse, Adlige wie Arbeiter, Generäle wie Soldaten.[85] Schulgin, der ein feines Gespür für die Schwingungen der Macht hat, weiß schon am Abend des 27. Februar, daß die Regierung den Kampf verlieren wird. Es gibt keinen einzigen Minister, der noch daran glaubt, was er tut. Der Zar ist im fernen Mogiljow und zur Entscheidung nicht fähig. Man müßte nichts weiter tun, denkt Schulgin, als kampferprobte Einheiten von der Front in die Hauptstadt zu entsenden.[86] Auf eine Auseinandersetzung mit ihnen würden sich die undisziplinierten Marodeure gar nicht erst einlassen. Der Zar aber weiß von alldem nichts, für die «außerordentliche Grausamkeit», mit der Schulgin den «Mob» aus dem Taurischen Palais werfen will, ist er nicht gemacht.[87]

Weil niemand souveräne Entscheidungen trifft, bleibt die Situation unübersichtlich. Die Regierung ist handlungsunfähig, die liberale Opposition ohne Mandat, und die Generäle wissen nichts über das Geschehen in der Hauptstadt. Die Gefahr ist nicht vorüber. Was würde geschehen, wenn das alte Regime zurückschlüge, fragen sich die liberalen Abgeordneten. Sie würden verhaftet und wegen Hochverrats angeklagt werden. Niemand will sich diesem Risiko aussetzen, nicht nur, weil sie Angst um das eigene Leben haben, sondern auch, weil sie die Übertragung der Macht an geltendes Recht binden wollen. Niemand fürchtet sich mehr vor der Rache der Gegenrevolution als Rodsjanko, und so tasten sich die Mitglieder des «Progressiven Blocks» Schritt für Schritt an die Macht heran. Vor der letzten Konsequenz, dem revolutionären Bruch, schrecken sie zurück, deshalb verwerfen sie den Gedanken, die Macht in die Hände der Duma zu legen und sie zur verfassunggebenden Versammlung zu erklären.[88]

Eigentlich hätte alles ganz anders kommen sollen. Man werde sich mit den Generälen auf die Einführung eines parlamentarischen Systems verständigen, so dachten die Liberalen, der Zar werde Zugeständnisse machen und sie selbst würden schon am nächsten Tag am Kabinettstisch sitzen. Nun aber machen ihnen die Soldaten einen Strich durch die Rechnung, zwingen sie, sich der Macht der Gewehrläufe zu unterwerfen. Rodsjanko, Miljukow und ihre Anhänger im liberalen Milieu haben keine Wahl mehr, wollen sie die Lenkung des Aufruhrs nicht den Anführern der sozialistischen Parteien überlassen, die auf ihre Weise versuchen, der Revolte meuternder Soldaten eine Form zu geben. Besser, eine Revolution machen, als sie erleiden. Nun, nachdem die Ordnung vor ihren Augen zu zerfallen droht, begreifen die zaghaften liberalen Politiker, daß sie handeln können und handeln müssen, wenn sie vom Strom des revolutionären Geschehens nicht weggespült werden wollen. Der Ausnahmezustand, so hätte Trotzki gesagt, ruft nach Dezisionisten, die entschlossen und rücksichtslos handeln, wenn die Stunde der Entscheidung gekommen ist. Wer den Sieg schon vor Augen hat, will ihn auch erreichen. Der Dezisionist ist einsam, aber er ist den Unentschlossenen gegenüber im Vorteil, weil er weiß, was er will und wer ihm folgen wird, wenn der Erfolg nicht mehr in Frage steht. Die Revolution verlangt nach Männern und Frauen der Tat, nach entschlossenen Gruppen, die wissen, was sie wollen, die wie eine Grenze wirken und von denen man glaubt, daß sie niemals auseinanderfallen werden. Feinsinnige Professoren, die Entscheidungen lieber vertagen, weil sie sich vor ihren Konsequenzen fürchten, kann sie nicht gebrauchen.[89]

Am späten Abend des 27. Februar beraten die Mitglieder des «Progressiven Blocks» im Büro des Parlamentspräsidenten darüber, was im Angesicht der Krise zu tun sei. Rodsjanko teilt ihnen mit, daß die Verhandlungen mit der Regierung gescheitert seien und der Großfürst Michail Alexandrowitsch ohne Zustimmung seines Bruders keine Entscheidungen treffen wolle. Der Zar weigere sich, nachzugeben und habe stattdessen Truppen in Marsch gesetzt, um die Erhebung niederzuschlagen. Zwar fürchten sich die Abgeordneten vor der Vergeltung, die sie treffen könnte, mehr als vor der Revolution, die auf den Straßen zu besichtigen ist. Aber sie wissen auch, daß sie trotzdem eine Entscheidung treffen müssen. Es ist Schulgin, der den Anwesenden erklärt, welche Möglichkeiten sich für die Duma jetzt noch eröffnen. Der «Progressive Block», sagt er, sei einst gegründet worden, um die Revolution zu verhindern, nicht, um sie zu forcieren. Davon aber könne jetzt schon nicht mehr die Rede sein und man müsse nun darüber nachdenken, wie man die Sache «ehrenhaft» beende. Aber was sollen die loyalen Abgeordneten, die sich von der Monarchie gar nicht trennen wollen, tun, wie verhindern, daß andere nach der Macht greifen und sie selbst leer ausgehen? Rodsjanko zögert. Er braucht Bedenkzeit, schließt sich für eine Viertelstunde in seinem Büro ein, bevor er schweren Herzens auch für sich den Entschluß faßt, den Rubikon zu überschreiten. Im Angesicht der Anarchie, die sich in der Hauptstadt ausbreitet, muss irgendjemand die Initiative ergreifen. Und es ist besser, glaubt er, wenn Liberale und nicht die Revolutionäre das Heft des Handelns in die Hand nehmen.[90] Manche sind mutiger als andere. Nekrassow ruft nach einem Diktator aus den Reihen des Militärs, andere verlangen, die Duma solle sich zur verfassunggebenden Versammlung erklären. Das ist der Moment Miljukows, der die Anwesenden vor dem Sturz ins Bodenlose warnt. Das Parlament sei nicht die Regierung, sondern eine gesetzgebende Körperschaft, es könne sich ohne Legitimation nicht einfach die Funktionen der Exekutive aneignen. Man solle abwarten, was noch geschieht, doziert er, und er empfiehlt, ein Komitee aus Mitgliedern der Duma zu bilden, das Verbindungen zu allen Institutionen aufnehmen solle. Miljukows Vorschlag genügt den Erfordernissen des Augenblicks. Vor allem aber nimmt er nichts vorweg, was man hinterher bereuen könnte.[91]

An den Gesprächen in Rodsjankos Büro nehmen auch Kerenski und der georgische Menschewik Tschcheidse teil. Sie empfehlen den Liberalen, nach der Macht zu greifen, aber am Ende beugen auch sie sich den Argumenten Miljukows, die doch immerhin den Reiz haben, allen alle Möglichkeiten offenzuhalten. Auch will in diesen Stunden niemand Diktator sein, und niemand hat den Mut, die Macht an sich zu reißen. Und so einigen sich die Abgeordneten gegen Mitternacht darauf, ein «Provisorisches Komitee» einzurichten, dem der Parlamentspräsident und elf weitere Repräsentanten aus den Reihen der Dumaparteien angehören sollen, neben anderen Miljukow, Nekrassow, Schidlowski, Rodsjanko, Schulgin, aber auch Kerenski und Tschcheidse.[92] Die Abgeordneten ermächtigen sich, die Regierungsgewalt zu übernehmen, ohne sie formal für sich zu beanspruchen. Es ist die Furcht vor der Gegenrevolution und der entfesselten Gewalt des Volkes, vor dem «Straßenmob», wie Tschernow in seinen Erinnerungen schreibt, die Miljukow, Schulgin und Kerenski vergessen läßt, daß sie in den vergangenen Jahren einander nichts zu sagen hatten. Das «Provisorische Komitee» ist eine paradoxe Einrichtung, eine Diktatur, die keine sein will und die sich zu ihrer Unentschlossenheit bekennt, weil sie zur Besänftigung, nicht zur Entscheidung auf die Welt gekommen ist. Davon erfährt die Welt auch sogleich, denn in seinem ersten Aufruf spricht das Komitee nicht von der Machtübernahme, sondern von der Aufrechterhaltung der Ordnung, vom Schutz des Privateigentums und der körperlichen Unversehrtheit aller Bürger.[93] Miljukow sagt in diesen Stunden zu Suchanow, der sich über die Zaghaftigkeit der Liberalen wundert, daß der «Progressive Block» zwar stets nach der Macht gegriffen, eine Revolution aber immer abgelehnt habe. Unter gar keinen Umständen wolle die liberale Opposition sich über die bestehenden Gesetze hinwegsetzen, sondern den Machtwechsel auf friedliche und legale Weise vollziehen.[94]

Weder Alexejew noch der Zar haben eine Vorstellung vom Ausmaß der Unruhen und von den begrenzten militärischen Möglichkeiten, die sich ihnen in Petrograd noch eröffnen. Alles, was sie wissen, erfahren sie von Rodsjanko, der ihnen wichtige Informationen vorenthält und alles tut, um sich selbst und seine Freunde im politischen Spiel zu halten. Vom Arbeiter- und Soldatenrat ist in seinen Meldungen überhaupt nicht die Rede. Rodsjanko erweckt stattdessen den Eindruck, als sei die Duma der einzige Garant der staatlichen Ordnung, und die Generäle glauben ihm. Sie wissen nicht, daß die liberalen Herren des «Progressiven Blocks» Gefangene der Revolution und ihre Reformabsichten von gestern heute schon Makulatur sind. Hätten Alexejew, Russki und Danilow gewußt, was in der Hauptstadt geschieht – sie wären nicht sehenden Augen auf den Abgrund zugelaufen, im Glauben, die staatliche Ordnung vor dem Zerfall zu retten. Die Hoheit über den Informationsfluß liegt nicht mehr in ihren Händen, und so bemerken sie auch nicht, daß Rodsjanko sie gegen den Zaren ausspielt.

In der Mittagszeit erreichen Alexejew Telegramme der Generäle

Mitglieder des Provisorischen Dumakomitees: sitzend von links nach rechts Fürst Wladimir Lwow, Wladimir Rschewski, Sergei Schidlowski und Michail Rodsjanko, stehend von links nach rechts Wassili Schulgin, Iwan Dmitrjukow, Boris Engelhardt, Alexander Kerenski und Michail Karaulow

Alexei Brussilow und Alexei Ewert, die Oberbefehlshaber der Süd- und der Westfront. Brussilow teilt mit, daß er einen Eid geschworen habe und deshalb keinen anderen Ausweg sehe, als den Vorschlägen des Parlamentspräsidenten zu folgen. Auch Ewert, der ein konservativer Anhänger der Autokratie ist, verlangt, was er mit seinem Gewissen eigentlich nicht vereinbaren kann. «Ich bin Soldat», schreibt er. «In die Politik habe ich mich nie eingemischt und werde ich mich nie einmischen.» Aber es komme jetzt darauf an, alles zu tun, um die Front mit Treibstoff und Munition zu versorgen. Alle anderen Fragen seien von zweitrangiger Bedeutung. Ob er Rodsjankos Diagnose zustimmt – diese Frage läßt er offen.[95]

Russki, der Oberkommandierende der Nordfront, hat für sich schon eine Entscheidung getroffen. Er ist entschlossen, sich mit den liberalen Politikern zu verbünden, ehe es zu spät ist. Lieber den Zaren opfern, denkt er, als die Staatsmaschine in Gefahr zu bringen. Repressionen, schreibt Russki am Abend an den Zaren, seien vollkommen ungeeignet, um die aufgebrachten Gemüter zu besänftigen. Die Armee sei nur von einem Gedanken durchdrungen: den Krieg zu einem siegreichen Ende zu führen. Aber inzwischen seien die Nachrichten von den Unruhen in der Hauptstadt auch an der Front eingetroffen. «Heute befinden sich in den Reihen der Armee Vertreter aller Klassen, Berufe und Überzeugungen, warum soll sich dann in ihr nicht auch die Stimmung des Landes widerspiegeln?» Siegreich werde Rußland nur sein, wenn die inneren Unruhen ein Ende finden. Und deshalb müsse der Zar den Empfehlungen des Parlamentspräsidenten folgen. Einen anderen Ausweg werde es nicht geben. «Unter den gegebenen Umständen können repressive Maßnahmen die Lage nur verschärfen, anstatt sie dauerhaft zu befrieden.»[96]

Nikolais Gedanken aber sind nur bei seiner Frau und seinen Kindern, die an den Masern erkrankt sind, und die er in dieser schweren Zeit nicht allein lassen möchte. Schon in der Mittagszeit trifft er die Entscheidung, nach Zarskoje Selo zurückzukehren, nachdem ihm Graf Benckendorff, der Hofmarschall, telephonisch mitgeteilt hat, daß er für die Sicherheit der kaiserlichen Familie nicht garantieren könne. Denn inzwischen haben sich auch die Soldaten der Garnison in Zarskoje Selo gegen ihre Offiziere erhoben, die Gefängnisse geöffnet und die Weinläden in der Umgebung geplündert. Die Palastgarde hingegen, teilt Benckendorff mit, habe ihren Eid noch nicht gebrochen.[97]

Zwar wäre es klüger, wenn der Zar seine Familie nach Mogiljow riefe, aber er fürchtet, daß seine Frau und seine Kinder unterwegs Meuterern in die Hände fallen könnten. Zu Wojejkow, dem Chef der Palastwache, sagt er nach dem Mittagessen, daß er ein solches Unternehmen nicht verantworten könne. «Übermitteln Sie Benckendorff, er möge Ihrer Hoheit darlegen, daß angesichts der nun entstandenen Lage ich selbst nach Zarskoje Selo fahren werde, und geben Sie den Befehl zur Abreise.» Wojejkow gelingt es am Nachmittag noch, Kriegsminister Beljajew telephonisch zu erreichen, der ihm aber keinerlei Hoffnungen macht und dem Zaren davon abrät, Mogiljow zu verlassen. Chabalow habe die Kontrolle über das Militär verloren, erklärt er, und die Regierung sei in Auflösung begriffen. Kein guter Zeitpunkt, um sich in Abenteuer mit ungewissem Ausgang zu stürzen.[98] Wojejkow berät sich mit Alexejew und dem Generalquartiermeister Alexander Lukomski, die das Vorhaben des Zaren für vollkommen abwegig halten. Man müsse ihn unbedingt von der fixen Idee abbringen, mit dem Zug nach Zarskoje Selo zu reisen. Ob er denn je über die Konsequenzen nachgedacht habe, die eintreten könnten, wenn der Zug unterwegs aufgehalten werde oder die Verbindung zwischen dem Herrscher und dem Hauptquartier verlorengehe? Es sei unverantwortlich, den Zaren in diesen Stunden auf eine Reise ins kommunikative Abseits zu schicken. Nikolai aber denkt nur an seine Familie, der glücklose Herrscher begreift nicht, daß er sich von allen Nachrichtenquellen abschneiden und seinem Verderben entgegenfahren wird, wenn er an seiner Entscheidung festhält.[99] In seiner Entourage herrscht eine gedrückte Stimmung. Dubenski kommt nun zu Bewußtsein, daß der Innenminister sie alle getäuscht hat. Man müsse Protopopow, den Scharlatan, «umbringen», schreibt er in sein Tagebuch. «Er hat nichts getan.» Fredericks und Nilow fürchten sich vor den Konsequenzen der Unruhen. «Wir werden alle an Laternen hängen», sagt Nilow, «und es wird bei uns eine Revolution ausbrechen, wie es sie noch nie gegeben hat.»[100] Was der Zar mit Alexejew bespricht – davon wissen sie nichts.

Vor seiner Abreise tauscht sich der Zar mit Alexejew auch über den Aufruhr in der Hauptstadt aus und wie man ihm ein Ende setzen könne. Alexejew hält die Verlegung von Fronteinheiten in die Hauptstadt für möglich, gibt aber auch zu bedenken, daß eine solche Operation gut vorbereitet werden müsse. Dafür benötige er Zeit, wenigstens eine Woche. Nun kommen im Kreis der Generäle auch die Gefahren zur Sprache, die drohen könnten, wenn ein Bürgerkrieg ausbräche. Was geschähe, wenn die Deutschen von der Anordnung des Zaren erführen, zwei Divisionen von der Front abzuziehen und in die Schlacht gegen den inneren Feind zu werfen? Sei eine Entblößung der Front wirklich zu verantworten, fragt sich Wassili Boldyrew, der Generalquartiermeister der Nordfront. Er jedenfalls glaubt nicht an einen schnellen Sieg über die Revolution, denn die Truppen müßten nicht nur von der Front abgezogen, sondern über die Schiene in die Hauptstadt verlegt werden. Eine solche Operation braucht Zeit, und ob sie gelingt, hängt nicht zuletzt von der Loyalität der Soldaten ab, die für die Erledigung dieser Aufgabe eingesetzt werden. Auch in der Generalität ist die Erinnerung an die Aufstände des Jahres 1905 noch nicht verblaßt, noch nicht vergessen, auf welch schmalem Grat sich die Befehlshaber damals bewegten, als sie die Entscheidung trafen, Strafexpeditionen in die Städte zu schicken und den Aufruhr im Keim zu ersticken.[101] Besser wäre es, darin sind sich alle Offiziere im Generalstab einig, wenn der Zar in Mogiljow bliebe.

Das aber mag Nikolai nicht einmal in Erwägung zu ziehen. Er trifft stattdessen die Entscheidung, den 66-jährigen General Nikolai Iwanow damit zu beauftragen, den Aufruhr in der Hauptstadt niederzuschlagen. Iwanow, ein Mann mit kantigen Gesichtszügen und einem dichten, langen Vollbart, ist ein Haudegen, einer, der es versteht, ein Frontkommando zu führen und Widerstand zu brechen. Schon im Russisch-Japanischen Krieg hat sich der General den Ruf eines begabten Strategen und Kommandeurs erworben, und zu Beginn des Ersten Weltkrieges überrennen seine Truppen in Galizien die österreichischen Stellungen. Zwar entbindet ihn der Zar nach dem großen Rückzug der russischen Armeen im Frühsommer 1915 von seinem Kommando und ernennt ihn zu seinem Generaladjutanten. Aber seither eilt Iwanow der Ruf voraus, ein Sieger und Bezwinger zu sein. So sieht er sich auch selbst. Die Höflinge bedrängen ihn, sich dem Zaren als Retter in der Not zu empfehlen. Niemand sonst, glauben Fredericks, Nilow und Dubenski, sei imstande, mit den Aufständischen fertig zu werden. Iwanow ist deshalb keineswegs überrascht, als der Zar ihm am Abend den Auftrag erteilt, an der Spitze einer Strafexpedition in die Hauptstadt zu fahren und die Ordnung wiederherzustellen. In der Nacht vom 27. auf den 28. Februar stellt der Zar Iwanow eine Vollmacht aus, die er auch nach Petrograd durchstellen läßt, im Glauben, daß die Regierung noch im Besitz der Macht sei. «Alle Minister müssen alle Anordnungen des Oberkommandierenden des Petrograder Militärbezirks, Generaladjutant Iwanow, widerspruchslos ausführen», telegraphiert er in die Hauptstadt.[102]

Iwanow gefällt sich in der Rolle des Retters, der den zarischen Staat vor dem Untergang bewahrt. Im Kreis des Gefolges prahlt er mit seinen Heldentaten aus vergangenen Tagen. Als im Winter 1905 Unruhen in der Garnison von Charbin im fernen Osten Sibiriens ausgebrochen seien, erklärt Iwanow, habe er zwei Regimenter dorthin geschickt und alles zu einem guten Ende gebracht, ohne daß ein einziger Schuß abgegeben worden sei. Auch jetzt werde er den Auftrag des Herrschers ausführen und den Aufstand mit leichter Hand niederschlagen. 800 Elitesoldaten des St. Georg-Bataillons, das in Mogiljow stationiert ist, sollen ihn auf seinem Weg nach Petrograd begleiten, zwei Regimenter der 38. Infanteriedivision von Pskow aus in Marsch gesetzt werden, um sich in der Hauptstadt mit Iwanows Einheiten zu verbinden. Alle Soldaten, die mit ihm fahren, sind im Kampf verwundet und für ihre Tapferkeit mit dem Georgskreuz ausgezeichnet worden. In einer solchen Begleitung, denkt Iwanow, kann er nur gewinnen.[103]

In der Entourage des Zaren herrscht aufgeräumte Stimmung, denn kaum jemand zweifelt daran, daß dem erfahrenen Frontgeneral gelingen werde, woran Chabalow gescheitert ist. Unmittelbar vor seiner Abreise, um Mitternacht, empfängt der Zar Iwanow am Bahnhof in seinem Salonwagen und gibt ihm letzte Instruktionen. Im Lampenschein sitzen sie einander gegenüber und sprechen über die Mission, die der General zu erfüllen hat. Iwanow ist ein treuer Anhänger der Monarchie und ein ergebener Diener seines Herrn, aber auch er versteht, daß die politischen Verhältnisse nicht bleiben können, wie sie sind. Der Zar müsse eine Regierung einsetzen, die das Vertrauen des Parlaments genieße, erklärt er, wenn er die Monarchie nicht aufs Spiel setzen wolle. Nicht auf die Beseitigung des Parlaments, sondern auf die Unterdrückung des Aufstandes komme es nun an. Der Zar nickt, er stimmt ihm zu. Nicht um der Autokratie, sondern um Rußland willen müsse die Erhebung niedergeschlagen werden, sagt er. Auch sei er bereit, die Forderungen der Duma zu erfüllen, wenngleich er nicht daran glaube, daß die Revolution durch Zugeständnisse des Throns beendet werden könne. Iwanow ist gerührt, als er die Worte des Zaren hört. Nikolai erhebt sich aus seinem Sessel, er küßt den General. Für einen Augenblick stehen die beiden Männer voreinander und bekreuzigen sich. Dann verläßt Iwanow den Waggon.[104]

Nikolai ist zuversichtlich. Damals, im Januar 1906, hatten die Generäle Baron Alexander Möller-Sakomelski und Paul von Rennenkampf Furcht und Schrecken an der Transsibirischen Trasse verbreitet, Revolutionäre aufgreifen und wahllos erschießen lassen. Im Dezember 1905 war das Semjonow-Regiment unter dem Kommando Grigor Mins in Moskau eingedrungen und hatte dem Aufstand in den Arbeitervierteln der Stadt ein blutiges Ende bereitet. Der Stadtteil Presnja war durch Artilleriebeschuß in Schutt und Asche gelegt worden. So wird es wieder sein, glaubt der Zar. Allein die Nachricht von der Entsendung des ruhmreichen Generals und seines Bataillons werde die Aufständischen zur Raison bringen, bevor er, der Zar, überhaupt in Zarskoje Selo eingetroffen sein wird. Die Offiziere im Generalstab sind fassungslos, als Iwanow ihnen seinen Plan offenbart. Wie kann man nur auf die Idee kommen, denkt Bubnow, einen «altersschwachen Greis mit einer Handvoll Soldaten» gegen zehntausende bewaffnete und undisziplinierte Meuterer in den Kampf zu schicken? Als könne man einen Vulkanausbruch mit einem Glas Wasser ersticken. Verantwortungslos. Absurd. Man hätte eine Frontdivision mit Artilleriewaffen nach Petrograd entsenden müssen. Vor ihr hätten sich die Aufständischen vielleicht noch gefürchtet. Iwanow aber will sich als Retter des Vaterlandes in Szene setzen, und dafür ist ihm jedes Mittel recht. Schweigend schaut er in die Gesichter der Stabsoffiziere, bevor er sich abwendet und sich auf den Weg zu seinen Soldaten macht.[105]

Bevor die Strafexpedition aufbricht, läßt sich Alexejew mit dem Stabschef der Nordfront, Danilow, verbinden und teilt ihm mit, daß Iwanow in Begleitung von drei Kompanien des St. Georg-Bataillons auf dem Weg nach Petrograd sei. Er ersuche ihn, Danilow, der Strafexpedition zwei Kavallerie-, zwei Infanterieregimenter und eine Einheit mit Maschinengewehren entgegenzuschicken. Mit vereinten Kräften müsse es gelingen, den Aufruhr in der Hauptstadt zu ersticken. Chabalow habe die Nerven verloren, sei zur Entscheidung nicht mehr fähig. «Die Umstände erfordern eine baldige Ankunft der Truppen.»[106] Am späten Abend telegraphiert Alexejew nach Petrograd: er bitte Beljajew, durchzuhalten und Widerstand zu leisten, Iwanow und sein Bataillon seien auf dem Weg und entschlossen, die Unruhen niederzuschlagen. Von Pskow aus seien kampferfahrene Regimenter in Marsch gesetzt worden, mit denen sich Iwanow in der Hauptstadt verbinden werde. Er bitte Beljajew darum, Offiziere aus den Reihen des Generalstabes zu ernennen, die helfen sollen, die Kampfhandlungen zu koordinieren und die Ordnung in der Hauptstadt wiederherzustellen – eine groteske Verkennung der Situation und ihrer Möglichkeiten. Alexejew schreibt ins Leere, weil niemand seine Befehle mehr liest und niemand sie noch ausführen kann.[107] Vom nahenden Ende erfährt er erst später, als der Zar das Hauptquartier bereits verlassen hat.

Am Abend läßt Nikolai die Ereignisse des Tages Revue passieren. Er ist beunruhigt, nachdem er erfahren hat, daß Offiziere gelyncht worden sind und Chabalow sich nur noch auf wenige einsatzbereite Kompanien verlassen kann. Es sei ein «ekelhaftes Gefühl», isoliert zu sein und nur unvollständige Informationen über das Geschehen in der Hauptstadt zu erhalten, schreibt er am späten Abend in sein Tagebuch. Aber das alles scheint ihn nicht aus dem seelischen Gleichgewicht zu bringen. «Tagsüber machte ich einen Spaziergang auf der Chaussee nach Orscha. Es war sonniges Wetter. Nach dem Mittagessen entschied ich, nach Zarskoje Selo zu fahren und um Mitternacht begab ich mich zum Zug.»[108]

VIII.

Über den Rubikon

Dienstag, 28. Februar 1917

In der Nacht vom 27. auf den 28. Februar findet das Drama, das in den Kasernen seinen Anfang genommen hat, in der Umgebung des Winterpalastes ein unrühmliches Ende. Auf dem Schloßplatz treten mehr als 1500 Soldaten an und marschieren unter dem Befehl Sankewitschs zur zweihundert Meter südlich gelegenen Admiralität, weil sich von dort aus, wie der General glaubt, immerhin noch die umliegenden Straßen beschießen lassen. Dort befinden sich auch Balk und Chabalow. Maschinengewehre werden an den Fenstern des Gebäudes postiert, vor dem Eingang stehen Soldaten, die auf ihren Einsatz warten. Sankewitsch hält es für gewiß, daß Iwanow und sein Bataillon schon am folgenden Tag in der Hauptstadt eintreffen werden. Er muß also nichts weiter tun als die Stellung zu halten, bis die Strafexpedition den Stadtrand erreicht hat. Aber warum trifft er die törichte Entscheidung, das Gebäude der Admiralität zu besetzen, das leicht umzingelt und von allen Seiten beschossen werden kann? Die Soldaten frieren und hungern, ihre Munition geht zur Neige, nicht einmal die Pferde können noch versorgt werden, und es gibt keinen Bezirk, in den Sankewitsch seine Truppe noch gefahrlos führen könnte. Er begreift, daß ihm keine Zeit mehr bleibt und das Ende nah ist. Er sieht nur noch einen Ausweg: Als wahrer Diener des Zaren will er, umgeben von seinen Soldaten, den Heldentod sterben.[1]

Aber der Tod soll ihn nicht an der Admiralität, sondern an einem

Ort von symbolischer Bedeutung ereilen. Und so gibt er seinen Soldaten noch in derselben Nacht den Befehl, zum Winterpalast zurückzukehren und sich dort auf das letzte Gefecht vorzubereiten. Langsam setzt sich der Zug in Bewegung. Vorn gehen die Generäle, ihnen folgen die Kompanieführer und die höheren Offiziere. Soldaten ziehen Lafetten hinter sich her, auf denen Kanonen und Maschinengewehre montiert sind. Eine seltsame Prozession, die sich durch die stille, frostige Nacht bewegt. Die Sterne funkeln, jenseits der Newa, auf der Wyborger Seite, leuchtet der Feuerschein brennender Häuser. Es ist, als werde die alte Ordnung feierlich zu Grabe getragen. Sankewitsch läßt nun Soldaten vor die Tore und Schützen mit Maschinengewehren an den Eckfenstern des Palastes aufstellen. Bald aber kommt den Männern die Sinnlosigkeit des Unternehmens zu Bewußtsein. Manche setzen sich schon am frühen Morgen ab, weil sie nichts mehr zu essen bekommen und sich nicht für ein aussichtsloses Gefecht opfern wollen. Noch in der Nacht erfährt Sankewitsch, daß die Regierung sich aufgelöst hat, manche Minister schon untergetaucht sind. Der Kommandant des Palastes, General Wladimir Komarow, beklagt sich über den Körpergeruch und die schmutzigen Stiefel der erschöpften und ermüdeten Soldaten, die Spuren auf dem gewachsten Fußboden hinterlassen. Er fürchtet, der Palast könne zum Schauplatz blutiger Gefechte werden und erwartet von den Generälen, daß sie den Befehl zum Abzug geben. Um 3 Uhr morgens erscheint Großfürst Michail Alexandrowitsch, der Bruder des Zaren, im Palast. Die Soldaten begrüßen ihn mit laut ausgerufenem «Hurra», aber der Großfürst beachtet sie nicht einmal und gibt dem Kommandanten die Anweisung, seine Verteidiger hinauszuwerfen. Wer weiß, wozu die Soldaten imstande sind, und nachher wird er, der Großfürst, die Verantwortung zu tragen haben, wenn Tote und Verletzte vor dem «Haus der Romanows» liegen. Offenbar befürchtet er auch, die Soldaten könnten die kostbare Porzellan- und Gemäldesammlung ruinieren, die im Palast ausgestellt ist.

Sankewitsch, Balk und Chabalow beraten nun über die Auswege, die ihnen noch bleiben. Ob sie sich mit ihren Soldaten in die Peter-und-Paul-Festung zurückziehen sollen? Aber dann erhalten sie die Nachricht, daß sich in der Nähe bewaffnete Meuterer aufhalten. Am frühen

Morgen kehrt Sankewitsch mit dem kümmerlichen Rest seiner Streitmacht zur Admiralität zurück und wartet auf das Ende. Es gibt weder Brot noch Munition, im Ernstfall könnte sich Sankewitsch nicht einmal verteidigen. In der Mittagszeit verlassen seine Soldaten nach und nach ohne ihre Waffen das Gebäude. Und auch die Polizisten gehen, bevor sie dem Mob in die Hände fallen. Der Sog der Befehlsverweigerung ist so mächtig, daß auch alle Soldaten, die vom Stadtrand ins Zentrum kommen, sofort von ihm erfaßt werden. Bei der ersten Berührung mit den taumelnden Massen lösen sich die loyalen Regimenter auf. Für die Offiziere gibt es jetzt nur noch eine Wahl: sich zu unterwerfen oder das Weite zu suchen. Als der Widerstand gebrochen ist, sich alle Soldaten aus dem Staub gemacht haben, fügen sich auch Sankewitsch, Balk und Chabalow in ihr Schicksal. Sie werden von betrunkenen Soldaten verhaftet, gezwungen, auf die Ladefläche eines LKW zu steigen und zur Duma gebracht. Beljajew hingegen entkommt vorerst.[2]

«Die Meuterer haben den Marienpalast besetzt», telegraphiert Beljajew schon um Mitternacht an Wojejkow, den Chef der Palastwache, der den Zaren in Mogiljow mit Informationen versorgt. «Die Minister, außer Pokrowski und Krüger-Woinowski, haben den Palast rechtzeitig verlassen.»[3] Zur gleichen Zeit schickt Admiral Alexei Kapnist, der Stabschef der Marine, ein Telegramm an Alexejew und teilt in schonungslosen Worten mit, was sich in der Hauptstadt zuträgt. Die Innenstadt und die Wyborger Seite seien in den Händen der Aufständischen, inzwischen habe sich der Aufruhr auf die Petrograder Seite ausgedehnt, die Duma ein Komitee gebildet, das die Ordnung wiederherstellen wolle. «Es ist jedoch fraglich, ob die aufrührerische Menge sich noch beruhigen läßt. Das Militär läuft leicht zu den Aufständischen über. Auf den Straßen werden die Offiziere entwaffnet. Die Menge konfisziert Automobile.» Auch er selbst sei von bewaffneten Soldaten gezwungen worden, sein Auto herauszugeben. «In der Stadt gibt es keine Sicherheit mehr, und die Hooligans haben damit begonnen, zu plündern.»[4]

Olga Putjatina schreibt am Morgen in ihr Tagebuch: «In der ganzen Nacht hört man die Schießerei. Auf der Wladimirskaja-Straße herrscht eine furchtbare Aufregung. Wie auch schon tagsüber sind überall bewaffnete Jungen, Soldaten mit gezogenen Säbeln und eine Masse von aufgeregten Frauen und Arbeitern zu sehen, die herumlaufen und nach etwas Ausschau halten. Gruppen von Menschen laufen vorbei und singen die Marseillaise. Panzerwagen fahren umher. Menschen schießen in die Luft, schreien, singen, jubeln. Ich verbrachte die halbe Nacht am Fenster.»[5] Aber als Krankenschwester bekommt sie auch die physischen Konsequenzen der Exzesse zu Gesicht. Man bringt einen verwundeten Polizisten in das Hospital, den man fast totgeschlagen hat. Drei Kugeln stecken in seinem Kopf. Sein angeschwollenes, blutiges Gesicht läßt selbst nervenstarke Pfleger erschaudern. In einem Behandlungsraum liegt ein alter Mann, der versucht, seinem Leben ein Ende zu setzen, weil er die Schmerzen nicht aushält. Soldaten haben ihm ihre Messer dreimal in den Bauch gerammt. Wenige Stunden nach seiner Einlieferung ins Hospital stirbt er.[6]

Die Plünderungen und Übergriffe nehmen nun einen systematischen Charakter an, weil sich die Soldaten vor Vergeltung nicht mehr fürchten müssen. Am Vormittag dringen betrunkene Reservisten, die mit Säbeln und Pistolen bewaffnet sind, in die Räume des Kaiserlichen Yacht-Clubs ein. Sie brechen die Türen auf, und unter wüsten Beschimpfungen treiben sie die Generäle und Diplomaten, unter ihnen der ehemalige Botschafter Rußlands in den USA, Baron Roman von Rosen, auf die Straße, wo sie von einer außer Rand und Band geratenen Menge empfangen werden. Die Herren kommen mit dem Schrecken davon, weil die Soldaten nicht an ihnen, sondern am Inventar des Clubs interessiert sind. Sie nehmen sich, was ihre Hände tragen können und verschwinden so schnell, wie sie gekommen sind.[7] Finanzminister Pjotr Bark, der am 28. Februar noch an seinem Schreibtisch sitzt, fühlt sich unwohl. «In der Stadt streiften Banden betrunkener Reservisten umher, die von allen Seiten wild um sich schossen», schreibt er in seinen Erinnerungen. Auf der Suche nach Maschinengewehren, die einem Gerücht zufolge auf den Häusern montiert worden seien, dringen die Soldaten in Häuser ein und zwingen ihre Bewohner, sie auf die Dächer zu begleiten, nur um festzustellen, daß es dort nichts zu sehen gibt.[8]

Auch am sechsten Tag der Revolte verläßt Prokofjew das Haus, um sich ein Bild vom Geschehen auf den Straßen zu machen. An der Fontanka sieht er, wie Regale, Sofas und Geschirr aus dem Fenster einer Wohnung auf den Bürgersteig geworfen werden, in der offenbar ein höherer Polizeioffizier wohnt. Langsam rutschen die Schränke über die Fensterbank und zerbersten nach dem Aufprall auf dem Trottoir. In einem Halbkreis stehen johlende Menschen vor dem Haus, die erregt sind und sich an dem bösartigen Spektakel nicht satt sehen können. «Ich konnte die Gefühle des Mobs nicht teilen», schreibt der Komponist am Abend in sein Tagebuch, «und mir wurde schlecht von der Gewalt. Ich fragte mich, ob die Familie des Polizisten vor dem Pogrom fliehen konnte.» Wenig später wird er in der Nähe des «Gostiny Dwor» Zeuge einer weiteren gräßlichen Szene. Ein aufgehetzter Lynchmob zerrt einen älteren Mann über die Straße, den er verdächtigt, ein Polizeioffizier zu sein. Man schlägt ihm ins Gesicht, er taumelt. Prokofjew und einigen Passanten gelingt es, den Mob vom Bürgersteig zurückzudrängen und Soldaten herbeizurufen, die den verschreckten Mann in ihre Obhut nehmen.[9]

Die Straßen verwandeln sich in Festbühnen, auf denen das Volk tanzt. Die Gorochowaja-Straße, die von der Admiralität über die Fontanka nach Osten bis zum Zarskoje-Selo-Bahnhof führt, ist nicht wiederzuerkennen. An den Fensterbänken der großen Mietshäuser wehen rote Fahnen, Lastwagen brausen über die Straße, auf deren Ladeflächen betrunkene Soldaten sitzen, die geschlachtete Kälber oder auch lebende Gänse mit sich führen. Von der Straße aus schießen Soldaten mit Maschinengewehren in Wohnhäuser hinein, weil sie vermuten, daß sich in ihnen noch Polizisten versteckt halten. An der Semjonow-Brücke bietet sich den Passanten ein besonderer Anblick: Ein junger Soldat, der eine rote Armbinde trägt, reitet mit hoch erhobenem Haupt auf einem Pferd den Boulevard entlang.[10]

In der Mittagszeit schauen Alexander Benois und seine Töchter aus dem Fenster ihrer Wohnung am Sredni-Prospekt, einer langen Straße, die sich auf der Wassili-Insel befindet, und sehen, wie Automobile und Lastwagen mit roten Fahnen, einer nach dem anderen, an ihrem Haus vorbeifahren und von der Menschenmenge auf der Straße mit Freudenschreien begrüßt werden. Im Tagebuch Benois' wird dieses Ereignis mit feiner Ironie beschrieben: «Wieder eilte eine jener unzähligen Gruppen von Soldaten und Arbeitern an unserem Haus vorbei, die mit Gewehren und blanken Säbeln bewaffnet waren. Sie fahren mit vollem Tempo vorbei, die meisten in Richtung der Tjutschkow-Brücke. Auf einigen dieser Karren sitzen Krankenschwestern neben Proletariern, und dann einfach irgendwelche Fräuleins und Zivilisten mit einem roten Kreuz auf der bandagierten Hand. Besonders geschätzt wird es, wenn zwei jüngere Soldaten auf den Kotflügeln eines Lastwagens liegen und mit ihren Gewehren zielend posieren ... Das Publikum begrüßt jedes Fuhrwerk, indem es die Mützen abnimmt und Hurra schreit.»[11] Kaum jemand interessiert sich für das politische Geschehen. So erlebt es auch Viktor Schklowski, der als Offizier in einer Automobileinheit der Armee dient und nun mit ansehen muß, wie Soldaten Lastwagen und Autos konfiszieren und mit ihnen durch die Stadt rasen. Unfälle häufen sich, ein Knirschen und Krachen erfüllt die Stadt. Überall stehen herrenlose Autowracks herum. In den Kantinen versorgen sich die Soldaten mit fettem Gänsebraten und Würstchen, der Wein fließt in Strömen. Gewehre und Revolver werden nun gratis auf den Straßen verteilt, jeder, der eine Waffe begehrt, bekommt auch eine. «Es gab wunderbare Colts», wie sich Schklowski später an den verrückten Dienstag erinnern wird. Er ist glücklich inmitten der aus dem Tritt geratenen Menschenmassen. Es fühlt sich wie Ostern und Fasching zugleich an, ein fröhliches, chaotisches «Butterwochenparadies».[12]

Was für die einen Grund zur Freude ist, drängt sich anderen als Alptraum auf. Unweit des Newski-Prospekts dringen Plünderer in die Wohnung des Generals von Stackelberg ein, sie töten den Grafen, der Widerstand leistet, vor den Augen seiner Frau, entkleiden ihn und spießen seinen Kopf auf einer Lanze auf. Der Sohn des Generals Alexander Graf Grabbe, Pawel, sieht, wie die gefrorenen Leichen von Polizisten auf der Straße vor seinem Haus wie Holzscheite aufgetürmt werden.[13] Boris Nikolski, der kahlköpfige, elegante Professor für Römisches Recht an der Kaiserlichen Rechtsschule in Petrograd, der seit 1905 Mitglied des monarchistischen, rechtsextremistischen «Bundes des Russischen Volkes» ist, zieht es vor, seine Wohnung am Newski-

Soldaten auf einem konfiszierten Automobil, 28. Februar 1917

Prospekt nicht zu verlassen. Denn käme heraus, wer er ist, er müßte mit dem Schlimmsten rechnen. Die Telephonverbindung ist unterbrochen, er kann niemanden anrufen, aber vom Fenster aus kann er sehen, was auf der Straße geschieht. Überall bewaffnete und betrunkene Soldaten, die wissen, daß ihre Übergriffe straflos bleiben, die tun und lassen können, was ihnen gefällt. «Unter den Meuterern gibt es keine Offiziere», schreibt er in sein Tagebuch. «Das ist einfach ein Pöbelaufstand, der alle unerwartet erwischt hat. Ich sehe keine Pläne, keine Programme, keine Idee, keine Führung. Es wird schlimm, wenn die richtigen Truppen kommen: dann wird die Elektrizität abgeschaltet, die Wasserversorgung unterbrochen, während des Straßenkampfes kann es auch gar nicht anders sein. Nach allem zu urteilen, was ich sehe, ist die Anarchie vollständig und grenzenlos. Nur von außen kann jetzt noch eine organisierte Kraft erscheinen, ohne sie wird und kann es nichts geben.» Auf dem Bürgersteig vor seinem Fenster töten Soldaten einen Greis, der den antisemitischen «Schwarzhunderten» angehört haben soll. So lauten jedenfalls die Gerüchte. Die Stunde der großen Plünderung aber werde noch kommen, glaubt Nikolski. «Davor, Gott, bewahre uns alle.»[14]

Im luxuriösen und prächtigen Adelspalais der Grafen Scheremetjew an der Fontanka geht es an diesem Tag zu wie in einem Taubenschlag. Soldaten dringen in das Haus ein, verlangen nach dem Grafen. Sergei Scheremetjew, der einmal Adjutant Alexanders III. gewesen, Mitglied des Staatsrates ist und mit der Familie des Zaren in verwandtschaftlicher Beziehung steht, versucht, die Störenfriede abzuwimmeln. Aber die Soldaten lassen sich von einem Grafen nicht mehr zurechtweisen und suchen sein Haus nach Waffen ab. Es fallen ihnen einige Jagdgewehre in die Hände. Die Familie kommt mit dem Schrecken davon, die Soldaten ziehen ab, ohne den Scheremetjews ein Haar gekrümmt zu haben.[15] Und doch regiert die Angst in den Häusern der alten Elite, denn Frauen und Männer aus den höheren Schichten wissen, daß sie sich nirgendwo verstecken, ihre Identität nicht verbergen können, weil man ihnen ansieht, woher sie kommen und wo sie leben. In Rußland ist die soziale Kluft, die die Oberschichten von den Bauern trennt, auch zu Beginn des 20. Jahrhunderts noch sichtbar: durch Kleidung, Haarschnitt, Körperhaltung und Habitus. Bauern und Adlige sind füreinander Fremde. Es gibt dieses unausgesprochene Wissen, daß die Zeit der Herren immer dann abläuft, wenn die Ordnung des Zaren wankt. Denn sie ist die Lebensversicherung der Adligen. Nun bekommen sie zu spüren, was es heißt, diese Versicherung aufzukündigen. Und so wächst in den luxuriösen Salons und geräumigen Adelspalais die Furcht vor dem Furor der grauen Masse.

Es ist leicht, das Ende einer Ordnung herbeizureden, aber unendlich schwer, mit den Konsequenzen ihres Zerfalls zurechtzukommen. Diese Wahrheit bekommen jetzt auch die Abgeordneten zu spüren, die seit Jahren verlangen, daß Volk müsse zu Wort kommen. Und jetzt kommt es zu Wort, und es gefällt ihnen ganz und gar nicht. Gutschkow ist außer sich. Auf dem Weg zum Warschauer Bahnhof ist sein Auto von verrohten Soldaten beschossen, sein Begleiter, Fürst Dmitri Wjasemski, getötet worden. Nur um Haaresbreite ist er selbst mit dem Leben davongekommen. Es spricht sich rasch herum, daß Offiziere ihres Lebens nicht mehr sicher sind, daß General Stackelberg in Anwesenheit seiner Ehefrau von Soldaten ermordet, seine Leiche in die Newa geworfen worden ist. Wer nicht Reißaus nimmt, begibt sich zur Duma, in der Hoffnung, dort Obdach zu finden.[16] Am Abend erscheint dort ein aufgebrachter General, der die Abgeordneten mit unangenehmen Wahrheiten konfrontiert. Soldaten und Matrosen seien in das Hotel «Astoria» eingedrungen und schössen mit Gewehren auf Fenster und Türen. Offiziere, die mit ihren Familien im «Astoria» Obdach gefunden hätten, würden von Soldaten erschossen oder mit Bajonetten erstochen. Tatsächlich verwüsten Soldaten das Interieur des Hotels und plündern den Weinkeller, in der Lobby liegen die Leiche eines Generals und eine verwundete Frau.[17] Zufällig halten sich Verwandte und Bekannte der Nabokows im «Astoria» auf. Sie werden von englischen Offizieren in Sicherheit und in die Wohnung der Familie gebracht, die sich in der Morskaja-Straße, unweit des Hotels, befindet.[18]

Inmitten des Chaos verlieren sich die Vorstellungen von den eigentlichen Kräfteverhältnissen. Wer kämpft noch auf der Seite der Regierung, wo befinden sich die loyalen Einheiten, wo die Rebellen? Wo ist die Strafexpedition, und wann wird sie in der Hauptstadt eintreffen? Niemand weiß es, und diese Ungewißheit steuert das Verhalten der Revolutionäre wie der Generäle. Benois ist noch am Abend vollkommen ahnungslos. Sein Tagebuch verrät, daß er gar nicht weiß, was um ihn herum geschieht. Eine ähnliche Konfusion herrscht auch in den Aufzeichnungen der Sinaida Hippius, die nichts weiß, aber vieles vermutet. Manche sagen, daß der Vorsitzende des Staatsrates, Iwan Schtscheglowitow, und Beljajew verhaftet worden seien, andere glauben, der Zar habe Protopopow zum Diktator ernannt. Die Staatsduma werde belagert, sei schon eingenommen worden, so lautet ein Gerücht, das Benois aufgreift. Aber von wem? Er weiß es nicht.[19] Jenseits der Hauptstadt teilen sich die Ereignisse der letzten Tage überhaupt nicht mit. Der ehemalige Terrorist und Renegat Lew Tichomirow, der in Moskau lebt, erfährt überhaupt erst am 25. Februar, daß Unruhen in Petrograd ausgebrochen sind. Drei Tage später fragt er sich, ob Alexejew, der Genralstabschef, zum Diktator ernannt worden sei. Es herrsche ein «vollständiges Chaos in den Vorstellungen über das Geschehen», schreibt er in sein Tagebuch.[20] Im weißrussischen Gomel gibt es keine Zeitungen mehr, niemand weiß dort am 28. Februar, was sich in der Hauptstadt ereignet hat. Erst als die Polizisten nach und nach aus dem Straßenbild verschwinden, kommt eine Ahnung von den Verwerfungen auf, die sich zugetragen haben könnten.[21]

In den Schützengräben erfährt niemand von den Ereignissen. Salomon Ansky, ein jüdischer Schriftsteller, der sich im Auftrag des Allrussischen Semstwobundes um Flüchtlinge und Opfer der Kriegshandlungen im Frontgebiet kümmert, ist am 28. Februar auf dem Weg von Kamenez-Podolski nach Tschernowitz. Ihm fällt zufällig eine Militärzeitung in die Hände, aus der er erfährt, daß der Zar die Sitzungsperiode der Duma unterbrochen hat. Er hört Gerüchte, daß Tausende in Petrograd getötet worden seien. Miljukow sei Ministerpräsident, sagen die einen, mit denen er spricht, andere glauben, der antisemitische Monarchist Purischkewitsch sei zum Regierungschef ernannt worden.[22] Im fernen Kiew wartet Maria Fjodorowna, die Mutter des Zaren, auf Neuigkeiten. «Absolut keinerlei Nachrichten aus Petersburg», schreibt sie in ihr Tagebuch, «sehr unangenehm.»[23] Wissen ist Macht. Das ist die Erkenntnis, die Sieger wie Verlierer schon am nächsten Tag aus dem Geschehen gewinnen werden.

Nun fällt den Sozialisten die schwierigste aller möglichen Aufgaben zu. Sie müssen den Arbeiter- und Soldatenrat bändigen, ihm eine Struktur, ein parlamentarisches Gesicht geben, seine Debatten und Abstimmungen lenken. Wie aber kann das überhaupt gelingen? Niemand kontrolliert den Zugang zum Taurischen Palais, und so nehmen an den Sitzungen des Arbeiter- und Soldatenrates nicht nur Deputierte teil, die sich als Vertreter ihrer Fabriken und Kasernen ausweisen können, sondern auch allerlei Neugierige und Schaulustige. In der Mittagszeit verwandelt sich der Plenarsaal in einen Hexenkessel, in dem mehr als 2000 Menschen dichtgedrängt nebeneinanderstehen und den Reden zuhören, die kein Ende nehmen wollen. Auch in den Gängen, vor den Türen und auf dem Vorplatz drängen sich Arbeiter, Soldaten und Studenten, die in Erfahrung bringen wollen, was in diesen Stunden beschlossen und entschieden wird. Bald ist der gediegene, in dunklem Holz verkleidete Plenarsaal der Staatsduma nicht mehr wiederzuerkennen. Stühle und Tische werden abmontiert, um Platz für die anwachsende Masse zu schaffen, und wo einst die feinen Herren der Zensusgesellschaft ihre rhetorischen Kunststücke aufgeführt haben, herrscht jetzt das Regiment der Dorfversammlung. Gewehre und Patronengürtel, sogar Handgranaten liegen auf dem Boden, auf dem die Soldaten sich niedergelassen haben. Sie rauchen selbst gedrehte Machorka-Zigaretten, kauen Sonnenblumenkerne und spucken die Schalen auf den kostbaren Marmorfußboden des Palais. Von einer geordneten Sitzung kann keine Rede mehr sein. Es redet, wer will und worüber er will, die Soldaten fallen einander ins Wort, schreien und gestikulieren. Nicht einmal Tschcheidse, der Präsident des Arbeiter- und Soldatenrates, der auf einem Tisch steht und die Masse zu dirigieren versucht, kann sich in diesem Hexenkessel noch zu Wort bringen.[24]

Die Soldaten verlangen danach, auszusprechen, was ihnen auf der Seele liegt. Sie erzählen einander, was in ihren Einheiten geschieht. Jede Erzählung klingt wie die vorausgegangene, fast wörtlich wiederholen sich die gleichen Geschichten. Suchanow, der Zeuge des großen Geredes wird, bemerkt, wie sehr die Soldaten hören wollen, was ihresgleichen mitzuteilen hat. Mit offenen Mündern und großen Augen lauschen sie den Geschichten, so wie Kinder, denen Märchen vorgelesen werden. Wann hat es jemals einen Moment in ihrem Leben gegeben, in dem sie selbst von sich und ihren Wünschen Bericht erstatten konnten? Jetzt ist dieser Moment da, und die Sozialisten müssen mit dieser für sie unbekannten Welt zurechtkommen.[25]

Der Arbeiter- und Soldatenrat ist kein Ort des Arguments, sondern eine große Dorfversammlung, auf der die Kultur der Akklamation gepflegt wird. Die Soldaten unterbrechen einander, reden gleichzeitig und geben erst dann Ruhe, wenn irgendjemand einen Vorschlag unterbreitet, den alle Anwesenden für akzeptabel halten. Jeder spricht, wie es ihm gefällt, verlangt nach Mitsprache und Anerkennung. Vorschläge werden nicht nur spontan unterbreitet und angenommen, sondern auch spontan ausgeführt. Das ununterbrochene, im Plenarsaal der Duma öffentlich aufgeführte Palaver ist auch eine Machtdemonstration: Die Herren von Besitz und Bildung müssen sich an einem Ort, der einst ihnen gehörte, den Volksmassen geschlagen geben. Das Dorf verstößt die Herren aus ihren eigenen vier Wänden. Konservative, die ohnehin keine Illusionen haben, verstehen sofort, was die Lwows, Nabokows

Sitzung des Arbeiter- und Soldatenrates in Petrograd

und Kerenskis erst einige Monate später begreifen werden, als man auch sie von der Macht vertreibt: dass die Revolte keinem anderen Zweck dient, als der Herrschaft den Garaus zu machen, ganz gleich, zu welcher Partei und zu welchem Programm sie sich auch bekennen mag. Alle Hoffnungen der Liberalen ruhen deshalb auf dem Exekutivkomitee, dem doch immerhin Männer aus den Reihen der Intelligenz angehören. Sie werden es gewiß nicht zum Äußersten kommen lassen.[26]

Aber auch ihre Möglichkeiten sind begrenzt. Das Plenum des Arbeiter- und Soldatenrates ist kein Parlament, das Entscheidungen trifft und Gesetze verabschiedet, es ist vielmehr ein Ort, an dem Forderungen erhoben werden. So gesehen haben die Mitglieder des Exekutivkomitees im Spiel der Macht zwar alle Vorteile auf ihrer Seite, weil sie sich untereinander leicht verständigen und die Masse manipulieren können. Aber sie sind auch dem physischen und psychischen Druck der Soldaten und Arbeiter ausgesetzt, die nicht von ihrer Seite weichen und sich in ihrer unmittelbaren Nähe lautstark zu Wort melden. Weder können sie den Arbeiter- und Soldatenrat auflösen noch seine Sitzungen unterbrechen, so wie der Zar mit der Duma verfährt. Sie mögen wohl feurige Reden halten, aber sie wissen auch, daß die Soldaten ihnen den Gehorsam aufkündigen werden, wenn sie nicht bekommen, was sie verlangen. Jeder Soldat verschafft sich Zugang zu den Räumen des Exekutivkomitees und teilt dort auch sofort mit, was ihm auf dem Herzen liegt. In den Gängen und in den Büros herrscht hektische Betriebsamkeit, das Exekutivkomitee tagt ununterbrochen. Wie in einem Taubenschlag geht es in ihm zu. Ständig wird Tschcheidse herausgerufen, entweder in den rechten Flügel des Palais, wo das Provisorische Dumakomitee seine Sitzungen abhält oder in den Plenarsaal, wo die Deputierten des Arbeiter- und Soldatenrates nach ihm verlangen. Kaum ist er zurückgeeilt, wird er wieder hinausgerufen, um zu den Massen zu sprechen, die sich vor dem Parlamentsgebäude versammeln. Und sofort wirft sich Tschcheidse in seinen Pelzmantel und zeigt sich den Soldaten, die fordern, was er nur versprechen, aber nicht erfüllen kann.[27] Generäle und höhere Offiziere machen sich auf den Weg zur Duma, um einen Eid auf die neue Ordnung abzulegen und sich bei den neuen Machthabern einzuschmeicheln. Es ist eine demütigende Prozedur, wie die Herren, umringt von groben, johlenden Soldaten, vor Tischen stehen, hinter denen Kommissare sitzen, die ihnen ein Loyalitätszertifikat ausstellen, mit dem sie die nächsten Tage überstehen können.[28]

Selbst Großfürst Kirill Wladimirowitsch, ein Cousin Nikolais II., macht der Duma seine Aufwartung, um den Abgeordneten zu demonstrieren, daß Anhänger der Revolution auch im Hause Romanow zu finden sind. An seine Uniform hat er ein rotes Bändchen geheftet. «Ich habe die Ehre, vor Ihnen zu erscheinen, Euer Hochwohlgeboren», sagt Kirill zu Rodsjanko. «Ich stehe zu Ihrer Verfügung. Wie das ganze Volk, so wünsche auch ich das Wohl Rußlands. Heute morgen habe ich mich an alle Soldaten der Garde-Equipage gewandt, ihnen die Bedeutung der Ereignisse erklärt, und jetzt kann ich sagen, daß die gesamte Garde-Equipage der Staatsduma zur vollen Verfügung steht.» Ein allgemeines Hurra ertönt, und Rodsjanko dankt dem Großfürsten für diesen Akt der Loyalität. Gestern war er noch ein ergebener Kommandeur, der alles getan hätte, um die alte Ordnung zu bewahren, und heute wechselt er die Seiten, weil er versteht, daß es für ihn nichts mehr zu gewinnen gibt. Wenige Minuten später unterhält sich Kirill mit Journalisten der hauptstädtischen Boulevardpresse, gibt sich demokratisch und volksnah. Schon immer sei er ein Anhänger der Revolution gewesen, versichert er ihnen. In seiner Familie wird diese Anbiederung als Unterwerfung empfunden. Offenbar kommt dem Großfürsten die Lächerlichkeit seines Auftritts schon in diesen Minuten zu Bewußtsein. Er schaut sich ängstlich um, schielt nach den Handgranaten, die im Foyer liegen und geht verstohlen nach Hause.[29]

Auf allem liegt der Schatten der Gegenrevolution, die Furcht der Sozialisten vor der Strafexpedition und vor der Vergeltung, die sie erleiden werden, wenn sie unterliegen. Gerüchte verbreiten sich, daß loyale Truppen unterwegs seien, um den Aufstand niederzuschlagen. Als am Nachmittag des 28. Februar im Parlamentsgebäude Schüsse fallen, gerät die Masse in Panik. Hysterische Schreie sind zu hören. Jemand ruft in den Plenarsaal: «Die Kosaken kommen.» Sogleich gerät die zweitausendköpfige Menge in Bewegung und läuft in alle Richtungen auseinander, manche werfen sich auf den Boden, andere versuchen, in Panik geraten, die Ausgänge zu erreichen. Tschcheidse steigt auf einen Tisch und versucht, die Menge zu beruhigen. In diesem Moment erscheint Kerenski im Saal. Er springt auf ein Fensterbrett, breitet seine Arme theatralisch aus und ruft: «Hört zu, was ich Euch sage. Kerenski, Kerenski spricht mit Euch. Verteidigt unsere Freiheit, die Revolution, verteidigt die Staatsduma. Alle an ihre Plätze.» Wie sich aber herausstellt, haben sich versehentlich Schüsse aus einem ungesicherten Gewehr gelöst. Als Suchanow Kerenski auf das Mißverständnis aufmerksam machen will, weist ihn der russische Robespierre barsch zurecht, bevor er sich abwendet und im Stechschritt davonläuft. Suchanow hört noch, wie er hektisch in den Saal ruft: «Ich bitte jeden, seine Pflichten zu erfüllen und sich nicht einzumischen, wenn ich Anordnungen erteile.»[30]

Das Exekutivkomitee ist nur ein Sprachrohr der Massen, nicht sein Dompteur. Diese Wahrheit läßt sich nicht ignorieren. Zwar gebietet es über Waffen, aber es kann von ihnen keinen Gebrauch machen, weil die Soldaten niemandem folgen würden, der ihre Auffassungen nicht teilt. Solange erfüllt wird, was die Soldaten verlangen und solange nie-

Alexander Kerenski (1881–1970), Rechtsanwalt, Sozialrevolutionär, Justiz-, Kriegs- und Premierminister der Provisorischen Regierung

mand an die Front geschickt wird, dürfen die Sozialisten Befehle erteilen und sich einbilden, sie seien souveräne Herren. Insgeheim aber weiß auch der selbstverliebte Kerenski, daß er nur ein Statist auf einer Bühne ist, die nicht ihm gehört. Jahrelang haben Sozialisten davon geträumt, die Massen zu erziehen, zu lenken und zu manipulieren, und nun zeigen sich ihnen die Massen als Individuen, die sich nichts mehr wünschen, als achtungsvoll und mit Respekt behandelt zu werden.[31]

Aber wie soll man Respekt zeigen, wenn nicht einmal eine gemeinsame Sprache zur Verfügung steht? Denn Bauern, Proletarier und Soldaten, die auf der Straße und im Plenarsaal das Wort erheben, sind keineswegs sanfte Lämmer, die tun, was man ihnen sagt. Mstislawski, der selbst dem Führungszirkel des Exekutivkomitees angehört, kann die Angst gleichsam riechen, die in den selbsternannten Führern der Revolution aufsteigt. Sie fürchten sich vor der entfesselten Volksgewalt, sie zittern, wann immer sie einen kräftigen Händedruck entgegennehmen müssen. Vor ihnen stehen Soldaten, die mit treuherzigem Blick darauf warten, daß ihre Wünsche sofort erfüllt werden. Gestern sei es für sie noch einfach gewesen, denkt Mstislawski, sich als Führer des Proletariats in heldenhafte Posen zu werfen. Aber als der Proletarier direkt vor ihnen steht, murmeln sie nur noch beschwichtigende Worte. Es ist ihnen unangenehm. Hasenfüße wollen sie nicht sein. Aber sie beginnen, sich zu fürchten, weil sie spüren, daß Arbeiter und Soldaten ihresgleichen in Wahrheit für Vertreter der Obrigkeit, für Erben der alten und nicht für Repräsentanten der neuen Ordnung halten.[32] «Das Volk hat sich einen Dreck darum geschert, was wir wollten, womit wir unzufrieden waren», schreibt der Schriftsteller Iwan Bunin in seinem Revolutionstagebuch. «Das Volk braucht Eure so ungemein wichtigen Ministerien, den Austausch von Schtscheglowitows durch Maljantowitschs oder die Abschaffung der Zensur so nötig wie Schnee im Sommer.»[33]

Wie sehr sie sich auch bei den Massen einschmeicheln – sie bleiben Fremde im eigenen Land, Brillenträger mit weichen Händen, die leicht zu durchschauen sind. Schklowski schreibt später in seinen Erinnerungen, daß die Sozialisten den «Horden», die auf Befehle und Entscheidungen warteten und das Taurische Palais belagerten, einfach nicht gewachsen gewesen seien. «Sie sind Fremde», schreibt Hippius in ihr Tagebuch. Damit ist eigentlich schon alles gesagt.[34] Es ist das altbekannte Dilemma der Intelligenzija: Sie lehnt den Staat ab, aber sie kann sich mit den Volksmassen, die sie anbetet, nicht verbinden. Sie fürchtet sich vor den Bauern ebenso wie vor den Bajonetten des Staates. Es gibt einfach keinen Weg, den sie gemeinsam beschreiten könnten.[35] Auf den Straßen werden Brandreden gehalten und Tatsachen geschaffen, im Exekutivkomitee Rechtfertigungen gesucht. Nach der Macht greifen die Sozialisten nicht. Und so wälzt das Exekutivkomitee die Entscheidungsgewalt auf die liberalen Dumapolitiker ab und erklärt sich selbst zur Opposition – der einfachste und leichteste Ausweg aus der Souveränitätskrise.

Die Revolutionäre verstecken sich hinter den liberalen Parlamentsabgeordneten, denen sie die Regierungsgeschäfte überlassen, während sie selbst ihnen mit der Wut und den Waffen der Soldaten drohen. Das ist nicht der einzige Grund, warum sie vor der Übernahme der Macht zurückschrecken. Kein Regierungsbeamter und kein General würde sich auf eine Herrschaft des «Pöbels» einlassen, wie zivilisiert sich seine Repräsentanten auch aufführen mögen. Es ist besser, wenn Männer aus dem liberalen Milieu mit Alexejew, Russki und all den anderen Generälen sprechen, die der Monarchie treu ergeben sind. Niemand geht ein Risiko ein. Denn von Miljukow und seinen Freunden haben Revolutionäre nichts zu befürchten. Die Liberalen werden ausführen, was der Arbeiter- und Soldatenrat ihnen abverlangt, denken sie, denn nachdem sie sich von Zar und Regierung losgesagt haben, haben sie ohnehin keine andere Wahl mehr. Die Liberalen stehen im politischen Nirgendwo, können sich weder auf den Willen des Zaren noch auf die Souveränität des Volkes berufen. Ihre Macht kommt nicht aus den Gewehrläufen. Die Gewehrläufe sind vielmehr auf sie gerichtet. Wem hätte einer wie Miljukow schon Befehle erteilen können? Man läßt die Liberalen regieren, aber sie dürfen keine Entscheidungen treffen. Das ist der raffinierteste Schachzug, der den Sozialisten in dieser angespannten Situation gelingt.

Die meisten Soldaten erwarten vom Provisorischen Dumakomitee, in dem die Professoren und Grundbesitzer den Ton angeben, ohnehin nichts und wenden sich mit ihren Sorgen und Nöten an das Exekutivkomitee. Denn nur dort, glauben sie, werden Entscheidungen sofort und ohne Verweis auf komplizierte Rechtsfragen getroffen. Das Exekutivkomitee, dessen Mitglieder ununterbrochen tagen, befindet über Rechte, die Soldaten gegenüber ihren Offizieren geltend machen können, über Ehescheidungen, die Taufe von Kindern und über die Mitbestimmung am Arbeitsplatz. Und so entsteht der Eindruck, als sei es die eigentliche, wahre Regierung.[36]

Die Abgeordneten sind nun Fremde im eigenen Haus, das Parlamentsgebäude Aufenthaltsort der entfesselten Volksherrschaft. Noch bevor die liberalen und konservativen Politiker Entscheidungen treffen können, richtet sich die Rätedemokratie behaglich in ihren Räumen ein. Das Exekutivkomitee besetzt das größte Beratungszimmer, das sich in der Duma finden läßt und beendet die Arbeit der Ausschüsse, indem es einfach alle Räume beansprucht, in denen ihre Mitglieder tagen. Schritt für Schritt wird die Staatsduma aus ihren eigenen Räumlichkeiten gedrängt. Am Ende bleibt den Abgeordneten bloß noch der rechte Flügel des Taurischen Palais, wo die Büros des Parlamentspräsidenten und die Bibliothek untergebracht sind.[37]

Aber was können die Abgeordneten schon tun? Sie haben keine Befehlsgewalt über die Garnison, die Polizei ist verschwunden, nicht einmal im Parlament üben sie noch das Hausrecht aus. Wenn sich doch unter ihnen nur ein einziger Bismarck, ein Napoleon oder ein Stolypin finden würde, räsoniert Schulgin in diesen Stunden, vielleicht würde dann am Ende doch noch alles einen ordnenden Rahmen finden. «Ja, unter dem Schutz ihrer Bajonette haben wir der Staatsgewalt, die uns immerhin schützte, mit schönen Worten gedroht».[38] Und nun? Nun gibt es keine Staatsgewalt mehr, aber auch niemanden, der sich von schönen Worten noch etwas verspricht. Es ist das bekannte Paradox der russischen Herrschaft: Die Liberalen haben keinen Grund, auf dem sie ihren Rechtsstaat errichten können, die Sozialisten keinen Resonanzboden, auf dem ihre Ideen schwingen könnten. Jahrzehntelang haben sie die zarische Regierung verwünscht, und nun ist sie verschwunden, ohne daß es gelingt, eine andere Ordnung an ihre Stelle zu setzen. Die Volkssouveränität ist nur ein leeres Wort, Sozialisten und Liberale sind Fremde im eigenen Land. Ihnen bleibt nur ein Ausweg: die Diktatur. Ihr aber sind sie nicht gewachsen.

Macht hat, wer warten kann. Warten kann aber nur, wer nicht in die Ereignisse verstrickt ist und sich den weiten Blick bewahrt, der über das Geschehen schweift. Diejenigen, die die Befehle erteilen, sind am wenigsten an den alltäglichen Verrichtungen beteiligt. Das verleiht ihnen die Übersicht, die sie brauchen, um sich an der Macht zu halten. Wie Jelisaweta Fens, eine Übersetzerin, die als 17-jähriges Mädchen in den Strudel des Aufruhrs hineingezogen wird, in ihren Erinnerungen an die verrückten sieben Tage schreibt: Je näher man dem Geschehen komme, desto mehr sei man ihm ausgeliefert.[39]

Distanz allein aber verschafft noch keine Macht. Was man will, das muß man auch können. Ohne die Beherrschung der Infrastrukturen lassen sich Machtfragen überhaupt nicht beantworten. Macht beruht auf ihrer technischen Durchsetzbarkeit. Alle Versuche, Herrschaft zu legitimieren, beruhen auf der Voraussetzung ihrer Mitteilbarkeit und Durchsetzungsmächtigkeit. Die Absicherung und Anerkennung der Herrschaft brauchen Zeit, sie brauchen Orte, an denen sie sich verwirklichen und Instrumente, mit deren Hilfe sie sich durchsetzen lassen. Die Frage, wie ein Staat erobert oder verteidigt wird, schreibt Curzio Malaparte, ist kein politisches, sondern ein technisches Problem. Für die Kunst, den Staat zu verteidigen, gelten die gleichen Grundsätze wie für die Kunst, ihn zu erobern. Vernunftbegabte und freie, scheinbar selbstbestimmte Menschen mag diese Einsicht beunruhigen. Und dennoch müssen sie mit ihr zurechtkommen.[40] Im Jahr 1905 triumphierte die Staatsgewalt über den Aufstand, weil sie die Kontrolle über Infrastruktur und Kommunikationswege nicht aus der Hand gab. Sie hatte die uneingeschränkte Kontrolle über Telegraphenämter, Bahnhöfe und Schienenwege, auf denen Informationen übermittelt und Soldaten transportiert werden konnten. Sergei Witte, der Premierminister des Zaren, war einmal der Verkehrsminister, sein Innenminister, Pjotr Durnowo, der Polizeichef Alexanders III. gewesen. Sie jedenfalls verstanden, wie man Liberale und Sozialisten, Bauern und Soldaten gegeneinander ausspielt und worauf es in der Stunde der Not ankommt.[41] Chabalow, Beljajew und Protopopow wissen es nicht. Sie überlassen den Aufständischen das Feld, die sich nun der Schienen- und Kommunikationswege, der Kasernen und Bahnhöfe bemächtigen und sie in den Dienst der Revolution stellen. Jetzt erst, am sechsten Tag der Unruhen, kommt den Revolutionären zu Bewußtsein, daß nicht die Kunst der Rede und die Güte der Absichten über Erfolg oder Mißerfolg des Aufstandes entscheiden, sondern die Kontrolle über Verkehrs- und Kommunikationswege.[42]

«Sind die Bahnhöfe besetzt worden für den Fall, daß Truppen von der Front und aus der Provinz gegen Petrograd ausgesandt würden?», fragt sich Suchanow, der die Verhältnisse ebenso wenig übersieht, wie die Dumapolitiker und seine Kameraden im Exekutivkomitee. «Sind das Schatzamt, die Staatsbank, das Telegraphenamt besetzt worden oder werden sie bewacht? Welche Maßnahmen sind zur Verhaftung der zarischen Minister ergriffen worden, und wo sind sie? Was wird getan, um die restlichen, neutralen und möglicherweise noch ‹treuen› Einheiten der Garnison auf die Seite der Revolution zu ziehen? Sind Maßnahmen zur Vernichtung der Polizeizentrale des Zarismus ergriffen worden: des Polizeidepartements und der Ochrana? Werden die Archive vor der Zerstörung bewahrt? Wie steht es um den Schutz der Stadt und ihrer Versorgungslager? Welche Maßnahmen sind für den Kampf gegen Pogrome, gegen die Provokationen der Schwarzhunderter, gegen Angriffe der Polizei aus dem Hinterhalt, ergriffen worden? Wird das Zentrum der Revolution, das Taurische Palais ... von irgendwelchen realen Kräften verteidigt? Und sind irgendwelche Organe geschaffen worden, die in der Lage wären, auf die eine oder andere Weise diese Aufgaben zu erfüllen?» Fragen über Fragen, die sich Suchanow stellt, als er bemerkt, welche Ahnungslosigkeit sich hinter der hektischen Betriebsamkeit in der Duma verbirgt.[43]

Gegenüber der Regierung und den liberalen Dumaabgeordneten sind die Sozialisten im Nachteil, weil sie über keine Institutionen verfügen, die ihrem Willen Geltung verschaffen könnten. Aber auch in ihren Reihen machen sich nun Männer bereit, die mit Organisationstalent reichlich gesegnet sind. Sie rechnen damit, daß der Zar ihnen eine Strafexpedition entgegenschickt und den Aufstand ebenso blutig niederschlagen lassen wird, wie es im Januar und Februar 1906 geschehen ist. Für den schlimmsten Fall, der schon am folgenden Tag eintreten könnte, wollen sie sich wappnen. Diesem Zweck dient der Militärstab des Exekutivkomitees, der noch am Nachmittag in die Räume des Taurischen Palais einzieht und der von Kerenski und Mstislawski geleitet wird. Ihm fällt nun die Aufgabe zu, loyale Offiziere in den Dienst der Revolution zu stellen und die Wut der Soldaten unter Kontrolle zu bringen. Denn es gibt in diesen Stunden keine zusammenhängenden militärischen Formationen mehr, nur noch Gruppen von Soldaten, die niemandem gehorchen, sich auf den Straßen vielmehr selbst wie Herren aufführen, die zu keinerlei Gehorsam mehr verpflichtet sind.[44]

Aller Anfang aber ist schwer, weil niemand genau weiß, wie man einen Stab organisiert. In militärischen Angelegenheiten regiert im Exekutivkomitee der Dilettantismus. Man beschränkt sich darauf, einige Offiziere per Telephon herbeizurufen, von denen nur bekannt ist, daß sie sich zur Revolution bekennen. Auf diese Weise kommt auch Mstislawski ins Amt, der aber erst überredet werden muß, sich im militärischen Stab des Exekutivkomitees nützlich zu machen. Er ist Sozialrevolutionär, aber auch ein Offizier, der sich den einfachen Soldaten nicht zeigen kann. Mstislawski schwankt, begibt sich dann aber doch ins Taurische Palais, in einer Militäruniform, über die er einen Pelzmantel geworfen hat, damit man ihn nicht als Offizier erkennt. Auch er fürchtet sich vor dem Lynchmob, der mit den Herren von einst kurzen Prozeß macht, ganz gleich, was sie politisch vertreten. Nun sitzt er mit anderen Offizieren in einem Raum und erarbeitet Richtlinien für die Organisation der Verteidigung, sollte sich tatsächlich eine Strafexpedition auf den Weg in die Hauptstadt machen. Aber im Unterschied zu den «dicken Generälen», wie Suchanow spottet, haben die Offiziere keinen Apparat zu ihrer Verfügung. Kerenski versteht, daß er ohne Hilfe der liberalen Dumapolitiker keinen höheren Offizier dafür gewinnen wird, sich der Sache der Revolution zu unterwerfen. Und so gliedert er den Stab des Exekutivkomitees in die Militärkommission der Duma ein, die sich auch unter den höheren Offizieren Respekt verschaffen kann.[45] Ein geschickter Schachzug: offiziell untersteht die Militärkommission dem Oktobristen Boris Engelhardt, faktisch aber übernehmen die Revolutionäre auch in dieser Institution die Macht.

Schon am Vorabend hat Engelhardt die Anweisung erteilt, die Garnison unter Kontrolle zu bringen und jeden Versuch des Zaren zu vereiteln, Truppen von der Front in die Hauptstadt zu führen. Zu diesem Zweck müssen jetzt die Telegraphenstationen, Postämter und Bahnhöfe besetzt werden, kein Zug soll sich ohne Zustimmung der Rebellen mehr bewegen, kein Telegramm ohne ihr Wissen mehr zugestellt werden. Aber auch diese Aktion atmet den Geist des Dilettantismus. Die Mitglieder der Kommission, die sich im Büro 41 in der Staatsduma versammelt haben, rufen laut in die dicht gedrängte Menge vor den Tischen hinein und fragen, wer bereit sei, einen Bahnhof, ein Post- oder Telegraphenamt zu besetzen. Sofort melden sich Freiwillige, sie erhalten eine schriftliche Vollmacht, die sie ermächtigt, Soldaten für die Ausführung ihres Auftrags zu mobilisieren. Die Bevollmächtigten laufen auf die Straße hinaus, halten Ausschau nach Soldaten und Freiwilligen, die bereit sind, ihnen zu helfen. Tausende stehen auf dem Platz vor dem Taurischen Palais, die nichts zu tun haben und die sich nach einer Abwechslung, einem Abenteuer sehnen. Wie einfach wäre es für ein kleine, aber entschlossene und disziplinierte Truppe gewesen, kurzen Prozeß mit diesen Amateuren zu machen. Eine solche Truppe aber gibt es nirgendwo.[46]

Mstislawski und seine Kollegen in der Militärkommission haben Mühe, sich im Chaos zurechtzufinden und überhaupt eine Vorstellung von der Topographie der Stadt zu gewinnen. Man schafft das Adressbuch «Ganz Petersburg» (Ves' Peterburg) des Verlegers Alexei Suworin herbei, weil in ihm die Straßen vermerkt sind, in welchen sich Kasernen, Fabriken, Postämter und Polizeistationen befinden. Jetzt erst bringen die Revolutionäre in Erfahrung, was sie längst hätten wissen können, und sie versuchen, Kontakt mit dem Direktor der Peter-und-Paul-Festung und den Kommandeuren in den Kasernen aufzunehmen, um die Schwankenden auf ihre Seite zu ziehen. Engelhardt, der Leiter der Militärkommission, breitet einen großen Stadtplan auf seinem Tisch aus und betrachtet ihn gedankenversunken. Es ist für alle Anwesenden offensichtlich, daß er nicht weiß, was er mit der Karte anfangen soll.[47] Es ist Alexander Bublikow, der Ingenieur unter den liberalen Abgeordneten, der die Bedeutung der Infrastrukturen für den Erfolg des Umsturzes erkennt, der Rodsjanko und Kerenski, die immer noch zögern, dazu drängt, sofort zu handeln und den Befehl zu geben, alle Bahnhöfe, Ministerien, Postämter und Telegraphenstationen zu besetzen. Es sei sinnlos und gefährlich, sagt er, pathetische Reden in der Duma zu halten, den eigentlichen Machtfragen aber aus dem Weg zu gehen. Man dürfe den Sieg nicht in letzter Minute noch verspielen.[48]

Und so treffen Kerenski und Rodsjanko am Vormittag des 28. Februar die Entscheidung, Bublikow zum Kommissar für das Verkehrswesen zu ernennen und beauftragen ihn damit, das Ministerium für Verkehr, die Bahnhöfe und Telegraphenämter unter seine Kontrolle zu bringen. Bublikow macht sich in Begleitung eines militärischen Konvois sofort auf den Weg und dringt in das Verkehrsministerium ein, das am Fontanka-Kanal in der Nähe des Zarskoje-Selo-Bahnhofs liegt. Er läßt das Ministerium umstellen, postiert Wachleute an allen Ausgängen, und in Begleitung bewaffneter Soldaten begibt er sich in das Büro des Leiters der Eisenbahnabteilung. In barschem Ton fordert er ihn auf, die leitenden Beamten des Ministeriums herbeizurufen. Der stellvertretende Verkehrsminister, Dmitri Kosyrew, und seine Untergebenen machen Bublikow sofort ihre Aufwartung, bereiten ihm einen herzlichen Empfang, als hätten sie seine Ankunft schon längst erwartet und schwören ihm Treue.[49]

In den Fluren stehen Soldaten des Semjonow-Regiments, die Wache halten und Passierscheine kontrollieren. Aber Bublikow braucht auch Helfer, auf die er sich blind verlassen kann. Er ruft Juri Lomonossow, der als Professor an der Hochschule der Eisenbahn lehrt und vor Jahren unter dem ultrakonservativen Sergei Ruchlow als höherer Beamter im Verkehrsministerium gedient hat, aus Zarskoje Selo herbei, weil er dessen Sachverstand schätzt, und er engagiert Rulewski, einen Techniker, der den Bolschewiki nahesteht und gute Verbindungen zu den Angestellten der Telegraphenstationen unterhält. An Kosyrew, dem stellvertretenden Minister, hält Bublikow fest, obwohl er im Ministerium als Anhänger der alten Ordnung, als Antisemit und Parteigänger der Rechten bekannt ist. Im Ministerium wird Kosyrew als strenger Vorgesetzter gefürchtet, manche halten ihn sogar für einen Tyrannen, aber jeder schätzt seinen Sachverstand und seine Unbestechlicheit – Tugenden, auf die es jetzt mehr denn je ankommt. Kosyrew selbst fällt es nicht schwer, sich den neuen Herren unterzuordnen. Sie lassen ihn in Ruhe seine Arbeit machen. Was will er mehr? So hält es auch der Leiter der Eisenbahnabteilung, Leonid Ustrugow, der der alten Ordnung treu gedient hat und sich nun auch mit der neuen abfindet. In dieser schweren Stunde zählen Loyalität und Kompetenz offenbar mehr als Gesinnung, und es zeigt sich, daß politische Überzeugungen für die Funktionstüchtigkeit einer Behörde von untergeordneter Bedeutung sind. Warum soll man sich zum Märtyrer machen, wenn die Sieger einem doch alles lassen, was man zum Leben braucht?[50]

Bublikow richtet sich im Verkehrsministerium sofort häuslich ein. Er sitzt in einem von Zigarettenrauch verqualmten Büro, telephoniert, erteilt unaufhörlich Befehle, die sofort ausgeführt werden. Es herrscht eine fieberhafte Atmosphäre im Ministerium. Telegraphisten, die auf-

Alexander Bublikow (1875–1941), Kommissar für das Verkehrswesen des Provisorischen Dumakomitees

gewühlt sind von den Ereignissen des Tages, nehmen die Anordnungen Rulewskis entgegen und verschicken Nachricht um Nachricht. In den Gängen stehen Soldaten, sie lassen niemanden ohne Passierschein ins Gebäude. Manche liegen auf dem Fußboden, schlafen vor Erschöpfung ein. Nur Bublikow, Lomonossow, Kosyrew und Rulewski sind unermüdlich, rufen den Angestellten in den angrenzenden Büros Befehle zu und schicken Soldaten mit Depeschen auf die Straße. Stunde um Stunde telephoniert Bublikow mit Rodsjanko und mit Engelhardt, um zu erfahren, was das Dumakomitee von ihm erwartet und was er tun soll, um die Ankunft der Strafexpedition zu verhindern.[51] Während die Beamten in den Büros routiniert ihre Arbeit verrichten, wird auf den Straßen geschossen. Gewehrsalven begleiten das Klappern der Schreibmaschinen. Lomonossow kommt das alles so vor, als sei er in einem surrealen Traum gefangen. «Ähnlich wie Krieg, aber es gibt irgendeinen Unterschied. Musik hier und da.»[52]

Lomonossow nimmt sofort Verbindung zu den Angestellten der Telegraphenstationen, Bahnhöfe und Eisenbahnverwaltungen in der Provinz auf, verpflichtet sie zu Loyalität gegenüber der neuen Regierung und erteilt ihnen die Anweisung, Anhänger der alten Ordnung zu inhaftieren. «Seien Sie ruhig und entschlossen. Auf Sie schaut ganz Rußland. Ergreifen Sie alle Maßnahmen zur Verstärkung der Versorgungstransporte. Die Angestellten müssen beweisen, daß sie unter dem neuen Regime noch besser arbeiten als unter dem alten.» Vor allem kommt es nun darauf an, den Zug des Zaren aufzuhalten. Er dürfe auf keinen Fall Zarskoje Selo erreichen, schärft Lomonossow dem Bahnhofsvorsteher von Tosno ein, einem Ort, der dreißig Kilometer südlich von Petrograd an jener Bahnlinie liegt, auf der sich der Zug des Zaren nach Norden bewegen wird. Lomonossow erteilt nicht nur Befehle, er spricht auch Drohungen aus. Wer nicht gehorchen wolle, warnt er, werde früher oder später bestraft. Die meisten Angestellten fügen sich, weil sie keine Übersicht haben und glauben müssen, was ihnen das Verkehrsministerium versichert. Besser gehorchen als um Lohn und Brot gebracht zu werden, denken sie. Unter ihnen spricht sich auch wie ein Lauffeuer herum, daß der Direktor der Nord-Westlichen Eisenbahnlinie, Fjodor Walujew, verhaftet worden ist. Er hat sich den Anordnungen Bublikows widersetzt und einen Zug bestiegen, um dem Zaren entgegenzufahren. Soldaten holen ihn ein und bringen ihn nach Petrograd zurück. Auf der Ismailowski-Brücke im Zentrum der Stadt töten sie ihn. Sein Stellvertreter erleidet einen Nervenzusammenbruch, und so ernennt Bublikow einen Vertrauten und schickt ihn an Ort und Stelle, damit er vollstreckt, was der Kommissar von der Eisenbahnverwaltung verlangt. Vielerorts geschieht von selbst, was Bublikow anderswo erzwingen muß. In der Direktion der Bahnlinie Moskau-Rybinsk werden Posten an den Telegraphen- und Telephonapparaten aufgestellt, der Direktor und seine Angestellten leisten einen Treueeid auf die neuen Machthaber. Das Ende der zarischen Regierung ist besiegelt, als den Beamten der alten Ordnung Treueschwüre auf die neue abverlangt werden.[53]

Noch am Abend des 28. Februar übermittelt Bublikow eine Nachricht an alle Bahnstationen des Landes: die alte Regierung sei gestürzt, das Verkehrsnetz in den Händen der Aufständischen. Alle Anordnungen der Revolutionsregierung müßten befolgt, staatliche Einrichtungen, Telegraphenstationen, Bahnhöfe, Elektrizitätswerke und Straßenbahndepots vor Übergriffen und Zerstörung bewahrt werden. «Die Heimat erwartet von Euch mehr als nur die Erfüllung der Pflicht. Sie wartet auf einen Umschwung!» Wenig später telegraphiert er an alle Bahnhofsvorsteher im Land, daß Militärzüge aufgehalten werden müßten, die sich ohne Erlaubnis der Hauptstadt nähern. Im Umkreis von 250 Werst (1 Werst = 1,067 Kilometer) seien alle Truppenbewegungen auf der Schiene untersagt. So soll verhindert werden, daß loyale Einheiten von der Front nach Petrograd verlegt werden. Von nun an kann sich kein Zug mehr ohne Genehmigung des Verkehrskommissars in Bewegung setzen. Zwar lassen die Angestellten der Eisenbahn alle Züge passieren, die an die Front fahren, aber es werden keine mehr in die Stadt hineingelassen.[54] Welchen Befehl die Generäle, die dem Zaren noch die Treue halten, auch immer geben mögen, sie können keine Truppen mehr in die Hauptstadt verlegen. Die Gegenrevolution steht auf dem Abstellgleis.

Noch am gleichen Tag besetzen militärische Kommandos die Staatsbank, das Telegraphenamt, den Nikolai-Bahnhof und den Winterpalast. Aber auch die Sicherheitsorgane des alten Regimes müssen unter Kontrolle gebracht werden. Bereits der Nacht vom 27. auf den 28. Februar sind Sensinow, der Menschewik Alexander Tichonow und der Schriftsteller Maxim Gorki in einem beschlagnahmten Auto zum Quartier der Ochrana am Kronwerkski-Prospekt gefahren, um es für die Revolutionsregierung in Besitz zu nehmen und alle Dokumente zu sichern, die dort aufbewahrt werden. Viel aber ist von den Büros der Geheimpolizei nicht mehr zu sehen. Die Hauswände sind mit Parolen beschmiert, die Fenster eingeschlagen, selbst Türen und Treppen zerstört. Das Büro des lokalen Geheimdienstchefs ist nicht wiederzuerkennen, nachdem Aufständische es verwüstet haben. Und dennoch gelingt es der Expedition, Akten zu sichern, die ihnen nicht nur die konspirativen Wohnungen der Ochrana, sondern auch die Namen von Informanten und Spitzeln verraten. Schon am Vormittag werden sie in den Zeitungen veröffentlicht, dutzende Provokateure verhaftet.[55]

In allen Revolutionen kommt es für die Rebellen darauf an, die Unentschlossenen und Neutralen, die Angestellten und Beamten des Staates für ihre Sache zu gewinnen. Das aber wird ihnen nur gelingen, wenn sich die Beamten von ihrem Dienstherrn gefahrlos trennen, wenn sie sicher sein können, daß die Revolution tatsächlich siegen wird und sie selbst keinerlei Nachteile in Kauf nehmen müssen. Im Angesicht des Autoritätsverlustes fragen sich die Staatsdiener, ob sie sich eine loyale Haltung gegenüber der alten Ordnung noch leisten können, wenn es zur Machtprobe kommt oder ob sie die Herausforderer gewähren lassen sollen. Jede Machtnahme ist auf die Neutralität der Staatsdiener angewiesen. Sie sind die eigentliche Hilfstruppe der Herausforderer.[56] Erst jetzt, am sechsten Tag der Revolte, kommt den Dumapolitikern zu Bewußtsein, daß ihr Herrschaftsanspruch nur durchgesetzt werden kann, wenn er sich mit der Loyalität all jener Beamten verbindet, die Tag für Tag ihren Dienst in den Behörden verrichten, als sei überhaupt nichts geschehen. Am Morgen entsendet das Provisorische Dumakomitee eigens ernannte Kommissare in die Ministerien, die den Beamten die Botschaft der neuen Machthaber überbringen. Schon am Nachmittag ziehen die Kommissare in die Büros der Minister ein. Kein Befehl darf mehr ohne ihre Zustimmung erteilt werden. Und die Beamten gehorchen, sie vollstrecken, was man ihnen aufträgt, weil sie verstehen, daß sich in ihrem Leben nichts verändern wird.[57]

Im Landwirtschaftsministerium etwa vollzieht sich der Übergang von der alten zur neuen Ordnung fast unbemerkt. Andrei Schingarjow, der das Ministerium unter seine Kontrolle bringt, tritt bescheiden auf, erklärt den leitenden Beamten, die sich ihm zu Ehren im Konferenzraum des Ministeriums versammelt haben, daß ihm in diesen angespannten Stunden nicht zum Reden zumute sei und er sie bitte, einfach ihre Arbeit fortzusetzen. So gewinnt er die Herzen der Beamten im Nu. Niemand wird entlassen, niemand zu Verantwortung gezogen, jeder bleibt an seinem Platz und verrichtet seine Arbeit wie eh und je. Das ist der eigentliche Grund für den Erfolg von Revolutionen: daß sie sich die Routine zunutze machen können, auf der die Arbeit der Behörden beruht. Es ist die Trägheit der Bürokratie, die Kontinuität verheißt und Herrschaft stabilisiert. Sie aber kann in den Dienst jeder Ordnung gestellt werden. Um es in den Worten des Soziologen Georg Simmel zu sagen: Man kann die Bürokratie nicht töten, man kann ihr allenfalls neue Befehle erteilen.[58]

Was aber soll mit den Ministern geschehen, die nach der letzten Kabinettssitzung am Abend des 27. Februar auseinandergegangen sind und die zu einem Sicherheitsrisiko werden könnten, wenn es ihnen gelänge, aus der Stadt zu fliehen und sich mit dem Hauptquartier zu verbinden? Schon am gleichen Abend hat der Chef der Militärkommission, Boris Engelhardt, den Befehl erteilt, alle Minister, derer man habhaft werden könne, zu verhaften. Sogleich schwärmen Soldaten und bewaffnete Zivilisten aus, die sich selbst beauftragt haben, die Suche nach den Würdenträgern des alten Regimes aufzunehmen. Zwar bringt man schnell in Erfahrung, wo die Minister wohnen, aber was sollen die Soldaten tun, wenn sie die Gesuchten in ihren Wohnungen nicht antreffen? Es gibt keine Photos, keine Portraits, mit deren Hilfe man sie identifizieren könnte. Jeder kennt das Gesicht Nikolais II., wer aber würde Protopopow oder Beljajew auf der Straße erkennen? Will man den Erinnerungen Nikolai Nekrassows glauben, dann erfolgt die Verhaftung der Minister nach dem Zufallsprinzip. Als Soldaten in den Marienpalast eindringen, schreibt Nekrassow, seien ihnen Protopopow und Pokrowski entgegengekommen. Man habe die beiden gefragt, wo der Innenminister sei. Pokrowski habe geantwortet, er wisse es nicht. Und so sei Protopopow zunächst entkommen, weil niemand gewußt habe, wie er aussah.[59]

Aber so hat sich die Geschichte wahrscheinlich nicht zugetragen. In Wahrheit befinden sich zu dieser Zeit kaum noch Menschen im Regierungsgebäude, als Soldaten es spät in der Nacht im Sturm nehmen. Die meisten Minister haben an der letzten Kabinettssitzung gar nicht mehr teilgenommen, Protopopow hat sie vorzeitig verlassen. Nikolai Dobrowolski, der Justizminister, entfernt sich, als auf dem Isaaks-Platz Schüsse zu hören sind und bringt sich in der in der Nähe gelegenen italienischen Botschaft in Sicherheit, andere Minister gehen nach Hause oder zu Bekannten, die ihnen Asyl gewähren. Außenminister Pokrowski und Verkehrsminister Krüger-Woinowski bleiben bis zuletzt im Marienpalast und mischen sich unter die Soldaten und Hooligans, die von Büro zu Büro eilen und nach den Ministern suchen. Niemand erkennt sie, und so gelingt es ihnen, abzutauchen und, nachdem die Plünderer das Weite gesucht haben, mit Hilfe eines Angestellten und im Schutz der Dunkelheit über eine Hintertreppe zu entkommen. Vor Stunden saßen sie noch an ihren Schreibtischen, und jetzt können sie froh sein, mit dem Leben davonzukommen. Pokrowski und Woinowski-Krüger irren in der Stadt umher, die Straßen sind erleuchtet, Gruppen bewaffneter Passanten kreuzen ihren Weg, aber sie nehmen keine Notiz von den Ministern. Von weitem hören Pokrowski und Krüger-Woinowski Schreie, das Geräusch von Gewehrfeuer. Ihnen ist unheimlich zumute. Von der hell erleuchteten Morskaja-Straße laufen sie zur Uferstraße am Moika-Kanal, die vollkommen im Dunkeln liegt. Dort trennen sich ihre Wege: Pokrowski geht zu seiner Wohnung am Schloßplatz, Krüger-Woinowski zu einem Bekannten, der ganz in der Nähe in der Millionnaja-Straße wohnt. Beide fallen in einen tiefen Schlaf. Niemand scheint nach ihnen zu suchen, denn auch zu Hause läßt man sie am nächsten Tag noch in Ruhe.[60]

Am Morgen begibt sich Krüger-Woinowski, wie an jedem Tag, ins Verkehrsministerium, wo ihm Bublikow, der Kommissar des Provisorischen Komitees, eröffnet, daß er als Minister abgesetzt sei. Er solle sich, fordert ihn Bublikow auf, sofort zur Duma begeben und den neuen Herren Treue schwören. Krüger-Woinowski lächelt und entgegnet ihm, daß er sich dem Dumakomitee gar nicht unterwerfen könne, selbst wenn er es wolle, solange der Zar, dem er einen Eid geschworen habe, noch auf dem Thron sei. Dann bleibe ihm leider keine andere Wahl, ruft Bublikow, als ihn zu verhaften. Soldaten bringen den Verkehrsminister in sein altes Büro, das jetzt verwaist ist und stellen ihn unter Hausarrest. Am nächsten Tag läßt Bublikow seinen Vorgänger zum Taurischen Palais eskortieren, wo er sich vor dem Dumakomitee verantworten soll. Aber der Verkehrsminister ist ein unbeschriebenes Blatt, ein Mann aus den Reihen unpolitischer Technokraten, an dessen Händen kein Blut klebt. Georgi Lwow, der sanftmütige Liberale, nimmt Krüger-Woinowski liebenswürdig in Empfang und bittet ihn um Verzeihung. Die Verhaftung sei ein Versehen gewesen, und so kann Krüger-Woinowski den Sitz der Revolutionsregierung als freier Mann wieder verlassen.[61]

Die Revolutionäre interessieren sich weder für den Außen- noch für den Verkehrsminister. Ihnen kommt es in der Stunde der Erhebung nur darauf an, solcher Amtsträger habhaft zu werden, die in der Vergangenheit die Verantwortung für die Polizei, die Justiz und das Militär getragen haben. Ihrer werden sie schon im Laufe des Tages habhaft. Pawel Kurlow, Stolypins Polizeichef, wird in seiner eigenen Wohnung verhaftet, nachdem er sich selbst zu erkennen gegeben hat. Die Soldaten, die sich Zugang zu seiner Wohnung verschaffen, erlauben ihm, seine zivilen Kleider gegen eine Uniform auszutauschen und eskortieren ihn unter dem Gejohle von Soldaten, die an den Straßenrändern stehen, zur Duma, wo Kerenski ihn mit theatralischer Geste in Empfang nimmt.[62]

Bark und sein Stellvertreter werden erst später aufgespürt, in der Wohnung, die dem Finanzministerium gehört und die nun von einer Gruppe betrunkener Matrosen und Soldaten okkupiert wird. Einer von ihnen ist ein ehemaliger Hausangestellter des Ministers, der nun behauptet, von der Familie Bark schlecht behandelt worden zu sein. Die Soldaten fordern den verschreckten Minister auf, sie zu begleiten. Nicht einmal Iwan Titow, der Kommissar, der im Auftrag des Dumakomitees die Machtübertragung im Finanzministerium vollziehen soll, gelingt es, die Soldaten zu besänftigen, die der Auffassung sind, die Herren von einst müßten dem Volk «Achtung» entgegenbringen. Bark und sein Stellvertreter werden aus dem Gebäude eskortiert und gezwungen, auf die Ladefläche eines Lastwagens zu steigen, der sie zur Staatsduma bringen soll. Im Zickzack fahren sie durch die Stadt und umfahren die Barrikaden. Hin und wieder bleibt der Lastwagen stehen, weil die Soldaten sich mit Getränken versorgen wollen. Vor dem Parlamentsgebäude werden der Minister und sein Stellvertreter von einer wütenden Menge schon erwartet. Soldaten schlagen mit Fäusten auf Bark ein, der Mühe hat, sich vor den Schlägen zu schützen. Titow fürchtet um das Leben des Ministers und ruft der Menge zu, daß er ein Vertreter des Volkes sei. «Was für ein Volksvertreter? Ein Pharao (Polizeispitzel, J. B.) bist Du!», schreien die Soldaten, die auch nach ihm greifen und auf seinen Kopf einschlagen. Mit Blessuren, aber unversehrt retten sich Titow und seine Schützlinge in das Parlamentsgebäude.[63]

Wladimir Kokowzow, der zwischen 1904 und 1914 Finanzminister des Zaren gewesen ist, wird erst zwei Tage später aufgespürt. Soldaten durchsuchen seine Wohnung, stellen alles auf den Kopf und schießen aus den Fenstern auf die Straße. Am nächsten Tag gerät Kokowzow vor dem Eingang seiner Hausbank in die Fänge von betrunkenen Marodeuren, die sich kaum auf den Beinen halten können. Ihr Anführer schreit: «Hier ist der zarische Minister, der Dieb, Graf Kokowzow, den ich in dem Augenblick gefangen habe, als er sich mit Bargeld zur Unterstützung des Zaren aus der Bank geschlichen hat.» Sie zerren den 65-jährigen Mann auf einen Lastwagen und fahren mit ihm zum Wachregiment der Duma. Von dort aus eskortieren sie ihn erst ins Hotel «Jewropeiskaja» und dann ins Taurische Palais. Auf der Straße und in der Lobby des Hotels wird er von johlenden Soldaten und Arbeitern begafft, bevor man ihn zu guter Letzt in den sogenannten Ministerpavillon der Duma bringt, dorthin, wo sich auch schon die anderen Würdenträger des alten Regimes befinden.[64]

Schon in der Nacht vom 27. auf den 28. Februar erscheint Protopopow, der seinem Leben doch kein Ende setzen wollte, in der Staatsduma, weil er zu Recht annimmt, daß er nicht weit käme, wenn er versuchte, zu fliehen. In den Fängen der liberalen Abgeordneten, denkt er, ist er wenigstens sicher. Ihm folgen der ehemalige Innenminister Nikolai Maklakow, der Metropolit Pitirim, Chabalow, Balk, Sankewitsch, die ehemaligen Regierungschefs Boris Stürmer, Alexander Trepow, Fürst Nikolai Golizyn und Kriegsminister Beljajew, der sich selbst ausliefert, nachdem ein aufgebrachter Mob seine Wohnung verwüstet hat. Besser verhaftet, als gelyncht zu werden. Suchanow sieht, wie die Würdenträger des Zaren, zu einem dichten Haufen zusammengedrängt, in einem Korridor an der Wand stehen. Aggressive Soldaten bedrängen und beleidigen sie. Der ehemalige Polizeiminister Kurlow schaut die Soldaten feindselig an, er jedenfalls läßt sich von ihnen nicht einschüchtern. Stürmer hingegen ist in panischer Stimmung. Ängstlich sieht er sich um, sein Kiefer zittert.[65] Er ist von Soldaten geschlagen worden, so wie Nikolai Maklakow, der einen Kopfverband trägt. Protopopow zittert, weil er sich vor den aufgebrachten Männern fürchtet, die ihn umringen. Der Vorsitzende des Staatsrates und ehemalige Justizminister, Iwan Schtscheglowitow, ist bereits am frühen Nachmittag in das Taurische Palais gebracht worden. Soldaten führen ihn ins Gebäude, ihnen schreitet ein Student, der den einstmals mächtigen Minister in seiner Wohnung aufgespürt hat, mit wichtiger Miene voran. Am Eingang nimmt ihn Kerenski in Empfang und ruft mit Pathos in der Stimme: «Bürger Schtscheglowitow, im Namen des Volkes erkläre ich Sie für verhaftet.» In diesem Augenblick entbrennt ein Konflikt, der viel über die Machtverhältnisse verrät, die sich inzwischen eingespielt haben. Irgendjemand ruft Rodsjanko herbei, der doch die eigentliche Entscheidung über die Verhaftung der Minister zu treffen hat. Rodsjanko greift Schtscheglowitow freundlich unter den Arm und bittet ihn, ihm in sein Büro zu folgen. Kerenski aber schiebt die massige Gestalt des Parlamentspräsidenten einfach beiseite, ruft nach den Soldaten, die in der Nähe stehen und befiehlt ihnen, Schtscheglowitow abzuführen. Mit sichtbarer Genugtuung und zum großen Verdruß Rodsjankos eskortieren die Soldaten Schtscheglowitow in den Ministerpavillon, Kerenski läuft in schnellem Schritt voraus.[66]

Ein Schauspiel ähnlicher Art vollzieht sich, als Soldaten den 69-jährigen ehemaligen Kriegsminister Wladimir Suchomlinow in die Staatsduma bringen. Schlotternd steht der alte General auf der Ladefläche eines Lastwagens; ein Mann mit Brille, offenbar ein Student, hält ihm einen Revolver an die Schläfe.[67] Als der prominente Gefangene am Taurischen Palais eintrifft, wird er unsanft von der Ladefläche gestoßen und in das Gebäude geleitet. Suchomlinow fürchtet um sein Leben, als betrunkene und verrohte Soldaten ihn schlagen und beschimpfen, ihn, den Kriegsminister, den sie besonders verabscheuen. Auch jetzt ist Kerenski wieder zur Stelle, mit sich überschlagener Stimme ordnet er an, man solle dem halb ohnmächtigen General die Epauletten vom Mantel reißen. Ein Soldat entfernt die Achselstücke von der Uniformjacke und zeigt sie der Menge, die ein Triumphgeschrei anstimmt. Dann bringt Kerenski Suchomlinow vor dem Mob in Sicherheit. Dem Gefangenen, der sich vor dem Gericht des Volkes zu verantworten habe, ruft Kerenski, dürfe kein Haar gekrümmt werden.[68] In seinen Erinnerungen wird Suchomlinow diese Episode später mit feiner Ironie kommentieren: «Gut, daß ich eine Mütze aufhatte, sonst hätten sich die Leute überzeugen können, daß auf meinem Kopf nichts zu schonen war.» In seinen

Erinnerungen übergießt er Kerenski mit Spott. Kerenski sei ein kleiner Mann, schreibt er, der wie ein Schauspieler ausgesehen habe.[69]

Schulgin, der gewiß kein Anhänger der Revolution ist, hält die rhetorischen und schauspielerischen Fähigkeiten Kerenskis in diesem Augenblick indes für unverzichtbar. Ohne seine Intervention hätten die Soldaten Schtscheglowitow und Protopopow zweifellos getötet. «Die Staatsduma vergießt kein Blut», ruft er den Soldaten zu, die sich auf die beiden Minister stürzen und sie lynchen wollen. Als er bemerkt, daß Protopopows Leben in Gefahr ist, befiehlt Kerenski einer Gruppe von Soldaten, ihm zu folgen, und dann stellt er sich dem Mob entgegen. Schulgin, der im Vestibül auf einer Couch sitzt, sieht, wie die Tür eines Büros mit einem heftigen Ruck aufgestoßen wird und Kerenski herausstürmt. Er ist bleich, seine Augen brennen, mit entschlossenen, schnellen Schritten läuft er auf die Soldaten zu, die Protopopow umzingelt haben. Mit hoch erhobenem rechtem Arm schneidet er die Masse gleichsam in zwei Teile. Sofort zerstreut sich die Menge, offenbar fürchten sich die Soldaten vor seinem Anblick. Und dann sieht Schulgin im Spiegel eine mickrige Figur mit einem vollständig eingefallenen, geschrumpften Gesicht, die sich zwischen Kerenski und seinen Adjutanten versteckt hält. Es ist Protopopow, den Schulgin kaum wiedererkennt, so sehr hat er sich verändert. Kerenski schreit mit seiner Falsettstimme: «Wagen Sie es nicht, diesen Menschen anzufassen!» Dann eskortieren seine Begleiter den eingeschüchterten Protopopow in den Ministerpavillon.[70] Das alles geschehe nur zu ihrem Schutz, erklärt Kerenski den verhafteten Ministern, weil niemand eine Garantie für ihre Sicherheit übernehmen könne.

Nun sitzen die Würdenträger des alten Regimes ausgerechnet im Ministerpavillon der Staatsduma fest, wo sie sich vor Tagen noch auf ihre Auftritte im Plenarsaal vorbereiteten. Manche kauern auf Sesseln und Sofas, andere liegen auf der Erde und schlafen. Soldaten und Passanten kommen, um die Minister zu bestaunen, die gestern noch im Vollbesitz ihrer Macht gewesen sind und sich nun in ein Häuflein Elend verwandelt haben. In einem Nebenraum sind die Generäle des Zaren untergebracht, eine Ansammlung von Männern in glänzenden Uniformen, Orden und Auszeichnungen, ausstaffiert, als seien sie zu einer

Lagebesprechung am Kartentisch zusammengekommen. Und doch sitzen sie zitternd, ängstlich, mit leeren Augen und schlaffen Lippen apathisch in den Sesseln. Pitirim, der Metropolit, hat Todesangst, weil die Soldaten, die ihn verhaftet haben, ihn mit ihren Revolvern bedrohen. Auf dem Weg in den Ministerpavillon versagen die Beine des Gottesmannes ihren Dienst. Protopopow hingegen glaubt immer noch, er könne seine Haut retten, denn er bietet den Soldaten, die ihn bewachen, Geld an. Erst als ihm der wachhabende Unteroffizier, Fjodor Kruglow, einen Revolver vor das Gesicht hält, verstummt er. «Leg Dich hin und tu, was man Dir befiehlt», fährt er ihn an. Andere tragen ihr Schicksal mit stoischer Gelassenheit. Goremykin, der ehemalige Premierminister, der, wie all die anderen Minister auch, auf der Ladefläche eines Lastwagens zur Staatsduma transportiert worden ist, hat mit dem Leben offenbar abgeschlossen. Der alte Mann sitzt in einer Ecke des Ministerpavillons, still und teilnahmslos, als ob ihn das alles überhaupt nichts anginge. Journalisten versuchen, sich Zugang zu den Gefangenen zu verschaffen, sie zu befragen und Photos von ihnen zu machen, aber Kerenski weist sie ab, weil er die Würdelosigkeit einer solchen Inszenierung erkennt. An öffentlich ausgestellten Photographien der inhaftierten Minister hat er kein Interesse.[71]

Gleichwohl verhängt Kerenski ein strenges Regiment über die Gefangenen. Alle Minister und Generäle werden einer Leibesvisitation unterzogen, ihre Habseligkeiten werden ihnen abgenommen. Niemandem ist es erlaubt, zu sprechen, und wenn sich die Minister die Beine vertreten wollen, läßt man sie in Marschformation durch die Zimmer laufen, in denen sie untergebracht sind. Es gibt keine Betten, und so müssen sie auf Stühlen und Sesseln oder auf dem Boden schlafen. Nicht einmal ihre Wäsche dürfen sie wechseln. Kruglow läßt die Minister spüren, wie sehr er sie verachtet, er demütigt sie vor den Deputierten des Arbeiter- und Soldatenrates, die gekommen sind, um mit eigenen Augen zu sehen, wie sich die Repräsentanten der alten Ordnung selbst verkleinern. Es ist wie im Zoo. Gruppenweise erscheinen nun Matrosen im Ministerpavillon, und Kruglow stellt ihnen die Gefangenen einzeln vor. Über den ehemaligen Justizminister Dobrowolski sagt er: «Das ist der Justizminister, der ungerechte Gesetze erlassen hat.»

Dobrowolski wagt es, darauf hinzuweisen, daß der Justizminister die Gesetze nicht mache, sondern sie nur anwende. Mehr aber kann er nicht sagen, weil ihm der Unteroffizier einen Revolver an die Schläfe hält. Die Matrosen haben sich die Minister offenbar anders vorgestellt, denn einer von ihnen sagt noch im Vorbeigehen: «Und das sind also die früheren Herrscher, die Ungeheuer und Peiniger?»[72]

Unablässig werden neue Gefangene herbeigeschafft, die ihr Leben allein dem Umstand verdanken, daß man sie in das Gebäude der Duma bringt und sie den Händen der Soldaten entreißt: Gendarmen, Offiziere, Polizisten, Spitzel. Manche Polizisten suchen geradezu nach einem Ort, an dem sie sich vor der Lynchjustiz in Sicherheit bringen können. Schljapnikow, der sich zu dieser Zeit am Kronwerkski-Prospekt aufhält, gibt hilflos umherirrenden Gendarmen den guten Rat, sich in die Obhut der Duma zu begeben, wenn ihnen ihr Leben lieb ist. Angsterfüllt und zerlumpt, manche in Zivilkleidung, stehen die Polizisten in Reihen vor dem Parlamentsgebäude, bevor sie hineingeführt werden. Wie «kleine Ladenbesitzer» sehen sie aus, denkt Schulgin, der ein aufmerksamer Beobachter ist, und genau deshalb seine Augen von diesem würdelosen Schauspiel abwendet. Man bringt die Verhafteten in das Büro Rodsjankos, der den «kleinen Leuten» eine Bescheinigung ausstellt, mit der sie das Gebäude über einen Nebenausgang als freie Menschen wieder verlassen. Bald schon gibt es keinen Platz mehr in den Räumen des Ministerpavillons, und so erteilt Rodsjanko die Anordnung, die verhafteten Offiziere des Gendarmenkorps und der Geheimpolizei auf die Gefängnisse in der Stadt zu verteilen.[73]

Was aber soll mit den Ministern geschehen, fragen sich die Mitglieder des Duma-Komitees? Die Liberalen jedenfalls lehnen es ab, sie dem Lynchmob auszuliefern, und sie bestehen darauf, sie einst vor ein Gericht zu stellen. Kerenski fällt nun die Aufgabe zu, diesen Gedanken auch den Deputierten des Arbeiter- und Soldatenrates verständlich zu machen, und er erfüllt sie zur Zufriedenheit der Duma-Politiker. «Genossen, in meiner Gewalt befinden sich der frühere Vorsitzende des Ministerrates und alle Minister des alten Regimes», ruft er in den Saal. «Sie werden sich, Genossen, für alle Verbrechen vor dem Volk gemäß den Gesetzen verantworten (Zuruf: erbarmungslos!). Genossen, das freie Rußland wird nicht auf die schändlichen Mittel des Kampfes zurückgreifen, derer sich die alte Staatsgewalt bedient hat. Ohne Gerichtsurteil wird niemand bestraft werden. Alle werden vor ein öffentliches Volksgericht gestellt werden.»[74]

Vorerst aber kommt es darauf an, zu überprüfen, wem Verbrechen überhaupt zugeschrieben oder nachgewiesen werden können und eine Entscheidung darüber zu treffen, wer zur Verantwortung gezogen werden soll. Mit dieser Aufgabe wird das Dumakomitee wenige Wochen später eine Untersuchungskommission unter dem Vorsitz des sozialrevolutionären Rechtsanwalts Nikolai Murawjow beauftragen, deren Mitglieder im Juni damit beginnen, Gefangene und Zeugen zu befragen. Doch jetzt trifft das Dumakomitee erst einmal die Entscheidung, die gefangenen Minister und Generäle unter Bewachung in die Peter-und-Paul-Festung zu bringen, wo einst die politischen Gefangenen des alten Regimes ihre dunkelsten Stunden verbracht haben. Man quartiert sie in den Zellen der Trubezkoi-Bastion ein, dunkle Verließe, die mit nichts anderem als einem primitiven eisernen Bett und einer Strohmatratze ausgestattet sind. Und es ist Sensinow, der selbst einmal dort inhaftiert war, der die Würdenträger des alten Regimes in Autos platziert und ins Gefängnis begleitet. Anfangs dürfen die Gefangenen noch ihre eigene Wäsche tragen, Lebensmittel von ihren Angehörigen empfangen und rauchen, aber sobald die Revolution ihr letztes Wort gesprochen hat, werden ihnen diese Vergünstigungen gestrichen. Kerenski selbst macht ihnen die Aufwartung, läßt sich die Gefangenen im Hof vorführen und hält pathetische Reden über die Errungenschaften der Revolution. Wassiljew, der ehemalige Leiter der Ochrana, hält Kerenski für einen Winkeladvokaten, einen Emporkömmling, der sich an der Bedeutsamkeit berauscht, die ihm die Revolution verliehen hat.[75]

Die Verschwörer aber sichern sich ab. Engelhardt läßt die Haftbefehle von Miljukow und Kerenski gegenzeichnen, weil er die Last der Verantwortung nicht allein auf sich nehmen will. Niemand soll sich am Ende mit dem Hinweis herausreden, von alldem nichts gewußt zu haben![76] Miljukow und Kerenski ist bewußt, daß sie nicht mehr ungeschehen machen können, was sie mit ihrer Unterschrift beglaubigt haben. Die Machtverhältnisse verkehren sich langsam in ihr Gegenteil, und diese Verkehrung ruft nach einer symbolischen Spiegelung gegenseitig zugefügter Demütigungen. In eben jenem Moment, als sich die Zellentüren in der Peter-und-Paul-Festung hinter den Ministern schließen und die Welt erfährt, was mit den Repräsentanten der alten Ordnung geschehen ist, ist der Rückweg zum Kompromiß endgültig versperrt. Nun haben auch die Liberalen keine Wahl mehr. Entweder werden sie erfolgreich sein oder als Verschwörer und Verräter am Galgen enden. Wider Willen verwandeln sich Reformer in Revolutionäre, die alles auf eine Karte setzen.

Unterdessen herrscht im Hauptquartier Konfusion. Am Vormittag erkundigt sich Alexejew, der vollkommen ahnungslos ist, bei Beljajew nach dem Verbleib Krüger-Woinowskis, des Verkehrsministers. Beljajew antwortet ihm, er wisse nicht, wo der Minister sei und wer die Kontrolle über den Bahnverkehr ausübe. Alexejew erteilt sogleich die Anweisung, daß der Stellvertreter des Ministers, General Wladimir Kisljakow, die Aufgaben des Verkehrsministers übernehmen solle. Nur befindet sich Kisljakow im Hauptquartier, nicht in der Hauptstadt. Von Mogiljow aus aber kann er das Verkehrsnetz nicht unter seine Kontrolle bringen. Es ist Kisljakow selbst, der Alexejew davon überzeugt, seine einmal getroffene Entscheidung wieder zurückzunehmen und sich mit der Revolutionsregierung zu verständigen. Und so verpaßt die Generalität ihre letzte Chance, ordnend in das Geschehen einzugreifen.[77] Alexejew schickt nun ein Telegramm an den Kommandeur des Moskauer Militärbezirks und erkundigt sich nach der Stimmung in der Stadt und danach, ob dort schon bekannt sei, was sich in Petrograd zugetragen habe. In jedem Fall sei er, der Kommandeur, ermächtigt, den Ausnahmezustand über Moskau zu verhängen. Es müsse alles getan werden, um die Stadt mit Lebensmitteln und die Front mit Soldaten zu versorgen. Vorrang vor allen anderen Fragen habe der reibungslose Schienenverkehr. Alexejew weiß offenbar nicht, daß die Regierung ihre Handlungsfähigkeit bereits eingebüßt hat, im Verkehrsministerium ein Kommissar des Dumakomitees Befehle erteilt. Denn er schickt Beljajew weitere Telegramme, in denen er ihm mitteilt, welche Truppenverbände inzwischen auf dem Weg in die

Hauptstadt seien und am 1. März dort eintreffen sollten.[78] Sie erreichen den Kriegsminister schon nicht mehr. Erst am Abend, unter dem Eindruck der Nachrichten, die er von Rodsjanko erhält, kommt Alexejew langsam zu Bewußtsein, daß die Tage des alten Regimes gezählt sind. Er schickt ein Telegramm an alle Frontkommandeure und informiert sie über das Geschehen in der Hauptstadt: Petrograd sei in den Händen der Aufständischen, fast alle Soldaten seien übergelaufen, Chabalow und Beljajew zur Gegenwehr nicht mehr imstande. Für die Leser des Telegramms kann es keinen Zweifel geben: die Revolution hat gesiegt.[79]

Kurz nach Mitternacht hat Alexejew noch eine Nachricht Danilows erhalten, der ihm mitteilt, daß zwei Infanterieregimenter und zwei Kosakenbrigaden bereitstünden, um nach Petrograd aufzubrechen und sich dort mit Iwanow zu vereinen. Um 2 Uhr morgens würden die Truppen in Marsch gesetzt und könnten die Hauptstadt in 18 Stunden erreichen. Zu langsam, zu spät. Diese Einsicht dämmert den Offizieren im Hauptquartier, als sie erfahren, daß es keine Regierung mehr gibt, die gerettet werden könnte.[80] Von den Ereignissen in der Hauptstadt hat selbst Iwanow nur eine verworrene Vorstellung. Bevor er sich von Mogiljow aus auf den Weg macht, ruft er Chabalow an, der zu dieser Zeit noch mit dem letzten Häuflein loyaler Soldaten im Gebäude der Admiralität ausharrt, und fragt ihn nach den Machtverhältnissen in der Hauptstadt, der Truppenkonzentration und den Kommunikationsstrukturen. Wie arbeiten die Ministerien, will er wissen, in welchen Stadtvierteln ist die Ordnung noch nicht zusammengebrochen, wie viele Polizisten stehen der Regierung noch zur Verfügung, welche Bahnhöfe werden bewacht und welche Waffen sind im Besitz der Aufständischen? Chabalows Antwort ist entmutigend und läßt keine Fragen offen: Alle Bahnhöfe und Telegraphenstationen seien in den Händen der Revolutionäre, antwortet er, die Minister seien verhaftet worden, Gruppen bewaffneter und betrunkener Soldaten lynchten ihre Offiziere.[81] So sieht es auch Außenminister Pokrowski, der überhaupt nicht versteht, was den Zaren dazu bewogen haben mag, Iwanow nach Petrograd zu entsenden. Es sei, so erklärt er gegenüber Paléologue, dem französischen Botschafter, vollkommen ausgeschlossen, daß die Strafexpedition überhaupt den Stadtrand erreiche. Niemand wisse, wo der Zar sei, die Verbindungen zum Palast in Zarskoje Selo seien unterbrochen worden.[82] Was könne Iwanow unter diesen Umständen gegen die Revolution noch ausrichten?

Aber Iwanow ist dennoch entschlossen, seine Mission zu erfüllen, koste es, was es wolle. Noch bevor er aufgebrochen ist, hat er ein Telegramm an Benckendorff geschickt, den Kommandanten des Palastes in Zarskoje Selo, um ihn auf die Ankunft der Truppen vorzubereiten: «Ich bitte Sie, Vorkehrungen für die Unterbringung von 13 Bataillonen, 16 Schwadronen und vier Batterien in den Gebäuden der Stadt Zarskoje Selo und seiner Umgebung zu treffen.»[83] An den Oberkommandierenden der Nordfront, Russki, telegraphiert er, daß die Kavallerieregimenter, die ihm zur Verstärkung versprochen worden seien, am Bahnhof in Alexandrowsk, in der Nähe von Zarskoje Selo, auf ihn warten sollen. Er selbst werde am 1. März um 8 Uhr morgens dort eintreffen.[84] Doch Bublikow und seine Helfer im Verkehrsministerium fangen seine Nachrichten ab und lesen mit. Die Revolutionäre sind ihm stets einen Schritt voraus, sie wissen, worauf es jetzt ankommt. Iwanow weiß es nicht.

Am frühen Morgen des 28. Februar bereitet sich Alexandra darauf vor, den Palast in Zarskoje Selo zu verlassen, um sich und ihre Kinder in Gatschina in Sicherheit zu bringen, wie Kriegsminister Beljajew es ihr am Vorabend geraten hat. Morgen könne es schon zu spät sein. Wenig später aber widerruft sie ihre Entscheidung, weil sie fürchtet, der Thronfolger könne die Reise nicht überstehen. In der Mittagszeit macht General Pawel Groten seine Aufwartung im Palast und bekniet die Zarin, sofort abzureisen und sich in Sicherheit zu bringen, denn die Aufständischen, glaubt er, würden früher oder später den Bahnverkehr lahmlegen. Kurz darauf schon kommt die Nachricht, daß alle Schienenwege auf Anweisung der Revolutionsregierung blockiert worden seien.[85] Nun sitzt sie in der Falle. Und nach und nach kommt ihr zu Bewußtsein, welchen Fehler sie gemacht hat, als sie die Entscheidung traf, nicht nach Gatschina zu reisen. Seit dem frühen Morgen treffen mehrere hundert Soldaten in Zarskoje Selo ein, die vor den

Unruhen in der Hauptstadt geflohen sind, neben anderen je eine Kompanie des Wolhynischen und des Preobraschenski-Regiments. Auch der Chef der Ochrana, Globatschow, sucht mit seinen letzten Getreuen Zuflucht in der Zarenresidenz. Auf die Wachmannschaften und die Leibgarde des Zaren, die sich vor dem Palast postieren, ist noch Verlaß, daran hat niemand einen Zweifel. General Alexei Resin, der die Soldaten der Palastwache kommandiert, ist entschlossen, das Leben der Zarin und ihrer Familie, die sich in ihren Räumen verschanzen, mit Waffengewalt zu verteidigen. Er muß sich nur fragen, ob er dazu auch imstande ist.[86]

Am Abend nähern sich meuternde Soldaten der Garnison von Zarskoje Selo dem Palast. Pierre Gilliard, der Hauslehrer des Thronfolgers, hat sich gerade in sein Zimmer zurückgezogen, als gegen 21 Uhr Sophie von Buxhoeveden, eine Hofdame Alexandras, die Tür öffnet und ihm mitteilt, daß in der Garnison von Zarskoje Selo eine Meuterei ausgebrochen sei, Offiziere gelyncht worden seien. Alexandra, die mit ihren Töchtern in einem Nebenraum weilt, hört, was Buxhoeveden und Gilliard miteinander besprechen. Zusammen gehen sie ans Fenster und schauen auf den Vorplatz, wo gerade zwei Kompanien des Hofregiments und einige Kosaken der Leibwache Aufstellung genommen haben. General Resin spricht mit ihnen, gibt ihnen offenbar Anweisungen, was sie zu tun haben, sollten die Meuterer den Schloßpark erreichen. In diesem Moment klingelt ein Telephon, Alexandra selbst geht an den Apparat und erfährt, daß die Aufständischen sich auf das Schloß zubewegen, nicht weniger als fünf Kilometer entfernt sind und bereits einen Wachsoldaten getötet haben. Der Lärm des Gewehrfeuers ist jetzt schon im Park zu hören, er kommt näher und näher. Alexandra ist aufgebracht und starr vor Angst. Sie mag sich nicht vorstellen, daß im Schloßpark und vor ihren Augen Blut vergossen werden könnte. Sie nimmt ihre Töchter Maria und Anastasia an die Hand und geht zu den Soldaten hinaus, fleht sie an, Ruhe zu bewahren. Julia Dähn, eine Hofdame, sieht, wie die Zarin mit jedem einzelnen Soldaten spricht, mutig und furchtlos, wie sie sich später erinnern wird. Als sie zurückkommt, sagt sie zu Dähn, daß ihr Glaube an das «Volk» unerschütterlich sei. Für Gilliard, der solche Gewalt nicht kennt und nicht erwartet, ist es ein schrecklicher Moment, sein Herz verkrampft sich vor Anspannung. Ein einziger Fehler, und der Schloßpark könnte sich in einen Kampfplatz verwandeln. Aber die Offiziere der Palastwache bewahren einen kühlen Kopf und nehmen Verhandlungen mit den Meuterern auf, die sehr wohl verstehen, daß mit den kampferprobten Offizieren und Kosaken nicht zu spaßen ist. Auf eine Auseinandersetzung mit ihnen lassen sie sich lieber nicht ein. Und so läßt die Anspannung langsam nach, die Meuterer ziehen sich zurück, nachdem sie sich mit Resin auf eine neutrale Zone verständigt haben, die keines der verfeindeten Lager betreten darf. Der Ernstfall ist vorerst abgewendet.[87]

Davon aber erfahren weder Iwanow noch der Zar selbst, die ahnungslos in ihren Zügen sitzen. Iwanow, der in der Nacht vom 27. auf den 28. Februar abreist, soll über Orscha, Witebsk und Dno auf dem kürzesten Weg nach Petrograd, der Zar und sein Gefolge einen Umweg nehmen und über Smolensk, Wjasma, Bologoje und Tosno nach Zarskoje Selo fahren. Das Unternehmen aber steht von Anfang an unter keinem guten Stern. Wäre der Zar Iwanow gefolgt, anstatt eine andere Strecke zu wählen, hätte er Zarskoje Selo in wenigen Stunden und unter militärischem Schutz wohlbehalten erreicht. Aber wieder einmal trifft er eine verhängnisvolle Entscheidung, weil er den Schienenweg nicht versperren will, auf dem die Versorgungszüge in die Hauptstadt rollen und weil die Fahrt des kaiserlichen Zuges, wie es Brauch ist, im Verkehrsministerium erst freigegeben werden muß. Nikolai II. läßt sich die Weiterreise von den Meuterern genehmigen, und er begibt sich auf einen Umweg, ohne militärischen Geleitschutz. Und so verstreicht kostbare Zeit.[88]

Die Züge, die sich um 5 Uhr morgens in Bewegung setzen, kommen nur langsam voran, weil der vorausliegende Streckenabschnitt nicht gesichert werden kann, Ungewißheit herrscht, was am nächsten Ort zu erwarten ist. Der Hofstaat fährt voraus, eine Stunde später folgt ihm der Zar. Langsam gleiten die Waggons durch die schneebedeckte Landschaft, die in den frühen Morgenstunden noch in dichtem Nebel liegt. Am Vormittag, als der Himmel aufklart und die Sonne zum Vorschein kommt, passieren sie Smolensk und Wjasma. Nirgendwo ist auch nur das geringste Anzeichen für eine Revolte zu erkennen. Dörfer und Städte an der Bahnstrecke sind in einen friedlichen Schlaf gesunken, jeder Bahnhof wird von Einheiten der Eisenbahngendarmerie gesichert. An einer Station in der Nähe von Smolensk bleibt der Zug des Zaren stehen. Auf dem gegenüberliegenden Gleis steht ein Militärzug, der Reservisten an die Front bringen soll. Die Soldaten erkennen den Waggon des Zaren, sofort formiert sich eine Militärkapelle auf dem Bahnsteig und spielt die Hymne «Gott beschütze den Zaren». Nikolai zeigt sich am Fenster den Soldaten, die ihm ein lautes «Hurra» entgegengerufen. «Wer weiß», denkt der Kommandeur der Wachmannschaft und Jugendfreund des Zaren, Kirill Naryschkin, der aus dem Abteilfenster auf die Szenerie schaut, «vielleicht ist es das letzte Hurra für den Herrscher, das wir hören.»[89]

In Orscha nimmt Nikolai noch ein Telegramm Beljajews in Empfang, das ihn über das Ende der Kampfhandlungen in der Hauptstadt informiert. Er selbst schickt von Wjasma eine Nachricht an seine Frau. «Ich bin heute morgen um fünf Uhr abgefahren. In Gedanken bin ich ständig bei Dir. Herrliches Wetter. Ich hoffe, daß Du Dich wohl fühlst und beruhigt bist. Ich habe viele Truppen von der Front in Marsch gesetzt. In zärtlicher Liebe, Nicky.» Dann setzt der Zug seine Fahrt fort. In Lichoslawl, fünfzig Kilometer nördlich von Twer, versendet der Zar ein zweites Telegramm nach Zarskoje Selo: «Danke für die Nachricht. Ich bin froh, daß Du wohlauf bist. Ich hoffe, morgen früh zu Hause zu sein. Ich umarme Dich und die Kinder. Gott beschütze Dich. Nicky.»[90]

In Lichoslawl steigen um 20 Uhr zwei Generäle der Gendarmerie und mehrere Eisenbahningenieure in den Begleitzug. Sie überbringen der Entourage des Zaren, die sich im Dienstwaggon versammelt hat, schlechte Nachrichten: Der Nikolai-Bahnhof sei von Aufständischen besetzt worden, Offiziere würden von ihren Soldaten mißhandelt, bewaffnete Eisenbahnangestellte hätten sich der Züge bemächtigt, die von Petrograd nach Zarskoje Selo fahren.[91] Von einem Ingenieur erfahren sie, daß die alte Regierung bereits gestürzt worden sei und ein Komitee die Macht übernommen habe. Davon wisse er nur deshalb, weil Bublikow, der Verkehrskommissar der Revolution, diese Nachricht an alle Bahnstationen telegraphisch weitergegeben habe. Die Angestellten der Eisenbahn seien offenbar angewiesen worden, die Züge des Zaren und seines Gefolges nicht nach Zarskoje Selo durchzulassen, sondern nach Petrograd umzuleiten. Auf gar keinen Fall solle Nikolai den Palast auf direktem Weg erreichen. Sollte er es dennoch versuchen, so habe Bublikow die Angestellten der Bahn angewiesen, müßten die Gleise nördlich von Bologoje aufgerissen, der kaiserliche Zug blockiert werden. Auch sei der Befehl erteilt worden, keinem Militärzug mehr die Durchfahrt nach Petrograd zu erlauben. Wer ist Bublikow, fragen sich die Gefolgsleute, und wie kommt es, daß ausgerechnet er darüber entscheidet, wohin der Zar noch reisen darf. Eher als andere begreift Dubenski in diesem Moment, daß der Zar nicht mehr Herr seiner selbst, sondern eine Geisel des Revolutionsregimes ist. Nikolai und sein Gefolge sitzen in der Falle.[92]

Die Adjutanten stecken die Köpfe zusammen, Stackelberg, Zabel und Dubenski beraten, was zu tun ist. Dubenski läßt sich Bleistift und Papier bringen und schreibt auf, was die Höflinge in diesem Augenblick für angemessen halten. Die Lage sei unübersichtlich, lautet die Warnung, es sei gefährlich, unter den gegebenen Umständen nach Petrograd weiterzureisen und man empfehle dem Zaren, sich über Bologoje nach Pskow und unter den Schutz General Russkis zu begeben, des Oberkommandierenden der Nordfront. Dubenski übergibt das Schreiben einem Offizier, der an der nächsten Station aussteigt, dort auf den Zug des Zaren warten und das Papier aushändigen soll. In Bologoje, achtzig Kilometer nördlich von Twer, kommt der Zug des Gefolges zum Stehen. Dort, im gottverlassenen Niemandsland, verläßt Zabel um 23 Uhr seinen Waggon und nimmt die telegraphische Antwort Wojejkows in Empfang. Der Zar habe entschieden, schreibt der Palastkommandant, nach Zarskoje Selo weiterzureisen, koste es, was es wolle. Und so setzen beide Züge ihre Fahrt nach Norden fort.[93]

Es trifft nun ein, wovor die Generäle den Zaren gewarnt haben: niemand weiß, wo sich der Herrscher befindet, wohin er fährt und welche Entscheidungen er möglicherweise noch getroffen hat. Im Hauptquartier treffen Stunde um Stunde Telegramme der neuen Machthaber ein, die den revolutionären Furor in den grellsten Farben schildern. Was aber kann Alexejew schon tun? Er verfügt nur über Informationen, die ihm Rodsjanko und das Dumakomitee zustellen und er hat nicht die geringste Vorstellung, wo der Zar jetzt sein und wie er ihn erreichen könnte. General Ewert, der Oberkommandierende der Westfront, beklagt sich gegenüber Alexejew, daß er wohl Telegramme des Palamentspräsidenten erhalte, aber nicht wisse, welche Entscheidungen der Zar getroffen habe. Alexejew antwortet ihm, daß er dem Herrscher den Rat gegeben habe, nachzugeben und Rodsjankos Wünsche zu erfüllen, daß seine Telegramme den Herrscher aber nicht erreichen. Er wisse nicht, wo sich der Zar befinde.[94]

Zwar befiehlt Ewert, Reserveeinheiten mit Maschinengewehren auszustatten und für die Niederschlagung der Unruhen bereitzuhalten, aber ohne die Zustimmung des Generalstabschefs und des Zaren kann er seine Truppen nicht in Marsch setzen. Kostbare Zeit verstreicht, weil der Herrscher nicht erreichbar ist und keine Anordnungen erteilen kann.[95] Nikolai manövriert sich selbst ins Abseits, denn auch, wenn er entschlossen wäre, eindeutige Entscheidungen zu treffen, würde niemand von ihnen erfahren. Am Vormittag befiehlt Bublikow, die Telephonverbindung zum Palast in Zarskoje Selo zu unterbrechen. Auch dort weiß nun niemand mehr, wo sich der Zar befindet, Alexandra ist von allen Informationen abgeschnitten. «Die Angst ist unbeschreiblich», schreibt Jelisaweta Naryschkina am 1. März in ihr Tagebuch. «Wo ist der Herrscher? Man sagt, man halte ihn in Bologoje fest. Es gibt keinerlei Nachrichten von ihm.»[96] Manche, wie Pjotr Saburow, ein Karrierediplomat und Mitglied des Staatsrates, glauben, der Zar sei festgesetzt worden und werde in Begleitung eines bewaffneten Konvois nach Petrograd gebracht. Andere halten es für gewiß, daß der Zar in Bologoje verhaftet worden, der Thronfolger an den Masern verstorben sei.[97]

IX.

Die Irrfahrt des Zaren

Mittwoch, 1. März 1917

Wo ist der Zar? Um 1:50 in der Nacht zum 1. März hat der Begleitzug den Bahnhof von Malaja Wischera erreicht, ein kleiner Ort in der Nähe von Nowgorod, der an der Bahnstrecke Moskau-Petrograd liegt. Zarskoje Selo ist nur noch achtzig Kilometer entfernt, also in weniger als zwei Stunden erreichbar. Aber die Weiterreise wird nun jäh unterbrochen. Ein Offizier des kaiserlichen Eisenbahnregiments besteigt den ersten Waggon und informiert den Chef der Wachmannschaft, Zabel, darüber, daß in Ljuban, einem Städtchen südlich von Petrograd, zwei Kompanien meuternder Soldaten, die mit Maschinengewehren ausgestattet sind, die Bahnstation blockieren. Auch hätten Kompanien des Litauischen Regiments, die auf die Seite der Revolution übergelaufen seien, Tosno besetzt, einen kleinen Ort, zwanzig Kilometer nördlich von Ljuban. Nikolai müßte beide Stationen passieren, wenn er darauf bestünde, die Reise fortzusetzen. Dieses Risiko aber will die Gefolgschaft nicht eingehen, denn würde der Zug in die Hauptstadt umgeleitet werden, könnte niemand für die Sicherheit des Herrschers garantieren. Der Offizier rät angesichts der drohenden Gefahr davon ab, die Reise fortzusetzen. Er weiß nicht, daß die neuen Machthaber absichtlich falsche Nachrichten verbreiten, um dem Zaren Sand in die Augen zu streuen und ihn daran zu hindern, doch noch den Palast zu erreichen. Nekrassow, der noch am gleichen Tag zum Verkehrsminister ernannt werden wird, hat seine Verbindungen spielen lassen und den Kommandeur des Nikolai-Bahnhofs in der Hauptstadt angewiesen, Falschmeldungen an die Entourage des Zaren weiterzugeben. Nekrassow, Bublikow und seine Mitarbeiter wissen genau, wo sich der Zug des Zaren befindet, und sie sind entschlossen, alles zu tun, um dessen Weiterfahrt zu unterbinden.[1]

Sofort erteilt Zabel die Anordnung, alle Telephonapparate, die Telegraphenstation und alle Räume des Bahnhofs zu besetzen und vollständig von der Außenwelt zu isolieren, bis auch der Zug des Zaren in Malaja Wischera eingetroffen ist. Wachsoldaten umstellen die Station, Dubenski, Stackelberg und Zabel gehen auf den Bahnsteig hinaus und warten auf den kaiserlichen Zug. Die Nacht ist frostig, der Himmel sternenklar. Rundherum herrscht eine geradezu beängstigende Stille, die erst unterbrochen wird, als der zischende Dampfkessel der herannahenden Lokomotive zu hören und der größer werdende Lichtkegel schon zu sehen ist. Langsam rollt der kaiserliche Zug aus und bleibt stehen. Eine Tür öffnet sich, und General Naryschkin, der die Wachmannschaft kommandiert, betritt den Bahnsteig. «Alle schlafen im Zug», sagt er verärgert, weil er nicht versteht, worüber er sich mitten in der Nacht an einem tristen Ort wie Malaja Wischera mit Zabel und Stackelberg beraten soll. Erst als ihm klar gemacht wird, daß Ljuban und Tosno von meuternden Soldaten besetzt worden seien und alle Züge gezwungen würden, nach Petrograd zu fahren, begreift auch Naryschkin, was auf dem Spiel steht. Sofort weckt er Wojejkow, der sich rasch ankleidet und mit zerzausten Haaren aus seinem Abteil auf den Bahnsteig herauskommt. Zabel, Stackelberg und Wojejkow sprechen nun über die Möglichkeiten, die ihnen noch offenstehen. Der Zar könne entweder ins Hauptquartier nach Mogiljow zurückfahren oder sich nach Pskow unter den Schutz General Russkis begeben, um dort zu überlegen, wie es weitergehen soll. Diese Entscheidung aber könne nur der Herrscher selbst treffen.[2]

Sofort eilt Wojejkow zum Schlafwagen des kaiserlichen Zuges, weckt den Zaren und informiert ihn über die Situation. Es sei einfach zu gefährlich, nach Norden weiterzufahren, das Risiko nicht kalkulierbar. Nikolai, der im Pyjama auf seinem Bett sitzt, ist verwirrt. Was er denn tun solle, fragt er. Wojejkow gibt ihm den Rat, die Reise nach Norden

Wladimir Wojejkow (1868–1947), Palastkommandant des Zaren

abzubrechen und stattdessen von Malaja Wischera nach Bologoje zurückzufahren. Von dort aus könne er sich nach Westen begeben, in eine Region, die noch von loyalen Generälen beherrscht werde und wo der Schienenverkehr bis jetzt noch nicht unterbrochen worden sei. Aber auch in diesem Moment denkt Nikolai nur an seine Familie und wie er mit ihr Kontakt aufnehmen kann. Er wolle, sagt er zu Wojejkow, an einen Ort fahren, von dem er nach Belieben Telegramme verschicken könne. Der Kommandant der Palastwache sieht nur zwei Möglichkeiten: entweder auf dem direkten Weg über Dno nach Pskow zu fahren oder von Dno aus nach Mogiljow zurückzukehren. Für die Strecke von Dno nach Pskow braucht der Zug drei Stunden, nach Mogiljow acht Stunden. Wojejkow rät, sofort abzureisen, weil sich die Meuterer, wie er glaubt, Malaja Wischera nähern. Der Zar wählt die kürzere Strecke, und so gibt er den Befehl, umzukehren und nach Pskow zu fahren. Um halb vier setzt sich der Zug des Zaren in Bewegung, der Begleitzug folgt ihm eine Stunde später. Um 7 Uhr soll der Zar in Bologoje eintreffen.[3]

Dubenski wundert sich über die Arglosigkeit des Herrschers, der nicht zu begreifen scheint, daß Macht und Thron, vielleicht sogar die Dynastie auf dem Spiel stehen. In Mogiljow hätte er sich mit dem Hauptquartier verbinden und den Gegenschlag vorbereiten können. Nikolai aber glaubt, daß ihn diese unangenehme, in seinen Augen läppische Episode nicht davon abhalten werde, doch noch nach Zarskoje Selo zu gelangen. Pskow ist weniger weit entfernt als Mogiljow. Das ist es, was für ihn im Augenblick zählt. Aber er weiß auch nur, was er von Wojejkow erfährt, der seine Informationen dosiert und dem Zaren vorenthält, was ihn beunruhigen könnte. Im Grunde glaubt auch er, daß der Spuk in wenigen Stunden vorüber sein wird.[4]

Im Begleitzug kursiert ein Flugblatt, das man in Malaja Wischera zufällig aufgelesen hat. Es führt die Namen derer auf, die der zukünftigen Regierung angehören sollen. Die Höflinge sind aufgebracht und empört, als sie lesen, daß ausgerechnet Gutschkow, den sie für einen Verräter und Intimfeind des Zaren halten, zum Kriegsminister ernannt werden soll. Isoliert von der Außenwelt, machen die Höflinge die schmerzhafte Erfahrung, daß sich ihr Handlungsspielraum dramatisch verkleinert, weil andere nun an den Schalthebeln der Macht sitzen. Die letzte Hoffnung ist General Russki, der den Oberbefehl über die Nordfront führt und dessen Hauptquartier sich in Pskow befindet. Nikolai hält den General für einen loyalen Diener der Krone, schon deshalb, weil er selbst ihn vor Jahren zum Frontkommandeur ernannt hat. Und so erarbeiten Wojejkow und Fredericks noch im Zug ein Manifest, das die Bevölkerung dazu aufruft, Ruhe zu bewahren und sich um den Thron zu scharen. In Pskow soll es telegraphisch in die Hauptstadt übermittelt werden. Immer noch glauben sie an die magische Kraft der kaiserlichen Wörter und Sätze, obwohl in Petrograd schon über die Abdankung des Zaren und das Ende der Monarchie gesprochen wird.[5]

In Malaja Wischera steigt auch ein Journalist der auflagenstarken linksliberalen Tageszeitung «Russkoje Slowo» in den Zug, um aus erster Hand über das Geschehen zu berichten. Dort, so nimmt er es wahr, herrscht Endzeitstimmung, weil den Gefolgsleuten nun erstmals zu Bewußtsein kommt, wie sehr sie sich all die Jahre vor der Wirklichkeit verschlossen und den Zaren über das Geschehen im Unklaren gelassen haben. Zabel setzt Wojejkow unter Druck. Er müsse, hört ihn der Journalist sagen, dem Herrscher nun reinen Wein einschenken und ihm sagen, daß die Situation ausweglos sei. Zabel faßt sich ein Herz und zeigt dem Zaren die Telegramme des Bahnhofskommandanten von Petrograd, Grekow, die belegen, daß die Aufständischen den Zug des Herrschers in Malaja Wischera aufhalten und in die Hauptstadt umleiten wollen. «Was ist das? Ein Aufstand? Leutnant Grekow kommandiert Petrograd?», fragt der Zar. Zabel öffnet ihm nun die Augen und erklärt ihm, daß 60 000 Soldaten der Garnison zu den Aufständischen übergelaufen seien. «Weiterfahren können wir nicht. Auf allen Schienenwegen erteilt nun der Abgeordnete Bublikow die Befehle.»[6]

Nikolai ist fassungslos. Tagelang hat man ihn über die wahren Verhältnisse im Unklaren gelassen, und nun teilt ihm Zabel mit, daß das Ende nah ist. Aber sogleich fügt er sich wieder fatalistisch in sein Schicksal. «Nun, Gott sei Dank. Ich gehe nach Liwadia. Wenn es das Volk verlangt, danke ich ab. Und ich werde in meinen Garten nach Liwadia gehen. Ich liebe Blumen so sehr.» Zabel reckt die Arme in die Höhe, resigniert verläßt er den Waggon. Offenbar erwägt Nikolai noch, nach Moskau zu fahren, aber auch dieser Gedanke wird sofort verworfen, weil niemand weiß, was den Herrscher dort erwartet. In Staraja Russa verabschiedet sich auch der Journalist. Er sieht noch, wie Nikolai mit bleichem Gesicht, die kaukasische Fellmütze in den Nacken geschoben, auf dem Bahnsteig steht und gedankenverloren auf das verlassene und dunkle Bahnhofsgebäude starrt. Hinter ihm sieht er Nilow, der trunken umherwankt und ein Lied summt.[7]

Rodsjanko hätte bereits in Malaja Wischera Fakten schaffen und den Zaren festsetzen können. Aber es fehlt ihm an der letzten Entschlossenheit, die erforderlich ist, um von Möglichkeiten einen siegreichen Gebrauch zu machen. Es sind Lomonossow, Bublikow und Nekrassow, die im Verkehrsministerium über die Bewegungen auf den Schienenwegen wachen, und denen zu Bewußtsein kommt, was wirklich auf dem Spiel steht. Um viertel vor vier stürmt Rulewski in Lomonossows Büro. «Der kaiserliche Zug nähert sich Malaja Wischera», ruft er. Lomonossow springt sofort auf und begibt sich in Bublikows Büro. Bublikow schläft. Er läßt sich nicht wecken, knurrt, flucht und legt sich wieder hin. Sofort eilt Lomonossow selbst zum Telephon und läßt sich mit der Staatsduma verbinden. Rodsjanko ist am Apparat.

«Was wollen Sie?»

«Der kaiserliche Zug ist in Malaja Wischera. Was sollen wir mit ihm machen?»

«Das erörtern wir gleich. Rufen Sie Bublikow herbei!»

Nach einigen Minuten kommt Bublikow und nimmt den Hörer in die Hand.

«Ich bin es, Bublikow ... Aber was sollen wir tun? Ihn nach Zarskoje leiten? Nach Petrograd? Ihn in Wischera festsetzen? Warten? Was und wieviele? Gut, wir werden warten ...»

Wieder einmal können sie sich nicht entscheiden, die Herren des liberalen Dumakomitees. Bublikow wirft Lomonossow einen entnervten Blick zu, als er den Hörer auflegt. Es vergehen einige Minuten. Plötzlich wird eine telegraphische Nachricht zugestellt. In Malaja Wischera, lautet die Nachricht, seien ein General und der stellvertretende Leiter der Eisenbahngesellschaft in den kaiserlichen Zug gestiegen. Sie beraten sich offenbar mit dem Zaren. Die vordere Dampflok ist allem Anschein nach ausgefallen und muß mit Wasser befüllt werden. Auch wird mitgeteilt, daß der Kommandant des Nikolai-Bahnhofes die Anordnung erteilt hat, den Zug des Zaren nach Petrograd umzuleiten. Davon wissen Lomomossow und Bublikow überhaupt nichts. Lomonossow läuft in sein Büro zurück und läßt sich noch einmal mit Rodsjanko verbinden. Es ist immer noch keine Entscheidung getroffen worden. Wieder trifft ein Telegramm ein: «Malaja Wischera. Auf Anordnung des Ingenieurs Kern fährt der numerierte Zug um 4:50 Uhr weiter. Und er bewegt sich zurück nach Bologoje.» Lomonossow ist verärgert. Er ruft Rodsjanko an und macht ihm klar, daß eine Entscheidung jetzt fällig ist und auch nicht aufgeschoben werden kann. Rodsjanko, der mit dem Exekutivkomitee verhandelt, antwortet lakonisch: «Das ist noch nicht entschieden worden. Beobachten Sie den Zug. Sobald sich die Lage aufklärt, erhalten Sie eine Anweisung.» Ratlos zuckt Lomonossow mit den Achseln und läßt sich erschöpft in seinen Sessel fallen. Er hört Rulewski noch sagen, daß die Duma sich mit dem Arbeiter- und Soldatenrat besprechen müsse, weil sie selbst keine souveränen Entscheidungen mehr treffen könne. «Kann man denn mit den Dumaleuten eine Revolution machen? ... Sehen Sie doch selbst, wie sich ihr Geschwätz hinzieht.»[8]

Die Mitglieder des Provisorischen Dumakomitees haben sich längst darauf verständigt, daß der Zar zugunsten seines minderjährigen Sohnes abdanken, sein Bruder, Großfürst Michail Alexandrowitsch, die Regentschaft übernehmen müsse. Mit der Berufung einer Regierung des gesellschaftlichen Vertrauens hätten sie sich gestern noch zufriedengegeben. Nun aber, da Tatsachen geschaffen wurden, brauchen sie den Kompromiß nicht mehr. Sie sind es nun, die die Bedingungen stellen. Nur müssen sie den Zaren in ihre Gewalt bringen, wenn sie ihn, der von diesen Absichten noch gar nichts ahnt, zur Abdankung zwingen wollen. Die erste Etappe ist bewältigt, die Dumapolitiker atmen auf. Ihr Plan ist aufgegangen. Der Zar bewegt sich freiwillig ins Abseits, weil er den Versicherungen glaubt, daß die Bahngleise nördlich von Malaja Wischera von Meuterern blockiert worden seien. Auch weiß er nicht, daß Generaladjutant Iwan Tatischtschew aufgebrochen ist, um ihm entgegenzukommen. Für einen Augenblick scheint es so, als könne der General der Duma einen Strich durch die Rechnung machen. Auch fürchten Rodsjanko und Nekrassow, daß Tatischtschew die Familie des Herrschers mit sich führen könne. Um jeden Preis wollen sie verhindern, daß Alexandra sich mit ihrem Gatten vereint und womöglich entkommt. Deshalb erteilen sie Bublikow die Weisung, den Zug des Generaladjutanten in Ljuban anzuhalten. Als Tatischtschew dort erfährt, daß Nikolai umgekehrt und auf dem Weg nach Pskow ist, fährt er nach Zarskoje Selo zurück. Wieder eine verpaßte Chance.[9] Nikolai hätte jetzt noch von Dno aus nach Zarskoje Selo reisen können, weil der Weg von dort nach Norden noch offen ist. Bublikow hätte in diesem Fall die Strecke durch Güterzüge blockieren müssen. Darauf kann er nun verzichten, weil der Herrscher nach Pskow fährt, im Glauben, daß alle Wege in die Hauptstadt versperrt sind. Eine Falschmeldung genügt, um den Zaren erst in die Irre und dann ins kommunikative Nirwana zu schicken.[10]

Inzwischen hat auch Benckendorff, der Hofmarschall im Palast von Zarskoje Selo, erfahren, daß der Zar in Malaja Wischera den Entschluß gefaßt hat, umzukehren und sich über Bologoje nach Pskow, in die Obhut General Russkis zu begeben. Wie weltfremd muß man eigentlich sein, denkt Benckendorff, sich Russki anzuvertrauen, von dem doch bekannt sei, daß er die konstitutionelle Bewegung stets unterstützt habe? Warum fährt Nikolai nach Pskow und nicht nach Minsk, zu General Alexei Ewert, der ein treuer Anhänger der Monarchie ist, oder zurück ins Hauptquartier nach Mogiljow? Alle Wege nach Minsk und Mogiljow sind offen, der Zar hätte loyale Fronteinheiten um sich scharen und den Aufstand mit ihrer Hilfe in wenigen Tagen niederschlagen können. Nikolai aber denkt nur an seine Familie und wie er auf dem kürzesten Weg nach Zarskoje Selo gelangen kann. Ein unglücklicher Herrscher, der auch dann versagt, wenn er Entscheidungen trifft.[11]

Am Vormittag um 9 Uhr erreicht Lomonossow die Nachricht, daß der Zug des Zaren in Bologoje eingetroffen sei. Sofort läßt er sich mit Rodsjanko verbinden, und er erhält die Auskunft, daß der Zug festgesetzt werden müsse. Man solle dem Zaren ein Schreiben Rodsjankos übermitteln und ihm mitteilen, daß der Präsident des Parlaments auf dem Weg nach Bologoje sei, um mit ihm über die politische Lage zu sprechen. Lomonossow übermittelt den Brief, Wojejkow bestätigt sogleich, daß Nikolai ihn erhalten habe.[12] Wojejkow will noch wissen, wann Rodsjanko in Bologoje zu erwarten sei, erhält aber nur die nichtssagende Antwort, daß Rodsjanko beschäftigt sei und man nicht wisse, wann er abreisen werde. Inzwischen erfährt Wojejkow auch, daß die Windawa-Rybinsk-Bahnlinie nach Zarskoje Selo von meuternden Soldaten blockiert worden ist und Iwanow mit seinem Bataillon in Wyriza festsitzt. Unter diesen Umständen zieht er es vor, die Reise auch ohne Genehmigung des Verkehrsministeriums fortzusetzen.[13]

Lomonossow begreift sofort, daß die Weiterreise des Zaren mit unkalkulierbaren Risiken verbunden und ungewiß ist, wie sich der

Oberbefehlshaber der Nordfront, Russki, verhalten wird. Als er die Nachricht Wojejkows erhält, daß der Zug seine Fahrt fortsetzen werde und er darum bitte, die Strecke nach Pskow freizugeben, gerät er in Panik. Er ist nur von dem einen Gedanken beherrscht: Nikolai will sich zur Armee durchschlagen! Sofort erteilt er die Anweisung, die Weiterfahrt des Zuges zu unterbinden. Zehn Minuten später klingelt das Telephon im Ministerium. Ein Telegramm aus Bologoje wird übermittelt: «Bologoje. Der numerierte Zug A fährt ohne Freigabe nach Pskow.» Sofort eilt Bublikow im Laufschritt in Lomonossows Büro. «Was tun? Reden Sie, schnell.» Lomonossow weiß auch nicht, was in dieser Situation angemessen ist. Er empfiehlt schließlich, ein, zwei Stationen mit Güterzügen zu blockieren, und er rechtfertigt seinen Rat mit dem Hinweis, daß sich kein Zug ohne Freigabe in Bewegung setzen darf, nicht einmal der des Zaren. In diesem Augenblick betritt Ustrugow das Büro Lomomossows. Bublikow stürzt sich auf ihn zu. «Ordnen Sie sofort an, daß auf der Strecke des numerierten Zuges A eines der Ausweichgleise durch zwei Güterzüge versperrt wird.» Ustrugow erwidert kühl: «Ich weigere mich, solche Anordnungen auszuführen.» Bublikow und Lomonossow sind außer sich, Panik steigt in ihnen auf. Wie kann Ustrugow es wagen, sich ihnen, den neuen Machthabern, zu widersetzen? Lomonossow schnappt sich den Revolver von Rulewski und richtet ihn auf den Bauch von Ustrugow. Ustrugow erbleicht. «Gut, gut», murmelt er und führt aus, was man von ihm verlangt.[14]

Wenige Minuten später verlassen Lomonossow und Nekrassow das Ministerium, besteigen mit ihrem Gefolge mehrere Autos und brausen im Konvoi zum Nikolai-Bahnhof, um den Zug zu inspizieren, mit dem Rodsjanko dem Zaren entgegenfahren soll. Immer noch wird auf den Straßen geschossen, während die Kommissare über den Newski-Prospekt zum Bahnhof fahren. An der Station erwarten sie der Bahnhofsvorsteher und sein Stellvertreter, die aber nichts für sie tun können. Soldaten versperren den Eingang, Grekow, der sich selbst zum Kommandanten des Bahnhofs ernannt hat, verweigert Nekrassow und Lomonossow den Zutritt zu den Bahnsteigen. Kostbare Zeit verstreicht, weil Lomonossow mit den Soldaten über den Zutritt zum Bahnsteig verhandeln muß. Die Kontrolle über die Eisenbahn liege in den Händen des Verkehrsministeriums, sie, die Ingenieure, seien auf der Seite der Revolution und sprächen im Auftrag der Revolutionsregierung, versucht er den Wachtposten klarzumachen. Am Ende geben die Soldaten nach. Im Inneren des Bahnhofs zeigt sich Lomonossow ein Bild der Verwüstung. Überall liegt Abfall, denn soeben haben Soldaten das Restaurant ausgeraubt. Der Direktor der Eisenbahnlinie, Neweschin, geleitet die Kommissare in seine Wohnung, die von Soldaten geplündert worden ist: zersprungene Scheiben, zerschlagene Möbel. Immerhin kann Lomonossow von dort aus telephonieren. Er versucht, Rodsjanko zu erreichen, um ihm die Nachricht zu übermitteln, daß der Sonderzug abfahrbereit sei. Rodsjanko sei unterwegs, lautet die Antwort.[15]

Bevor er sich zum Bahnhof begibt, ruft Rodsjanko Schidlowski, Miljukow, Gutschkow, Schulgin und andere Mitglieder des Provisorischen Komitees zu sich ins Büro, um sich mit ihnen zu beraten. Der Zar müsse zugunsten seines Sohnes abdanken, sind sich alle Anwesenden einig, wenngleich sie fürchten, daß ihr Unternehmen noch scheitern, Nikolai sich widersetzen und sie verhaften lassen könne. Auf einen solchen Fall wären sie nicht vorbereitet, denn die liberalen Parlamentarier hätten sich nicht einmal vorstellen können, den Zaren zu töten, sollte er Widerstand leisten. Eigentlich ist es beschlossene Sache, daß Rodsjanko und Schidlowski nach Bologoje fahren, um dort mit dem Zaren über die Abdankung zu verhandeln. Dann aber erscheint plötzlich Tschcheidse in Rodsjankos Büro und verlangt, daß der Entwurf des Textes, der dem Zaren vorgelegt werden solle, vom Arbeiter- und Soldatenrat genehmigt werden müsse. Ohne dessen Zustimmung dürfe Rodsjanko Petrograd nicht verlassen. Man übergibt ihm das Papier und wartet.[16]

Im Arbeiter- und Soldatenrat werden hitzige Reden gehalten, die Deputierten sind mißtrauisch, glauben, die Dumapolitiker könnten sie hintergehen und mit dem Zaren gemeinsame Sache machen. Suchanow ergreift das Wort und hält eine leidenschaftliche Ansprache, warnt vor der Verbrüderung Rodsjankos mit dem Zaren. «Rodsjanko darf man nicht zum Zaren lassen. Die Absichten der führenden Gruppen der Bourgeoisie, des Progressiven Blocks, des Dumakomitees, kennen wir noch nicht, und man kann für nichts garantieren.» Und er fügt noch hinzu, daß unklar sei, ob sich Rodsjanko am Ende nicht doch noch korrumpieren lasse und im Einverständnis mit den alten Eliten der Revolution ein gewaltsames Ende setzen werde. «Wer kann eine Garantie dafür übernehmen, daß von der Entscheidung, Rodsjanko mit dem Zug fahren zu lassen, nicht doch das Schicksal der Revolution abhängt? Man muß den Eisenbahnern für die richtige Einschätzung und die heldenmütige Erfüllung ihrer Pflicht vor der Revolution danken und darf Rodsjanko nicht erlauben, den Zug zu nehmen.»[17]

Stunde um Stunde verstreicht, bevor Tschcheidse einen Boten in den rechten Flügel des Taurischen Palais schickt, der übermittelt, was im Arbeiter- und Soldatenrat entschieden worden ist: Rodsjanko dürfe abreisen, sofern zwei Bedingungen erfüllt würden. Tschcheidse und ein Bataillon revolutionärer Soldaten müßten ihn auf seinem Weg begleiten. Auch solle der Zar abdanken, aber nicht zugunsten seines Sohnes. Die Monarchie müsse überhaupt abgeschafft werden. Die Mitglieder des Provisorischen Komitees schauen einander fassungslos an. Wie kann man nur auf die Idee kommen, den Zaren mit einem Bataillon von Meuterern zu konfrontieren und wie dumm muß man sein, die Monarchie zur Disposition zu stellen, die doch die einzige Legitimationsquelle der Herrschaft in Rußland ist? Halten die Sozialisten im Arbeiter- und Soldatenrat es wirklich für denkbar, daß der Zar den Thron aufgeben und ihn der Willkür des Schicksals überlassen werde? Haben sie denn je darüber nachgedacht, was Alexejew und Russki und all die anderen Generäle sagen werden, wenn sie erfahren, daß die neue Regierung mit der Monarchie bricht? Die Liberalen sind zu manchem Kompromiß bereit und gezwungen. Dieser Erpressung aber wollen sie sich nicht beugen. In Begleitung eines Revolutionärs können und wollen sie sich dem Zaren nicht zeigen, wohl auch, weil sie fürchten, daß die Generäle ihnen die einmal zugesicherte Unterstützung wieder entziehen könnten. Und dennoch können Rodsjanko und Schidlowski ihre Mission nun nicht mehr erfüllen, weil der Arbeiter- und Soldatenrat von ihrer Abreise sofort erführe.[18]

Offenbar hat Kerenski an der Sitzung des Exekutivkomitees nicht teilgenommen, denn als er erfährt, was inzwischen geschehen ist, verliert er die Fassung. Außer sich vor Erregung, mit bleichem Gesicht, einer Ohnmacht nahe, stürmt er in das Büro Suchanows, wo sich die Mitglieder des Exekutivkomitees versammelt haben. «Was habt Ihr getan? Wie konntet Ihr nur? ... Ihr habt den Zug verweigert! ... Rodsjanko hätte fahren müssen, um Nikolai zu zwingen, die Abdankung zu unterzeichnen, und Ihr habt alles verdorben! Ihr habt der Monarchie, den Romanows in die Hände gespielt. Ihr werdet dafür verantwortlich sein.» Kerenski fürchtet, daß der Zar entkommen, die Revolution in der letzten Minute noch niedergeschlagen werden könnte. Er faßt sich an die Stirn, wartet einen Moment, um, wie stets, theatralisch in Ohnmacht zu fallen. Seine Adjutanten legen ihn auf ein Sofa, das in der Nähe steht. Die einstudierte, hysterische Pose verfehlt ihre Wirkung nicht, denn Kerenski setzt sich auch in diesem Fall gegen seine Genossen durch. Ein Bote wird in den rechten Flügel des Taurischen Palais geschickt und Rodsjanko die Nachricht überbracht, daß er nun doch fahren dürfe. Sie kommt zu spät, weil der Zug des Zaren inzwischen auf dem Weg nach Pskow ist.[19]

Nun ist guter Rat teuer. Die Mitglieder des Provisorischen Komitees sitzen beieinander und beraten über die Auswege, die sich ihnen jetzt noch eröffnen. Man kann den Ereignissen nicht einfach ihren Lauf lassen, sind sie sich einig, und sie müssen den Zaren daran hindern, sich mit den Generälen gegen die Duma zu verbinden. Nun bringt sich Alexander Gutschkow ins Spiel, ein Haudegen, der sich weder vor Duellen noch vor Fronteinsätzen je gefürchtet hat. Gutschkow hat am Burenkrieg teilgenommen und armenischen Partisanen geholfen, sich gegen die osmanische Herrschaft zu erheben. Unter den konservativen Liberalen gilt er als mutig und unerschrocken, als Mann, der keiner Entscheidung aus dem Weg geht.[20] Und so tritt er auch jetzt auf. Man müsse entschlossen und rasch handeln, vollendete Tatsachen schaffen, alles tun, um die Monarchie zu retten, ohne daß der Arbeiter- und Soldatenrat davon erfahre, rät er den Mitgliedern des Dumakomitees. Er, Gutschkow, sei bereit, in geheimer Mission zum Zaren zu fahren und von ihm die Abdankungsurkunde entgegenzunehmen.

«Wenn Sie einverstanden sind und mich bevollmächtigen, fahre ich. Aber ich möchte, daß jemand mit mir fährt.» Die Anwesenden schauen einander fragend an. Stille erfüllt den Raum, dann unterbricht Schulgin das Schweigen, wendet sich Gutschkow zu und sagt: «Ich fahre mit Ihnen.»[21] Wenige Minuten später schon sind sie auf dem Weg zum Warschauer Bahnhof, wo ein Zug für sie bereitgestellt werden soll, der sie nach Pskow bringen wird. Unterdessen faßt das Exekutivkomitee, dessen Mitglieder an ihrer Forderung, die Monarchie abzuschaffen, festhalten, den Entschluß, selbst eine Delegation nach Pskow zu entsenden und sie damit zu beauftragen, den Zaren zur Abdankung zu zwingen. Aber diese Entscheidung kommt zu spät. Gutschkow und Schulgin sind schon unterwegs, als Skobelew Rodsjanko vom Vorhaben des Exekutivkomitees unterrichtet. Eine solche Chuzpe haben die Sozialisten den Herren vom Dumakomitee nicht zugetraut.[22]

Von all dem erfahren Lomonossow und Nekrassow nichts, die auf dem Bahnsteig des Nikolai-Bahnhofs stehen und vergeblich auf Rodsjanko warten. Sie wissen nicht, daß der Arbeiter- und Soldatenrat sich gegen die Entsendung Rodsjankos ausgesprochen hat, und sie wissen auch nicht, daß Gutschkow und Schulgin schon am Warschauer Bahnhof eingetroffen sind und auf den Zug warten, der sie nach Pskow bringen wird. Unverrichteter Dinge fährt Lomonossow ins Ministerium zurück, dessen Mitarbeiter ebenso ahnungslos sind wie er selbst. Bublikow glaubt immer noch, daß Rodsjanko fahren werde, und Rodsjanko läßt ihn in diesem Glauben, um die Mission Gutschkows und Schulgins nicht zu gefährden. Je weniger Menschen davon wissen, desto besser. Aber das Nichtwissen hat Konsequenzen für die Entscheidungen, die im Verkehrsministerium getroffen werden. Kaum ist Lomonossow in sein Büro zurückgekehrt, erfährt er, daß sich der Zug des Zaren auf dem Weg nach Staraja Russa befindet. Es wäre jetzt sinnlos gewesen, Rodsjanko nach Bologoje zu schicken, denn in diesem Fall hätte er dem Zug des Zaren folgen müssen. Und so ordnet Bublikow an, Nikolai in Dno festzusetzen, den Streckenabschnitt mit Güterzügen zu blockieren und Rodsjankos Zug vom Warschauer Bahnhof in Petrograd über Wyriza nach Dno, südwestlich von Nowgorod, zu lenken, wo der Zar ihn erwarten soll.

Alexander Gutschkow (1862–1936), Abgeordneter der rechtsliberalen Partei der Oktobristen, Vorsitzender des Kriegs-Industriekomitees und erster Kriegsminister der Provisorischen Regierung

Der Zar und sein Gefolge sind ebenso ahnungslos wie Bublikow und Lomonossow. Weder wissen sie, welche Vorkehrungen der Verkehrsminister getroffen hat, um sie an der Fortsetzung ihrer Reise zu hindern, noch erfahren sie von der Mission Gutschkows und Schulgins und von ihrem Vorhaben, den Zaren zur Abdankung zu zwingen. Als der Zug den Bahnhof von Staraja Russa passiert, ist alles wie eh und je. Bauern und zahlreiche Mönche stehen auf dem Bahnsteig und verneigen sich ehrfürchtig, als die Waggons mit dem Wappen des Herrschers langsam an ihnen vorbeiziehen, obgleich auch dort schon die Nachricht vom Umsturz eingetroffen sein muß. Noch am Abend erreicht der kaiserliche Zug den Eisenbahnknotenpunkt Dno, einen trostlosen und verlassenen Ort, der aussieht, als seien aus ihm alle Menschen vertrieben worden. Dort bleibt er eine Weile stehen. Wojejkow telegraphiert nach Petrograd: «Der kaiserliche Herrscher geht auf dem Bahnsteig spazieren und erwartet die Ankunft des Vorsitzenden der Duma.» Wojejkow ist gut gelaunt, er glaubt, daß Rodsjanko nach

Dno kommen und sich mit dem Zaren verständigen werde. Alles, denkt er, wird wieder wie früher sein. Jetzt erst erfahren Bublikow und seine Mitarbeiter, daß Nikolai Dno bereits erreicht hat und daß die Eisenbahngendarmerie alle Angestellten der Station verhaften läßt, die im Ruf stehen, gemeinsame Sache mit den Aufrührern zu machen.[23]

Bublikow fürchtet, daß die Revolutionsregierung im letzten Moment die Kontrolle über das Geschehen verlieren könnte. Er hat keinen Begriff von der Ahnungslosigkeit des Zaren und dem Kalkül der neuen Machthaber. Sofort läßt sich Bublikow mit der Duma verbinden, und er erfährt, daß sich die Pläne Rodsjankos geändert haben. Er solle, weist man ihn nun an, dem Zaren mitteilen, daß außergewöhnliche Umstände Rodsjanko daran hindern, nach Dno zu kommen. Auch solle man die Strecke freigeben und ihn nach Pskow fahren lassen. Dann weist Rodsjanko Bublikow noch an, einen Sonderzug bereitzustellen, weil zwei Abgeordnete der Duma nach Pskow führen, um mit dem Zaren zu sprechen. Inzwischen hat sich auch im Ministerium herumgesprochen, daß über die Abdankung des Zaren verhandelt wird. Stunden zuvor ist es Rodsjanko gelungen, General Russki davon zu überzeugen, daß unabänderliche Entscheidungen getroffen werden müßten. Die konstitutionelle Monarchie, teilt er ihm telephonisch mit, lasse sich nur bewahren, wenn Nikolai nachgibt, die Regierung dem Dumakomitee überläßt. Von der Abdankung, auf die sich die liberalen Politiker erst später verständigen, ist noch nicht die Rede. Russki habe ihm, Rodsjanko, versichert, erfährt Bublikow nun, daß er seine «Pflicht vor der Heimat» erfüllen werde und noch hinzugefügt: «Die Armee ist mit Ihnen.»[24]

Zur gleichen Zeit versendet Alexejew ein Telegramm an alle Frontkommandeure, in dem er ihnen mitteilt, daß der Aufstand nun auch die Garnisonen von Moskau und Kronstadt erfaßt habe, die Lage außer Kontrolle geraten sei und es nur noch einen Ausweg aus der Krise geben könne: Der Zar müsse unverzüglich einen Regierungschef berufen, der das Vertrauen der Bevölkerung genieße. Um 17:40 spricht General Wladislaw Klembowski, der Stellvertreter Alexejews, am Telephon mit Wassili Boldyrew, dem Stabschef der Nordfront. Klembowski bittet ihn, Russki mit allen wichtigen Informationen zu versorgen, bevor der Zug des Zaren in Pskow eingetroffen sei. Er, Russki, müsse den Herrscher schonungslos und unmißverständlich mit der Wirklichkeit konfrontieren und ihn zwingen, dem Rat Rodsjankos zu folgen. Die Generalität rückt nicht nur vom Zaren ab, sie verbündet sich nun auch mit dem Dumakomitee, in der Hoffnung, auf diese Weise die verloren gegangene Ordnung wiederzugewinnen. In Mogiljow weiß zu diesem Zeitpunkt allerdings noch niemand, daß in Petrograd schon über die Abdankung des Zaren verhandelt wird.[25]

Nun gibt es für den Parlamentspräsidenten keinen Grund mehr, mit dem Zaren zu sprechen. Die Gefahr ist gebannt, nachdem Russki der neuen Ordnung Treue geschworen hat. Bublikow gibt die Fahrt für den kaiserlichen Zug frei, und Wojejkow, der vollkommen ahnungslos ist, antwortet, daß der Herrscher auf dem Weg nach Pskow sei und Rodsjanko dort erwarte. Ein solches Telegramm schickt er auch an Russki. Der General ist irritiert, er versteht nicht, warum der Herrscher nicht in Mogiljow geblieben oder dorthin zurückgekehrt ist, um sich mit dem Generalstab und loyalen Fronteinheiten zu verbinden, und was er in Pskow überhaupt begehrt. Hat er den Verstand verloren? Nachdem er mit Rodsjanko gesprochen hat, gibt es für ihn keinen Zweifel mehr, daß die Befehle des Dumakomitees befolgt, der Zar isoliert werden müsse, ganz gleich, welchen Grund es für seine Reise nach Pskow auch immer geben mag. Rußlands Integrität steht auf dem Spiel, die politische Ordnung droht zu zerfallen, inmitten eines erbarmungslosen Krieges, und deshalb, denkt Russki, dürfen die Staatsgeschäfte nicht in den Händen des glücklosen Zaren bleiben. Er bezieht einen Eisenbahnwaggon am Bahnhof und wartet mit seinen Stabsoffizieren auf den kaiserlichen Zug, der am Abend eintreffen soll.[26]

Um 17 Uhr verläßt der Zug des Zaren Dno. Langsam gleitet er durch den sternenklaren Abend. Er braucht etwas länger als sonst für die achtzig Kilometer lange Strecke nach Pskow, weil der vorausliegende Streckenabschnitt nicht durch Soldaten abgesichert ist, wie sonst, und der Lokomotivführer deshalb die Geschwindigkeit des Zuges drosseln muß. Im Führerhaus der Lokomotive sitzen zwei bewaffnete Kosaken, die den Schienenweg, der vor ihnen liegt, im Blick behalten sollen, um Anschläge auf den Zug frühzeitig zu erkennen und abzuwehren. Wojejkow glaubt, daß sich alles zum Guten wenden werde, wenn sie erst einmal Pskow erreicht haben und sich unter den Schutz General Russkis begeben können.[27] Sonst aber herrscht Grabesstille im Zug, weil niemand über die Ereignisse spricht, der Zar es vorzieht, zu schweigen. Worüber hätten sie auch sprechen können? Alle empfinden die Irrfahrt als ein demütigendes Erlebnis. Der Herrscher wird von Parlamentsabgeordneten, die er stets verachtet hat, wie ein Spielball hin und her geschoben. Darüber mag niemand ein Wort verlieren. Ein beklemmendes Gefühl der Ungewißheit übermannt die Höflinge, wenngleich sie immer noch hoffen, spätestens in Pskow aus diesem Alptraum wieder aufzuwachen.[28] Vor allen anderen begreift Dubenski, daß das Ende der alten Ordnung unmittelbar bevorsteht. In seinem Tagebuch notiert er: «Alle wissen, daß dieser nächtliche Umschwung in Wischera eine historische Nacht in den Tagen unserer Revolution ist. Der Herrscher ist, wie immer, ruhig und spricht wenig über die Ereignisse. Für mich ist es völlig klar, daß die Frage nach der Verfassung entschieden ist, sie wird wirklich eingeführt. Der Zar denkt auch nicht daran, zu streiten und dagegen zu protestieren.»[29]

Am Abend des 1. März, gegen 19 Uhr, trifft der Zug des Zaren in Pskow ein, einer Kleinstadt, die knapp 40 000 Einwohner zählt, und wo in diesen Tagen von den Wirren des Krieges und der Revolution nichts zu spüren ist. Der Bahnhof wird vom Militär gesichert und von Soldaten umstellt. Langsam rollt der Zug in Pskow ein, verhalten schnauft die Lokomotive, bis sie endlich zum Stehen kommt. Im Abenddunkel sind die Umrisse der eleganten Salonwaggons zu erkennen. Die Fenster sind mit Gardinen verhängt, nur durch die schmalen Spalten der Vorhänge fallen einzelne Lichtstreifen, die über den Asphalt des Bahnsteigs huschen und die Fassaden der umstehenden Häuser für einen Augenblick erleuchten. Danilow steht am Bahnsteig, als der Zug langsam in den Bahnhof einrollt, und es befällt ihn ein seltsamer Gedanke. Es ist, als bringe man einen Schwerkranken, der nicht mehr lange am Leben sein wird.[30] Die Waggontüren werden aufgestoßen, zwei Kosaken der Leibgarde schieben eine Treppe hinaus und bitten den Gouverneur hinein, der sich vor dem Zaren verbeugt und ihm mitteilt, daß in Pskow noch Frieden herrsche, obgleich schon bekannt sei, was sich in der Hauptstadt zugetragen habe. Nikolai hört sich den Bericht des Gouverneurs an, macht aber keine Anstalten, seinen Waggon zu verlassen, weil nicht einmal eine Ehrenformation des Militärs auf dem Bahnsteig angetreten ist, um ihn zu begrüßen. Ein Affront, zweifellos, der Nikolai und seinem Gefolge sogleich vor Augen führt, daß die glanzvollen Tage der Monarchie gezählt sind. Ein böses Omen, in dieser Deutung sind sich alle einig.[31]

General Russki verspätet sich. Bevor er mit dem Zaren spricht, betritt er den Zug des Gefolges. Danilow, sein Stabschef, begleitet ihn. Russki ist sehr ernst, verzichtet auf alle höflichen Floskeln, setzt sich in einer Ecke auf ein Sofa, und verächtlich schweift sein Blick über die Höflinge, die in einer Reihe vor ihm stehen. Nikolais Entourage ist aus dem seelischen Gleichgewicht geraten, selbst der zynische Wojejkow ist aufgewühlt und erregt. Fredericks beschwört den General, ihnen zu helfen. Er, Russki, sei die letzte Hoffnung, die ihnen noch bleibe. Der Zar sei bereit, eine Regierung des gesellschaftlichen Vertrauens zu berufen, jammert er, und dennoch verweigere man ihm die Reise nach Zarskoje Selo. Nur er, Russki, könne dem Geschehen jetzt noch eine positive Wendung geben. Der General aber erwidert kühl: «Dafür ist es jetzt zu spät. Ich habe viele Male gesagt, daß es notwendig ist, der Staatsduma entgegenzukommen und jene Reformen zu gewähren, die das Land verlangt. Auf mich hat man nicht gehört. Die Stimme des Skopzen (Bezeichnung einer religiösen Sekte, J. B.) Rasputin hatte eine größere Bedeutung. Er hat Rußland beherrscht. Dann tauchte Protopopow auf und es formierte sich die nichtsnutzige Regierung des Fürsten Golizyn.» Zu Wojejkow gewandt fügt er in verächtlichem Ton noch hinzu: «Was habt Ihr nur angerichtet, Eure ganze Rasputin-Clique, wohin haben Sie Rußland jetzt gebracht?» Als Fredericks entgegnet, daß er, der Hofminister, niemals ein Freund des Wunderheilers gewesen sei, weist ihn Russki barsch zurecht: «Von Ihnen, Graf, spricht niemand. Sie halten sich zurück.» Aber man müsse doch etwas tun, wendet Fredericks noch ein. «Sie sehen doch, daß wir am Abgrund stehen.» Russki aber läßt sich nicht aus der Ruhe bringen. Er lächelt ironisch und gibt dem Hofstaat einen Rat: «Jetzt kommt es darauf an, sich der Gnade des Siegers zu ergeben.»[32]

Wojejkow aber will sich von Russki nicht maßregeln lassen. Wie könne es der General, der einen Eid auf den Zaren geschworen hat, überhaupt wagen, denkt er, mit dem Herrscher auf diese Weise zu verfahren? Man solle sofort eine Telephonverbindung nach Petrograd herstellen, verlangt er, er selbst wolle mit Rodsjanko sprechen und um Aufklärung bitten. Davon will Russki nichts hören. «Er geht nicht an den Apparat, wenn er erfährt, daß Sie sich mit ihm unterhalten wollen. Ich werde selbst mit ihm sprechen.» Dann verläßt der General den Waggon. Wojejkow, der Hofminister und die Adjutanten sind erschüttert, können nicht glauben, daß Russki es wagt, in diesem Ton mit ihnen zu sprechen. Ihre letzte Hoffnung ist soeben begraben worden, und sie begreifen langsam, daß sich die Generäle mit der Duma verbündet und gegen den Zaren verschworen haben. Über diese Demütigung kommen sie nicht hinweg. Nilow sitzt auf dem Bett in seinem Abteil, weint bitterlich und sagt zu Dubenski, daß man Russki, den «Verräter», verhaften und töten müsse. Daran ist aber gar nicht mehr zu denken. Die Würfel sind gefallen, sie alle in der Hand des Generals, der allein darüber entscheidet, was sie erfahren und was nicht.[33]

Wenig später begeben sich Russki und Danilow in den Salonwagen, um mit dem Zaren zu sprechen, der, wie gewohnt, einen ruhigen und beherrschten Eindruck macht. Niemals läßt er sich anmerken, was er fühlt und denkt. Er empfängt die Generäle in einer grauen Tscherkessenuniform und bittet sie, in den Sesseln des Salons Platz zu nehmen. Er sei auf dem Weg von meuternden Truppen aufgehalten worden, die ihm den Weg versperrt hätten, eröffnet er das Gespräch, und er glaubt, daß Russki gar nicht wisse, was ihm widerfahren ist. Deshalb sei er in Malaja Wischera umgekehrt und nach Pskow gefahren. Bald schon wolle er einen weiteren Versuch unternehmen und über Luga und Gatschina nach Zarskoje Selo fahren, auf jener Route, die auch Iwanow für seine Befriedungsmission gewählt habe. Auch erwarte er den Präsidenten der Duma, Rodsjanko, in Pskow, der ihm über die Ereignisse in der Hauptstadt Bericht erstatten wolle. Russki und Danilow hören sich mit versteinerter Miene an, was ihnen der Zar zu sagen hat, und

Nikolai Russki (1854–1918), General, Oberbefehlshaber der Nordfront in Pskow

geben ihm sofort eine unmißverständliche Antwort. Es habe überhaupt keinen Sinn, so Russki, von Pskow aus nach Zarskoje Selo zu fahren, weil auch diese Bahnstrecke von Aufständischen blockiert werde. Er könne Pskow nicht verlassen. Was hätte Nikolai tun können? Er hat keine andere Wahl, als sich Russki zu beugen. Nikolai bittet die Generäle noch, mit ihm zu Abend zu essen. Schweigend sitzen sie beieinander, niemand mag über die Situation sprechen, die nun eingetreten ist und wie ein Stein auf ihnen lastet. Selbst für ein unverfängliches Gespräch fehlen ihnen die Worte. Der Zar ist nicht bei sich, in Gedanken versunken. Und so verspüren alle eine große Erleichterung, als er die Tafel aufhebt und jeder zu seinen Angelegenheiten zurückkehrt.[34] Nikolai begreift nun, daß er in der Falle sitzt. Am Abend schreibt er in sein Tagebuch, daß er mit Russki und Danilow zu Abend gegessen habe. Zum ersten Mal in seinem selbstbeherrschten Leben verliert er die Fassung. «Schande und Schmach! Es gelang nicht, nach Zarskoje Selo zu fahren. Und die Gedanken und Gefühle sind die ganze Zeit dort. Wie muß die arme Alix all diese Ereignisse alleine durchleben. Hilf uns, Herr!»[35]

Einen Ausweg hätte es womöglich noch gegeben, wenn Nikolai sich gegenüber Russki durchgesetzt und sofort nach Mogiljow zurückgefahren wäre. Von dort aus hätte er die Anweisung erteilen können, kampferprobte Truppen von der Front in die Hauptstadt zu entsenden. Für die Mobilisierung und Verschickung der Einheiten aber hätte man zehn bis zwölf Tage benötigt, die Front wäre entblößt worden, und unterdessen hätten sich die Unruhen weiter ausgebreitet. Auf ein solches Szenario will sich Alexejew nicht einlassen, der fürchtet, Rußland könne den Krieg verlieren, in inneren Wirren zugrunde gehen und zerfallen. Für ihn ist es unvermeidlich, die Revolution mit friedlichen Mitteln zu beenden, wenn der Kampf gegen den äußeren Feind nicht eingestellt werden soll. Alexejew hält Rodsjanko für einen Ehrenmann, er glaubt ihm aufs Wort, daß die Regierung die Unruhen unter ihre Kontrolle bringen werde, und so verwandelt er sich gegen seinen Willen zum Steigbügelhalter der Revolution. Der Zar selbst ist in diesen Stunden nur noch eine willenlose Marionette, die an Fäden hängt, die von Russki und Alexejew gezogen werden.[36]

Am späten Abend, um 22:20 schickt Alexejew, der inzwischen erfahren hat, daß auch in der Marinebasis Kronstadt vor den Toren der Hauptstadt Unruhen ausgebrochen sind, ein Telegramm an den Zaren und fordert ihn auf, eine dem Parlament verantwortliche Regierung unter Führung Rodsjankos zu berufen, bevor es zu spät ist. Man dürfe dem äußeren Feind nicht in die Hände spielen und die innere Einheit nicht in Gefahr bringen. Angesichts der «minütlich wachsenden Gefahr, daß sich die Anarchie im ganzen Land verbreitet», schreibt Alexejew, sei es unausweichlich, dem Rat des Parlamentspräsidenten zu folgen und eine gegenüber dem Parlament verantwortliche Regierung einzusetzen. «Jede Stunde, die vergeht, verringert die Chance für die Bewahrung der Ordnung und fördert die Machtergreifung der radikalen linken Elemente.» Alle «wahren Söhne Rußlands» müßten sich um den Thron scharen, um das drohende Unheil noch abzuwenden. Ohne ein solches Zugeständnis an die Duma werde die extreme Linke sich die Macht sichern. Wer könne das schon wollen? Nun kommt es darauf an, auch die übrigen Generäle auf den neuen Kurs einzuschwören. Klembowski, Alexejews Stellvertreter, versendet ein Telegramm an alle Frontkommandeure und teilt ihnen mit, was der Generalstabschef vom Zaren verlangt. Russki und seine Stabsoffiziere sind sich einig, daß sofort gehandelt werden, der Zar gezwungen werden müsse, Zugeständnisse zu machen. Um 23 Uhr begibt sich Russki noch einmal in den Salonwagen und überreicht dem Zaren das Telegramm Klembowskis. Nikolai und Russki sprechen eine Stunde miteinander, und am Ende gelingt es dem General, den Zaren davon zu überzeugen, dem Rat Alexejews zu folgen. Diese Frage, fügt er hinzu, habe er auch schon mit dem Parlamentspräsidenten am Telephon besprochen.[37]

Sofort setzt der Zar einen Text auf, den er an Rodsjanko verschicken will. «Um der Rettung des Vaterlandes und des Wohles des Volkes willen schlage ich Ihnen vor», schreibt er, «ein neues Ministerium unter Ihrer Führung einzurichten, aber die Minister des Äußeren, des Krieges und der Marine werden von mir ernannt.» Er übergibt Wojejkow den Ukas und weist ihn an, Russki den Text zu zeigen. Russki reißt Wojejkow das Papier aus der Hand und weist ihn barsch zurecht: An diesem Ort werde nur er selbst und sonst niemand Telegramme verschicken. Ob der Zar nicht verstanden habe, was von ihm verlangt werde, herrscht er Wojejkow an. Rodsjanko habe von einer Regierung gesprochen, die dem Parlament gegenüber verantwortlich sei. Der Zar aber habe nichts weiter versprochen, als ein neues Kabinett zu berufen und mitgeteilt, daß er die Minister des Krieges und des Äußeren weiterhin selbst ernennen werde. Unter gar keinen Umständen werde er ein solches Telegramm verschicken. Als Wojejkow unverrichteter Dinge zurückkommt, seufzt Nikolai: «Nun, dann möge er es selbst verschicken.» Der Zar zieht sich in den Salon zurück und fügt die gewünschten Veränderungen in den Text ein. Russki wartet unterdessen in einem Waggon des Gefolges. Es dauert eine Weile, bis Wojejkow den veränderten Text überbringt, der sofort an Alexejew und Rodsjanko weitergeleitet wird.

Nun ist auch die Strafexpedition obsolet geworden, die ihren Sinn in dem Augenblick verliert, in dem sich die Generäle mit der Duma verbünden, in der Hoffnung, sie werde den Unruhen ein friedliches Ende bereiten. Denn auf dieser einen Prämisse ruht die Übereinkunft, die Alexejew und Russki mit den Liberalen getroffen haben. Und so fordert Russki den Zaren auf, Iwanow anzuweisen, seine Mission zu beenden und allen Militäreinheiten, die bereits auf dem Weg nach Petrograd sind, den Befehl zu erteilen, sofort umzukehren. Nikolai kann keine Bedingungen mehr stellen. Daran gibt es für niemanden mehr einen Zweifel. Er führt sofort aus, was der General von ihm verlangt, denn er begreift, daß er nichts mehr zu sagen hat. Was immer er auch angeordnet hätte, keiner seiner Befehle hätte Pskow ohne Zustimmung Russkis verlassen. Gegen seinen Willen ist Russki zur eigentlichen Schaltstelle der Macht geworden, und er nutzt seine Möglichkeiten.[38]

Die Mitternachtsstunde ist angebrochen. Nikolai sitzt gedankenverloren im Salonwagen und wartet auf die Rückkehr Russkis, der aber nicht wiederkommt. Er spricht mit Fredericks, Wojejkow und Fjodorow, dem Leibarzt, zum ersten Mal offen über die Situation in der Hauptstadt. Er sorgt sich um seine Familie, die in Zarskoje Selo festgehalten wird. Die Ungewißheit bringt ihn um den Schlaf, und in der Nacht vom 1. auf den 2. März macht er kein Auge zu. Es ist der denkwürdigste Moment, den Nikolai je mit sich allein verbracht hat. Lange kniet er vor seinem Bett, betet und küßt das Portrait des Thronfolgers. In der Einsamkeit gibt sich Nikolai seinen Gefühlen hin. Der Kammerdiener bemerkt, wie Tränen über das Gesicht des Zaren laufen, und auch der Diener selbst weint, als er sieht, wie sehr es den Herrscher schmerzt, allein und dem Geschehen hilflos ausgeliefert zu sein. Niemand schläft in dieser Nacht. Auch Dubenski und Fjodorow halten es nicht lange mit sich allein aus. Sie besteigen eine Kutsche und lassen sich in die Altstadt fahren, die von sternenklarem Himmel erleuchtet wird. Sie besuchen die Kathedrale und das historische Museum, das in einem Gebäude aus dem 17. Jahrhundert untergebracht ist. Nach zwei Stunden kehren sie zurück. «In unserem Waggon schlief noch niemand», schreibt er später in seinen Erinnerungen, «und wir sprachen über die bitteren Minuten unserer Tage.»[39]

Wo aber sind General Iwanow und sein Bataillon in diesen Stunden? Auch sie kommen auf ihrer Fahrt nur langsam voran. Am Morgen des 1. März bleibt der Zug, der sich aus sieben Waggons zusammensetzt, in Dno stehen, noch bevor der Zar dort überhaupt eingetroffen ist. Der Stationsvorsteher meldet dem General, daß alle Züge, die am Vortag aus Petrograd gekommen und Dno passiert hätten, von betrunkenen und meuternden Soldaten besetzt gewesen seien. Die Soldaten hätten den Offizieren die Waffen abgenommen und sich selbständig gemacht, gegen die Deserteure sei kein Kraut gewachsen. Iwanow wird wenige Minuten später selbst Zeuge des Zusammenbruchs. In den Zügen, die auf Dno zufahren, sieht er, fassungslos, marodierende und betrunkene Soldaten, die Waggons demolieren und nicht mehr unter Kontrolle zu bringen sind. Manche haben ihre Uniformen gegen zivile Kleidung ausgetauscht, aber die Pistolen und Säbel behalten, die sie ihren Offizieren abgenommen haben. Selbst für Iwanow ist die Situation auf dem Bahnsteig bedrohlich. Die Meuterer johlen und schreien: «Freiheit, jetzt sind alle gleich! Keine Obrigkeit, kein Staat!» Ein offenkundig betrunkener Soldat läuft auf Iwanow zu, er ist mit einem Offiziersdegen, der an seiner Hüfte hängt, zwei Säbeln und einem Gewehr bewaffnet. Andere Soldaten folgen ihm, und sie glauben, leichtes Spiel mit dem alten General zu haben. Aber Iwanow ist kein Mann, der Schwäche zeigt. Furchtlos tritt er der Menge entgegen und befiehlt den Unruhestiftern, sich vor ihm auf die Knie zu werfen, so wie es in der Armee Brauch ist, wenn Ungehorsam bestraft wird. Iwanows Soldaten schwärmen aus und entwaffnen die Marodeure. Mehr als dreißig Deserteure läßt Iwanow verhaften, Säbel und Pistolen konfiszieren. Aber er verzichtet darauf, sie vor ein Standgericht stellen und an Ort und Stelle erschießen zu lassen, wie es üblich gewesen wäre. Offenbar erinnert er sich an die Strafexpeditionen des Jahres 1905, die mit den Aufständischen, die an den Bahnstrecken aufgegriffen wurden, kurzen Prozeß machten. Und er fragt sich, ob er sich einen solchen Gewalteinsatz noch leisten kann. Mit einem Deserteur könnte man noch fertig werden. Aber wie soll man mit den übrigen verfahren? Iwanow mag das Risiko gespürt haben, in jedem Fall will er kein Öl ins Feuer gießen. Er hat nur einen Gedanken: sich so schnell wie möglich nach Petrograd durchzuschlagen.[40] Vielleicht ahnt Iwanow in diesem Moment, daß die Zeit der Herren abgelaufen ist und auch nicht wiederkommen wird.

In Wyriza, zwanzig Kilometer südlich von Zarskoje Selo, bleibt Iwanows Zug am späten Nachmittag stehen, weil die Angestellten der Eisenbahn die Strecke blockiert haben und ihn an der Weiterreise hindern. Dort erfährt er auch, daß die Minister des Zaren verhaftet worden sind und es keine Truppen in der Hauptstadt mehr gibt, auf die sich das Regime verlassen kann. Nun trifft er die Entscheidung, nach Zarskoje Selo weiterzureisen, wo er am Abend des 1. März eintrifft. Iwanow begeht nun Fehler um Fehler. Soldaten der Garnison belagern seinen Zug und erfahren, daß keine weiteren Militärzüge folgen werden, es also keinen Grund gibt, sich vor Iwanow und seinen 800 Männern zu fürchten. Der Palast ist von aufständischen Truppen weiträumig umstellt, die sich zwar nicht neutral, aber auch nicht offen feindselig verhalten. Fast alle Bataillone der Garnison von Zarskoje Selo sind schon zu den Aufständischen übergelaufen. Nur die Leibgarde des Zaren hält der Herrscherfamilie in diesen Tagen noch die Treue. Sofort begibt sich Iwanow in den Palast, um der Zarin seinen Plan zu unterbreiten: Sein Bataillon werde sich in Zarskoje Selo mit loyalen Einheiten verbinden und den Kampf mit den Meuterern aufnehmen.[41]

Alexandra beklagt sich über ihre Isolation und die Bedrängung durch Soldaten und darüber, daß ihre Briefe den Palast nicht mehr verlassen. Auch bittet sie ihn, von seinen Plänen Abstand zu nehmen, weil unnötiges Blutvergießen vermieden werden müsse. In der Nacht trifft Iwanow mit Oberst Wladimir Domanewski aus dem Generalstab zusammen, der ihn darüber informiert, daß die Duma die Macht übernommen habe und Chabalow verhaftet worden sei. Alle Soldaten seien zu den Aufständischen übergelaufen, Widerstand sei zwecklos, und die Fortsetzung des Kampfes werde nur bewirken, daß die Radikalen im Arbeiter- und Soldatenrat an Einfluß gewännen. Das Dumakomitee habe die Situation unter Kontrolle und sei der Monarchie treu ergeben. Iwanow solle seine Soldaten zurückhalten, denn inzwischen hätten Einheiten der Garnison den Bahnhofsvorplatz besetzt. Es sei zweifellos klüger, den Rückweg anzutreten, um die Zarin und ihre Familie nicht unnötiger Gefahr auszusetzen. Man werde alles tun, um die Ordnung wiederherzustellen, versichern die Offiziere, die für die Unversehrtheit der Zarenfamilie verantwortlich sind. Zur gleichen Zeit trifft ein Telegramm Alexejews ein, der Iwanow auffordert, seine Mission zu beenden und vor der Ankunft des Herrschers in Zarskoje Selo keine Entscheidungen mehr zu treffen. Rodsjanko erwarte «mit Unge-

Nikolai Iwanow (1851–1919), General, Kommandeur der Strafexpedition

duld» die Ankunft des Zaren, um sich mit ihm über alle Fragen zu verständigen. Die Duma sei ein Garant des inneren Friedens und der Sicherheit. «Verhandlungen werden zur Befriedung führen.» Weiteres Blutvergießen müsse unter allen Umständen vermieden werden. Dann trifft noch eine Nachricht des Zaren ein. «Pskow. Fünf Minuten nach zwölf nachts. Ich hoffe, daß Sie gut angekommen sind. Ich bitte, bis zu meiner Ankunft keinerlei Maßnahmen mehr zu ergreifen. Nikolai.»[42] Iwanow versteht, daß er seine Rolle als Diktator ausgespielt hat. Denn auch die militärische Verstärkung, die ihm versprochen worden ist, wird nun nicht mehr eintreffen, und für einen Kampf mit zehntausenden Meuterern ist Iwanows Bataillon nicht gerüstet. Was hätte ein Diktator ohne Soldaten und ohne Legitimation schon ausrichten können? Iwanow läßt die Zarin und ihre Familie im Palast zurück und fährt wieder nach Wyriza. Fünfzehn Minuten später treffen Meuterer, die aus Petrograd gekommen sind, am Bahnhof von Zarskoje Selo ein und schaffen auch dort klare Verhältnisse. Die Strafexpedition hat sich in eine Farce verwandelt.[43]

Um ein Uhr in der Nacht erhält Iwanow in Wyriza eine Nachricht von Gutschkow. Er sei auf dem Weg nach Pskow, schreibt er, und er bitte ihn, Iwanow, entweder dorthin zu kommen oder sich nach Petrograd zu begeben, wo sie nach seiner Rückkehr miteinander sprechen könnten. Iwanow antwortet umgehend: «Ich bin froh, Sie bald zu sehen, wir sind am Bahnhof in Wyriza. Falls möglich, telegraphieren Sie doch bitte, wann sie ankommen werden.» Gutschkow bittet Iwanow, nach Gatschina zu fahren, wo er ihn am nächsten Tag treffen wolle. Ob Gutschkow in diesem Augenblick überhaupt zu Bewußtsein kommt, was er mit dieser Entscheidung anrichtet? Offenbar nicht, denn im Verkehrsministerium weiß niemand von der Verabredung, die er mit Iwanow getroffen hat. Auch jetzt noch fürchten sich die Revolutionäre vor der Strafexpedition und ihrem General.[44]

Um 4 Uhr morgens, erhält Bublikow eine beunruhigende Nachricht. Iwanow habe den Stationsvorsteher von Wyriza verhaftet, wird ihm mitgeteilt, und sei nun mit zwei Militärzügen auf dem Weg nach Petrograd. Von Wyriza aus hätte Iwanow nach Semrino und von dort aus über die Wladimir-Linie nach Gatschina fahren können, vierzig Kilometer südwestlich von Petrograd. Dort nämlich sind Einheiten stationiert, die vom Aufruhr noch nicht erfaßt sind und dem Herrscherhaus die Treue halten. Würde sich Iwanow mit ihnen verbinden, wäre es um die Revolution geschehen. Es spricht sich herum, daß Iwanow auf dem Weg in die Hauptstadt ist. Im Verkehrsministerium nimmt die Nervosität zu, als Lomonossow erfährt, daß eine Abteilung der Gendarmerie Iwanow entgegenfährt, um sich ihm anzuschließen und Iwanow Semrino schon passiert hat, einen Ort, der nur wenige Kilometer von Gatschina entfernt ist. Auch aus Pskow nähern sich Züge mit Soldaten der Hauptstadt, von denen niemand genau weiß, ob sie auf der Seite des alten oder des neuen Regimes stehen. Nun kommt es darauf an, keine Zeit zu verlieren. Lomonossow setzt die Militärkommission der Duma von den Truppenbewegungen in Kenntnis und erteilt den Befehl, den gesamten Schienenverkehr einzustellen. Sein Mitarbeiter, Lebedew, weist die Stationsvorsteher an, auf der Strecke zwischen Zarskoje Selo und Semrino alle Schrauben aus den Weichen zu entfernen. Die Telegraphisten, die auf der Strecke, die Iwanow befährt, ihren Dienst verrichten, leisten einen heldenmutigen Dienst, klopfen ihre Nachrichten an Lomonossow noch durch, als Iwanow ihre Kameraden verhaften und erschießen läßt. Bublikow und Lomonosow sind entschlossen, Iwanow den Weg abzuschneiden und ihn nicht entkommen zu lassen.[45]

Iwanow hätte sein Bataillon jetzt noch auf der Straße nach Gatschina führen können, aber er weiß offenbar nicht einmal, daß dort loyale Einheiten stationiert sind, mit denen er sich verbinden könnte. Und so trifft er nicht nur die verhängnisvolle Entscheidung, seine Soldaten über Zarskoje Selo nach Petrograd zu führen. Er läßt sich auch mit dem Verkehrsministerium verbinden und teilt törichterweise mit, wohin er fahren will. Und er bittet Lomonossow um freie Durchfahrt für seinen Zug. Lomonossow kann nicht glauben, daß Iwanow ihm seine Absichten verrät. Er begreift, was auf dem Spiel steht und versorgt den General am Telephon mit falschen Informationen:

Iwanow: «Mir hat der Leiter der Windawa-Strecke gesagt, daß Sie über den Zugverkehr entscheiden und daß er ohne Sie keinerlei Entscheidungen treffen kann. Was bedeutet das?»

Lomonossow: «Eurer Hochwohlgeboren, in dieser verantwortungsvollen Zeit sollte die Entscheidung über die Eisenbahnlinien in einer Hand konzentriert sein. Die Strecke Witebsk-Petrograd ist in militärischer Hinsicht eine der wichtigsten.»

Iwanow: «Wer sind Sie denn?»

Lomonossow: «Nach der Verhaftung des Leiters der Verwaltung, Bogaschew, habe ich seine Aufgaben übernommen.»

Iwanow: «Auf allerhöchsten Befehl fahre ich nach Petrograd.»

Lomonossow: «Wenngleich es aus dem Hauptquartier einen solchen Befehl nicht gab, glaube ich Ihnen aufs Wort, aber ich kann ihnen keine sichere Fahrt nach Petrograd garantieren.»

Iwanow: «Warum?»

Lomonossow: «In sechs Werst Entfernung sind vier Artilleriebatterien und 20 000 Infanteriesoldaten konzentriert, die auf Ihren Zug warten. Verhandeln Sie mit der Duma.»

Iwanow: «Ich bin Ihnen sehr verbunden für die Informationen. Sind sie auch vollständig richtig?»

Lomonossow: «Gott bewahre, Euer Hochwohlgeboren, wie könnte ich es wagen!»

Iwanow: «Auf Wiedersehen.»[46]

Zwar wissen Lomonossow und seine Mitarbeiter zu jeder Zeit, wo sich Iwanow gerade befindet, aber sie fürchten, der Durchbruch könne doch noch gelingen. Hätte die Gegenrevolution gesiegt, Bublikow und Lomonossow wären vor ein Militärgericht gestellt und wegen Hochverrats zum Tode verurteilt worden. Es sind die Eisenbahnangestellten, die sie vor diesem Schicksal bewahren, weil sie Schrauben aus den Weichen entfernen und Gleise blockieren, die nach Norden führen. Als schließlich die Nachricht eintrifft, daß Gatschina vom Bahnverkehr abgeschnitten worden ist, fallen die Mitarbeiter im Verkehrsministerium einander in die Arme. Der Weg vom Südwesten in die Hauptstadt ist versperrt. «Wäre General Iwanow nach Gatschina durchgebrochen», schreibt Lomonossow in seinen Erinnerungen, «wäre die Märzrevolution anders ausgegangen.»[47] Am Ende entscheidet eine Weichenschraube über Sieg oder Niederlage.[48]

Die Gefahr aber ist nicht vorüber. Iwanow kehrt nach Semrino zurück, er läßt die Angestellten der Bahnstation verhaften und droht ihnen, sie zu erschießen, sollten sie seine Weiterfahrt sabotieren. Aber der General ist ziel- und planlos. Irgendwann gibt er auf und bewegt sich nach Süden. Sofort läßt Lomonossow alle Weichenschrauben südlich von Semrino aus dem Schienenweg entfernen. Iwanow sitzt in der Falle. Er kann jetzt nur noch nach Mogiljow zurückfahren. Alle anderen Wege sind versperrt. Iwanow setzt seinen Zug wieder in Bewegung, kommt aber nur bis Sussanino, einem Ort, der zwischen Semrino und Wyriza liegt, wo sein Bataillon von Eisenbahnarbeitern auf ein Abstellgleis manövriert wird. Sein Versuch, sich mit dem Einsatz von Gewalt Respekt zu verschaffen, mißlingt. Am Vormittag des 2. März, als die Niederlage der Gegenrevolution schon besiegelt ist, übermittelt ihm Bublikow eine Warnung: solle er weiterhin Angestellte der Eisenbahn verhaften oder «terrorisieren», werde er von der Revolutionsregierung zur Verantwortung gezogen. Er werde sein Bataillon mit Artillerie beschießen lassen, sollte er sich seinen Anordnungen widersetzen. «Ich bitte Sie, in Sussanino zu bleiben oder nach Wyriza zurückzukehren.»[49]

Iwanow unternimmt noch den hilflosen Versuch, mit dem Hauptquartier Kontakt aufzunehmen, erfährt aber nur, daß sich Soldaten der 38. Infanteriedivision, die ihm von der Nordfront zur Verstärkung geschickt werden sollten, in Luga mit Meuterern verbrüdert haben und in der Stadt Geschäfte ausrauben. Alexejew weist ihn an, auf weitere Maßnahmen zu verzichten, denn alle militärischen Einheiten seien der Duma unterstellt, die nunmehr für die Wiederherstellung der Ordnung verantwortlich sei. Iwanows Mission sei deshalb obsolet, auf Gewalt solle er unter allen Umständen verzichten, weil ein Bürgerkrieg vermieden werden müsse. Er gibt sogar den Befehl, die bereits in Marsch gesetzten Einheiten der 5. Armee nach Dünaburg zurückzutransportieren.[50]

Jede Revolution ist ein willkürlicher Akt, der sich über Recht, Gesetz und Tradition hinwegsetzt und neue Zwecke in die Welt bringt. Die Revolutionäre brauchen eine Erzählung, einen Mythos, der ihr Handeln vor allen Augen ins Recht setzt. Der Mythos der Revolution erklärt den Angriff zur Verteidigung, die Verschwörung zur Volkserhebung, und schon scheint gerechtfertigt, was Revolutionäre und verderblich, was die Verteidiger der alten Ordnung tun.[51] Manche spüren schon im Moment der Erhebung, was auch sprachlich von ihnen verlangt wird. Am 1. März 1917 ruft ein Ingenieur der Eisenbahn im Verkehrsministerium an, um mitzuteilen, daß sich in Gatschina, südwestlich der Hauptstadt, «loyale» Truppen des Zaren befänden, auf die sich die Duma in der Stunde der Not nicht werde verlassen können. Lomonossow, der über den Bahnverkehr wacht, erklärt dem ahnungslosen Ingenieur, was Loyalität ist: «Gewöhnen Sie sich ein für allemal daran, daß das Aufrührer sind. Loyal sind die, die auf der Seite des Volkes stehen.»[52] Die Revolution hat gesiegt, als sie darüber bestimmen kann, wer als Angreifer und wer als Verteidiger zu gelten hat. Jetzt kommt es nur noch darauf an, daß auch die Untertanen dieser Version Glauben schenken.

X.

Eine neue Regierung

Mittwoch/Donnerstag, 1./2. März 1917

In der Duma herrscht auch am 1. März hektische Betriebsamkeit. Abgeordnete hetzen durch die Korridore, Rodsjanko, Engelhardt und Miljukow telephonieren mit den Kommissaren, die in diesen Stunden den Willen der neuen Machthaber in den Ministerien ausführen. In den Büros beraten Mitglieder des Provisorischen Dumakomitees über die Möglichkeiten, die sich ihnen im Angesicht des revolutionären Chaos noch eröffnen. Schulgin sieht, wie Miljukow an einem Tisch sitzt und irgendetwas schreibt. «Pawel Nikolajewitsch», sagt er, «nun ist es genug mit dieser Schankwirtschaft. Wir können Rußland nicht vom Tisch aus regieren. Wir brauchen eine Regierung.» Nur er, Miljukow, sei imstande, eine solche Übertragung der Macht herbeizuführen, und sie müsse unverzüglich vollzogen werden. Abgeordnete bedrängen auch Rodsjanko. Man dürfe nicht länger zusehen, wie sich die Ordnung vor allen Augen auflöse. Es müsse gehandelt, es müßten Entscheidungen getroffen werden. Und Miljukow tut, was von ihm verlangt wird: Er bringt Politiker an einen Tisch und formt aus ihnen eine Regierung.[1]

Aber bevor die Regierung offiziell ins Amt kommt, müssen die Liberalen Kompromisse und Zugeständnisse machen. Und der Preis ist hoch, den sie für ihren Flirt mit der Revolution nun zu entrichten haben. Sie beugen sich dem Diktat all derer, die sie Wochen zuvor nicht einmal eines Blickes gewürdigt hätten. So haben sie sich die Emanzipation der Volksmassen nicht vorgestellt. Miljukow und seine Freunde hätten sich lieber mit dem Zaren arrangiert, müssen sich nun aber mit dem Arbeiter- und Soldatenrat verständigen und die Macht mit ihm teilen, nachdem sie selbst mit Recht und Verfassung gebrochen haben. Schlimmer hätte es nicht kommen können, denkt Miljukow, der lieber allein regiert hätte, sich nun aber mit der Doppelherrschaft abzufinden hat. Denn alle Anstrengungen des Exekutivkomitees dienen nur einem Zweck: die Regierung der Zensusgesellschaft daran zu hindern, sich der Entfaltung der Revolution entgegenzustellen. Man überläßt den Liberalen die Regierungsgewalt nur aus taktischen Gründen und weil man die Generäle nicht gegen sich aufbringen will, aber eines Tages, wenn man sie nicht mehr braucht, wird man sich ihrer entledigen. Suchanow faßt diese Gewißheit in deutliche Worte: Die Staatsgewalt, die dem Klassenfeind übertragen wird, müsse so beschaffen sein, daß sie ihren Feinden die größtmögliche Freiheit einräume. Denn Ziel und Zweck des Übereinkommens sei es, den bürgerlichen Staat irgendwann aus dem Weg zu räumen. Die Frage lautet, ob die Zensusgesellschaft bereit ist, solche Kompromisse zu machen. Miljukow hat sie längst beantwortet: besser gute Miene zum bösen Spiel machen, als gar nicht regieren.[2]

Im Grunde sind auch die Sozialisten in keiner komfortablen Lage, weil sie sich von den Wünschen und Ansprüchen der Massen nicht lösen können. Das System der repräsentativen Demokratie stößt an Grenzen, wenn Abgeordnete gezwungen werden, die Befehle derjenigen auszuführen, die sie vertreten. Was immer das Exekutivkomitee auch beschließt, stets muß sich jede Entscheidung sogleich im Plenarsaal und auf der Straße legitimieren, wo sie entweder auf Zustimmung stößt oder verworfen wird. Unter den Soldaten spricht sich herum, was Rodsjanko und Miljukow über die Wiederherstellung der militärischen Disziplin denken. Und es scheint ihnen, als seien die Liberalen auch entschlossen, durchzusetzen, was sie sich vorgenommen haben. Je lauter das öffentliche Bekenntnis zur militärischen Disziplin ausfällt, desto radikaler gebärden sich die Soldaten, die sich nicht länger bevormunden lassen wollen.[3] Sie fürchten, man könne ihnen die Waffen abnehmen, sie wieder der Befehlsgewalt ihrer Offiziere unterstellen und sie womöglich sogar an die Front schicken. Und sie ahnen, daß Rodsjanko und seine Freunde sich ihrer entledigen und sie durch kampferprobte Soldaten ersetzen wollen, um den Ungehorsam aus den Kasernen zu vertreiben. Auch spricht sich herum, daß Rodsjanko und Gutschkow Offiziere auffordern, in die Kasernen zurückzukehren, damit sie dort die Disziplin wieder herstellen. Dafür aber haben sie die Revolution nicht gemacht, dafür nicht ihr Leben riskiert. Und so bedrängen sie die Mitglieder des Exekutivkomitees, Druck auf die Abgeordneten der Duma auszuüben. Sie sollen die Errungenschaften der Revolution festschreiben und die veränderten Machtverhältnisse in den militärischen Einheiten unumkehrbar machen. Kein Soldat soll mehr gegen seinen Willen an die Front geschickt, keine politische Entscheidung mehr ohne ihn getroffen werden. Im Arbeiter- und Soldatenrat kommt sofort Mißtrauen auf. Werden die Sozialisten den Soldaten in den Rücken fallen, sich mit den Liberalen auf ihre Kosten einigen? Immerhin sind Menschewiki und Sozialrevolutionäre nicht grundsätzlich gegen die Fortsetzung des Krieges. Deshalb werden nun auch zehn Soldaten in das Exekutivkomitee aufgenommen, die dafür sorgen sollen, daß die Wünsche ihrer Kameraden erfüllt, Sozialisten und Liberale sich nicht davonstehlen können.[4]

Die Soldaten trauen den Sozialisten genau so wenig, wie den Liberalen, sie verlangen, daß vollendete Tatsachen geschaffen werden, bevor die Gespräche über die Regierungsbildung überhaupt beginnen. Man müsse den Liberalen Forderungen stellen, die nicht verhandelbar sind. Soldaten drängen in das Büro Nikolai Sokolows, der im Exekutivkomitee das große Wort führt, und konfrontieren ihn mit den Wünschen ihrer Kameraden. Sokolow sitzt an einem Schreibtisch, umringt von Soldaten und Matrosen, die ihm diktieren, was in ihren Augen keinen Aufschub mehr duldet. Suchanow erinnert diese Szene an Tolstoi, wie er in der Schule von Jasnaja Poljana gemeinsam mit den Bauernkindern Erzählungen schreibt. Offenbar sind die Soldaten mit dem Ergebnis zufrieden. Denn Sokolow geht wenig später in den Plenarsaal und liest den dort versammelten Soldaten einen Text vor, der als «Befehl Nr. 1» in die Annalen der Revolution eingehen wird. In allen Kompanien, Bataillonen und Regimentern seien Soldatenkomitees zu wählen, deren Mitglieder vom Arbeiter- und Soldatenrat bestätigt werden müßten, heißt es dort. Die Befehle der Militärkommission des Provisorischen Dumakomitees seien nur dann zu beachten, wenn sie den Anordnungen des Arbeiter- und Soldatenrates nicht widersprächen. Alle Waffen müßten in den Händen der Soldatenkomitees verbleiben und dürften unter keinen Umständen an Offiziere übergeben werden. Außerhalb ihres Dienstes genössen Soldaten alle bürgerlichen Rechte und seien der militärischen Disziplin entbunden, alle Titel, Ehrbezeugungen und Anreden der Vergangenheit – Euer Hochwohlgeboren, Euer Wohlgeboren – seien aufgehoben. Soldaten müßten gesiezt und mit Respekt behandelt werden. Vor allem aber setzen sich die Soldaten mit ihrem Verlangen durch, daß Einheiten, die in der Hauptstadt stationiert sind, nicht gegen ihren Willen an die Front verlegt werden dürfen. Schon am nächsten Morgen wird der «Befehl Nr. 1» in den «Iswestija», den Nachrichten des Arbeiter- und Soldatenrates, veröffentlicht und hunderttausendfach verbreitet.[5]

Den Soldaten kommt in diesem Moment zu Bewußtsein, daß das Schicksal der Revolution in ihren Händen liegt. Verlören sie die Kontrolle über die Armee, wäre es für die Generäle des Zaren ein Leichtes, die alte Ordnung wiederherzustellen. Die Durchsetzung der Disziplin würde den Generälen ein mächtiges Instrument in die Hand gegeben, und sie würden dieses Instrument zweifellos nutzen, um die renitenten Reservisten in den städtischen Garnisonen an die Front zu schicken. Das Ende der Revolution wäre in wenigen Tagen besiegelt. Der «Befehl Nr. 1» ist kein Betriebsunfall, sondern eine Konsequenz der Soldatenrevolte. Wenn die alte Armee nicht zerstört worden wäre, hätten ihre Kommandeure der Revolution früher oder später ein gewaltsames Ende gesetzt.[6] Die Erinnerung an die Revolution von 1905 ist noch nicht verblaßt. Der «Befehl Nr. 1» besiegelt das Ende der alten Ordnung, er setzt die Anarchie ins Recht und versetzt der zarischen Armee den letzten, entscheidenden Stoß, der sie in den Abgrund fallen läßt. Die liberalen Dumapolitiker sind verzweifelt, als sie hören, was der Arbeiter- und Soldatenrat ohne ihr Wissen und ohne ihre Zustimmung in die Welt gesetzt hat. Denn plötzlich erscheint ein Soldat in den Räumen des Dumakomitees und verlangt, daß der «Befehl Nr. 1» sofort gedruckt und an alle Militäreinheiten verschickt werden müsse. Als sein Verlangen zurückgewiesen wird, sagt er nur: «Nun, dann geben wir ihn eben selbst heraus», und geht wieder fort. Die Verwirrung und Bestürzung ist groß, selbst im Exekutivkomitee kommen Zweifel auf.[7]

Miljukow versucht, die Sozialisten zum Einlenken zu bewegen. Er weiß, wie Schulgin bemerkt, daß es nur um eine Frage geht: sie oder wir. Aber er ist sich seiner begrenzten Möglichkeiten auch bewußt, versteht, daß ihm nichts anderes zur Verfügung steht als die Kunst der Rede. Schulgin ist Zeuge der Auseinandersetzung, die sich in einem Büro im rechten Flügel des Taurischen Palais ereignet. Sokolow, Suchanow und Steklow, die Vertreter des Exekutivkomitees, und Miljukow sitzen inmitten des geschäftigen Trubels an einem Tisch und streiten über die Frage, ob es statthaft sei, daß Soldaten ihre Offiziere selbst wählen und ihnen Vorschriften machen dürfen und ob hingenommen werden müsse, daß sie sie umbringen. Nirgendwo sei es Brauch, sagt Miljukow, daß Soldaten mit den Offizieren anstellen könnten, was ihnen gefalle. Ohne die Aufrechterhaltung der Disziplin werde die Armee zerfallen. Wer könne das im Angesicht des Krieges schon wollen? Er bitte die Mitglieder des Exekutivkomitees deshalb darum, einen Aufruf zu verfassen, um der Gewalt Einhalt zu gebieten. So weit ist es also schon gekommen, denkt Miljukow! Er muß sich vor den Sozialisten in den Staub werfen, um das Leben der Offiziere zu retten. Aber eine andere Wahl hat er nicht.

In einer Ecke sitzen Kerenski, Engelhardt, Schulgin und Tschcheidse und hören mit halbem Ohr, was am Tisch besprochen wird. Schulgin fragt Tschcheidse, der, von Müdigkeit übermannt, in einem Sessel kauert, was er sich von der Wahl der Offiziere durch die Soldaten denn eigentlich verspreche. «Es ist sowieso alles verloren», antwortet er. «Um sich zu retten … um sich zu retten, braucht man ein Wunder. Vielleicht wird die Wahl der Offiziere das Wunder sein. Vielleicht auch nicht. Man muß es ausprobieren, schlechter wird es nicht werden.» Dann macht er es sich wieder in seinem Sessel bequem. Sokolow, Suchanow und Steklow sind zwar bereit, einen Aufruf zu verfassen, der es den Soldaten untersagt, ihre Offiziere zu töten, aber sie verwenden Worte, die Miljukow nicht akzeptieren mag. Die Beschimpfung der Offiziere als «Gutsbesitzer», «Reaktionäre» und «Blutsauger», wendet Miljukow ein, werde die angespannte Lage noch verschärfen. Verzweifelt sitzt er mit einem Bleistift in der Hand am Tisch und bearbeitet das Dokument. Irgendwann erhebt sich Kerenski aus seinem Sessel, geht auf den Tisch zu und bittet die Vertreter des Exekutivkomitees, ihn nach draußen zu begleiten. Es dauert eine Viertelstunde, bis er theatralisch die Tür aufstößt und ruft: «Die Vertreter des Exekutivkomitees sind mit den Zugeständnissen einverstanden.»[8] Miljukow bekommt, was er will, aber der Aufruf kommt zu spät, um die Gemüter noch zu besänftigen. Der «Befehl Nr. 1» bleibt zwar in Kraft, aber er soll nur für die Soldaten der Garnison von Petrograd gelten, nicht aber für die Front. Doch wen interessiert das in diesen Tagen schon?

Am frühen Abend des 1. März versammeln sich die Mitglieder des Exekutivkomitees und verständigen sich auf die Bedingungen, unter denen sie bereit sind, eine Regierung des Dumakomitees zu dulden: eine Amnestie für alle Gefangenen ohne Ausnahme, die Gewährung von Bürgerrechten für alle Soldaten, die Auflösung der Polizei und die Ausschreibung von Wahlen zu einer verfassunggebenden Versammlung, die darüber befinden soll, auf welche Weise Rußland in Zukunft regiert werden wird. Auf gar keinen Fall, sind sich die Mitglieder des Exekutivkomitees einig, dürfe man es der Provisorischen Regierung erlauben, eine Vorentscheidung über die Staatsform zu treffen. Nach allem, was geschehen sei, könne kein Mitglied des Hauses Romanow noch auf dem Thron bleiben. Streit entbrennt hingegen in der Frage, ob sich der Arbeiter- und Soldatenrat an der Regierung beteiligen solle. Die gemäßigten Sozialisten, vor allem die Repräsentanten des Allgemeinen Jüdischen Arbeiterbundes, empfehlen, sich mit den Liberalen auf eine Koalitionsregierung zu verständigen. Dieser Vorschlag aber wird von den übrigen Mitgliedern des Exekutivkomitees sofort verworfen, die begreifen, daß jeder Fehler, den die Provisorische Regierung beginge, auch dem Arbeiter- und Soldatenrat zugeschrieben werden würde. Besser eine Regierung kritisieren und kontrollieren, denken sie, als ihr beizutreten. Es ist 20 Uhr, als Steklow in den Plenarsaal geht und den dort versammelten Arbeitern und Soldaten vorträgt, was im Exekutivkomitee beschlossen worden ist und welche Bedingungen der Provisorischen Regierung gestellt werden.[9]

Um Mitternacht begeben sich Tschcheidse, Suchanow, Sokolow und Steklow in den rechten Flügel des Taurischen Palais', um sich mit den Vertretern der Duma, Miljukow, Nekrassow, Schidlowski, Rodsjanko, Lwow und Schulgin, zu beraten. Sie sprechen über die Bildung einer neuen Regierung und unter welchen Bedingungen der Arbeiter- und Soldatenrat bereit sei, sie zu tolerieren. Hier, im rechten Flügel, in dem Liberale und Konservative den Taktstock schwingen, wird noch der Habitus vergangener Tage gepflegt. Vor den Eingängen stehen Lakaien in Livreen, gut gekleidete Männer sitzen in bequemen Sesseln, trinken Tee aus Tassen und lassen sich von Dienern silberne Löffel reichen. Eine andere Welt, zweifellos, die sich den Revolutionären, die wenige Minuten zuvor noch im Dunst der Soldatenmassen gestanden und gesprochen haben, von ihrer bürgerlichsten Seite präsentiert. Sokolow überreicht Miljukow, der im Namen der Duma das Wort führt, den Bedingungskatalog des Exekutivkomitees. Miljukow ist der Herr im rechten Flügel des Palais', ganz gleich, welche Funktion ihm zugeschrieben wird. Und so führt er sich auch auf. Er allein spricht, und im Namen seiner Mitstreiter beantwortet er alle Fragen, die ihm gestellt werden. Lwow, der das Amt des Ministerpräsidenten und Innenministers übernehmen soll, vergräbt sich hingegen still in einem Sessel und sagt im Verlauf der Verhandlungen kein einziges Wort, und auch Kerenski, der in einer Ecke sitzt, zieht es vor, zu schweigen, weil er als Repräsentant der Rätedemokratie nicht den Eindruck erwecken will, ein Freund der Liberalen zu sein.[10]

Entgegen allen Erwartungen bleibt die befürchtete Konfrontation aus. Miljukow und seine Freunde beklagen das Chaos und die Anarchie auf den Straßen, den drohenden Zerfall der Armee und des Staates, dem Einhalt geboten werden müsse. Dieser Diagnose stimmen auch die Sozialisten zu, die doch schon am eigenen Leib zu spüren bekommen, was es heißt, Geiseln in den Händen des Volkes zu sein. Aber der einzige Garant der Ordnung, entgegnet Suchanow auf die Vorhaltungen Miljukows, sei der Arbeiter- und Soldatenrat. Ihm allein gehören die Waffen und ihm allein gehorchen die Soldaten. Des-

Pawel Miljukow (1859–1943), Historiker, Vorsitzender der Konstitutionellen Demokraten, Abgeordneter der IV. Duma und erster Außenminister der Provisorischen Regierung

halb habe er auch das Recht, Bedingungen zu stellen. Miljukow liest, was ihm vorgelegt wird, und zur Überraschung der Sozialisten erklärt er, daß die meisten Forderungen des Arbeiter-und Soldatenrates vernünftig seien und sich von selbst verstünden. Denn auch die Liberalen hätten stets nach allgemeinen, freien und gleichen Wahlen verlangt und die Diskriminierung von Bauern, Juden und anderen religiösen Minderheiten verurteilt. Nur mit der Monarchie mag Miljukow nicht brechen. Die Romanows, versichert er, seien für niemanden mehr eine Gefahr. Nikolai II. werde zur Abdankung gezwungen, sein Sohn und dessen Regent würden in Zukunft ohne jeglichen politischen Einfluß sein. «Der eine ist ein großes Kind», sagt er mit mildem Lächeln, «und der andere ein vollkommen dummer Mensch.» Und dennoch sei die Monarchie der einzige Garant für den Zusammenhalt des Staates, die einzige Legitimationsquelle der Herrschaft. Am Ende muß er sich aber auch in dieser Frage dem Exekutivkomitee geschlagen geben, das an den Auftrag des Arbeiter- und Soldatenrates gebunden ist. Über die zukünftige Staatsform, so lautet der salomonische Vorschlag, solle die verfassunggebende Versammlung entscheiden. Die Abschaffung der Polizei und ihre Ersetzung durch eine Volksmiliz hält wenigstens Miljukow für unsinnig. Widerwillig aber stimmen die Repräsentanten der Duma auch dieser Bedingung zu.[11]

Doch wie steht es mit den Forderungen der Soldaten? Die Sozialisten erwarten, daß Miljukow sie ablehnen wird. Aber selbst in dieser Frage geben die Liberalen nach, obgleich das Verlangen der Soldaten, sich in den Besitz der Waffen zu bringen und ihre Offiziere selbst auszuwählen, allem widerspricht, was Miljukow und Gutschkow überhaupt für anerkennungswürdig halten. Am Ende verständigen sie sich mit den Sozialisten darauf, daß Soldaten zwar Bürgerrechte haben, sie aber nur außerhalb ihres militärischen Dienstes in Anspruch nehmen sollen. Aber was heißt das schon in diesen Tagen? Miljukow kann gar keine Bedingungen mehr stellen, über die das Leben schon hinweggegangen ist. Er weiß, kommentiert Suchanow die Kompromißbereitschaft des liberalen Führers, daß ohne die Zustimmung des Arbeiter- und Soldatenrates weder eine Regierung entstehen noch bestehen wird. Er hat verstanden, daß es im Belieben des Exekutivkomitees liegt, dem Dumakomitee Macht zu geben oder sie ihm zu nehmen. Die Exekutive beugt sich den Gewehrläufen. Künftig dürfe die Regierung keine Entscheidung ohne Zustimmung des Arbeiter- und Soldatenrates treffen, heißt es in der Vereinbarung – eine schwere Hypothek für die Dumaabgeordneten, die vor allen Augen kapitulieren und sich selbst zur Tatenlosigkeit verurteilen. Im Augenblick der revolutionären Euphorie aber will niemand hören, was die Bedenkenträger einzuwenden haben.[12] Schon am Vormittag des 2. März veröffentlichen die Provisorische Regierung und der Arbeiter- und Soldatenrat eine Deklaration, die alle Verabredungen aufführt, auf die sie sich in der Nacht verständigt haben.

Nun werden Fakten geschaffen: Das Dumakomitee konstituiert sich als Provisorische Regierung. Ihr gehören Mitglieder aller liberalen Dumafraktionen – der Kadetten, Progressisten und Oktobristen – an, unter ihnen Pawel Miljukow als Außen-, Alexander Gutschkow als Kriegs- und Alexander Kerenski, der einzige Sozialist, als Justizminister. Michail Tereschtschenko, Andrei Schingarjow und Michail Nekrassow erhalten die Ressorts für Finanzen, Landwirtschaft und Verkehr. Lwow übernimmt nicht nur das Amt des Premier-, sondern auch des Innenministers. Und so fällt die Verantwortung für die Aufrechterhaltung der öffentlichen Ordnung einem Mann zu, der schon damit überfordert wäre, seine Untergebenen zu maßregeln. Miljukow selbst hat die Ministerliste zusammengestellt, und er sorgt dafür, daß die Minister tun, was er von ihnen verlangt.[13]

Lwow ist ein konservativer Liberaler, ein feiner Herr und Gemütsmensch ohne Ehrgeiz und Machtwillen, der den Idealen Lew Tolstois nähersteht als dem Liberalismus der Konstitutionellen Demokraten, der aber vor allem nicht im Verdacht steht, ein Anhänger der Revolution zu sein und von den Mitgliedern fast aller Parteien als Ehrenmann geschätzt wird. Was immer auch geschehen mag, und das kann niemand voraussehen – alle wissen, daß sich mit Lwow selbst der Zar und seine Hofkamarilla arrangieren können. In jedem Fall wird seine Ernennung von jedermann als Bekenntnis der Duma zur konstitutionellen Monarchie verstanden und als Absage an die zerstörerische Revolte.[14] Miljukow selbst hat den Vorschlag unterbreitet, ihn, und nicht Rodsjanko zum Vorsitzenden der Regierung zu ernennen, weil Lwow kein Exponent der Duma ist, sondern über den sozialen und politischen Interessen steht und deshalb, so hofft Miljukow, das zerstrittene und zerrissene Land einigen könne. Im Kreis der Sozialisten genießt Lwow geringes Ansehen, er gilt, wie Suchanow einmal bemerkt, als jemand, der sich zur «Opposition seiner Majestät» bekennt, sich mit gewaltsamen Umwälzungen aber eigentlich nicht anfreunden kann. Für sie paßt er einfach nicht in die neue Zeit. Miljukow kommt erst Tage später zu Bewußtsein, daß Lwows weiche Natur und sein naiver Glaube an die Weisheit des einfachen Volkes verhängnisvoll sind und die Autorität der ohnehin schwachen Regierung untergraben. Miljukow aber sieht in Lwow auch einen Regierungschef, der keine eigenen Pläne verfolgt, der sich von ihm lenken lassen würde. Alles, was Miljukow tut, ist Berechnung. Kerenski hat er ins Spiel gebracht, nicht weil er ihn schätzt, sondern weil er einen Sozialisten in der Regierung braucht, der zum Ausdruck bringt, was in der Duma nur unzureichend vertreten ist. Noch am gleichen Tag informiert Rodsjanko den Chef des Generalstabes darüber, daß die Staatsgewalt auf die Provisorische

Regierung übergegangen sei. Er selbst aber, der bislang alle Geschäfte geführt und alle Verhandlungen geleitet hat, geht leer aus. Rodsjanko eilt der Ruf voraus, ein konservativer Großgrundbesitzer zu sein. Ein Revolutionär ist er nicht, der Arbeiter- und Soldatenrat hat ihn sogar im Verdacht, gemeinsame Sache mit dem Zaren zu machen. Miljukow ist klug genug, sich nicht mit einem Mann zu schmücken, der unter denen, deren Unterstützung die neue Regierung braucht, nichts als Ablehnung hervorruft, den er aber immer noch braucht, um die Generäle zu besänftigen.[15]

Eine offene Frage aber bleibt noch zu beantworten. Welche Rolle soll eigentlich Kerenski zufallen, dessen Wunsch, Minister zu werden, von der Zustimmung des Arbeiter- und Soldatenrates abhängig ist. Stets haben die Sozialisten erklärt, sich nicht an der Regierung zu beteiligen, sondern sie zu kontrollieren. Kerenski aber ist eitel und selbstverliebt, er will nicht nur Sprachrohr und Führer der Massen sein. Er braucht ein Ministeramt, das seinen Ehrgeiz befriedigt. Miljukow weiß, wie man mit solchen Selbstdarstellern umgeht und wie man sie gegen die eigenen Leute aufbringt. Am Nachmittag des 1. März bereits hat er Kerenski in seinem Büro aufgesucht und ihm das Amt des Justizministers in der Provisorischen Regierung angeboten. Kerenski bittet um Bedenkzeit, bespricht sich mit Suchanow und anderen Mitgliedern des Exekutivkomitees, die ihm den Rat geben, das Angebot Miljukows auszuschlagen. Solch eine Antwort aber will der selbsternannte Volkstribun nicht hören. Er setzt sich einfach über alle Bedenken hinweg, greift zum Telephonhörer und gibt Miljukow eine Zusage.[16]

Im Exekutivkomitee entzündet sich sogleich eine heftige Debatte über die Frage, ob Sozialisten sich an den Regierungsgeschäften beteiligen dürfen. Die Repräsentanten des «Zensusparlaments», die sich in der Provisorischen Regierung zusammengefunden hätten, verträten nur eine verschwindend kleine Minderheit von Wählern. Sich mit ihnen zu verbinden, hieße, Verrat an Arbeitern, Bauern und Soldaten zu üben, deren Interessen in der Duma niemals vertreten worden seien, glauben die meisten Sozialisten im Exekutivkomitee. Auch sei die Zeit der sozialistischen Revolution noch nicht gekommen, und deshalb könne man den Liberalen zwar die Regierungsgewalt zugestehen, dürfe sie aber

Fürst Georgi Lwow (1861–1925), Vorsitzender des Allrussischen Semstwo-Verbandes, Abgeordneter der Konstitutionellen Demokraten in der I. Duma und erster Ministerpräsident der Provisorischen Regierung

nicht nach Belieben gewähren lassen, ihnen schon gar nicht den Gefallen tun, sich an ihren Entscheidungen zu beteiligen. Die Sozialisten wollen sich nicht vor dem Volk kompromittieren. Die Bolschewiki wollen die Regierung nicht einmal tolerieren, sondern verlangen, der Arbeiter- und Soldatenrat solle die Macht ergreifen, nicht aber Minister entsenden, die nichts und niemanden zu vertreten hätten.

Kerenski hat Miljukow eine Zusage gegeben, ohne vom Arbeiter- und Soldatenrat, auf den er sich sonst stets beruft, autorisiert zu sein. Er weiß, daß er mit seinem Ruf und seiner politischen Zukunft spielt, wenn er für dieses Dilemma keine Auflösung findet. Er wäre gern ein Mann des Arbeiter- und Soldatenrates, aber noch mehr verlangt er danach, Minister zu sein. Zwar gehört Kerenski formal keiner Partei an, er könnte also als Privatmann in die Regierung eintreten. Aber er ist auch der stellvertretende Vorsitzende des Arbeiter- und Soldatenrates. Gegen dessen Willen kann er nicht Minister werden. Eigentlich wäre alles ganz einfach. Er müßte nur sein Amt im Rat aufgeben. Das aber kann er nicht, weil es Miljukow darauf ankommt, die Rätedemokratie an die Regierung zu binden. Welchen Gewinn hätte er von einem Privatmann als Justizminister? Nur als Sprachrohr von Arbeitern und Soldaten ist Kerenski für ihn von Nutzen. Miljukow weiß, daß Kerenskis Eitelkeit und Ruhmsucht am Ende über alle Bedenken triumphieren werden, die er womöglich haben könnte.[17]

Kerenski findet einen Ausweg. Am frühen Nachmittag des 2. März tritt er vor dem Arbeiter- und Soldatenrat auf, um sich vor ihm zu erklären und sich von ihm legitimieren zu lassen. Wenige Minuten zuvor hat Steklow die Deputierten über die Verhandlungen mit den Mitgliedern des Dumakomitees informiert und auch darüber, daß Miljukow sich allen Forderungen der revolutionären Gewalt klaglos unterworfen habe. Steklow wiederholt, daß es keine gemeinsame Regierung mit den Vertretern des Zensusparlaments geben könne und geben werde. Was hätte Kerenski jetzt noch sagen können? Er hätte sich lächerlich gemacht, wenn er sich auf Verabredungen und die Hinterzimmerdiplomatie vergangener Tage berufen hätte, die ihn zum Justizminister gemacht haben. Er inszeniert sich jetzt als Mann der Tat, als derjenige, der den Willen des Volkes in der Regierung vertritt, ohne sich von irgendwelchen Regeln leiten zu lassen. So sieht er sich selbst, und so will er von allen gesehen werden. Langsam und stockend beginnt er seine Rede vor den Arbeitern und Soldaten, schiebt lange Pausen in seine Ansprache, um die Spannung zu steigern, und bringt sich dann geschickt in Rage, um das Auditorium auf seine Seite zu ziehen. «Genossen, vertraut Ihr mir?», ruft er in den Saal. Von allen Bänken ist nichts als Zustimmung zu hören. Nun wirft sich Kerenski in eine theatralische Pose, preßt die rechte Hand an seine Brust und ruft: «Ich spreche aus der Tiefe meines Herzens, und wenn ihr einen Beweis verlangt, damit Ihr mir vertraut, bin ich bereit, sofort hier, vor Euren Augen, zu sterben.»[18]

Was hätte er wohl getan, wenn ihm das Auditorium die Anerkennung verweigert hätte? Gestorben wäre er wohl kaum, eher wäre er als lächerlicher Mensch in Erinnerung geblieben. Als geübter und gewandter Redner aber kennt er die Regeln der Manipulation. Er darf dem Publikum keine Zeit lassen, um doch noch zu einer Abwägung zu kommen. Und so redet er den Zuhörern ein, daß sie selbst es doch seien, die ihn, Kerenski, bräuchten wie niemanden sonst. Er habe das Amt des Justizministers übernommen, ruft er, um die Errungenschaften der Revolution vor ihren Feinden zu schützen. Deshalb habe er handeln müssen, ohne sich vom Arbeiter- und Soldatenrat autorisieren zu lassen. Er, Kerenski, habe nicht nur die Gefängnisse geöffnet, sondern auch die nach Sibirien deportierten bolschewistischen Abgeordneten in die Hauptstadt zurückgeholt. In seiner Hand befänden sich die Minister des Zaren, und nur er allein sei imstande, sie ihrer gerechten Strafe zuzuführen. Die Menge ist außer sich, der Saal tobt. Nun verlangt niemand mehr nach einer Abstimmung über die Selbstermächtigung eines Mannes, der Justizminister geworden ist, weil er sich selbst beauftragt hat. Kerenski ist in sich selbst verliebt, aber es gelingt ihm, seine Ehrsucht als Ausdruck des Volkswillens auszustellen. Ein geschickter Schachzug, zweifellos. Was hätte er auch sonst schon sagen können? Das rhetorische Talent ist in diesen Tagen die einzige Waffe, von dem sich die Massen beeindrucken, bewegen und lenken lassen, und Kerenski ist ihr Meister. Der lang andauernde Applaus geht in stürmische Ovationen über. Auf Händen wird Kerenski unter Hurra-Rufen von Soldaten aus dem Saal getragen.[19]

Kerenski spürt sofort, daß er derjenige sein wird, der mehr Macht auf sich vereint, als jeder andere Minister, der dem Kabinett angehört. Er ist nicht nur Abgeordneter des Parlaments und Mitglied des Provisorischen Komitees, sondern auch Sozialist, selbsternannter Vertreter der werktätigen Massen, ausgestattet mit der Legitimation des Arbeiter- und Soldatenrates. Kerenski nutzt diesen strategischen Vorteil, umgibt sich mit bewaffneten Soldaten, läuft im Taurischen Palais umher, zeigt sich den Massen und erteilt bellende Befehle. Inzwischen tritt er auch in neuer Verkleidung auf. Die umgebogenen Ecken seines Hemdkragens fehlen, er hat sie mit einer Schere selbst entfernt, weil er glaubt, sich auf dieses Weise ein proletarisches Aussehen geben zu können. Die Liberalen finden sich damit ab, manche belächeln den hysterischen Selbstdarsteller und dessen komische Auftritte, aber sie begreifen auch, daß sie jemanden wie ihn brauchen, jemanden, der die aufsässigen Soldaten zur Raison bringt, zu welchem Preis auch immer.[20]

Es gibt aber natürlich auch für die Mitglieder des Exekutivkomitees gute Gründe, Kerenskis Eintritt in die Regierung zuzustimmen. Noch am 1. März hatten die Sozialisten gefürchtet, Rodsjanko und Miljukow könnten sich mit den Repräsentanten des alten Regimes doch noch verständigen. Eine solche Übereinkunft aber wollen sie um jeden Preis abwenden. Und nun ergreifen sie die Gelegenheit beim Schopf und entsenden einen der Ihren in die Regierung, damit er den liberalen Herren auf die Finger schaut und ihre finsteren Pläne durchkreuzt. Kerenski ist für diese Aufgabe der richtige Mann, weil er in den zurückliegenden Jahren nicht nur die prominenteste Stimme der Sozialisten in der Duma gewesen ist, sondern sich mit den meisten liberalen Abgeordneten auch gut versteht, eine gemeinsame Sprache mit ihnen findet. Miljukow und Gutschkow hingegen wissen um die Selbstverliebtheit Kerenskis, die sie für ihre eigenen Zwecke nutzen. Sie sehen in ihm aber auch einen Fürsprecher der Mäßigung, der, wie sie hoffen, im Exekutivkomitee um Vertrauen für die Provisorische Regierung werben wird.[21] Beide Seiten ziehen einen Gewinn aus dieser Kooperation.

In den Kasernen wird die Nachricht von der Einsetzung einer Provisorischen Regierung ohne Begeisterung aufgenommen. Ein Fürst als Regierungschef, ein Millionär und Zuckerfabrikant als Finanzminister und ein Professor für Geschichte als Außenminister – so haben sich die Soldaten ihre Revolution nicht vorgestellt. Als Stankewitsch die Nachricht von der Regierungsbildung auf dem Kasernenhof seines Bataillons verkündet, schlägt ihm eisige Kälte entgegen. Die Soldaten stehen regungslos und mit feindseliger Miene vor ihm, keine Hand regt sich zum Applaus.[22]

Um 16 Uhr tritt Miljukow selbst im Katharinen-Saal des Taurischen Palais vor die dort versammelten Arbeiter und Soldaten und gibt ihnen die Namen der Minister bekannt. Zwischenrufer stören seine Rede, die Ernennung von Lwow, Tereschtschenko und Gutschkow, die im Ruf stehen, mit der alten Ordnung und ihrer Klassengesellschaft verbunden zu sein, löst Empörung aus. Aber sie lassen Miljukow ausreden. Mit Pathos in der Stimme ruft er in den Saal: «Wir sind Zeuge einer großen historischen Minute. Noch vor drei Tagen waren wir eine bescheidene Opposition, und die russische Regierung schien allmächtig zu sein. Jetzt ist diese Regierung in dem Schmutz versunken, der ihr eigen war, und durch die Revolution, die Armee und das Volk haben wir und unsere Freunde auf der Linken uns auf den Ehrenplatz gehoben, als Mitglieder des neuen russischen gesellschaftlichen Kabinetts.» In der Vergangenheit seien die Abgeordneten der linken und der rechten Parteien nicht immer einer Meinung gewesen. Nun aber komme es darauf an, die Errungenschaften der Revolution gegen ihre Feinde zu verteidigen. Die Revolution dürfe nicht vergeblich gewesen sein. Deshalb müsse der Streit vergangener Tage für immer begraben werden.[23]

Zuletzt spricht Miljukow über die zukünftige Staatsform. Auch in der Höhle des Löwen gibt er sich so, als sei er unter seinesgleichen, mutig und unbestechlich. «Meine Herren, Sie lieben die alte Dynastie nicht. Vielleicht mag ich sie auch nicht. Aber jetzt kommt es nicht darauf an, wer wen liebt. Wir können die Entscheidung und die Antwort auf die Frage nach der Staatsform nicht offenlassen. Wir können sie uns als parlamentarische und konstitutionelle Monarchie vorstellen. Möglicherweise stellen andere sie sich anders vor. Wenn wir aber darüber streiten werden, anstatt die Frage sofort zu entscheiden, so wird es in Rußland einen Bürgerkrieg geben, und er wird nur zur Wiederauferstehung des alten Regimes führen. Wir haben nicht das Recht, das zu tun, weder um unseretwillen noch um euretwillen.»[24] Das Auditorium bringt sein Mißfallen laut zum Ausdruck. Miljukow lenkt ein, erklärt, daß die Frage nach der Staatsform von der verfassunggebenden Versammlung, die bald gewählt werden würde, entschieden werden müsse. Dann betritt Kerenski die Bühne, springt auf einen Stuhl und ruft: «In diesen Minuten müssen wir alles vergessen, was uns trennt und uns im Namen der gemeinsamen Ziele nur daran erinnern, was uns vereint.» Und er fügt hinzu: «Hoch lebe der Bund der zukünftigen Feinde!»[25]

Miljukow erhält Applaus für seine Rede, weil die Zuhörer doch immerhin anerkennen, daß sich ein bürgerlicher Professor zur Revolution bekennt. Aber jemand ruft auch: «Wer hat Sie gewählt?» Die Antwort, die Miljukow dem Störer gibt, ist ein Eingeständnis der eigenen Hilflosigkeit. «Die russische Revolution hat uns gewählt! Aber wir werden diese Macht nur so lange behalten, bis frei gewählte Volksvertreter uns sagen, daß sie auf unseren Posten Personen sehen wollen, die ihr Vertrauen mehr verdienen als wir.»[26] Miljukow weiß natürlich, daß die Revolution ihn nicht «gewählt» hat. Er hat eine Gelegenheit genutzt und nach der Macht gegriffen, als sie sich ihm bot. Usurpatoren aber wollen und können die Liberalen nicht sein. Sie verstehen sich als Hüter einer demokratischen Ordnung, die noch entstehen soll und als Vertreter einer Diktatur auf Zeit, die niemand autorisiert hat. Auf die friedensstiftende und Legitimität spendende Monarchie würde Miljukow lieber nicht verzichten. Denn nicht die Liberalen haben die alte Ordnung gestürzt, wie Hippius in ihren Tagebüchern scharfsinnig bemerkt. «Sie sind nur zufällig an der Oberfläche, oben geblieben.»[27] Was aber kann er schon tun, nachdem die Monarchie als Legitimationsquelle versiegt ist? Gegenüber Suchanow beklagt Miljukow, daß er nicht wisse, ob die verfassunggebende Versammlung sich für die Bewahrung der Monarchie aussprechen werde. Er wisse nur, daß nun alles von ihm, Miljukow, abhänge. «Wenn es mich nicht geben wird, dann wird es überhaupt keine Regierung geben. Und wenn es keine Regierung gibt, nun … Sie verstehen schon.»[28] Bescheidenheit ist Miljukows Sache nicht. Wenige Wochen später wird ihn die Revolution der Straße aus seinen Träumen wieder aufwecken.

XI.

Die Abdankung

Donnerstag, 2. März 1917

In der Nacht vom 1. auf den 2. März wird auch das Schicksal des Zaren besiegelt, wenngleich er selbst in diesem Geschehen nur noch die Rolle eines Statisten spielt. Bereits am Vortag hat Alexejew allen Kommandeuren an der Front mitgeteilt, daß den Anweisungen der neuen Machthaber Folge zu leisten sei. Alexejew glaubt an die Macht und die Kraft der Liberalen, die Ordnung wiederherzustellen und der Revolte durch Zugeständnisse auf friedliche Weise ein Ende zu setzen. Solange Rußland erhalten bleibt, der Krieg fortgeführt werden kann, werden sie sich auch mit einer demokratischen Regierung arrangieren. Denn Rodsjanko und seine Freunde haben ihnen immerhin versprochen, mit der Monarchie nicht zu brechen, sondern sie an die Volkssouveränität zu binden. Wer in der Stunde der Not verlangt hätte, die Selbstherrschaft des Zaren mit allen Mitteln zu verteidigen, hätte nicht nur einen Bürgerkrieg heraufbeschworen, sondern sich auch die liberalen Ordnungshüter zu Feinden gemacht. Daran hat nicht einmal der konservativste General auch nur das geringste Interesse. Michail Alexejew, Nikolai Russki, Anton Denikin und Lawr Kornilow, sie alle haben noch in Erinnerung, was in Rußland geschah, als der Krieg gegen Japan verlorenging, an dem sie selbst teilgenommen hatten. Zwei Jahre entsetzlicher Wirren folgten auf den sinnlosen Krieg, an denen das Zarenreich beinahe zugrunde gegangen wäre. Darauf wollen es die Generäle nicht noch einmal ankommen lassen. Besser einen

Zaren opfern als einen Krieg verlieren, denken sie. Für all die Berufsoffiziere, die sich durch militärische Leistungen nach dem Ende des Krieges einen Generalsrang erwarben, waren der schmachvolle Frieden von Portsmouth und die Revolution des Jahres 1905 ein traumatisches Erlebnis, das ihr Leben für immer veränderte. Alexejew schrieb damals, daß ein Staat, der unfähig sei, sich im Krieg gegen einen äußeren Feind zu behaupten, keinerlei Gehorsam verlangen könne. Am Ende rettete das Militär den zarischen Staat vor dem drohenden Untergang, indem es der Polizei half, die Aufstände mit Waffengewalt niederzuschlagen. Das aber war nur gelungen, weil die Regierung den Krieg beendet und die Truppen in die Schlacht gegen den inneren Feind geworfen hatte. Nun aber steht eine solche Option nicht einmal zur Debatte, weil niemand verantworten kann, die Front zu entblößen. Und so liefern sich die Generäle den Versprechungen der Liberalen aus, die sehr genau wissen, welche Saite sie in ihnen zum Klingen bringen müssen.[1]

In derselben Nacht – die Unterhändler des Arbeiter- und Soldatenrates und der Provisorischen Regierung tagen noch im rechten Flügel des Taurischen Palais und sprechen über die Bedingungen der Machtübernahme – telephoniert Rodsjanko mit Russki. Das Gespräch beginnt um 4 Uhr und endet um 7:30 am Morgen des 2. März. Russki teilt Rodsjanko mit, daß der Zar ein Manifest unterschrieben und der Einsetzung einer verantwortlichen Regierung zugestimmt habe. Er habe den Text bereits nach Petrograd übermittelt. Warum er, Rodsjanko, nicht nach Pskow komme, um mit dem Herrscher über die Übertragung der Macht zu sprechen? Es herrsche Krieg, und man müsse um jeden Preis verhindern, daß das Virus der Revolte auf die Armee übergreife und sich dort ausbreite. Rodsjanko müsse das Manifest des Zaren öffentlich bekanntmachen, um die Gemüter zu beruhigen und die endgültige Zerstörung der staatlichen Ordnung noch abzuwenden.[2]

Rodsjanko leistet nun den Offenbarungseid. Er gesteht ein, daß er keinerlei Kontrolle über die Sicherheitsorgane habe, dem Strom des Geschehens hilflos ausgeliefert sei, aber in Petrograd bleiben müsse, weil nur er allein die Leidenschaften der Massen zügeln könne. Deshalb sei es ihm auch nicht möglich, nach Pskow zu kommen. Rodsjanko schildert das Geschehen in der Hauptstadt in grellen Farben. «Es ist offensichtlich, daß Ihre Hoheit und Sie keine Vorstellung davon haben, was sich in der Hauptstadt zuträgt», mit diesen Worten versucht Rodsjanko, der immer noch vorgibt, der eigentliche Regierungschef zu sein, dem Gespräch eine dramatische Wendung zu geben. «Es hat eine der schrecklichsten Revolutionen begonnen, die zu überwinden nicht leicht sein wird.» Stündlich wachse die Anarchie, es komme jetzt darauf an, den Untergang des Staates abzuwenden, und zu diesem Zweck habe er, Rodsjanko, die Regierungsgeschäfte in seine Hände genommen. Leider sei es ihm nicht gelungen, die Leidenschaften zu zügeln und die Ordnung in der Garnison wiederherzustellen. Man könne die Volkswut nicht mehr zurückhalten, der Haß auf die Zarin und die Dynastie sprenge alle Grenzen, die Garnison habe sich faktisch aufgelöst. Man habe die Minister verhaften müssen, um weiteres Blutvergießen zu vermeiden. Es müsse sofort gehandelt werden, um den Untergang noch abzuwenden. Iwanow solle abberufen, die neue Regierung von den Generälen anerkannt werden. Unter gar keinen Umständen dürften weitere Militäreinheiten in die Hauptstadt entsendet werden, weil zu erwarten sei, daß die Soldaten zu den Aufständischen überliefen. Auch sei von einer Regierung des gesellschaftlichen Vertrauens nichts mehr zu erwarten. Über solche Vorhaben seien die Ereignisse schon hinweggegangen. «Die Anarchie hat solche Ausmaße angenommen, daß ich heute Nacht gezwungen war, eine Provisorische Regierung zu ernennen.» Das Manifest könne die Gemüter nicht mehr beruhigen.[3]

Rodsjanko setzt alles auf eine Karte und besteht darauf, daß endgültige Entscheidungen getroffen werden müßten. «Die von Ihnen vorgeschlagenen Maßnahmen kommen zu spät. Die Zeit ist verpaßt worden, eine Rückkehr gibt es nicht.» Der Zar müsse unverzüglich zugunsten seines Sohnes abdanken, eine andere Lösung könne es überhaupt nicht geben.[4] Geschickt vermeidet er jeden Hinweis auf den Arbeiter- und Soldatenrat, dessen Vertreter ihm doch noch vor Stunden unmißverständlich klargemacht haben, daß die Monarchie abgeschafft werden müsse, und so läßt Rodsjanko Russki im Glauben, daß Rußlands Schicksal tatsächlich in den Händen liberaler und konservativer Politiker liegt, die Abdankung des Zaren also mit keinerlei Risiken verbunden ist. In Wahrheit haben Miljukow und seine Anhänger im Angesicht der Gewehrläufe bereits kapituliert. Davon aber können die Generäle gar nichts wissen. Hätten sie geahnt, was zwischen den Vertretern der Staatsduma und des Arbeiter- und Soldatenrates schon verabredet worden ist – unter keinen Umständen hätten sie sich darauf eingelassen, den Zaren zur Abdankung zu zwingen.

Am Vormittag des 2. März, um 7:30, übermittelt Danilow den Inhalt des Gesprächs, das Russki und Rodsjanko geführt haben, an Alexejew, der sogleich Nikolai de Basily, einen Juristen, der im Hauptquartier die Interessen des Außenministeriums vertritt, herbeiruft und ihn damit beauftragt, einen Entwurf der Abdankungsurkunde auszuarbeiten. Sofort fragen sich die Generäle im Hauptquartier, ob es denn überhaupt möglich sei, daß der Zar abdanke. Einen solchen Fall hatte es in der Vergangenheit noch niemals gegeben, und auch im Thronfolgegesetz und in der Verfassung ist von der Abdankung des Herrschers nicht die Rede. De Basily weist darauf hin, daß in den Grundgesetzen zwar nichts dergleichen zu finden sei. Allerdings sei es das verbriefte Recht aller Mitglieder der kaiserlichen Familie, auf den Thron zu verzichten. Warum solle der Herrscher nicht die gleichen Rechte haben wie alle anderen Mitglieder des Hauses Romanow?[5]

Um 11 Uhr informiert Alexejew alle Frontkommandeure, die Generäle Alexei Ewert, Wladimir Sacharow, Alexei Brussilow und den Großfürsten Nikolai Nikolajewitsch telegraphisch über das Gespräch, das Russki mit Rodsjanko geführt hat, und bittet sie um Zustimmung für das Vorhaben, den Zaren zur Abdankung zu bewegen. Alexejew spricht deutlich aus, woran ihm vor allem gelegen ist. Wer jetzt noch gegen den äußeren Feind siegen wolle, müsse alles tun, um den Bürgerkrieg zu vermeiden. In der Hauptstadt seien bereits Fakten geschaffen worden, die nicht ungeschehen gemacht werden könnten. Zwar habe der Zar versprochen, eine Regierung des gesellschaftlichen Vertrauens einzusetzen, aber eine solche Entscheidung komme zu spät. Der Herrscher müsse zum Wohle Rußlands abdanken. Alexejew telephoniert noch mit Brussilow und teilt ihm mit, daß die Versorgung der Armee mit Waffen und Lebensmitteln unterbrochen werde könnte, sollte der Zar sich weigern, abzudanken. In eine solche Lage wolle der Generalstabschef die Armee nicht bringen.[6]

Wenn sie eine Wahl hätten, würden die Generäle den Unruhen selbst ein Ende setzen, so wie sie es in den Jahren der ersten russischen Revolution getan haben. Aber sie hätten sich militärisch nur noch um den Preis eines Bürgerkrieges gegen ihre Widersacher durchsetzen können. Alexejew telegraphiert an die Frontkommandeure: «Die Verwicklung der Armee in die Angelegenheiten der Innenpolitik wird unausweichlich zum Ende des Krieges, zur Schande und zum Zerfall Rußlands führen.» Deshalb müsse der Zar gehen, um den Bürgerkrieg zu vermeiden. Alexejew und Rodsjanko bitten die Generäle, sich selbst an den Zaren zu wenden, um ihn aufzufordern, das Unvermeidliche zu tun. Brussilow, der zu den fähigsten und talentiertesten Generälen des Zarenreiches gehört und den Zaren schon immer für eine Fehlbesetzung auf dem Thron gehalten hat, erfüllt die Bitte des Generalstabschefs noch in der Stunde, als ihn das Telegramm erreicht.[7]

Ewert und Sacharow zögern, weil sie erst unterschreiben wollen, wenn sie sicher sein können, daß auch alle anderen Generäle zustimmen. Erst als Alexejew ihnen die Antworten von Brussilow und Russki übermittelt, fügen auch sie sich. Alexejews Stellvertreter, Klembowski, läßt sich mit Ewert verbinden, der das Kommando an der mittleren Westfront führt und ein ergebener Anhänger der Autokratie ist. Er teilt ihm mit, daß alle Frontkommandeure sich für die Abdankung des Zaren ausgesprochen hätten. Nikolai schwanke, deshalb müßten jetzt alle Generäle mit einer Stimme sprechen und ihn davon überzeugen, daß es Zeit sei, zu gehen. Die Anarchie müsse aufgehalten und der Untergang des Staates abgewendet werden.[8] Kaum sind die Antworten der Generäle in Mogiljow eingetroffen, telegraphiert Alexejew nach Pskow, daß alle Frontkommandeure sich für die Abdankung des Zaren ausgesprochen hätten, aber er fügt hinzu, daß General Sacharow das Dumakomitee für eine «Räuberbande» halte, die auseinandergejagt werden müsse. Der Verstand hingegen sage ihm, so habe Sacharow mitgeteilt, daß die Abdankung des Herrschers der einzige Ausweg aus der Krise sei.[9] Nikolais Schicksal ist besiegelt, als nicht nur die Frontgeneräle ihm den Gehorsam verweigern, sondern auch der Statthalter im Kaukasus, sein Onkel, Großfürst Nikolai Nikolajewitsch, sich von ihm abwendet. Er schlage das Zeichen des Kreuzes und bitte ihn, den Zaren, seinem Sohn das Erbe zu übertragen. «Einen anderen Ausweg gibt es nicht.»[10] Den Generälen ist offenbar jedes Mittel recht, wenn sie nur ihr Ziel erreichen. Russki erteilt den Redakteuren der Zeitung «Pskowskaja Schisn» (Das Leben Pskows) die Erlaubnis, alle Telegramme zu veröffentlichen, die Rodsjanko an Alexejew und an ihn selbst versandt hat. Jetzt gibt es kein Zurück mehr. Als sich die Armee vom Zaren abwendet, ist es um die alte Ordnung geschehen. Nicht einmal die Idee einer Konterrevolution liegt in der Luft. Niemand will sich für den glücklosen und willenlosen Herrscher noch verwenden.[11]

Nikolai weicht auch an diesem Tag nicht von seinen alltäglichen Gewohnheiten ab. Er steht um 8 Uhr auf, früher als zur gewohnten Zeit, begibt sich ins Bad und spricht ein Gebet. Mit dem Gefolge trinkt er Kaffee, plaudert mit seinen Vertrauten, verliert aber kein Wort über das politische Geschehen der vergangenen Tage. Danach zieht er sich in sein Büro im Waggon zurück, in der Mittagszeit geht er zu einem Spaziergang hinaus, wie an jedem Tag in seinem ereignislosen Leben. Fjodorow, der Leibarzt, findet dafür folgende Worte: «Der Herrscher ist ruhig, gesprächig, eigentlich passiert nichts. Danach wieder ein Spaziergang mit dem Gefolge und danach Tee.»[12] Niemand versteht, wie man den dramatischen Ereignissen mit solchem Gleichmut begegnen kann. Kein Anzeichen von Widerspruch oder Renitenz. Nikolai fügt sich, wie stets, dem Unausweichlichen, wenngleich er unter dem Druck leidet, der von allen Seiten auf ihn ausgeübt wird. «Der Herrscher leidet furchtbar», sagt Fredericks, der auf dem Gang seines Waggons nervös auf und ab läuft, zu Dubenski, «aber er ist eben ein Mensch, der seinen Schmerz nicht vor allen Augen zeigt.» Alles habe er für Rußland gegeben, das er mehr liebe als alles andere, was ihm heilig sei. Und nun sei er bereit, dieser Liebe auch sich selbst zu opfern.[13]

Lukomski, der Generalquartiermeister des Heeres, ruft nun Danilow an und bittet ihn, dem Zaren deutlich vor Augen zu führen, was jetzt von ihm verlangt wird. Alexejew sei nicht bereit, noch länger zu warten. «Wir durchleben einen sehr ernsten Moment, weil sich nicht nur die Frage des Herrschers, sondern des ganzen Herrscherhauses in Rußland entscheidet. General Alexejew bittet Sie dringend, das umgehend zu tun, weil jetzt jede Minute zählt und jede Etikette über Bord geworfen werden muß.» Die Abdankung müsse sofort vollzogen werden. «Es schmerzt mich, das zu sagen, aber einen anderen Ausweg gibt es nicht.»[14] Um 14:30 begibt sich Russki in Begleitung der Generäle Danilow und Sergei Sawitsch in den Salonwagen des Zaren und teilt ihm mit, was er in der Nacht mit Rodsjanko und Alexejew am Telephon besprochen hat. Angesichts der gewalttätigen Ereignisse in der Hauptstadt gebe es keine andere Wahl mehr: Er müsse unverzüglich abdanken, um Rußland vor der drohenden Anarchie zu retten. Die Einsetzung einer verantwortlichen Regierung allein sei zu wenig, um der Lage noch Herr zu werden. Rodsjanko habe ihm mitgeteilt, daß alle Minister verhaftet worden seien und eine Provisorische Regierung die Macht übernommen habe. Bedingungen könnten jetzt nicht mehr gestellt werden, weil es nur noch darauf ankomme, die Nation vor der Herrschaft des Pöbels zu bewahren. Russki setzt Nikolai unter moralischen Druck, im Glauben, daß Rodsjanko ihm die Wahrheit über das Geschehen in Petrograd gesagt hat. Es sei vollkommen «zwecklos», sich den Erfordernissen der Stunde zu widersetzen, so Russki, denn alle kommandierenden Frontgeneräle hätten entschieden, daß seine Abdankung der einzige Ausweg aus der Krise sei. Auch Danilow und Sawitsch bekräftigen, was Russki sagt, daß nämlich die Dynastie nur bewahrt werden könne, wenn Nikolai auf den Thron verzichte. «Eure kaiserliche Hoheit», sagt Danilow, der aufgewühlt ist, mit stockender Stimme, «mir ist Ihre Liebe zur Heimat wohl bekannt. Und ich bin überzeugt, daß Sie um ihretwillen, um die Dynastie zu retten und den Krieg bis zu einem glücklichen Ende zu führen, jenes Opfer erbringen werden, das die Umstände von Ihnen verlangen. Ich sehe keinen anderen Ausweg aus der Lage.»[15] Er bitte ihn, dem Rat des Parlamentspräsidenten zu folgen, denn auch die Generäle hätten ihn sich zu eigen gemacht. Dann zeigt Russki ihm die Telegramme, die er von den Frontkommandeuren erhalten hat. Nikolai liest sie schweigend, aber alle Anwesenden spüren, wie sehr ihn der Verrat schmerzt. Niemals zuvor haben Minister oder Generäle es gewagt, dem Zaren den Gehorsam aufzukündigen.

Und nun wendet sich die eigene Militärführung von ihm ab, obgleich er sie stets mit ausgesuchter Höflichkeit und Respekt behandelt hat. Das ist also der Dank für all die Jahre, die sie miteinander verbracht haben.[16]

Langsam erhebt sich der Zar aus seinem Sessel, geht an das mit Gardinen verhängte Fenster und starrt gedankenverloren auf das grüne Tuch. Sein sonst stets unbewegtes Gesicht ist wie verändert. Er zieht die Mundwinkel auseinander, versucht, nicht die Beherrschung zu verlieren. Auch Russki und seine Adjutanten haben sich inzwischen erhoben. Eine nicht enden wollende Minute der Stille vergeht. Dann kehrt Nikolai, der sich wieder gefaßt hat, zum Tisch zurück und bittet Russki, sich zu setzen. Beherrscht und kontrolliert spricht er nun über die Bedingungen und das Prozedere der Abdankung.[17] Wenn er denn dem Glück Rußlands im Wege stehe und jedermann wolle, daß er auf den Thron verzichte, so wolle er tun, was von ihm verlangt werde, erklärt der Zar, der nicht die Kraft hat, sich starken Menschen zu widersetzen. «Ich danke Ihnen für Ihren mutigen und ergebenen Dienst», sagt er noch zu Russki, bevor er aufsteht und sich bekreuzigt. Der Zar küßt Russki auf die Wange und gibt seinen Begleitern die Hand. Die Generäle verneigen sich, und Nikolai verläßt wortlos den Raum.[18]

Um 15 Uhr telegraphiert Russki an Alexejew, daß Nikolai bereit sei, abzudanken. Wenig später schickt Alexejew den Entwurf der Abdankungsurkunde nach Pskow.[19] Der Zar liest, was ihm vorgelegt wird. Allerdings, und das ist die einzige Bedingung, die er stellt, wolle er die Urkunde nur in Gegenwart Rodsjankos unterschreiben, der ihm versprochen habe, nach Pskow zu kommen. «Um des Wohles, des Friedens und der Rettung meines heißgeliebten Rußlands willen bin ich bereit, zugunsten meines Sohnes dem Thron zu entsagen. Ich bitte alle», so schreibt er an Alexejew, «ihm ergeben und uneigennützig zu dienen.» An Rodsjanko richtet er ein ähnliches Schreiben, fügt ihm aber die Bemerkung hinzu, daß sein Bruder, Großfürst Michail Alexandrowitsch, die Regentschaft für seinen Sohn übernehmen solle. Solange Alexei noch nicht volljährig sei, wünsche er, daß sein Sohn bei ihm bleibe.[20]

Wenige Minuten später verkündet Fredericks im Waggon des Gefolges, was inzwischen entschieden worden ist. Mit müder Stimme eröffnet der vornehme Minister den Höflingen: «Savez vous, l'Empereur a abdiqué».[21] Sofort eilt Wojejkow zum Waggon des Zaren, entgegen seiner Gewohnheit und gegen alle Regeln stürmt er in den Salon und fragt: «Ist es wahr, was der Graf sagt? Eure Hoheit haben die Abdankung unterschrieben? Und wo ist sie?» Nikolai weist müde auf die Telegramme, die auf seinem Schreibtisch liegen. «Was bleibt mir noch zu tun, nachdem mich alle verraten haben? Der erste war Nikolascha. Nun, lesen Sie.» Aber wo ist die Abdankungserklärung, will Wojejkow wissen. Er habe sie, antwortet der Zar, Russki mit der Bitte übergeben, sie an Alexejew und Rodsjanko weiterzuleiten. Wojejkow kann es kaum glauben, daß sich der Zar einer solchen Erpressung gebeugt hat. Solche Entscheidungen könnten überhaupt nicht getroffen werden, redet er auf ihn ein, bevor er nicht Gutschkow und Schulgin angehört habe, die auf dem Weg nach Pskow seien.[22]

Wie stets stimmt Nikolai dem zuletzt Gesagten zu und weist Wojejkow an, den Text von Russki zurückzufordern. General Naryschkin aber, den Wojejkow zu Russki schickt, kommt zu spät, die Nachricht ist bereits an das Hauptquartier versendet worden. Und Russki weigert sich, die einmal getroffene Entscheidung wieder zur Disposition zu stellen, wenngleich er sich bereiterklärt, dem Zaren die bereits übermittelten Telegramme zurückzugeben und abzuwarten, was Schulgin und Gutschkow begehren. Als Naryschkin um 17 Uhr unverrichteter Dinge zurückkehrt, kommt auch den treuesten Dienern des Zaren zu Bewußtsein, daß Nikolais Tage gezählt sind. Eine halbe Stunde später geht der Zar, in Gedanken versunken und mit müdem Blick, auf den Gleisen zwischen den Waggons auf und ab. Er findet sich mit allem ab, so war es immer schon, und auch jetzt verrät sein Gesicht nicht, was er denkt und fühlt. In der Öffentlichkeit gibt er sich niemals die Blöße. Dubenski, der nicht versteht, daß der Herrscher den Thron widerstandslos geräumt hat und für den in diesem Moment eine Welt untergeht, steht am Fenster seines Abteils und weint.[23]

Ist es Selbstbeherrschung oder Gleichgültigkeit? Dubenski jedenfalls fragt sich, warum der Zar keinen Versuch unternimmt, sich zur

Wehr zu setzen, warum er sein Erbe leichtfertig aufs Spiel setzt, als sei die Abdankung nichts weiter als ein belangloses Ereignis in seinem Leben. «Ein schwacher, willenloser, aber guter und reiner Mensch», denkt Dubenski, der sich aus Sorge um seine Familie selbst in den Abgrund stürzt. Sobald es um seine Familie geht, ist der willenlose Mann wie ausgewechselt. Am Abend berät er sich mit Fjodorow, dem Leibarzt, der auch seinen bluterkranken Sohn behandelt. Er fragt ihn nach den Lebensperspektiven Alexeis. Fjodorow spricht offen mit dem Zaren, versichert ihm, daß der minderjährige Thronfolger zwar lange leben, aber nicht geheilt werden könne. Und er führt ihm vor Augen, daß die Revolutionsregierung zweifellos darauf bestehen werde, daß er Rußland verlassen müsse. Seinen Sohn werde er wohl niemals wiedersehen. Und so widerruft Nikolai sofort die einmal getroffene Entscheidung, zugunsten seines Sohnes abzudanken. Er hält zwar an seiner Abdankung fest, will den Thron aber nicht seinem Sohn, sondern seinem Bruder, dem Großfürsten Michail Alexandrowitsch, überlassen. Im Beisein von Fredericks bricht Nikolai in Tränen aus. Von seinem Sohn will er sich nicht trennen. Es bräche ihm das Herz.[24]

Im Hauptquartier löst die Nachricht vom zweifachen Thronverzicht, die am Nachmittag eintrifft, Entsetzen aus. De Basily ist fassungslos: «Wir sehen uns bestürzt an, denn wir haben denselben Gedanken: Die augenblickliche Thronbesteigung des Zarewitschs war das einzige Mittel, den Lauf der Revolution aufzuhalten, sie wenigstens in die Grenzen einer großen konstitutionellen Reform zu bannen.»[25]

Der Sonderzug, mit dem Schulgin und Gutschkow nach Pskow unterwegs sind, besteht aus zwei Waggons, in einem sitzen die beiden Abgeordneten, im anderen Soldaten der hauptstädtischen Garnison, die sie begleiten. In Luga wird der Zug von Meuterern aufgehalten, die sie aber weiterziehen lassen, weil sie nicht ahnen, wohin die beiden Männer fahren und welche Mission sie zu erfüllen haben. Schweigend sitzen Schulgin und Gutschkow in ihrem Abteil, sie sind erschöpft von den Strapazen der vergangenen Tage und werden von Müdigkeit übermannt. Als sie Pskow um 22 Uhr am Abend erreichen, ist es dunkel, am Bahnhof und auf dem Bahnsteig zunächst keine Menschenseele zu

Wladimir Graf Fredericks
(1838–1927), Minister des
Kaiserlichen Hofes

sehen. Das Volk müsse wohl schlafen und sich von der kollektiven Hysterie erholen, ätzt Schulgin. Als die Soldaten den Dienstwaggon verlassen, geben sie sich bewußt nachlässig. Ihre Gewehre haben sie sich an die Schulter gehängt, an ihre Mützen rote Rosetten geheftet. Obgleich Offiziere des Generalstabs auf dem Bahnsteig stehen, erweisen sie ihnen keinerlei Ehrenbezeugungen. Ein Zivilist steht am hinteren Ausgang des Dienstwaggons und verteilt Flugblätter, die er aus Petrograd mitgebracht hat. Es spricht sich schnell herum, was am Bahnhof geschieht, Schaulustige aus der Stadt versammeln sich auf dem Vorplatz. Gutschkow spricht zu ihnen und beruhigt sie. Er und der Zar seien im Einverständnis, sagt er, es gebe keinen Grund zur Besorgnis.[26]

Auf dem gegenüberliegenden Gleis steht der hell erleuchtete Zug des Zaren. Gutschkow und Schulgin machen einen niedergeschlagenen Eindruck, ihre Hände zittern, als sie ihren Waggon verlassen, sie sind unrasiert und tragen abgetragene und zerknitterte Hemden. Übermüdet und mit entzündeten Augen betreten sie den Salonwagen des Zaren. In der Entourage des Herrschers hält man diesen Auftritt für stillos, für einen Versuch, den Zaren durch eine schäbige Aufmachung zu provozieren und sich beim Arbeiter- und Soldatenrat beliebt zu machen. Schulgin und Gutschkow hingegen schämen sich dafür, dem Herrscher ungewaschen und mit zerknautschten Jacketts unter die Augen zu treten.[27]

Im Gefolge des Zaren kommt sofort Hoffnung auf, als sich herumspricht, daß nicht Rodsjanko, sondern Schulgin mit dem Zaren über die Abdankung verhandeln werde. Schulgin gehört der Fraktion der Rechten in der Duma an und ist ein kompromißloser Anhänger der Monarchie. Würde er in der Stunde der Not vielleicht doch einen Ausweg weisen und sich mit der Einsetzung einer dem Parlament verantwortlichen Regierung zufriedengeben? Oberst Mordwinow bringt die Deputierten zum Salonwagen, ohne Russki über deren Ankunft zu informieren. Russki aber bemerkt wenig später, als Gutschkow und Schulgin schon ihre Plätze eingenommen haben, daß man ihn hintergehen will. In barschem Ton weist er Mordwinow und die Offiziere der Wachmannschaft zurecht, bevor auch er den Salonwagen betritt.[28] Russki wundert sich, daß die Abgeordneten keine Aktentaschen, keinerlei Dokumente bei sich tragen. Sind sie etwa gar nicht gekommen, um die Abdankung entgegenzunehmen, und werden sie sich womöglich mit einer anderen Lösung zufriedengeben? Tatsächlich glauben Schulgin und Gutschkow, die von den Verhandlungen Alexejews und Russkis mit dem Zaren nichts wissen, sie müßten Nikolai noch überreden, auf den Thron zu verzichten, und offenbar nehmen sie an, daß ihr Unternehmen noch scheitern könne.[29]

Der Zar empfängt die beiden Emissäre liebenswürdig in seinem Salonwagen. Er gibt ihnen die Hand und bedeutet ihnen mit einer freundlichen Geste, an einem kleinen Tischchen Platz zu nehmen, das an die mit grüner Seide ausgeschlagene Tapetenwand geschoben worden ist. Schulgin und Gutschkow sitzen nebeneinander, der Zar und Fredericks auf der anderen Seite des Tisches.[30] Gutschkow ist aufgewühlt, erregt und spricht mit stockender Stimme über die Ereignisse, die sich in den letzten Tagen in Petrograd zugetragen haben. Die Hauptstadt sei in den Händen der Aufständischen, sagt er, das Anwesen des Hofministers, Fredericks, in Brand gesetzt und verwüstet worden, selbst auf die Garderegimenter des Zaren und die Palastwache in Zarskoje Selo sei kein Verlaß mehr. Chabalow selbst habe ihnen, Gutschkow und Schulgin, versichert, daß der Soldatenaufstand nicht mehr niedergeschlagen werden könne. Nirgendwo sei auch nur ein einziges Regiment zu finden, das der Krone noch dienen wolle. Es sei deshalb vollkommen zwecklos, eine Strafexpedition nach Petrograd zu entsenden. Der Arbeiter- und Soldatenrat setze das Provisorische Komitee der Duma unter Druck, er hetze die Soldaten gegen die Offiziere und die Bauern gegen die Gutsherren auf. Von der Monarchie wolle er überhaupt nichts mehr wissen. «Im Volk gibt es ein tiefes Bewußtsein davon», erklärt Gutschkow, «daß die Lage durch die Fehler der Regierung, vor allem der höchsten Gewalt geschaffen worden ist, und deshalb ist irgendein Akt notwendig, der auf das Bewußtsein des Volkes einwirkt.» Die Monarchie könne in ihrer bisherigen Form nicht weiter bestehen, sie müsse sich durch Verfassung und Volk legitimieren lassen. «Es bleibt Ihnen nur noch eines: den Rat zu befolgen, den wir Ihnen geben, und dieser Rat besteht darin, daß Sie dem Thron entsagen müssen.»[31] Das alles sei unvermeidlich, um die Monarchie zu retten und die Ordnung zu bewahren, die von den Extremisten im Arbeiter- und Soldatenrat bedroht werde. Als Gutschkow zur Sache kommt und verlangt, daß die Abdankung sofort vollzogen werden müsse, weil sonst mit «aggressiven Handlungen der Menge» zu rechnen sei und niemand eine Garantie für die Sicherheit des Zaren übernehmen könne, unterbricht ihn Russki mit den Worten: «Das ist schon beschlossene Sache.»[32]

Der Zar ist selbstbeherrscht, wie stets, er antwortet in ruhigem, gesetztem Ton. Schulgin hört einen seltsam fremden Akzent in seinen Worten, auf Gutschkow wirkt Nikolai gleichgültig und teilnahmslos, geradezu maskenhaft. Er habe wohl erwogen, zugunsten seines Sohnes abzudanken, sagt er, nun aber, nach reiflicher Überlegung, sei er zu der Überzeugung gekommen, daß der kranke Alexei nicht Herrscher sein könne. Er wolle deshalb für sich selbst und für seinen Sohn abdanken und die Thronfolge stattdessen seinem Bruder, Michail Alexandrowitsch, übertragen. «Ich hoffe, daß Sie die Gefühle eines Vaters verstehen werden.» Diesen Satz spricht er mit leiser, zittrig-bebender Stimme aus. Und weil ihm auch Gutschkow bestätigt, daß er in Rußland nicht bleiben könne und nach Großbritannien ins Exil gehen

Wassili Schulgin (1878–1976), Abgeordneter und Wortführer der Konservativen in der IV. Duma

müsse, glaubt Nikolai, eine richtige Entscheidung getroffen zu haben. Von seinem Sohn wird er sich nicht trennen. Niemand wird ihn dazu zwingen. Gutschkow und Schulgin sind überrascht, schauen einander fragend in die Augen und bitten um eine Viertelstunde Bedenkzeit, damit sie sich mit Russki beraten können.[33]

In den Grundgesetzen des russischen Reiches ist von der Abdankung des Zaren nicht die Rede, schon gar nicht von einer Thronfolge, die die Herrschaft dem Bruder anträgt. Aber was können Gutschkow und Schulgin schon tun? Sie hätten weder unverrichteter Dinge nach Petrograd zurückfahren, noch erklären können, daß die Abdankung zugunsten des Bruders «gegen den Wunsch der Staatsduma» erfolgt sei. Michail Alexandrowitsch, der Bruder des Zaren, wäre in einem solchen Fall ein Herrscher ohne Legitimation gewesen. Der neue Zar soll aber einen Eid auf die neue Ordnung schwören und ein Herrscher von Volkes Gnaden sein. Aber kann der minderjährige Alexei einen solchen Eid überhaupt ablegen? Und wer hätte es an seiner Stelle tun können? Vater und Mutter hätten unter diesen Umständen bei ihrem Sohn bleiben müssen. Das aber hätte nicht einmal die Provisorische Regierung akzeptiert, die Nikolai II. außer Landes schaffen will.[34]

Was hätten die Abgeordneten, die der Monarchie die Treue halten wollen, tun können? Als Nikolai mit bebender Stimme über seinen Sohn und seinen Wunsch spricht, ihn bei sich zu behalten, weil er ihn nicht einer verlorenen Sache opfern will, werden auch sie schwach. Die Gefühle des Zaren verschließen Gutschkow und Schulgin die Lippen. Zu Danilow und Russki sagt Schulgin aber auch, daß viele pragmatische Gründe dafür sprächen, den Wunsch des Zaren zu erfüllen. Denn wenn der Zarewitsch auf den Thron gelänge, behielten Zarin und Zar weiterhin ihren Einfluß, weil doch irgendwer Entscheidungen treffen müsse. Das aber sei angesichts der Unbeliebtheit der Zarin in der Öffentlichkeit vollkommen unmöglich.[35] Und so fassen sich Gutschkow und Schulgin ein Herz und erfüllen Nikolai seinen Wunsch, weil sie keine Zeit zu verlieren haben und ihren Auftraggebern eine unwiderrufliche Entscheidung überbringen müssen, die Bestand haben soll und von allen akzeptiert werden kann. Schulgin verweist auf die Stimmung in der Hauptstadt, auf das Taurische Palais, das sich in ein «Irrenhaus» verwandelt habe und auf den Arbeiter- und Soldatenrat, der in keinem Fall die Macht übernehmen dürfe. Angesichts der aufgebrachten Stimmung aber dürfe Michail Alexandrowitsch den Thron nur besteigen, bekniet er den Zaren, wenn er zugleich einen Eid auf die Verfassung ablege. Nur so sei die Katastrophe, die Rußland drohe, noch abzuwenden. «Wir befürchten, daß der Bürgerkrieg ausbricht, wenn die Republik ausgerufen wird … Es wäre wichtig, daß in der Abdankungserklärung Eurer Hoheit ein Hinweis steht, daß Ihr Nachfolger verpflichtet wird, einen Eid auf die Verfassung abzulegen.»[36]

Gutschkow bittet den Zaren, das endgültige Dokument zweifach auszufertigen, weil der Rückweg in die Hauptstadt gefährlich sei und es keine Gewähr dafür gebe, daß die Urkunde auch in die richtigen Hände gelange. Ein Exemplar der Urkunde solle in den Händen Russkis verbleiben. Nikolai erhebt sich von seinem Platz und begibt sich in einen Nebenraum, um dort den endgültigen Text zu redigieren.[37] Als er zurückkehrt, übergibt er Schulgin einen maschinenschriftlich abgefaßten Text. Schulgin bittet den Zaren, noch einen Zusatz einzufügen.

Michail Alexandrowitsch solle nicht nur in Übereinstimmung mit den durch die Verfassung legitimierten Organen des Staates regieren, wie es in der Urkunde heißt, sondern auch einen Eid auf den Souverän, das Volk leisten. Nikolai stimmt sofort zu, gibt dem Text mit seinem Bleistift aber eine andere Wendung.[38] «Da Wir uns nicht von Unserem geliebten Sohn trennen wollen», heißt es in der Abdankungsurkunde, «übertragen Wir die Erbfolge auf Unseren Bruder, den Großfürsten Michail Alexandrowitsch, dem Wir bei der Besteigung des Thrones des Russischen Reiches Unseren Segen erteilen. Wir geben Unserem Bruder den Befehl, die Regierung in voller Übereinstimmung mit den Volksvertretern in den gesetzgebenden Körperschaften zu führen, auf den Grundlagen, die von ihnen festgelegt werden, und auf sie einen unverletzlichen Eid zu leisten.»[39] Die Urkunde läßt also die Frage, wer Souverän sein solle, offen, denn sie erwähnt weder Volk noch Verfassung und Parlament. Sie faßt das Dilemma der Machtübertragung in Begriffe, löst es aber nicht auf. Eine halbe Stunde vor Mitternacht setzt Nikolai seine Unterschrift unter die Urkunde. Auf Bitte Schulgins wird der Zeitpunkt der Abdankung auf den 2. März, 15 Uhr, datiert, weil in der Öffentlichkeit nicht der Eindruck erweckt werden soll, daß der Zar sich dem Druck der Duma gebeugt habe. Kurz darauf telegraphiert Gutschkow nach Petrograd, daß die Abdankung vollzogen worden sei.[40]

Schulgin und Gutschkow hätten sich auf diese Verabredung niemals einlassen, der Zar nicht zugunsten seines Bruders abdanken dürfen. Miljukow, der die Monarchie für den einzigen Garanten legitimer Herrschaft hält, begreift in diesem Moment, daß Nikolai II. das Staatsgebäude aufs Spiel setzt. Wie immer denkt er nur an sich und seine Familie, nicht aber an Rußland und seine Zukunft. «Dieser Art war also der letzte Dienst, den Nikolai II. seiner Heimat erwies.»[41] Sergei Sasonow, der ehemalige Außenminister, kann nicht glauben, was Nikolai getan hat. Er habe den Herrscher stets geliebt, erklärt er gegenüber Paléologue, dem französischen Botschafter, aber er könne nicht verstehen, daß ihm die eigene Befindlichkeit wichtiger sei als das Schicksal seines Landes. Niemand hätte den minderjährigen Thronfolger zur Abdankung zwingen, allenfalls ein Regent an seiner Stelle eingesetzt werden können. Er könne es dem Zaren nicht verzeihen, daß er die Monarchie auf diese Weise aufs Spiel gesetzt habe. «Welch ein Jammer, welch ein Unglück!»[42]

Schulgin und Gutschkow bitten Nikolai nun darum, formal auch den Regierungschef zu ernennen, weil die Verfassung des Jahres 1906 allein dem Zaren dieses Recht einräumt. «An wen haben Sie gedacht?», fragt der Zar. Gutschkow nennt ihm den Namen des Fürsten Lwow. «Ach, Lwow? Nun gut – Lwow», bemerkt Nikolai beiläufig und unterschreibt auch diesen Ukas. Großfürst Nikolai Nikolajewitsch ist offenbar schon vorher zum Oberbefehlshaber der Streitkräfte ernannt worden, Schulgin und Gutschkow finden sich damit ab.[43] Als die Unterschriften ausgetauscht, die Papiere besiegelt sind, erhebt sich der Zar und verabschiedet sich stumm von seinen Gästen. Auf dem roten Teppich liegen zerknüllte Papierfetzen, an den Wänden stehen leere Stühle. Es ist Viertel vor zwölf. Danilow wirft einen letzten Blick auf den verlassenen Salon, den stummen Zeugen eines welthistorischen Ereignisses. Es ist, denkt der General, als hätte man soeben einen Sarg hinausgetragen.[44] Fredericks weint, als er den Waggon verläßt, und auch Wassili Dolgorukow, Stackelberg, Mordwinow und Fjodorow sind innerlich aufgewühlt und lassen ihren Tränen freien Lauf, als sie erfahren, daß eine Ära zu Ende gegangen ist. Und sie spüren, daß es auch ihr Ende ist, das hier besiegelt wird.[45]

Gutschkow verläßt als erster den Waggon. Schulgin wartet noch eine Weile, bevor auch er sich verabschiedet. «Ach, Eure Majestät, wenn Sie das doch nur früher getan hätten», sagt er mit belegter Stimme, «wenn es doch vor der letzten Sitzungsperiode der Duma geschehen wäre, dann hätte man vielleicht …» Nikolai sieht ihn erstaunt an. «Sie glauben, man hätte das vermeiden können?»[46] Es ist bereits Mitternacht, als die Gesandten, aufgewühlt und tief bewegt, den Bahnhofsvorplatz betreten. Der Platz ist von Laternen blau beleuchtet, zahlreiche Menschen haben sich eingefunden, weil sich inzwischen herumgesprochen hat, daß zwei Gesandte der Revolutionsregierung mit dem Zaren gesprochen haben. Sie umringen Gutschkow und Schulgin, drängeln, begehren eine Antwort auf nicht gestellte Fragen. Aber sie sind auch still, flüstern. Sie sprechen, als befänden sie sich im

Salonwagen des kaiserlichen Zuges

Raum eines Sterbenden. Dann ergreift Gutschkow das Wort und findet in seiner Erregung trotzdem die richtigen Wendungen. «Russische Menschen … Setzt die Mützen ab, bekreuzigt Euch, betet zu Gott … Der Herrscher und Kaiser hat sich um der Rettung Rußlands willen vom Dienst des Zaren zurückgezogen … Der Zar hat die Abdankung vom Thron unterschrieben. Rußland beschreitet einen neuen Weg … Wir werden zu Gott beten, daß er mit uns gnädig sein möge …» Alle nehmen ihre Mützen ab und bekreuzigen sich. Still geht die Menge auseinander.[47] Kurz nach Mitternacht fahren Schulgin und Gutschkow zurück nach Petrograd. Im Tagebuch des Zaren findet sich nur ein knapper Eintrag. Russki, schreibt Nikolai, habe ihm erklärt, daß er abdanken müsse, um Rußland zu retten. «Ich stimmte zu.»[48]

Wenig später verläßt auch der Zar den Salonwagen, läuft in Gedanken versunken allein auf dem Bahnsteig auf und ab. Russki und seine Stabsoffiziere wenden sich sogleich von ihm ab, würdigen ihn keines

Blickes mehr und vermeiden es, sich noch in seiner Gesellschaft aufzuhalten. Sie werden ihn nicht mehr wiedersehen.[49] Nikolai soll später, als er sich schon in der Verbannung in Jekaterinburg befand, gesagt haben, daß Gott ihm die Kraft gegeben habe, seinen Feinden zu verzeihen, aber in einem könne er sich nicht überwinden: «Ich kann General Russki nicht verzeihen.»[50] Russki selbst bereut Wochen später, daß er sich von den Machthabern in Petrograd hat täuschen lassen. Zu seinem Freund, General Sergei Wiltschkowski, sagt er nach der Machtergreifung der Bolschewiki im Oktober 1917, daß er stets Monarchist gewesen sei, er seinen Verrat aber nicht wieder gutmachen könne. Rodsjanko und die Minister der Provisorischen Regierung hätten ihn getäuscht und sich vom Arbeiter- und Soldatenrat Bedingungen diktieren lassen, denen er, wäre er rechtzeitig informiert worden, niemals zugestimmt hätte. Hätte er gewußt, wohin die zweifache Abdankung führen würde, er hätte sie dem Zaren nicht abverlangt.[51]

XII.

Das Ende

Freitag, 3. März 1917

Als Schulgin und Gutschkow am 3. März am Warschauer Bahnhof in Petrograd eintreffen, glauben sie noch, daß die Monarchie gerettet sei. Doch inzwischen hat Rodsjanko, der immer noch die Verhandlungen mit dem Hauptquartier führt, mit Russki und Alexejew telefoniert und sie gebeten, den Inhalt der Abdankungsurkunde geheimzuhalten, weil der Arbeiter- und Soldatenrat die Übertragung der Zarenwürde auf den Großfürsten Michail Alexandrowitsch nicht akzeptieren werde und mit dem Ausbruch von gewalttätigen Unruhen zu rechnen sei, wenn die Revolutionäre erführen, daß nicht der Sohn, sondern der Bruder Nikolais den Thron besteigen solle.[1] Die Lage in Petrograd sei unübersichtlich, erklärt ihnen Rodsjanko, er halte es für ausgeschlossen, daß sich die Macht auf diese Weise übertragen lasse. Der Arbeiter- und Soldatenrat wolle die Monarchie abschaffen, die Liberalen sie an die Volkssouveränität binden. Das aber sei nur möglich, wenn Recht und Gesetz nicht gebrochen würden. Deshalb müsse er darum bitten, die Abdankungsurkunde nicht zu veröffentlichen, bis die Regierung dafür die Erlaubnis erteilt habe. Danilow ist irritiert, er hält Rodsjankos Anweisung für verrückt. Warum haben sich die Generäle auf die Abdankung des Zaren denn eingelassen? Doch nur aus einem einzigen Grund: um die Monarchie zu bewahren. Wie könne man denn auf die Idee kommen, die Nachricht von der Übertragung der Krone auf den Großfürsten vor der aufgebrachten Menge geheimzuhalten, wenn doch ihr einziger Zweck darin besteht, die Massen zu beruhigen?[2]

Schulgin und Gutschkow wissen von diesen Verabredungen nichts. Am Bahnhof werden sie von einer Menschenmenge empfangen, denen sie die Nachricht von der Abdankung des Zaren und die Übergabe der Krone an den Großfürsten Michail Alexandrowitsch überbringen. «Er hat uns allen ein Beispiel gegeben, uns allen, den Russen», ruft Schulgin in der Bahnhofshalle. Er, der Zar, habe sich um Rußland willen selbst vergessen. Jetzt könne es nur noch ein Ziel geben: die Zerrissenheit der Nation zu überwinden und sich mutig dem äußeren Feind entgegenzuwerfen. «Alle müssen sich um den neuen Zaren scharen. Alle müssen seinen Befehlen gehorchen. Er wird uns führen. Ein Hurra auf den kaiserlichen Herrscher, Michail II.!» Manche weinen, sind gerührt. Für einen kurzen Augenblick glaubt selbst Schulgin, der Zyniker, daß die Monarchie noch gerettet werden könne.[3]

Aber die Freude über den Thronwechsel währt nur kurze Zeit. Der Stationsvorsteher nähert sich Schulgin, der noch in der Eingangshalle des Bahnhofes steht und teilt ihm mit, daß Miljukow am Telephon sei und ihn sprechen wolle. Die Lage habe sich verändert, ruft Miljukow aufgeregt in den Hörer, der Arbeiter- und Soldatenrat und auch manche Duma-Politiker hätten sich inzwischen von der Monarchie abgewandt und sich gegen die Übertragung der Zarenwürde an Michail Alexandrowitsch ausgesprochen. Niemand dürfe die Abdankungsurkunde zu Gesicht bekommen, es dürften keine öffentlichen Reden gehalten werden, denn ohne einen Verweis auf die verfassunggebende Versammlung, die allein über Rußlands Staatsform befinden könne, dürfe sie nicht veröffentlicht werden. «Bitte achten Sie darauf», bläut ihm Miljukow ein, «daß die Urkunde nicht in falsche Hände fällt.» «Wie das?», antwortet Schulgin. «Ich habe es gerade verkündet.» «Wem», fragt Miljukow. «Ja, allen, die hier sind, irgendeinem Regiment, der Menge. Ich habe Michail zum Kaiser ausgerufen.» Miljukow verliert nun die Fassung, er ist außer sich. «Das hätte nicht geschehen dürfen. Die Stimmung hat sich stark verschlechtert seit der Zeit, als Sie abgereist sind.»[4] Er solle bleiben, wo er sei. Bublikow werde einen Mitarbeiter schicken, dem er die Urkunde übergeben und der sie ihm,

Miljukow, überbringen solle. Unter gar keinen Umständen dürfe sie dem Arbeiter- und Soldatenrat in die Hände fallen. Dann bittet er Gutschkow und Schulgin noch, sich sofort in die Wohnung des Fürsten Putjatin zu begeben, die sich in der Millionnaja-Straße, in der Nähe des Winterpalasts, befindet. Dort erwarte sie auch der Großfürst Michail Alexandrowitsch, der aus Gatschina herbeigerufen worden sei, um mit der neuen Regierung über die Zukunft der Monarchie zu sprechen. Wenige Minuten später erscheint ein unbekannter Mann in der Bahnhofshalle, der sich als Vertrauter Bublikows vorstellt und dem Schulgin die Urkunde übergibt.

Inzwischen aber hat sich die Nachricht von der Übertragung des Throns auf Michail Alexandrowitsch im Umkreis des Bahnhofs herumgesprochen. Während Schulgin mit Miljukow telephoniert, spricht Gutschkow vor Eisenbahnarbeitern, die sich in einer Fabrikhalle in der Nähe versammelt haben. Die Stimmung ist aufgeheizt. Gutschkow wagt es, den Arbeitern zuzurufen: «Es lebe Kaiser Michail II.!» Ein Agitator unterbricht Gutschkow. Lwow sei ein Fürst, ruft er, Tereschtschenko ein Fabrikant und Großgrundbesitzer. Fürsten und Gutsbesitzer seien zu keinem anderen Zweck auf der Welt, als das Volk zu betrügen und es um die Früchte der Revolution zu bringen. Als Schulgin, der nach Gutschkow sucht, in diesem Moment die Halle betritt, schließen sich hinter ihm die Türen, und er steht inmitten der aufgebrachten Menge. Der Agitator verlangt, daß Gutschkow ihm die Abdankungsurkunde aushändigt. Nun sitzen sie in der Falle, der aggressiven Stimmung ausgesetzt. Nur mit Hilfe eines Mitarbeiters der Eisenbahn, den Bublikow geschickt hat und der die Menge mit beruhigenden Worten besänftigt, können sie entkommen und sich durch einen Hinterausgang in Sicherheit bringen.[5]

Gutschkow und Schulgin besteigen ein Auto, das am Bahnhof auf sie wartet und sie auf direktem Weg über den Ismailowski-Prospekt und die Sadowaja-Straße – eine Fahrt von etwa 20 Minuten – zum Haus des Fürsten Putjatin in der Millionnaja-Straße bringt. Die Temperatur ist unter den Gefrierpunkt gesunken, die Sonne hüllt die prächtigen Boulevards der Hauptstadt in ein warmes Licht. Als sie über den Newski-Prospekt brausen, zeigt sich ihnen Petrograd schon in einem neuen

Gewand. Schulgin empfindet ein undefinierbares Unbehagen. Alle Geschäfte sind geschlossen. Die Straßenbahnen haben den Betrieb eingestellt, die Kutscher verweigern ihren Dienst, überall fahren Lastwagen hin und her. Auf ihnen sitzen Soldaten mit aufgepflanzten Bajonetten. Schulgin wundert sich, daß die Bürgersteige verwaist sind, die Passanten laufen auf den Straßen umher oder versammeln sich auf Brücken und Plätzen. Niemand hindert sie mehr daran. Die Stadt, denkt Schulgin in diesem Augenblick, ist von «stillem Wahnsinn» erfüllt. Überall sieht er Soldaten, die sich selbständig gemacht haben und tun, was ihnen gefällt. «Mit Gewehren über den Schultern, ungeordnet, ohne Offiziere laufen sie sinnlos in Gruppen umher. Auf den Gesichtern sieht man keine Freude, kein verwundertes Erstaunen. Was wollen sie? Nichts. Sie wissen es selbst nicht. Sie feiern die Befreiung, und das heißt: ‹An die Front gehen wir nicht mehr, Genossen.› Das steht in ihren Augen geschrieben. Das ist ein Alptraum. Die Hunderttausend der Garnison sind auf den Straßen. Ohne Offiziere. In Massen. Das bedeutet das Ende. Das bedeutet, daß die Disziplin endgültig verloren ist. Die Armee gibt es nicht mehr. Auf sie kann man sich nicht mehr stützen.»[6]

Schulgin und Gutschkow erreichen das Haus des Fürsten Putjatin unversehrt, niemand hat sie erkannt, als sie in der Millionnaja-Straße aus dem Auto steigen. Im Wohnzimmer warten Miljukow, Nekrassow, Lwow, Rodsjanko, Schidlowski, Tereschtschenko, Kerenski und andere Mitglieder des Kabinetts schon auf sie. In der Mitte des Zimmers sitzt der Bruder des Zaren, Großfürst Michail Alexandrowitsch, in einem Sessel und raucht. Der Kontrast zwischen der eleganten und stilvollen Ausstattung der Wohnung und dem schäbigen Aufzug der Gäste könnte größer kaum sein. Vor dem Eingang stehen Husaren in roten Uniformen, elegante Möbel im Wohnzimmer und in den Boudoirs. Die Repräsentanten der Provisorischen Regierung aber sehen aus, als seien sie gerade aus dem Bett gestiegen: eine seltsame Ansammlung von ungewaschenen Männern mit zerknautschten Gesichtern, ungekämmten Haaren und zerknitterten Hemdkrägen. Ihre Augen sind rot unterlaufen von den schlaflosen Nächten.[7]

Alle Anwesenden spüren die Bedeutung dieses Augenblicks. Zuerst ergreift Miljukow, selbstverliebt wie stets, das Wort. Er ist heiser von all den Ansprachen, die er in den vergangenen Tagen hat halten müssen, mit krächzender Stimme redet er auf den Großfürsten ein. Aber er findet in diesen Minuten, die über das Schicksal der Monarchie entscheiden, die richtigen Worte.[8] Er bittet den Großfürsten, sich dem Befehl seines Bruders nicht zu verschließen und den Thron anzunehmen. Schulgin notiert sich, was Miljukow sagt. «Wenn Sie ablehnen, Eure Hoheit, dann ist das der Untergang. Weil Rußland ... Rußland seine Achse verliert ... Der Monarch ist die Achse. Die einzige Achse des Landes. Die Masse, die russische Masse, um wen soll sie sich denn versammeln? Wenn Sie ablehnen, wird es Anarchie, Chaos, ein Blutbad geben. Der Monarch ist das einzige Zentrum, das einzige, das alle kennen. Das einzige Allgemeine. Das einzige Verständnis von Herrschaft, bis in Rußland ... Wenn Sie ablehnen, es wird ein Alptraum sein, die vollständige Ungewißheit, eine schreckliche Ungewißheit, es wird keinen Eid geben, und der Eid ist die Antwort, die einzige Antwort, die man dem Volk, uns allen, geben kann, nach allem, was geschehen ist. Das ist seine Sanktion, seine Einwilligung, seine Zustimmung, ohne die es keinen Staat, kein Rußland, überhaupt nichts geben wird.»[9] Miljukow, der die Verantwortung für die Außenpolitik des revolutionären Rußlands trägt, spricht nicht nur für sich. Er formuliert seine Forderungen im Wissen, daß selbst die französische Regierung wünscht, daß die Monarchie erhalten bleibt. Die Dynastie sei das einzige Band, daß Rußlands Menschen miteinander verbinde, das staatliche Gerüst, wie Paléologue zu Rodsjanko in diesen Tagen sagt. Und Miljukow stimmt ihm darin zu. Gutschkow bekniet den Großfürsten, sich wenigstens zum Regenten zu erklären, wenn er schon nicht Zar werden wolle. Er müsse Rußland vor dem Untergang bewahren.[10]

Schulgin erfaßt sofort, daß Miljukow die Machtfrage gestellt, wenn auch nicht ausgesprochen hat. Denn sollte der Großfürst den Rat Miljukows befolgen und gegen den erklärten Willen des Arbeiter- und Soldatenrates den Thron besteigen, wäre das eine Kriegserklärung. Die Regierung müßte Truppen sammeln, die ihr die Treue halten, sich auf die Sozialisten stürzen und «sie mit Maschinengewehren niedermachen». Aber auch für Schulgin sind solche Szenarien nur Gedankenspiele, die niemand in die Tat umsetzen wird, schon gar nicht die Provisorische Regierung, weil kein Liberaler einen Bürgerkrieg riskieren will.[11] Hunderttausende Soldaten verweigern den Gehorsam. Wer will in diesem Moment das Unmögliche wagen und dem Arbeiter- und Soldatenrat den Krieg erklären?

Niemandem steht diese blutige Konsequenz klarer vor Augen als Kerenski. Er widerspricht Miljukow und fleht den Großfürsten an, auf die Krone zu verzichten. «Pawel Nikolajewitsch Miljukow irrt sich», sagt er. «Wenn Sie den Thron annehmen, werden Sie Rußland nicht retten. Im Gegenteil. Ich kenne die Stimmung der Massen, der Arbeiter und Soldaten. Es gibt jetzt eine große Unzufriedenheit, die sich vor allem gegen die Monarchie richtet. Und eben deshalb wird diese Frage die Ursache für den blutigen Zusammenbruch sein. Und das in einer Zeit, in der Rußland die vollständige Einheit braucht. Im Angesicht des äußeren Feindes beginnt ein Bürgerkrieg, ein innerer Krieg. Und deshalb wende ich mich an Ihre Hoheit, von Russe zu Russe. Ich flehe Sie an, dieses Opfer im Namen Rußlands zu erbringen. Weil ich auch auf der anderen Seite nicht das Recht habe, vor Ihnen zu verbergen, welchen Gefahren Sie sich persönlich aussetzen, wenn Sie den Thron annehmen. In jedem Fall kann ich das Leben Ihrer Hoheit nicht garantieren.»[12]

Jetzt verlieren die Abgeordneten jede Contenance, die Spannung erreicht ihren Höhepunkt, und alle Etikette ist vergessen. Manche verlassen den Raum, andere reden laut aufeinander ein, während der Großfürst schweigend in ihrer Mitte sitzt. Angst breitet sich aus, Angst vor den Konsequenzen der einen wie der anderen Entscheidung.[13] Nicht einmal Schulgin, an dessen monarchistischer Gesinnung kein Zweifel besteht, mag dem Großfürsten jetzt noch den Rat geben, den Thron zu besteigen. Auf den Rückhalt der Regierung, auf Männer wie Kerenski, werde er sich ganz gewiß nicht verlassen können. Die Dynastie ist in den Augen des Arbeiter- und Soldatenrates diskreditiert, es wird zum Bürgerkrieg kommen, dessen ist er gewiß, sollte Michail den Thron besteigen. Solch ein Risiko könne man im Angesicht des Krieges, der auf russischem Territorium tobt, nicht eingehen. Man solle die Entscheidung über die Staatsform, empfiehlt auch er, der verfassunggebenden

Versammlung überlassen. Außer Miljukow und Gutschkow will sich niemand mehr für die Monarchie verwenden.

Und nun kommt sie, die Entscheidung, die man lieber vermieden hätte und die Nikolai II. ihnen aufgezwungen hat. Michail Alexandrowitsch zieht sich in Begleitung Rodsjankos und Lwows in einen Nebenraum zurück, und nach einer halben Stunde verkündet er mit Tränen in den Augen, daß er auf den Thron verzichte, die Krone nur annehmen könne, wenn sie ihm von der verfassunggebenden Versammlung angetragen werde. Michail ist ein Mann der sich keinen Illusionen hingibt und auch nicht zum Spielball der politischen Parteien werden möchte. Er will nicht derjenige sein, der einen Bürgerkrieg auslöst und seine Opfer zu verantworten hätte. Auch gibt es keine Verfassung. Wie aber kann er einen Eid auf ein Regelwerk ablegen, das noch gar nicht existiert? Niemand weiß in diesem Augenblick, ob die Regierung ihren Machtanspruch, der durch nichts legitimiert ist, überhaupt durchsetzen kann. Ein solches Wagnis will Michail nicht eingehen, und die liberalen Politiker lassen den Gedanken der konstitutionellen Monarchie sofort fallen.[14]

Als die Würfel gefallen sind, ruft man die Juristen Wladimir Nabokow und Baron Boris von Nolde herbei. Sie sollen die Verzichtserklärung aufsetzen und ihr eine rechtliche Grundlage geben. Jetzt aber streiten die Juristen mit den Politikern um die existentiellen Fragen, die sich aus dem Thronverzicht ergeben. Abdanken könne nur, so Nabokow, wer auch Herrscher gewesen sei. Allein der Zar sei ermächtigt, Macht zu delegieren und zu übertragen, und wenn die neue Regierung legitimiert sein wolle, müsse sie sich vom Zaren einsetzen lassen. Deshalb dürfe die Urkunde nicht von Michail Alexandrowitsch, sondern müsse von Michail II. unterzeichnet werden. Für solche Spitzfindigkeiten aber haben die Politiker kein Verständnis. Der Großfürst habe gar nicht abgedankt, sondern auf den Thron verzichtet, wenden sie gegen Nabokow ein. Kerenski besteht darauf, daß der Volkswille in die Verzichtserklärung aufgenommen werden müsse. Andere verweisen darauf, daß Nikolai II. vor seiner Abdankung Lwow zum Regierungschef ernannt habe, die Regierung also rechtmäßig eingesetzt worden sei. Solche Legitimität aber hätte der Arbeiter- und

Soldatenrat sofort in Frage gestellt, und auch Lwow will unter gar keinen Umständen ein Regierungschef sein, der vom Zaren eingesetzt worden ist. Und so heißt es am Ende in der Abdankungsurkunde, die Provisorische Regierung sei «auf Initiative der Staatsduma» eingesetzt worden und werde die ihr übertragene Macht so lange ausüben, bis eine verfassunggebende Versammlung über den endgültigen Staatsaufbau des Russischen Reiches entschieden habe.[15] Es ist ein Akt, der mit den Grundgesetzen des Jahres 1906 bricht, die doch von niemandem außer Kraft gesetzt wurden, dessen sind sich alle Anwesenden bewußt. Der neue Staat ist weder durch das Recht noch durch den Willen des Zaren und schon gar nicht durch den Willen des Volkes legitimiert. Das ist auch der Grund, warum Miljukow unbedingt an der Monarchie festhalten will.

Die Rechtsfragen sind deshalb von existentieller Bedeutung. Wer hat die Provisorische Regierung eingesetzt? Die Duma oder der Volkswille? Ist sie überhaupt berechtigt, Verordnungen zu erlassen und Gesetze zu geben? Und kann sie, die niemand gewählt hat, eigenmächtig über das Wahlrecht befinden, auf dessen Grundlage die verfassunggebende Versammlung gewählt werden soll? Artikel 87 der Grundgesetze von 1906 ermächtigt allein den Zaren, zwischen den Sitzungsperioden der Duma Gesetze zu verabschieden. Aber kann sich eine Regierung, die niemand eingesetzt hat, auf diesen Grundsatz berufen? Nabokow, der im Kinderzimmer an einem winzigen Schreibtisch sitzt und die Urkunde redigiert, versteht sofort, daß es ohne Beantwortung dieser Frage keine Legitimation für die zukünftige Regierung geben kann. Und so rät er, der Großfürst solle der Provisorischen Regierung die gesamte «Fülle der Macht» übertragen. Denn die Regierung müsse bis zu den Wahlen zur verfassunggebenden Versammlung ermächtigt sein, Gesetze zu erlassen und Entscheidungen zu treffen. Und so wird auch diese Wendung noch hinzugefügt. Er bitte alle Bürger, läßt Michail in der Urkunde mitteilen, der Provisorischen Regierung zu gehorchen, bis eine verfassunggebende Versammlung, die auf der Grundlage des allgemeinen, direkten, gleichen und geheimen Stimmrechts noch zu wählen sei, über die endgültige Regierungsform entschieden habe. Die Abdankungsurkunde ist das einzige Schriftstück, auf das sich die Provisorische Regierung berufen kann. Sie ist die eigentliche Verfassung, auf nichts anderes kann sie jetzt noch verweisen, um ihren Machtanspruch zu belegen. Michail Alexandrowitsch aber will nicht Zar gewesen sein und besteht darauf, als Bürger und nicht als Angehöriger des Hauses Romanow auf den Thron zu verzichten. Eigenhändig ersetzt er das Wort «Wir» durch das Wort «Ich». Und so verschwindet auch der «Pluralis Majestatis» aus der Urkunde. Es ist paradox. Wie kann sich eine Regierung von einem Mann einsetzen lassen, der Bürger, aber niemals Zar gewesen sein will? Darauf bleiben Kerenski und seine Ratgeber Miljukow und Nabokow jede Antwort schuldig. Der neue Staat ist weder Republik noch Monarchie. Der ganze Vorgang ist eine Staatsgründung ohne Namen.[16]

Als Michail Alexandrowitsch die Urkunde unterschreibt, wirkt er verstört und überfordert, aber wie sein Bruder übt auch er sich in Selbstbeherrschung. Nabokow sieht noch, wie Rodsjanko den Großfürsten küßt, bevor er die Wohnung verläßt, und auch Kerenski ihm sagt, welch ein «edler Mensch» er doch sei.[17] Stunden später werden die ersten Plakate an den Hauswänden in der Hauptstadt ausgehängt, die den Verzicht des Großfürsten verkünden. Von solchem Erfolg sind selbst die Revolutionäre überrascht. Gestern noch haben sie sich vor den Nachstellungen der Geheimpolizei versteckt, und heute schon sind sie die Herren der Straße. «Aber wo war der Zarismus?», fragt sich Suchanow. «Es gab ihn nicht mehr. Er zerfiel im Nu. In drei Jahrhunderten wurde er errichtet, in drei Tagen verschwand er.»[18]

Der Großfürst ist erleichtert, daß die Revolutionäre ihn von der Bürde der Macht und der Verantwortung befreit haben, der er sich nicht gewachsen fühlt. Damals, im September 1904, als der Thronfolger Alexei geboren wurde, sagte Michail Alexandrowitsch zu Mordwinow, dem Adjutanten seines Bruders: «Ach, Anatoli Alexandrowitsch, wenn Sie nur wüßten, wie froh ich bin, nicht mehr der Thronfolger zu sein. Ich gebe zu, daß ich dafür überhaupt nicht tauglich und darauf überhaupt nicht vorbereitet bin.»[19] Michail Alexandrowitsch ist ein ebenso schüchterner und weicher Mann wie sein Bruder, unfähig, Entscheidungen zu treffen und sich gegen starke Menschen zu behaupten. «Floppy», wie man ihn im Kreis der Familie nennt, ist ein «netter, sym-

Wladimir Nabokow (1870–1922),
Jurist, prominentes Mitglied der
Konstitutionellen Demokraten

pathischer, junger Mann gewesen», wird sich Danilow später an den Bruder des Zaren erinnern. «Er hatte alle Gaben, um ein guter konstitutioneller Monarch zu werden, aber nur in einem standfesten Staat, mit einem gut und fest verankerten Machtapparat.» Auf die Bürde des Amtes aber, die ihm die Verfassung auferlegt hätte, wäre er nicht vorbereitet gewesen.[20]

In den Tagen, die dem Thronverzicht folgen, sieht man den Großfürsten, wie er in ziviler Kleidung auf dem Newski-Prospekt spazieren geht. Karabtschewski, der ihn in diesen Tagen zu Gesicht bekommt, findet, er habe «glänzend» ausgesehen.[21] Die Romanows finden keinen Gefallen an der Macht. Weder Nikolai noch sein Bruder, denen jeglicher politischer Instinkt fehlt, wissen mit ihr umzugehen, und so legen sie das Schicksal Rußlands in die Hände streitender Parteien.

Nekrassow spürt die Tragweite der Entscheidung. Er selbst ist ein Befürworter der Abdankung, aber als die Worte ausgesprochen werden, fühlt er sich, als sei die ganze Last der Verantwortung auf seine Schultern geladen worden.[22]

Nabokow, der im Auftrag der Provisorischen Regierung die Verzichtserklärung des Großfürsten formuliert, sieht klarer als andere, was die zweifache Abdankung bedeutet. Sie löst eine fundamentale Staatskrise aus. Der Zar, das weiß er als Jurist, hätte nicht einmal abdanken dürfen, weil im Thronfolgegesetz Pauls I. aus dem Jahr 1797 zwar vom Tod, nicht aber vom Verzicht auf den Thron die Rede ist. Man habe also den politischen Tod des Zaren unterstellen müssen, um die Abdankung zu legitimieren und seinen Sohn mit den Insignien der Macht auszustatten. Unter gar keinen Umständen aber hätte Nikolai zugunsten seines Bruders auf den Thron verzichten dürfen, weil das Gesetz die Rangfolge eindeutig regelt und es dem Herrscher nicht erlaubt, eine Verzichtserklärung für seinen Nachfolger abzugeben. Allein der Sohn des Zaren hätte eine solche Erklärung abgeben, der Bruder nicht den Thron besteigen dürfen. Denn der Thron ist nicht das Privateigentum, kein Erbgut des Herrschers.[23]

Die Monarchie ist die einzige Legitimationsquelle der politischen Ordnung und die einzige Klammer, die das Vielvölkerreich zusammenhält. Sie ist ein «Symbol», eine «lebendige Kraft», glaubt auch Gutschkow, für die Menschen in den Tod gegangen seien. In dem Augenblick, als er mit dem Zaren über die Abdankung gesprochen habe, habe er gefühlt, daß der «kleine Alexei» ein lebendes Symbol hätte werden können. Die Ordnung hätte sich emotional fest verankert, wenn man an der Monarchie festgehalten hätte. Nun aber, nach der Verzichtserklärung des Großfürsten, ist der Macht Grund und Boden entzogen worden. Die Provisorische Regierung ist weder legitim noch ist sie souverän. Sie hat sich, wie Miljukow später beklagt, eine «bescheidene Selbstbeschränkung» auferlegt, an der sie bis zu ihrem Ende festgehalten habe und an der sie schließlich auch zugrunde gegangen sei.[24]

Was wäre geschehen, wenn Michail Alexandrowitsch nicht auf den Thron verzichtet hätte? Nabokow schreibt: «Fortgefallen wäre die Schicksalsfrage der Einberufung einer konstituierenden Versammlung

Großfürst Michail Alexandrowitsch (1878–1918) und Gräfin Natalja Scheremetjewskaja

mitten im Kriege. Man hätte nicht eine formal mit diktatorischer Vollmacht ausgestattete Provisorische Regierung ins Leben rufen müssen, die faktisch genötigt war, diese Vollmacht erst durchzusetzen und zu festigen, sondern man hätte eine echte konstitutionelle Regierung bilden können, auf der festen Grundlage des Gesetzes, das mit neuem Inhalt versehen worden wäre. Außerdem wäre jene gewaltige Erschütterung der psychischen Verfassung des ganzen Volkes vermieden worden, wie sie durch den Sturz des Throns hervorgerufen wurde. Mit einem Wort: Der Umsturz hätte sich in gewissen Grenzen gehalten und vielleicht wäre die internationale Stellung Rußlands erhalten geblieben.»[25] In den Augen Nabokows vergibt Michail Alexandrowitsch die letzte Chance zur Rettung der Monarchie und entzieht dem Machtanspruch der Provisorischen Regierung alle Grundlagen. Manchmal ist es nur ein Augenblick, in dem sich das Schicksal eines Staates entscheidet. Und doch weiß Nabokow um die Macht des Faktischen, darum, daß nicht ungeschehen gemacht werden kann, was inzwischen eingetreten ist. Die Monarchie gehört der Vergangenheit an, weil der Arbeiter- und Soldatenrat sich unter gar keinen Umständen auf ihre Wiederbelebung eingelassen hätte. Der Umsturzrausch, so Nabokow, habe auch die «nüchternsten Hirne» verdreht. In dieser Atmosphäre des «unbewußten Bolschewismus» kann die Monarchie kein Rettungsanker mehr sein.[26] Jäh wachen die Liberalen aus ihren Verfassungsträumen auf, und sie begreifen, daß das Leben kein Argument ist und das Wunder kein Gesetz.

Noch am gleichen Tag erfährt Nikolai vom Thronverzicht des Bruders. Wer, so schreibt er in sein Tagebuch, habe ihn nur auf den Gedanken gebracht, die Abdankung mit den Wahlen zu einer verfassunggebenden Versammlung zu verbinden? Warum hat er einen «solchen Schmutz» unterschrieben?[27] Als Großfürst Andrei Wladimirowitsch, ein Cousin Nikolais II., im fernen Kislowodsk im Kaukasus von der zweifachen Abdankung erfährt und davon, daß Michail Alexandrowitsch die Zukunft des Landes von Wahlen abhängig gemacht habe, gerät auch er außer sich. In seinem Tagebuch notiert er: «An einem Tag stürzte die gesamte vergangene Größe Rußlands zusammen. Und sie stürzte unwiderruflich zusammen – aber wohin werden wir gehen? Der Aufruf Michail Alexandrowitschs zu allgemeinen Wahlen ist schlimmer als alles andere. Wie kann man das machen, und das in dieser Zeit? Oh Gott, wofür hast Du unsere Heimat bestraft? Der Feind steht auf unserem Territorium. Und was ist mit uns los? Nein, man kann das alles nicht ausdrücken, was man durchlebt, das alles erdrückt einen, erdrückt einen schmerzhaft.»[28] Alle Mitglieder des Hauses Romanow spüren in diesem Augenblick, daß ihrer Familie der Todesstoß versetzt wird. Großfürst Alexander Michailowitsch, ein Cousin des Zaren, befindet sich in Kiew, als ihm die Abdankungsurkunde zugestellt wird. «Ich saß in meinem Bett und las sie erneut. Nicky muss den Verstand verloren haben: Seit wann dankt ein Herrscher wegen eines Brotmangels und vereinzelten Unruhen in seiner Hauptstadt ab? Der Verrat der Reservisten in St. Petersburg? Aber er hatte eine Armee von fünfzehn Millionen Männern zu seiner Verfügung!»[29]

Alexandra hat schon am 2. März einen Brief an ihren Mann geschrieben, in dem sie ihrer Empörung Luft macht. Natürlich weiß sie, daß Nikolai sich jedem Druck beugt, jedem Widerstand aus dem Weg geht. Es sei offensichtlich, schreibt sie, daß Rodsjanko verhindern wolle, daß er, der Kaiser, mit ihr, der Kaiserin, zusammentreffe, bevor er nicht unterschrieben habe, was sie von ihm verlangen, eine Verfassung oder ähnlich Furchtbares. «Und Du, der Du allein bist, ohne die Armee in Deinem Rücken, gefangen, wie eine Maus in der Falle, was kannst Du tun? Das ist die niederträchtigste, gemeinste Sache, die es in der Geschichte noch nicht gegeben hat: den eigenen Herrscher festzusetzen.» Ob er sich nicht den Truppen in Pskow und an anderen Orten zeigen und sie um sich scharen wolle? «Wenn Du gezwungen wurdest, Zugeständnisse zu machen, so bist Du niemals verpflichtet, sie einzuhalten.»[30]

Erst am Vormittag des 3. März erreicht Alexandra die Nachricht, daß Nikolai tatsächlich abgedankt hat und daß der Verzicht auf den Thron unwiderruflich ist. Großfürst Pawel Alexandrowitsch, ein Onkel Nikolais II., macht seine Aufwartung in Zarskoje Selo und berichtet, was in Pskow geschehen ist. Wenig später erscheint Benckendorff, der Palastkommandant, in den Gemächern der Zarin und überbringt Flugblätter, die in der Hauptstadt verteilt worden sind und auf denen zu lesen ist, daß die Herrschaft der Romanows der Vergangenheit angehört. Als er wenig später das Schlafgemach verläßt, sieht er noch, wie Alexandra in sich zusammensinkt und bitterlich weint.[31] Sofort schreibt sie einen Brief an Nikolai. Soeben habe Pawel Alexandrowitsch die furchtbare Nachricht überbracht. Sie verstehe, daß er nicht anders habe handeln können. Aber er sei an eine Entscheidung, die er unter Zwang getroffen habe, nicht gebunden. «Wir kennen einander durch und durch und brauchen keine Worte und solange ich lebe, werden wir Dich wieder auf dem Thron sehen, getragen von Deinem Volk und den Truppen, zum Ruhme Deiner Herrschaft. Du hast die Herrschaft Deines Sohnes und Dein Land und Deine heilige Reinheit bewahrt (Judas Russki), Du wirst von Gott auf dieser Erde und in Deinem Land gekrönt werden. Ich halte Dich fest, fest in meinen Armen und werde es ihnen niemals erlauben, Deine leuchtende Seele zu berühren. Ich küsse, küsse und segne Dich und werde Dich immer verstehen. Wifey.»[32]

In der hauptstädtischen Gesellschaft wird die Nachricht von der zweifachen Abdankung mit Gleichgültigkeit aufgenommen. Die meisten Menschen sind mit anderen Sorgen beladen. Alle empfinden die Kunde vom Ende der Monarchie wie etwas «schon lange Erwartetes und Natürliches», schreibt Benois in sein Tagebuch. Nicht einmal die konservativen Royalisten mögen sich zu dem glücklosen, traurigen Zaren noch bekennen.[33] In den großen Städten beleben sich die Straßen und Plätze, Menschen fallen einander in die Arme, als sie erfahren, daß die Autokratie der Vergangenheit angehört. Die Marseillaise erklingt, in den Stadtparlamenten wird die Revolution gefeiert und besungen, jetzt, da Gewißheit herrscht und niemand die Rückkehr der alten Ordnung noch für möglich hält. In den Dörfern vergehen Tage, bis auch dort die Nachricht vom Ende der Monarchie durchsickert. Viele Bauern sind verwirrt, weil sie sich eine Herrschaft ohne Zaren nicht vorstellen können. Der Zar ist eine mythische Figur, Verkörperung dessen, was Bauern für einen Staat halten. Auf ihn wollen sie nicht verzichten. Paléologue sieht in diesen Tagen Männer und Frauen, die Kerzen entzünden und um das Seelenheil des Herrschers beten, sie, die wohl die Revolution begrüßen, mit dem Zaren aber nicht brechen wollen. Es wird Jahre dauern, um sie mit dem Gedanken zu versöhnen, daß es einen Staat (Gosudarstwo) geben könne, der keinen Herrscher (Gosudar) braucht.[34] Bald aber überwiegt auch in den Dörfern die Freude über den Sieg einer Revolte, die Bauern von Gutsbesitzern, Landhauptleuten und Offizieren befreien wird.

Nur einer ist verzweifelt. Sergei Subatow, der ehemalige Leiter der Ochrana von Moskau, erfährt von der Abdankung des Zaren, als er mit seiner Familie im Wohnzimmer sitzt und zu Abend ißt. Er erhebt sich vom Tisch, geht in sein Arbeitszimmer und tötet sich mit einem Schuß aus seinem Revolver. Und so stirbt mit der Monarchie auch einer ihrer treuesten Anhänger.[35]

XIII.

Abschied von der alten Ordnung

Freitag, 3. März, bis Donnerstag, 9. März 1917

Eine letzte Entscheidung trifft der unglückliche Herrscher noch. Es verlangt ihn danach, sich von seiner militärischen Entourage zu verabschieden, und zu diesem Zweck reist er nach Mogiljow. Jetzt erst, nach der Abdankung, erlaubt sich Nikolai, die Fassung auch vor sich selbst zu verlieren. «Um Mitternacht verließen wir Pskow mit einem bedrückenden Gefühl des Erlebten. Überall Verrat und Feigheit und Betrug», schreibt er am 3. März in sein Tagebuch.[1] Wojejkow wird Zeuge des seelischen Zusammenbruchs. Der Zar sitzt im Salonwagen, kniet vor einer beleuchteten Ikone, als der Kommandant der Palastwache den Raum betritt. Nach allem, was geschehen ist, hat Nikolai nicht mehr die Kraft, sich selbst zu beherrschen. Er umarmt Wojejkow, und zum ersten Mal in seinem Leben läßt er seinen Tränen in Gegenwart anderer Menschen freien Lauf. «Ich werde bis zum Ende meines Lebens das Bild des Herrschers mit den verweinten Augen im halberleuchteten Waggon im Gedächtnis behalten», schreibt Wojejkow später in seinen Memoiren.[2]

Warum lassen die neuen Machthaber den Zaren überhaupt nach Mogiljow fahren, warum zwingen sie ihn nicht, sofort nach Zarskoje Selo zurückzukehren, wo man jeden seiner Schritte kontrollieren könnte? Bublikow, der das Amt des Verkehrsministers inzwischen an Nekrassow übergeben hat, aber immer noch für die Überwachung des kaiserlichen Zuges verantwortlich ist, versteht nicht, warum die Regierung Nikolai gestattet, nach Mogiljow zu reisen. Zwar hat er auf den Thron verzichtet und diesen Verzicht mit einer eigenhändigen Unterschrift beglaubigt. Aber kann man sich wirklich auf sein Wort verlassen? Wird er nicht doch den Versuch unternehmen, im Hauptquartier Unterstützung für die Wiederherstellung der Monarchie zu mobilisieren? Bublikow greift zum Telephon und ruft Gutschkow, inzwischen Kriegsminister, an. Wer denn eigentlich dem Privatmann Nikolai Romanow die Erlaubnis erteilt habe, will er von ihm wissen, sich auf Rußlands Schienenwegen frei und nach Belieben zu bewegen? Ob sich die Regierung überhaupt darüber im Klaren sei, auf welch schmalem Grat sie sich bewege? Gutschkow aber kennt den Herrscher besser, und er weiß, daß von ihm keinerlei Gefahr ausgeht. Er wird nicht den Mut aufbringen, sich zu widersetzen. Nikolai ist nicht Alexandra. Er ist an nichts anderem als an seiner Familie und seiner Rückkehr nach Zarskoje Selo interessiert. Der Thron scheint ihm einerlei zu sein. «Er ist völlig harmlos», sagt Gutschkow zu Bublikow. Und tatsächlich beugt sich der entthronte Herrscher der Macht der Gewehrläufe und ergibt sich seinem Schicksal. Nicht einmal in der letzten Minute bringt er es fertig, ihm treu ergebene Truppen um sich zu scharen und die Provisorische Regierung zum Teufel zu jagen. Nikolai ist als schwacher Mensch auf den Thron gekommen, und als schwacher Mensch verläßt er ihn auch.[3]

Schon in der Nacht vom 2. auf den 3. März gibt sich Nikolai wieder dem Fatalismus hin. «Ich schlief lange und fest», schreibt er am Vormittag in sein Tagebuch. «Ich wachte weit hinter Dwinsk (Dünaburg, J. B.) auf. Der Tag war sonnig und frostig. Ich sprach mit den Meinigen über den gestrigen Tag. Ich las viel über Julius Cäsar.»[4] Am Bahnhof von Sirotino, auf halber Strecke zwischen Pskow und Mogiljow, gibt er ein Telegramm auf. Es richtet sich an seinen Bruder: «An seine Kaiserliche Hoheit Michail. Petrograd. Die Ereignisse der letzten Tage haben mich zu diesem unwiderruflichen äußersten Schritt gezwungen. Ich bitte Dich um Verzeihung, sollte ich Dich gekränkt haben und daß ich Dich nicht vorwarnen konnte. Ich bin immer Dein wahrer und ergebener Bruder. Ich kehre ins Hauptquartier zurück und von dort hoffe ich in einigen Tagen nach Zarskoje Selo zu fahren. Ich bete innig zu Gott, daß er Dir und Deiner Heimat helfen möge. Nicky.»[5]

Am 3. März, um 8:20 erreicht der kaiserliche Zug Mogiljow. Alexejew und seine Stabsoffiziere stehen am Bahnsteig, um dem Zaren die Ehre zu erweisen. General Nikolai Tichmenjew, der die Fernmelde- und Verkehrsabteilung im Hauptquartier kommandiert, erkennt den Herrscher kaum wieder. Mit bleichem Gesicht, starrem und unbeweglichem Blick steigt er aus dem Zug. Eine schwere Depression scheint ihn übermannt zu haben. Aber er läßt sich nicht anmerken, wie sehr ihn der Verrat des Generalstabschefs verletzt hat. Er gibt Alexejew die Hand, begrüßt die umstehenden Offiziere und eilt zum Sitz des Gouverneurs, wo sich seine Gemächer befinden. Noch am gleichen Tag nimmt er den Bericht Alexejews über die Lage an der Front entgegen. Klembowski, der Zeuge der letzten Lagebesprechung ist, wundert sich über die Selbstbeherrschung und den Gleichmut des Zaren. Es scheint, als sei überhaupt nichts geschehen, was ihn davon abhalten könnte, die gewohnte Routine zu unterbrechen. Er spricht, wie stets, ruhig und bedächtig und stellt die immer gleichen Fragen. Ein Lagebericht. Sein letzter Lagebericht, den er pflichtgetreu und unbewegt entgegennimmt. Nikolai läßt sich nicht anmerken, wie sehr er unter der Situation leidet. Klembowski kann seine Augen nicht von ihm abwenden, so sehr bewegt ihn die Selbstbeherrschung des Zaren. Wie viel Willenskraft muß ein Mensch haben, fragt sich der General, um eineinhalb Stunden dem letzten Bericht über den großen Krieg zuzuhören? Ist es Gleichgültigkeit oder die Einsicht, seine Rolle vor seinem Stab auf geordnete Weise zu einem würdigen Ende zu bringen?[6] Nikolai ist schwach und willenlos, aber diszipliniert und selbstbeherrscht wie niemand sonst in seiner Umgebung. In Petrograd indes ist man nicht erfreut darüber, daß Alexejew dem ehemaligen Zaren noch Berichte über die Lage an der Front vorträgt. Gutschkow fordert den Generalstabschef auf, solche Loyalitätsbekundungen in Zukunft zu unterlassen, und Alexejew fügt sich sogleich. Auch die Agenturmeldungen werden dem Zaren nun nicht mehr vorgelegt. Nikolai Romanow ist jetzt nur noch ein Privatmann.[7]

Am 4. März kommt es zu einer Begegnung Nikolais mit seiner Mutter, Maria Fjodorowna, die mit dem Zug aus Kiew anreist. Erst am 3. März hat sie erfahren, was in Pskow geschehen ist und daß ihr Sohn zugunsten seines Bruders abgedankt hat. «Ich bin völlig verzweifelt», schreibt sie, die um die Schwäche und Willenlosigkeit ihrer Söhne weiß, in ihr Tagebuch. «Man denkt nur, ob es sich noch lohnt, diesen Alptraum zu erleben.»[8] Der Zug der Mutter steht neben dem des Sohnes auf dem Nachbargleis. Nikolai muß sich nun ihre Vorhaltungen anhören. Wie konnte er ohne Not auf den Thron verzichten, nur weil irgendwelche Abgeordnete der Duma es von ihm verlangten? Einfach unglaublich, wie sie sich in ihrem Tagebuch empört. Rodsjanko und die Generäle haben ihren Sohn mit falschen Informationen versorgt, denkt sie, ihn unter Druck gesetzt, und wie immer, hat Nicky «kapituliert». Auch gegenüber der Mutter zeigt sich Nikolai beherrscht und kontrolliert, solange Höflinge in der Nähe sind. Mit ruhiger Stimme spricht er über die Ereignisse der vergangenen Tage. Sobald er aber mit seiner Mutter allein ist, verliert er die Fassung. «Um 8 Uhr kam Nicky zu mir zum Abendessen», schreibt Maria Fjodorowna in ihr Tagebuch. «Auch Mordwinow war da. Nicky, der arme Kerl, öffnete mir sein armes, blutendes Herz, und wir weinten beide.»[9] Großfürst Alexander Michailowitsch, Nikolais Cousin, erinnert sich Jahre später an das letzte gemeinsame Mittagessen, das die kaiserliche Familie im Waggon Maria Fjodorownas einnimmt. «Banalitäten, beruhigende Lügen, die übertriebene Höflichkeit der Kellner, das von Tränen benäßte Gesicht meiner Tante, ein Blick auf Nickys Hand, der eine weitere Zigarette in den Halter schob, meine qualvollen Gedanken daran, daß ich nicht alles getan hatte, um das Debakel zu verhindern ... Mein Kopf schmerzte, in meinen Ohren klingelte es. Ich aß automatisch, versuchte, Nickys Blicken auszuweichen.»[10] Im Gegensatz zum Sohn verfügt die Mutter über einen kühlen Kopf und politischen Verstand. Sie macht sich keine Illusionen über die Zukunft des Herrscherhauses. Nikolai hätte sich sofort in Sicherheit bringen und ins Ausland reisen müssen. Das aber kann er nicht, weil seine Familie in Zarskoje Selo festsitzt und er selbst unter Aufsicht steht.

Um den glücklosen Herrscher wird es nun einsam, denn niemand will sich mit ihm noch sehen lassen, und am Ende sagen ihm auch Fredericks und Wojejkow Lebewohl, seine treuesten Gefährten, die von Alexejew gezwungen werden, sich von ihm zu verabschieden und sich auf ihre Güter zurückzuziehen. Es sei zu ihrem Besten, versichert ihnen der General, denn anderenfalls werde man sie zweifellos verhaften. Nikolai trifft ein letztes Mal mit Wojejkow und Fredericks zusammen und rät ihnen, Mogiljow sofort zu verlassen, weil niemand für ihre Sicherheit garantieren könne und auch er selbst sich in Gefahr bringe, wenn er sich mit ihnen in der Öffentlichkeit zeigt. Fredericks, der vornehme Hofminister, der seit 1897 im Dienst der Zarenfamilie steht, verliert die Contenance, bricht in Gegenwart des britischen Missionschefs John Hanbury-Williams zusammen und umarmt ihn mit Tränen in den Augen. Zweifellos ahnt Fredericks, was ihm bevorstehen könnte. Er sei zum Tode verurteilt worden (condamné à mort), sagt er, denn es gebe für ihn nichts mehr, wofür es sich noch zu leben lohne, jetzt, nachdem der Herrscher vom Thron gestoßen worden sei.[11] Er ist schon deshalb verzweifelt, weil seine Wohnung im Zentrum der Hauptstadt von Plünderern in Brand gesetzt worden ist und es keinen Ort mehr gibt, an dem er sich ohne Gefahr für Leib und Leben niederlassen könnte. Fredericks umarmt die Mitglieder des Hofstaates und steigt in den Zug, der für ihn bereitgestellt worden ist, wie auch Wojejkow, den man in einen Waggon zweiter Klasse unterbringt, um ihm vor Augen zu führen, daß die Zeit der Herren abgelaufen ist. Sie kommen allerdings nicht weit. In Gomel holt man Fredericks aus dem Zug, der so unvorsichtig gewesen ist, unchiffrierte Telegramme zu versenden, und bringt ihn als Gefangenen nach Petrograd. Wojejkow kommt nur bis Wjasma. Dort verhaftet man ihn und eskortiert ihn nach Moskau.[12]

Fredericks trifft am 5. März am Zarskoje-Selo-Bahnhof in Petrograd ein, umringt von Soldaten, und man sieht, daß er nicht weiß, wie ihm geschieht. In Petrograd geleiten ihn Soldaten auf den Bahnhofsvorplatz, wo ein Auto auf ihn wartet, das ihn zur Duma bringen soll. Die Menge johlt, als sie den Hofminister des Zaren erblickt und verlangt, daß man den «deutschen Verräter» in Stücke reißt. Die Wachsoldaten haben Mühe, den Pöbel zurückzuhalten, aber der Graf geht mit ruhigem Schritt zum Auto und schenkt den Beschimpfungen, mit denen er überhäuft wird, keinerlei Beachtung.[13] In der Duma zeigt sich Fredericks in Begleitung seines Kammerdieners. Ob er ein Glas Wein bekommen könne, fragt er, und ob es möglich sei, ihm Zigarren zu beschaffen? Er läßt sich eine Feder und ein Stück Papier bringen und setzt ein Schreiben an Gutschkow, den Kriegsminister, auf, dem er mitteilt, daß er wohl aus gesundheitlichen Gründen vom Amt des Hofministers zurücktreten werde, gleichwohl erwarte, daß man ihm eine Pension zuweist und ihm das Recht gewährt, die Uniform eines Generals zu tragen. Wie kann man in dieser Stunde an eine Pension, an Uniformen, Wein und Zigarren denken? Hat Fredericks den Verstand verloren oder nimmt er einfach nicht wahr, was um ihn herum geschieht? Als ihm eröffnet wird, daß der Zar verhaftet worden sei und unter Hausarrest stehe, schaut Fredericks die Umstehenden staunend an und entgegnet: «Weshalb hat man ihn verhaftet?» Und dann fügt er noch hinzu. «Wann werde ich freigelassen?» Die neuen Machthaber halten den exaltierten Hofminister für verrückt und bringen ihn in ein Krankenhaus.[14]

Wenig später trifft auch Wojejkow in der Hauptstadt ein. Er ist von Kerenski selbst in Moskau in Empfang genommen worden und wird nun von ihm und in einem Sonderzug nach Petrograd gebracht. Der Justizminister unterhält sich freundlich mit dem Chef der Palastwache, bis der Zug die Hauptstadt erreicht. Auf dem Vorplatz des Nikolai-Bahnhofs nimmt Kerenski vor den aufgebrachten Massen nun die Rolle des kompromißlosen Revolutionärs ein. Er selbst sei nach Moskau gefahren, ruft er der Menge zu, um Wojejkow zu verhaften. «Er wird sich der Justiz nicht entziehen können.»[15] Wie immer setzt er eine theatralische Miene auf und preßt seine Hände pathetisch auf die Brust. Und dennoch haben Kerenski und seine Adjutanten Mühe, den prominenten Gefangenen aus dem Bahnhof und zum Auto zu eskortieren, das auf sie wartet. Die Masse ist äußerst erregt, Wojejkow wird an schreienden Menschen, die den Chef der Palastwache lynchen wollen, vorbeigeschoben und zum Hinterausgang geleitet.[16]

In den Tagen vor seiner Abreise nach Zarskoje Selo empfängt der Zar noch die Militärattachés der Verbündeten. Hanbury-Williams muß sich vor einem Soldaten, der eine rote Armbinde trägt, ausweisen, bevor er das Domizil des Zaren betreten darf, in dem keine Menschenseele zu sehen ist. Hanbury-Williams ist erschüttert, als er durch die einst festlich geschmückten Räume läuft. Alle Bilder sind von den Wänden, Blumen von den Tischen entfernt worden. Der Zar sitzt in einem kahlen Raum hinter einem Schreibtisch. Seine Augen sind von schwarzen Rändern umgeben, das Gesicht bleich. Hanbury-Williams bleibt nicht verborgen, in welchem Zustand sich der Zar befindet. Nikolai lächelt freundlich und bittet den Attaché, neben ihm auf dem Sofa Platz zu nehmen. Eine Weile plaudern sie höflich miteinander. Hanbury-Williams fragt den Zaren nach seinen Plänen, spricht mit ihm über seine Familie, die in Zarskoje Selo festsitzt und er versichert, daß ihm die britische Krone gewogen bleiben und ihn vor Übergriffen schützen werde, ganz gleich, was geschieht. Nikolai ist gerührt, eine solche Anteilnahme hat er nicht erwartet. Aber auch jetzt noch gibt er sich allerlei Illusionen hin. Er lädt Hanbury-Williams ein, ihn in Zarskoje Selo zu besuchen, wenngleich er doch wissen müßte, daß andere darüber entscheiden, wen er noch sehen darf. Als der britische General sich verabschiedet, wirft er noch einen Blick auf das Gebäude der Stadtduma, das vom Fenster aus zu sehen ist. Auf ihrem Dach wehen zwei große rote Fahnen.[17]

Am 5. März nimmt der Zar mit seiner Mutter an einem Gottesdienst teil, der in der ältesten Kirche Mogiljows gefeiert wird. Die Kirche ist überfüllt. Generäle und Offiziere umringen den Zaren und seine Mutter, selbst Alexejew ist gekommen und betet auf Knien. In der Kirche herrscht eine beklemmende Stille, die Offiziere sind ergriffen, weil sie verstehen, daß dies der letzte Besuch des Zaren im Hauptquartier und es Zeit ist, Abschied zu nehmen. Viele haben Tränen in den Augen. Als der Zar die Kirche verläßt, muß er sich einen Weg durch die Soldaten bahnen, die sich auf dem Vorplatz aufgestellt haben, ihre Mützen abnehmen und sich verneigen. Nikolai und seine Mutter nehmen auf der Rückbank des Autos Platz. Es ist ein trauriger Anblick, wie sie davonfahren und der Menge zunicken, die ihnen stumm hinterhersieht.[18]

Am Vormittag des 8. März verabschiedet Nikolai sich von den Offizieren des Stabes. Im vollbesetzten Saal, der für diese Inszenierung hergerichtet worden ist, herrscht eine tödliche Stille, als der Zar ihn betritt. Er hält eine zu Herzen gehenden Rede, dankt den Offizieren für ihren Dienst und verpflichtet sie darauf, der neuen Regierung Gehorsam zu leisten. Tränen laufen über sein Gesicht, es versagen ihm die Worte, Tichmenjew und Lukomski, die neben Nikolai stehen, ringen um Fassung. Soldaten weinen, manche fallen vor allen Augen in Ohnmacht. Zwei Kosaken erleiden einen krampfartigen, hysterischen Anfall. Ein älterer Wachsoldat, der neben Lukomski steht, stöhnt, Tränen laufen aus seinen Augen und dann fällt er schreiend, ohne die Knie zu beugen, wie ein Baum nach unten auf die Erde. Auch Alexejew ist erregt und innerlich aufgewühlt, er hat Mühe, seine Tränen zurückzuhalten, und mit brüchiger Stimme sagt er: «Und nun erlauben Sie mir, Eure Majestät, Ihnen eine sichere Reise und, soweit möglich, ein glückliches Leben zu wünschen.»[19] Nikolai umarmt und küßt den General, und bevor er die Beherrschung verliert, verläßt er rasch den Saal. Vor der Tür versperrt ihm ein Kosak aus der Wachmannschaft den Weg und wirft sich vor ihm auf die Knie. Nikolai gerät in Verlegenheit. «Steh auf, das ist nicht nötig», sagt er leise und besteigt ein Auto, das ihn zum Haus des Gouverneurs zurückbringt.[20]

Am Nachmittag des 8. März, kurz vor ihrer Abreise, begegnen Mutter und Sohn einander zum letzten Mal. Maria Fjodorowna spürt, daß sie ihren Sohn wahrscheinlich niemals wiedersehen wird. Sie ist müde und leer, als Nicky den Waggon verläßt. «Welch ein furchtbarer, bitterer Abschied. Möge Gott ihm helfen!»[21] Nikolai kehrt auf Befehl der neuen Machthaber nach Zarskoje Selo zurück, allerdings in Begleitung mehrerer Abgeordneter der Duma, weil die Provisorische Regierung befürchtet, er könne unterwegs auf den Gedanken kommen, sich doch noch ihren Anordnungen zu widersetzen. Alexejew, die Großfürsten Sergei und Alexander Michailowitsch, Prinz Alexander von Oldenburg, alle Offiziere des Stabes stehen auf dem Bahnsteig, um sich vom Zaren zu verabschieden. Eine ungewöhnliche Stille legt sich über den Bahnhofsvorplatz, obwohl sich zahlreiche Bewohner der Stadt versammelt haben, um dem Zaren Lebewohl zu sagen. Alexejew, der den Befehl erhalten hat, auf die Abgeordneten der Duma zu warten und ihre Instruktionen entgegenzunehmen, läuft hektisch auf dem Bahnsteig umher und erteilt seinen Ordonanzen Befehle. Das Gepäck des Zaren und seines Gefolges wird von Dienern in den Zug getragen. Es herrscht eine gedämpfte Stimmung, manche haben Tränen in den Augen. Mordwinow steht vor dem Salonwagen des Zaren, neben ihm Alexejew. «Wohin sind wir nur gekommen?», sagt er zu Alexejew. Der General hebt die Schultern und antwortet lakonisch: «Das wäre ohnehin geschehen, wenn nicht jetzt, dann später, in zwei Jahren.»[22]

Um 16 Uhr treffen Bublikow und drei weitere Abgeordnete der Duma in Mogiljow ein. Sie sollen den Zaren nach Zarskoje Selo begleiten und ihn überwachen. Bublikow demütigt die Höflinge vor allen Augen, er fordert Nilow in barschem Ton auf, den Zug sofort zu verlassen und in Mogiljow zu bleiben, und er weist Alexejew an, dem Zaren zu eröffnen, daß er nunmehr Gefangener der Provisorischen Regierung sei, weil er selbst nicht mit ihm sprechen wolle. Alexejew überbringt die unangenehme Nachricht und eröffnet dem Zaren, daß «Ihre Majestät sich für verhaftet halten» solle. Nikolai erbleicht und wendet sich wortlos von Alexejew ab. Das ist nun der Dank dafür, daß er freiwillig auf den Thron verzichtet hat, denkt er. Ehrlose und treulose Gesellen, die seine Zuneigung nicht verdient haben. Aber sofort faßt er sich wieder und weist den Stellvertreter des Hofmarschalls, Fürst Wassili Dolgorukow, an, die Abgeordneten der Duma zum Essen in seinen Waggon einzuladen. Das immerhin, erklärt er, sei man ihnen doch schuldig. Bublikow und seine Gefährten aber weisen die Einladung des Zaren auf die gröbste Weise zurück. Nicht einmal in diesen Stunden können sie den Haß verdrängen, der sie zerfrißt, wie Dubenski es sieht.[23]

Aus der Perspektive Bublikows hingegen ergibt sich ein anderes Bild. Auf ihn wirkt der Zar unbeteiligt und gleichgültig. Auf seinem Gesicht hätten sich die «tragischen Ereignisse» nicht abgebildet. Später, als er schon im Zug gesessen habe, der ihn nach Zarskoje Selo bringen soll, erinnert sich Bublikow, habe der Zar seine Begleiter beiläufig gefragt: «Wußten Sie eigentlich schon, daß ich verhaftet worden bin?» Die Wachsoldaten, Hoflakaien und Köche wenden sich von ihrem Herrscher ab und versuchen, sich bei den Herren beliebt zu machen. Die einen schwören der neuen Regierung unterwürfig ewige Treue, die anderen sammeln Geld für die Revolution, um ihre Loyalität unter Beweis zu stellen. Alle Bediensteten haben die zarischen

Monogramme von ihren Uniformen entfernt. Der Verrat ist eine Sache von Stunden.[24]

Als Nikolai den Zug besteigt, ist er schon nicht mehr Herr über sich selbst, andere befinden nun darüber, wohin er fährt und mit wem er noch sprechen darf. Er umarmt und küßt die Hofleute und Offiziere, die in Mogiljow zurückbleiben müssen. Dann steht er lange am Fenster, schaut mit traurigen Augen auf den Bahnsteig hinaus, bekreuzigt sich und sieht noch, wie seine Mutter davonfährt. Dubenski kann das «bleiche Gesicht des Kaisers mit seinen traurigen Augen» nicht vergessen, und er sieht, wie Alexejew, der auf dem Bahnsteig steht, dem letzten Waggon, der an ihm vorbeirollt, eine Ehrenbezeugung erweist. In ihm sitzen Bublikow und die Abgeordneten der Duma. Bublikow selbst hat diesen Moment in anderer Erinnerung: Alexejew und seine Stabsoffiziere hätten der Abfahrt des Zuges schweigend zugesehen.[25] «Ich fuhr durch Orscha und Witebsk», schreibt Nikolai am Abend über seine letzte Fahrt mit dem kaiserlichen Zug in sein Tagebuch. «Das Wetter war kalt und stürmisch. Es ist schwer, schmerzhaft, traurig.»[26]

Zur gleichen Zeit verläßt auch die Mutter Mogiljow und kehrt nach Kiew zurück. Dort aber hat das Leben schon eine andere Wendung genommen. Als Maria Fjodorowna am Bahnhof eintrifft, wartet niemand auf sie. Kein Empfangskomitee, das am Bahnsteig steht wie sonst, nichts. Am Ausgang des Bahnhofs stehen nachlässig gekleidete Soldaten, die ihr jede Ehrenbezeugung verweigern. Auch der rote Teppich, der den Weg vom Zug in den Zarenpavillon markiert, ist entfernt, der Pavillon selbst verwüstet worden. Die Seidentapeten sind zerschlissen, überall liegt Abfall herum. Kaum ist Maria Fjodorowna eingetroffen, werden die kaiserlichen Embleme von den Waggons abmontiert. Im Zentrum der Stadt legen Soldaten eine Schlinge um das Denkmal des 1911 von Terroristen ermordeten Ministerpräsidenten Pjotr Stolypin und bringen es mit obszönen Gesten zu Fall. Zunächst glaubt Maria Fjodorowna, ihr altes Leben fortsetzen zu können. Sie besucht die Verwundeten, die im Krankenhaus liegen, so wie sie es all die Jahre zuvor getan hat. Aber eines Tages steht sie vor verschlossenen Türen, und die Ärzte eröffnen ihr, daß ihr Besuch nicht länger erwünscht sei. Ende März erklärt der lokale Arbeiter- und Soldatenrat von Kiew alle

Nikolai II. am Fenster des kaiserlichen Zuges, wahrscheinlich Pskow, März 1917

Mitglieder der kaiserlichen Familie für unerwünscht. In Begleitung ihrer Töchter und anderer Verwandter reist die Zarenmutter auf die Krim, wo sie das Gut ihrer Tochter Xenia bezieht, das sich etwa zehn Kilometer westlich von Jalta befindet. Dort werden die neuen Machthaber sie am 26. April unter Hausarrest stellen.[27]

General Iwanow, der immer noch in Sussanino festsitzt, weil Angestellte der Eisenbahn das Wasser aus dem Tender seiner Lokomotive abgelassen haben, erhält am 3. März ein Telegramm von Rodsjanko und Gutschkow, die ihm mitteilen, daß General Kornilow zum Oberkommandierenden des Militärbezirks von Petrograd ernannt worden sei. Sobald seine Lokomotive wieder einsatzbereit ist, fährt Iwanow mit seinem Bataillon zurück nach Mogiljow. In der Nacht vom 3. auf den 4. März erreicht er Dno, wo er erfährt, daß der Zar zugunsten seines Bruders abgedankt hat. Zwischen Nowosokolniki und Witebsk trifft Iwanow mit Kornilow zusammen, der auf dem Weg von der Front nach Petrograd ist, und in Orscha liest er in einer Zeitung, daß auch Michail Alexandrowitsch auf den Thron verzichtet hat. In Mogiljow wird er schon mit den neuen Verhältnissen konfrontiert, und es kommt ihm schmerzlich zu Bewußtsein, daß seine Zeit abgelaufen ist. Am 5. März trifft er noch einmal mit dem Zaren und seiner Mutter zusammen. Sie verbringen einige Stunden im Salonwagen, bevor auch er sich verabschieden muß. In der Nähe des Bahnhofs läßt er die Soldaten seines Bataillons antreten und weist sie an, der neuen Regierung treu zu dienen. Zum Abschied umarmt und küßt er jeden zehnten Soldaten jeder Kompanie.[28] Iwanow begleitet die Mutter des Zaren nach Kiew, wo er auf Anweisung des dortigen Arbeiter- und Soldatenrates verhaftet und nach Petrograd gebracht wird. Er verbringt zwei Tage im Ministerpavillon der Duma, dann trifft Kerenski die Entscheidung, den Helden von Galizien unter Auflagen auf freien Fuß zu setzen.[29]

Kaum hat der Zug des Zaren den Bahnhof verlassen, erscheinen auch schon die neuen Herren in Mogiljow: General Poliwanow, der ehemalige Kriegsminister des Zaren, der jetzt mit der Revolution gemeinsame Sache macht, Mitarbeiter Gutschkows, die der Regierung im Hauptquartier Respekt verschaffen sollen, und allerlei Offiziere, die rote Schleifen an die Revers ihrer Uniformen geheftet haben. Nun wird auch Mogiljow vom Versammlungsfieber erfaßt, das sich von der Hauptstadt an die Peripherie verbreitet. Offiziere halten Vorträge über das allgemeine Wahlrecht und die verfassunggebende Versammlung, und bald schon werden alle Soldaten der lokalen Garnison auf die Provisorische Regierung vereidigt. Poliwanow, der doch die unglücklichste aller Entscheidungen traf, als er im Jahr 1915 die Anweisung erteilte, hunderttausende Reservisten in der Hauptstadt zu konzentrieren, ist in guter Stimmung. Fröhlich und gelöst geht er auf Hanbury-Williams zu, streckt ihm die Hand entgegen und sagt: «Alles läuft gut, ich mag geschäftige Zeiten wie diese, sie passen zu mir. Schwierigkeiten und Aufregungen sind großartig.»[30]

Bald sind in Mogiljow die Tage des Friedens gezählt. Soldaten hissen rote Fahnen auf dem Gebäude der Stadtduma, entfernen die Portraits der Herrscherfamilie aus dem Plenarsaal und tragen sie weg. Die Gendarmerie wird von revolutionären Soldaten entwaffnet, ihre Offiziere in Haft genommen. Und auch der Gouverneur, Polizisten und Landhauptleute verlassen die Stadt, nachdem die Provisorische Regierung sie für abgesetzt erklärt hat. Kommissare, die aus der Hauptstadt gekommen sind, erteilen jetzt die Befehle in der Zivilverwaltung. Alexejew versammelt alle Offiziere, die im Hauptquartier dienen, und läßt sie auf die Provisorische Regierung vereidigen.[31] Schon treffen die ersten Agitatoren der revolutionären Parteien in Mogiljow ein. Am Bahnhof und in der Stadt verteilen sie Flugblätter und halten aufsässige Reden, die ihre Wirkung nicht verfehlen. Selbst die Soldaten des kaiserlichen Konvois marschieren zu den Klängen der Marseillaise auf den Straßen und nehmen an revolutionären Kundgebungen teil. Ihr Kommandeur, General Zabel, trennt das Monogramm der Herrscherfamilie von seinen Achselstücken ab, weil er sich vor Übergriffen fürchtet und glaubt, sich auf diese Weise bei den neuen Herren beliebt zu machen. Das alles findet unter den Augen des Generalstabschefs statt, der zusehen muß, wie sich seine Umgebung in einen Schauplatz der Revolte verwandelt. «Wozu?», fragt sich General Anton Denikin, der nicht glauben will, was sich vor seinen Augen abspielt. «Für die Rettung Rußlands oder des eigenen Bauchs?»[32]

Inzwischen ist auch der berüchtigte «Befehl Nr. 1» des Arbeiter- und Soldatenrates in den Kompanien verlesen worden, der die militärische Disziplin für aufgehoben erklärt und die Offiziere der Willkür ihrer Soldaten ausliefert. Auf Bitten der Frontgeneräle, die fürchten, die Armee könne auseinanderfallen, erläßt Alexejew die Anordnung, an allen Eisenbahnknotenpunkten loyale Militäreinheiten zu konzentrieren, Agitatoren und Aufrührer aus den Zügen zu holen und sie an Ort und Stelle von Militärfeldgerichten aburteilen zu lassen. Als die Provisorische Regierung davon erfährt, hebt sie die Anweisung des Generalstabschefs sofort wieder auf. Nun gibt Alexejew den Offizieren, die sich vor Übergriffen marodierender Soldaten fürchten, den hilflosen Rat, außerhalb ihres Dienstes keine Uniformen mehr zu tragen. Alexejew erkennt zu spät, daß er, wie die Provisorische Regierung auch, zu einer Geisel des Arbeiter- und Soldatenrates geworden ist, der inzwischen nach Belieben Entscheidungen erzwingen oder rückgängig machen kann. In diesen Tagen wird ihm bewußt, daß man ihn getäuscht und zu einem Spielball in einer politischen Intrige gemacht hat. Inständig bittet er die Regierung darum, dem Zaren sicheres Geleit nach Zarskoje Selo zu gewähren, ihn vor Übergriffen zu schützen und ihn nach der Genesung seiner Kinder nach Großbritannien ausreisen zu lassen. Nun aber begreift er, daß er keine Bedingungen mehr stellen kann und erkennt seinen Fehler.[33] Zur Umkehr aber ist es nun zu spät.

Auch in Pskow, in Russkis unmittelbarer Umgebung, weht nun der Geist des Aufruhrs. Boldyrew, den Generalquartiermeister der Nordfront, erfaßt das nackte Grauen, als er Zeuge eines denkwürdigen Zusammenstoßes in seiner unmittelbaren Umgebung wird. Soldaten der lokalen Garnison machen sich selbständig und geraten mit den Kosaken aneinander, die für die Sicherheit Russkis, des Oberbefehlshabers, verantwortlich sind. Am Bahnhof rottet sich am 4. März eine tausendköpfige Menge zusammen. Soldaten entwaffnen ihre Offiziere, töten einen Oberst. Am nächsten Tag schon verhaften Soldaten einen Admiral und den Kommandeur der Garnison von Pskow. Sie führen sich auf, als seien sie die Herren der Stadt, und auch hier lehren die ungezügelten Massen die Offiziere das Fürchten. Russki ist von den eigenen Soldaten umzingelt. So hat er sich den Machtwechsel nicht vorgestellt. «Die Macht gehört dem Soldaten», schreibt Boldyrew in sein Tagebuch, «und er bringt sie so zum Ausdruck, wie es ihm von der neuen Staatsgewalt befohlen wird. Mit einem Wort: Wir stehen am Abgrund der Anarchie.»[34]

Schon zwei Wochen nach dem Beginn der Brotproteste ist von der alten Welt kaum noch etwas zu spüren. Die zarische Ordnung ist wie ein Kartenhaus zusammengefallen, und wer jetzt noch am Habitus vergangener Tage festhält, spielt mit seiner Gesundheit und seinem Leben. Gestern noch waren die Herren unantastbar, und heute müssen sie froh sein, wenn man sie am Leben läßt. Vor dem Eingang des Parlaments stehen Lastwagen, Panzerfahrzeuge und Automobile. Im Büro des Kommandanten sitzen irgendwelche Personen, die von Bittstellern umgeben sind, Papiere unterschreiben oder Passierscheine stempeln. Der Plenarsaal ist vollkommen verschmutzt, ungewaschene Soldaten liegen auf dem Marmorfußboden. Alle Plätze, selbst die Ministerloge, sind von Soldaten besetzt.[35] Danilow hält die Verwüstung des Parlamentsgebäudes für ein böses Omen. Die «brüllenden Massen» hätten den einzigen Ort entweiht, an dem die Republik noch hätte zu sich kommen können. «Die Reichsduma als autoritative Versammlung von Volksvertretern hatte zu existieren aufgehört.»[36]

Am Morgen des 9. März kommt der kaiserliche Zug in Zarskoje Selo an, wo schon nichts mehr ist wie noch wenige Tage zuvor. Soldaten halten den Park besetzt, laufen im Palast nach Belieben umher und verwüsten die Umgebung. Benckendorff, der Hofmarschall, empfindet die Anwesenheit der Bauernsoldaten im Palast als tiefe Demütigung. Die Hofgesellschaft muß sich in ihren eigenen vier Wänden von ungewaschenen Meuterern herumkommandieren lassen. Die Palastgarde ist durch Einheiten aus der Hauptstadt ersetzt worden, die ihren Offizieren nicht mehr gehorchen, eine Horde von Hooligans und Wegelagerern, wie Benckendorff klagt, die nichts unversucht lassen, um die Zarin und ihr Gefolge durch ihr grobes Verhalten zu erniedrigen. Die Palastwache hinterläßt bei den Höflingen einen grauenhaften Eindruck. Die Soldaten sind laut, streiten mit jedem, der ihnen über den Weg läuft. Die Offiziere fürchten sich vor ihnen, und sie haben die größte Mühe, sie davon abzuhalten, mit ihren schmutzigen Stiefeln im Palast herumzulaufen und sich in den Gemächern der kaiserlichen Familie auszubreiten. Unmittelbar vor der Ankunft des Zaren machen Kriegsminister Gutschkow und der Oberkommandierende der hauptstädtischen Garnison, General Lawr Kornilow, der sich sechs Monate später zum Kopf der Gegenrevolution erheben wird, ihre Aufwartung im Palast und eröffnen der Zarin, daß sie und ihre Familie unter Arrest stehen. Das alles geschehe nur zu ihrem Schutz, erklärt Kornilow, denn die Regierung wolle nichts anderes, als das kaiserliche Paar wohlbehalten nach England zu bringen. Bevor sie den Palast verlassen, postieren sie Soldaten an den Telephonen und Telegraphenapparaten, um zu verhindern, daß die kaiserliche Familie Kontakt mit der Außenwelt aufnimmt.[37]

Nikolai ist verstört, als er zu Gesicht bekommt, in welchem Zustand sich Park und Palast befinden. «Schnell und wohlbehalten kam ich um 11:30 Uhr in Zarskoje Selo an», schreibt er in sein Tagebuch. «Aber, mein Gott, was für ein Unterschied, auf der Straße und rund um den Palast Wachen, und innen, beim Eingang, irgendwelche Fähnriche.»[38] Nikolai ist jetzt ein Gefangener in seinem eigenen Schloß, er darf sich nur in der unmittelbaren Umgebung des Palastes bewegen. Soldaten demütigen ihn, schubsen ihn umher und schlagen mit dem Gewehrkolben nach ihm, nennen ihn «Herr Oberst». Eines Tages töten sie die Ziege, die Nikolai ans Herz gewachsen ist und ihn überallhin begleitet. An den Zäunen, die das Schloßgelände umgeben, stehen Bauern, die zusehen, wie der Herrscher im Garten arbeitet und die ihm unflätige Bemerkungen zurufen. Auch im Palast darf er sich nicht mehr frei und nach Belieben bewegen, wenngleich der von der Provisorischen Regierung eingesetzte Kommandant, Graf Pawel Kotzebue, alles tut, um dem ehemaligen Herrscher das Leben so leicht wie möglich zu machen. Äußerlich habe der entthronte Zar einen gefaßten Eindruck gemacht, erinnert sich Jelisaweta Naryschkina, die Zeugin seiner Ankunft im Palast ist. Aber jedermann spürt, welche Mühe es ihn kostet, die Selbstbeherrschung nicht zu verlieren. «Es zerreißt mir das Herz vor Schmerz und Mitleid mit ihm.»[39]

Noch in Mogiljow erhält Nikolai von der Regierung die Zusicherung, sich mit seiner Familie im Ausland niederzulassen. Am Tag zuvor ist Miljukow mit Buchanan, dem britischen Botschafter, zusammengekommen, der ihm am 10. März versichert, daß der König, Georg V., bereit sei, seinem Cousin und dessen Familie Asyl zu gewähren. Man erwarte allerdings von der Provisorischen Regierung, daß sie das Leben des Zaren schütze und ihm sicheres Geleit geben werde. Miljukow gibt ihm diese Zusage, verweist aber auf die aggressive Stimmung im Arbeiter- und Soldatenrat, die er nicht beeinflußen könne. Nach dem Ende des Krieges, so glaubt der Zar, der von diesen Unterredungen gar nichts erfährt, werde er zurückkehren und sich als Privatperson in sein Schloß Liwadia auf der Krim zurückziehen und ein Leben als Familienvater führen, als ob er niemals Selbstherrscher von Rußland gewesen sei.[40]

Nun aber will sich die Regierung zu ihren Versprechungen, die sie dem Bürger Romanow gegeben hat, nicht mehr bekennen. Miljukows Versuche, den Zaren und seine Familie unmittelbar nach der Abdankung nach Großbritannien abzuschieben, scheitern am Widerstand

Nikolai II. nach der Abdankung im Schloßpark von Zarskoje Selo, März 1917

des Exekutivkomitees, dessen Mitglieder den abgesetzten Herrscher vor Gericht stellen wollen, und später auch an der britischen Regierung, die im Licht der öffentlichen Meinung ihr Angebot, Nikolai aufzunehmen, widerruft. Der dänische König bemüht sich, selbst Wilhelm II. bietet an, seinen Cousin und dessen Familie in Deutschland aufzunehmen, aber alle Rettungsversuche scheitern am Widerstand des Arbeiter- und Soldatenrates. Wäre die kaiserliche Familie mit dem Zug an die finnische Grenze geleitet worden, hätte der Konvoi die Hauptstadt passieren müssen. Eine solche Operation aber kann nicht geheim bleiben, ganz gleich, was Miljukow noch eingefallen wäre.[41]

Im Arbeiter- und Soldatenrat ist schon am 3. März das Verlangen ausgesprochen worden, daß der Zar und seine Familie verhaftet werden müßten. Niemand weiß dort von den Absprachen, die zwischen den Botschaftern der Entente und den liberalen Politikern getroffen wurden. Das Mißtrauen wächst, weil die Revolutionäre die Regierung im Verdacht haben, den Zaren heimlich außer Landes zu schaffen. Als Kerenski am 7. März vor dem Arbeiter- und Soldatenrat in Moskau spricht, wird er von Zurufen unterbrochen: «Tod dem Zaren, richtet den Zaren hin!» Kerenski, der um das Ansehen Rußlands in Frankreich und Großbritannien fürchtet, gibt eine Erklärung ab, die alle Zweifel an den Absichten der Regierung zerstreut: «Das wird niemals geschehen, solange wir an der Macht sind», erklärt er. Und er fügt hinzu, daß alles getan werde, um den Zaren und seine Familie ins Ausland zu bringen. In Wahrheit ist daran schon lange nicht mehr zu denken, weil sich der Arbeiter- und Soldatenrat in dieser Frage auf keinen Kompromiß einlassen will. Am 6. März debattieren die Mitglieder des Exekutivkomitees über das Schicksal des entthronten Herrschers, und sie kommen zu dem Schluß, daß Nikolai nicht nur isoliert, sondern, wie seine Minister, in der Peter-und-Paul-Festung inhaftiert werden müsse.[42]

Und so entwickelt sich die Frage, was mit dem Zaren geschehen soll, zur ersten Kraftprobe zwischen der Provisorischen Regierung und dem Arbeiter- und Soldatenrat. Am 8. März schon erteilt die Provisorische Regierung die Anweisung, Nikolai und seine Familie zu verhaften und in ihrem Schloß in Zarskoje Selo zu internieren. Inzwischen aber wird gemunkelt, daß sie eigentlich die Absicht verfolgt, die kaiserliche Familie noch in der Nacht nach Murmansk zu bringen, wo ein britisches Kriegsschiff bereitsteht, das sie außer Landes schaffen wird. Dieses Gerücht versetzt die Mitglieder des Exekutivkomitees in helle Aufregung, die fürchten, der Zar könne sich der Verantwortung entziehen, die er in ihren Augen trägt. Im Ausland werde er sich als politische Alternative ins Spiel bringen, glauben die Revolutionäre, und sich als lebendes Symbol der Gegenrevolution wieder aufrichten. Die Restauration der Monarchie aber müsse um jeden Preis verhindert werden. Hitzige Reden werden gehalten, ein Mordanschlag wird erwogen, aber sogleich wieder verworfen. Das Mißtrauen gegenüber Miljukow und seinen liberalen Anhängern in der Regierung ist groß. Es sei offensichtlich, ruft Tschcheidse, daß Miljukow von der Rückkehr der Romanows auf den Thron träume, und zu diesem Zweck wolle er die kaiserliche

Familie im Ausland in Sicherheit bringen. Solange die Romanows in Freiheit seien, bleut er den Anwesenden ein, bestehe die Gefahr, daß sie mit Hilfe des Militärs und der bürgerlichen Politiker an die Macht zurückkehren. Diese Gefahr müsse sofort gebannt werden. «Aber wenn das so ist, muß man Maßnahmen ergreifen, ähnliche Versuche dieser Art ein für allemal unmöglich zu machen. Die Republik muß vor der Rückkehr der Romanows auf die historische Bühne bewahrt werden.»[43]

Das gegenseitige Mißtrauen läßt sich nicht aus der Welt schaffen, weil niemand den Versicherungen der Provisorischen Regierung glaubt, daß man dem Zaren nicht erlauben werde, Rußland zu verlassen. Manche halten es sogar für denkbar, daß Nikolai bereits abgereist, der Arbeiter- und Soldatenrat also hintergangen worden ist. Deshalb müsse, verlangen die Sozialisten, überprüft werden, ob er sich noch an Ort und Stelle befindet. Auch solle man ihn verhaften und in die Festung bringen. Und so beschließen die Mitglieder des Exekutivkomitees, Mstislawski in Begleitung zweier Kompanien des Semjonow-Regiments nach Zarskoje Selo zu schicken. Dort soll er sich Zugang zum Palast verschaffen, sich den Zaren vorführen lassen und ihn als Gefangenen des Arbeiter- und Soldatenrates nach Petrograd bringen. Unterdessen versetzt das Exekutivkomitee alle Offiziere in Bereitschaft, die auf der Seite des Arbeiter- und Soldatenrates stehen und erteilt die Anweisung, alle Bahnhöfe der Stadt durch loyale militärische Einheiten zu besetzen und abzuriegeln. Niemand soll unerkannt aus der Stadt entkommen.

Am späten Nachmittag des 9. März trifft Mstislawski in Zarskoje Selo ein. Bevor er sich auf den Weg zum Palast macht, überreicht er dem befehlshabenden Oberst der Garnison das Ermächtigungsschreiben des Arbeiter- und Soldatenrates. Der Oberst nimmt das Schreiben verwundert entgegen. «Ich bitte um Verzeihung», sagt er, «aber wir haben keinen Eid auf den Petersburger Rat, sondern auf die Provisorische Regierung geschworen.» «Völlig richtig», antwortet Mstislawski, «aber soll ich Sie in dem Sinne verstehen, daß Sie nicht geneigt sind, die Anordnungen des Rates der revolutionären Garnison und der revolutionären Arbeiter Petersburgs zu befolgen?» Natürlich weiß auch der Oberst, daß es nicht um Recht und Gesetz geht, sondern um Macht und Unterwerfung. «Aber selbstverständlich. Der Rat ist von der Provisorischen Regierung selbst anerkannt worden», entgegnet er. «Aber als Soldat», fährt er fort, «sollten Sie verstehen, daß eine Anordnung von uns nur durch einen Befehl ausgeführt werden kann. Wir sind General Kornilow unterstellt, dem Kommandeur des Militärbezirks, und soweit die von Ihnen vorgelegte Anordnung den Instruktionen des Generals widerspricht, können wir sie nicht ausführen, weil wir unseren militärischen Eid nicht brechen wollen. Wir rufen ihn jetzt ans Telephon.»[44]

Mstislawski ahnt, was geschehen könnte, und er will unbedingt vermeiden, daß Kornilow seine Zustimmung zur Inspektion des Palasts verweigert. «Ich verlange von Ihnen jetzt nur eines: mich zum ehemaligen Kaiser zu bringen.» Diese Bitte schlägt ihm der Oberst ab: «Das ist völlig unmöglich. Mir ist formal und strengstens untersagt worden, irgendjemandem zu sagen, in welchem Palast sich Ihre Majestät befindet.» Auch in dieser Frage sei er auf die Erlaubnis Kornilows angewiesen. Mstislawski schlägt nun einen anderen Ton an. Er könne sich, sagt er, auch ohne Zustimmung Zugang zum Palast verschaffen, ein einziger Wink genüge, und seine Soldaten tun, was er von ihnen verlange. «Wenn Sie meine Soldaten zwingen, zu den Waffen zu greifen, werden Sie für das Blutvergießen verantwortlich sein.»[45] Schließlich erteilt er den Befehl, den Oberst und alle anwesenden Offiziere zu verhaften und zwingt den Bahnhofsvorsteher unter Androhung von Gewalt, ein Auto herbeizuschaffen, das ihn und zwei weitere Offiziere zum Palast bringt. Seine Soldaten bleiben am Bahnhof zurück, erhalten aber den Befehl, den Palast zu besetzen, sollte Mstislawski nach Ablauf einer Stunde nicht zurückgekehrt sein.

Am Eingang verweigern ihm die Wachen den Einlaß. Auch Graf Kotzebue, der Kommandant des Palastes, weigert sich kategorisch, der Anweisung des Exekutivkomitees Folge zu leisten. Er fürchtet, Mstislawski sei gekommen, um den Zaren zu töten. Er gibt erst nach, als auch ihm Gewalt angedroht wird. Im Inneren des Palastes stellen sich Mstislawski Offiziere entgegen, die offensichtlich entschlossen sind, die Mission des Arbeiter- und Soldatenrates zu sabotieren. Der Herrscher befinde sich in seinen Gemächern, sagt einer von ihnen, er sei isoliert und könne den Palast nicht verlassen. Das Ehrenwort eines Offiziers müsse genügen. Als Mstislawski versichert, er sei nicht gekommen, um den Zaren zu töten, sondern um zu verhindern, daß er sich seiner Verantwortung entziehe und ins Ausland entkomme, ruft man nach Graf Benckendorff, dem Hofmarschall. Der vornehme Herr ist außer sich, als er erfährt, was Mstislawski begehrt. Wie könne er Seine Majestät einem «Aufrührer» vorführen? Ausgeschlossen, ruft er empört, er sei nicht einmal bereit, dem Zaren dieses Verlangen vorzutragen. Mstislawski spricht nun unmißverständliche Drohungen aus: «Es ist bald eine Stunde vergangen, seit ich vom Bahnhof weggefahren bin, wo meine Einheit auf mich wartet. Wenn ich dem Kommandeur der Einheit nicht sofort mitteile, daß alles in Ordnung ist, wird das ein Signal sein. In einer Viertelstunde werden die Semjonowzy beim Palast sein, und Petersburg wird meiner Vorhut das gesamte Militär nach Zarskoje Selo hinterherschicken. Das Schicksal der Provisorischen Regierung, der früheren Dynastie, ganz Rußlands, wird erneut auf dem Spiel stehen. Und raten Sie, welche Karte stechen wird? Die wirkliche Macht, die tatsächliche Macht ist in unseren Händen ... Verschwenden sie nicht unnötig Zeit. Das Rad der Geschichte kann man nicht aufhalten.»[46]

Nach einer Weile gibt Benckendorff nach, nachdem er sich mit der kaiserlichen Familie beraten hat. Der Zar, erklärt er, werde sich der Gewalt beugen und sich zeigen. Dennoch ist es dem Zeremonienmeister alter Schule zuwider, sich dieser demütigenden Prozedur auszusetzen. Mstislawski ist ein Sprößling aus edlem Geschlecht, sein Vater hat dem Zaren einst als General gedient. Wie kann er sich, denkt Benckendorff, dem Pöbel ausliefern. Und er spricht aus, was er denkt. «Aber wie können ausgerechnet Sie, angesichts der Vergangenheit Ihrer Familie, sich zu einer solchen Beleidigung Ihrer Majestät hinreißen lassen! Wenn es doch einer von diesen Parvenus aus dem Taurischen Palais gewesen wäre, aber Sie! Und in diesem Aufzug!» Tatsächlich steht Mstislawski in Sporen und verschmutzter Uniform, ungewaschen und mit einer kaukasischen Fellmütze auf dem Kopf im Korridor, auf dem ihm der Zar vorgeführt werden soll. Plötzlich öffnet sich eine Flügeltür, der Zar betritt den Korridor, läuft auf Mstislawski und die hinter ihm stehenden Offiziere und Lakaien zu. Mstislawski macht keine Anstalten, sich von der Stelle zu bewegen. Wie angewurzelt steht er am anderen Ende des Korridors und denkt nicht daran, die Fellmütze in Gegenwart des Kaisers abzusetzen. Nikolai hält kurz inne, verharrt für wenige Sekunden, dann dreht er sich abrupt um und kehrt mit schnellem Schritt in den Raum zurück, aus dem er gekommen ist. Die Lakaien verfolgen die entwürdigende Szene mit gesenktem Blick. «Wenn irgendeiner der Romanows wieder an die Macht kommen sollte», sagt einer von ihnen zu Mstislawski, «wird er sich an diese Minute erinnern.»[47] Kotzebue hingegen erzählt dem Rechtsanwalt Karabtschewski wenige Tage später, daß Mstislawski keineswegs mutig und beherrscht gewesen sei, vielmehr gezittert habe, als der Zar den Flur betrat. Sein ganzer Körper sei durchgeschüttelt worden, wie im Fieber, und dann sei er schweigend wieder abgezogen. Von der Verhaftung des Zaren ist nun nicht mehr die Rede. Für einen solchen Gewalteinsatz fehlt Mstislawski einfach der Mut.[48]

Mstislawskis Auftritt, daran läßt er selbst keinen Zweifel aufkommen, dient keinem anderen Zweck, als die Brücken für immer abzubrechen, die Vergangenheit und Gegenwart noch miteinander verbinden, und öffentlich zu demonstrieren, daß Rußlands Schicksal in den Händen des Arbeiter- und Soldatenrates liegt. Er versteht nun, daß die machtvolle Inszenierung mehr bewirkt, als er sich von ihr erhofft hat. Der innere, psychologische Protest der Palastoffiziere ist gebrochen, nachdem er, der Gesandte der Revolution, die Monarchie und ihren ersten Repräsentanten vor allen Augen entthront hat. Man hätte den Zaren verhaften oder töten können. Aber was wäre damit gewonnen? Die Monarchie, weiß Mstislawski, läßt sich nicht besiegen, indem man den König tötet. Immer wieder ersteht sie neu wie Phönix aus der Asche, weil der Mythos des Gesalbten in den Nachgeborenen weiterlebt. Das Wesen des neuen Staates aber zeigt sich darin, daß er imstande ist, das Bewußtsein zu verändern, das Ehrfurcht erzeugende Bild der Monarchie zu erschüttern. Die Erniedrigung des Zaren versteht Mstislawski als einen machtvollen symbolischen Akt, der einen Schlußpunkt unter die Vergangenheit setzt und die Monarchie entzaubert. «Und jetzt läuft er tatsächlich vor mir her, auf meine Anordnung, vor den Augen aller, … da steht er nun vor mir, einem einfachen Gesandten der revolutionären Arbeiter und Soldaten, er, der Kaiser, ‹der

Selbstherrscher von Groß- und Klein- und Weißrußland›, als Gefangener ... Das wird ihm nicht vergessen, weder von den Lebenden, noch von den Toten.»[49] Die Autokratie ist tot, als ihr letzter Repräsentant von den Gesandten der Revolution als lächerlicher Mensch ohne Eigenschaften vorgeführt wird. Ein Herrscher ohne Thron, des Charismas beraubt und dazu verdammt, im Palast vor aller Augen ausgestellt zu werden.

Das Ende der Monarchie ist auch das Ende aller Privilegien für das Haus Romanow. Unmittelbar nach der Rückkehr des Zaren nach Zarskoje Selo verfügt die Provisorische Regierung, daß es in Zukunft keinem Mitglied des Herrscherhauses erlaubt sei, ein Amt im Staatsdienst zu bekleiden. Am 9. März fährt Großfürst Nikolai Nikolajewitsch, der eine Woche zuvor zum Oberbefehlshaber der Streitkräfte ernannt worden ist, von Tiflis nach Mogiljow ins Hauptquartier. Kaum ist er angekommen, teilt ihm Lwow mit, daß er den Oberbefehl über die Truppen abgeben müsse. «Die öffentliche Meinung spricht sich kategorisch und unnachgiebig dagegen aus, daß Mitglieder des Hauses Romanow irgendein öffentliches Amt bekleiden.» Der Großfürst unternimmt keinen Versuch, sich zu widersetzen, und auch die Generäle seines Stabes fügen sich der Anordnung. Er läßt sich nicht anmerken, wie sehr ihn diese Demütigung verletzt, gibt sich großherzig und versöhnlich. Förmlich verabschiedet er sich von allen Stabsoffizieren und den Vertretern der alliierten Militärmission. Kein böses Wort kommt ihm über die Lippen, kein Ausdruck der Verbitterung zeigt sich auf seinem Gesicht, als er das Hauptquartier verläßt. In Begleitung zweier Emissäre der Provisorischen Regierung reist er nach Liwadia auf die Krim, wo er sich für kurze Zeit niederläßt. Wenige Tage später werden auch alle anderen Mitglieder der Herrscherfamilie verstoßen und ihrer Ämter enthoben.[50] Nun ist die letzte Quelle der Legitimation endgültig versiegt.

Der Zar verbringt unterdessen seine Tage unter der Aufsicht Kerenskis, der als Justizminister für die Sicherheit der kaiserlichen Familie verantwortlich ist. Kerenski genießt es, im Laufschritt durch den Palast zu eilen, dem Palastkommandanten Anweisungen zu erteilen und in

Gegenwart des kaiserlichen Paares hysterische Reden zu halten. Benckendorff hält Kerenski für einen stillosen Kretin, eine lächerliche Witzfigur, einen unbeholfenen Arbeiter im Sonntagsstaat, der sich mit leerer Rhetorik schmückt, um seine Nervosität und Unsicherheit in Gegenwart des Zaren zu verbergen. Kerenski läßt die Türen des Schlosses verriegeln und beschränkt die Bewegungsfreiheit der Zarenfamilie auf wenige Räume. Die persönlichen Dokumente aus dem Besitz Nikolais II. werden beschlagnahmt und abgeholt, dem Ehepaar untersagt, die Mahlzeiten gemeinsam einzunehmen. Bald kommt auch der Gedanke auf, den Zaren vor ein Tribunal zu bringen, vor dem er sich für seine Taten verantworten soll, Ludwig XVI. gleich. Benckendorff gibt dem Zaren schon den Rat, sich einen Verteidiger zu suchen, und er empfiehlt ihm den liberalen und hochangesehenen Senator Anatoli Koni, jenen Juristen, der vierzig Jahre zuvor den Vorsitz im Prozeß gegen die Terroristin Vera Sassulitsch geführt hat. Wäre es zu einem Prozeß gekommen und hätte Koni das Mandat übernommen – der Herrscher hätte keinen besseren Anwalt finden können. Aber dazu kommt es nicht, weil sich von einer öffentlichen Diskreditierung des Zaren niemand Vorteile verspricht, schon gar nicht all jene Politiker und Generäle, die am Hof einst gern gesehene Gäste gewesen sind und sich dem Zaren zu Füßen geworfen haben, jetzt aber vorgeben, schon immer Revolutionäre gewesen zu sein.[51]

Im Frühsommer 1917 sieht selbst Kerenski ein, daß die bedrükkenden Auflagen im Umgang mit der Zarenfamilie zwecklos sind. Wozu soll er den ehemaligen Herrscher demütigen, der für niemanden mehr eine Gefahr ist? In Wahrheit denkt Nikolai gar nicht daran, aus dem Palast zu flüchten. Er verbringt seine Tage damit, Zeitungen und Bücher zu lesen, er schaufelt Schnee im Garten, hackt Holz, legt Puzzles und verbringt viel Zeit mit seinen Töchtern und seinem Sohn.[52] Es scheint, als sei er erleichtert, endlich von der Last der Macht erlöst zu sein. Im Sommer 1917 erteilt Kerenski die Anweisung, Nikolai und seine Familie ins sibirische Tobolsk zu deportieren, weil er um die Sicherheit des entthronten Zaren fürchtet. Am 14. August trifft Nikolai im Palast von Zarskoje Selo ein letztes Mal mit seinem Bruder, Michail Alexandrowitsch, zusammen. Die Brüder sprechen im Arbeitszimmer miteinander, sie schweigen eine Weile, weil Kerenski im Raum ist und mithört. Es entspannt sich eine oberflächliche, verlegene Unterhaltung. Sie stehen einander gegenüber, sind sehr erregt, manchmal ergreift der eine die Hand des anderen. Michail Alexandrowitsch bittet noch darum, die Kinder des Zaren zu sehen, aber Kerenski schlägt ihm diese Bitte ab. «Nun gut», sagt der Großfürst zu seinem Bruder, «dann umarme Du sie für mich.» Wenig später wird die kaiserliche Familie zum Bahnhof gebracht. Die Brüder wissen, daß sie einander nicht wiedersehen werden. Aber auch dieses Schicksal tragen sie mit stoischem Gleichmut.[53]

XIV.

Dem Abgrund entgegen

Unmittelbar nach dem Umsturz nimmt das Leben in Petrograd schon eine andere Färbung an. Kutschen und Straßenbahnen fahren nicht mehr, es erscheinen keine Tageszeitungen, außer den «Nachrichten» (Iswestija) des Arbeiter- und Soldatenrates, die Straßenreinigung stellt ihre Dienste ein. An den Bankschaltern kann man zwar noch Schecks einlösen, aber kein Bargeld mehr bekommen. Vor dem Polizeipräsidium liegen Formulare, Akten und Pässe, die achtlos auf die Straße geworfen worden sind, junge Männer tragen Gegenstände aus Geschäften und Wohnungen, es riecht nach Rotwein, den die Soldaten aus den Kellern der Wohlhabenden holen und auf der Straße in Strömen vergießen. Überall wehen nun rote Fahnen, Soldaten schlendern in Gruppen umher, mit roten Schleifen, die sie an den Knopflöchern ihrer Uniformjacken befestigt haben.[1] Die Insignien der Autokratie werden zerstört, ihre Embleme von den Hauseingängen heruntergerissen, Büsten und Denkmäler zertrümmert, Wappen, Fahnen und Gewänder auf der Straße verbrannt. Aus den Vitrinen werden schon die Photographien der Zarenfamilie entfernt und durch die Portraits der neuen Führer ersetzt. Eine gigantische rote Fahne weht auf dem Dach des Winterpalastes.[2]

Nabokow, der liberale und elegante Jurist aus altem Adel, empfindet in diesen Stunden eine, wie er sagt, «nie wiederkehrende seelische Hochstimmung». Als ob das Volk seine Ketten abgeworfen habe, als ob etwas «Heiliges» geschehen sei – das ist der unmittelbare Eindruck, der sich ihm aufdrängt, obgleich er, der stilsichere Kosmopolit, für eine

Revolution eigentlich nicht gemacht ist. Benois hingegen weiß um die Dialektik von Freiheit und Tyrannei, vom Verhältnis des Rechts zur Ordnung. Wer das Recht verachtet, wird nicht einmal seine eigene Freiheit schützen können. Die Freiheit der Bauern besteht darin, keinem Staat Untertan zu sein, sich keiner Rechtsordnung außer der eigenen Gewohnheit zu unterwerfen. Sie aber ist zugleich auch die Wurzel der Tyrannei. Das russische Volk, schreibt er am Abend des 2. März in sein Tagebuch, werde nun ein Examen zu bestehen haben, und wenn es dieses Examen nicht bestehe, werde der Untergang unvermeidlich sein. «In jedem Fall ist der Umsturz vollbracht, die Dynastie ist zu Ende», notiert auch Nikolski an diesem Tag, «und nun beginnt ein Jahrhundert der Wirren.»[3]

Die Abdankung des Zaren ist nicht nur das Ende der Monarchie. Sie ist das Ende des alten Staates überhaupt. In den ersten Tagen überwiegt in den gebildeten Schichten noch die Zuversicht, daß Rußland ein anderes, liberales und demokratisches Land werden könne, ungeachtet des Krieges, der die westliche Peripherie des Imperiums in Schutt und Asche gelegt hat. Aber bald schon weicht der Enthusiasmus der Ernüchterung. Über Nacht haben Hof und Bürokratie ihre Macht verloren, und in der Provisorischen Regierung gibt es niemanden, der bereit und imstande ist, alles auf eine Karte zu setzen und der politischen Ordnung seinen Stempel aufzudrücken. Denn auch entschlossene Minister wie Gutschkow wissen, daß die Waffen der Soldaten nicht mehr zu ihrer Verfügung stehen, daß zwischen Vorstellungen und Möglichkeiten ein Abgrund gähnt. Die Liberalen sind Repräsentanten einer Diktatur, die sie nicht gewollt haben. Zur alten Ordnung können und wollen sie nicht zurück, eine neue nicht in die Welt setzen. Jahrzehnte lang haben die Liberalen den Zaren und sein Regime dafür kritisiert, daß sie keine Skrupel hatten, ihren Willen durch den Einsatz unverhältnismäßiger Gewalt durchzusetzen. Jetzt wollen sie unter Beweis stellen, daß sie aus anderem Holz geschnitzt sind.[4]

Inzwischen haben sich auch die Diplomaten der verbündeten Entente-Mächte ein Bild von den Verhältnissen machen können, und sie beginnen zu begreifen, daß ihr vor Jahren verabredetes Ziel, Deutschland mit vereinten Kräften militärisch niederzuwerfen, in weite Ferne rücken könnte. Wie soll man mit Hilfe von Meuterern und Deserteuren, ohne einen funktionstüchtigen Staat einen Krieg gewinnen? Der französische Diplomat Louis de Robien macht dem Taurischen Palais am 7. März seine Aufwartung. Was er dort zu sehen bekommt, schockiert ihn. So hat er sich die Revolution nicht vorgestellt, wie er in seinem Tagebuch beklagt. «Der Palast sieht wie eine riesige Wachstube aus. Überall sind Soldaten, mit aufgeknöpften Uniformjacken, die an verschmutzten Holztischen essen oder sich auf der Erde um einen Samowar herumlümmeln. Andere, die noch bewaffnet sind, schlafen auf aufgetürmten Mehlsäcken, die für die Versorgung der Stadt hierhergebracht wurden und die alles mit weißem Staub bedecken ... Das Portrait des Kaisers ist entfernt worden, aber sie haben eine Büste Alexanders stehenlassen und ihr eine rote Krawatte umgehängt. Draußen vor dem Eingang steht eines der Autos des kaiserlichen Hofes, von dem die Krönchen abgekratzt worden sind und auf dessen Dach ein rotes Tuch weht.»[5] Mit anderen Worten: der vollkommene Zusammenbruch der staatlichen Ordnung. Aber welche Wahl haben die Verbündeten? Sie müssen mit dem vorliebnehmen, was sich ihnen bietet.

Sobald die Regierung aus dem Taurischen Palais ausgezogen ist und die Räume des ehemaligen Ministerrats im Marienpalast in Besitz genommen hat, verbreitet sich auch dort eine Atmosphäre von Chaos und Anarchie. Und zu allem Überfluß streiten die Minister über den politischen Kurs, dessen Herren sie nicht mehr sind und tragen ihren Zwist in die Öffentlichkeit. Es kommt nun heraus, daß Miljukow und Gutschkow unmittelbar nach der Abdankung des Zaren mit Alexejew darüber gesprochen haben, wie mit Hilfe der russischen Schwarzmeerflotte Konstantinopel erobert werden könne. Am 23. März verkündet Miljukow auf einer Pressekonferenz, daß auch die revolutionäre Regierung an den Kriegszielen des alten Regimes festhalten und im Falle eines Sieges Rußland sich die Kontrolle über die Dardanellen sichern müsse. Für Rußland seien Byzanz und die Meerengen von großer strategischer Bedeutung, die «Türen zu unserem Haus». Die staatliche Ordnung zerfällt, und der Außenminister hat nichts Besseres zu tun,

Die «Iswestija» des Arbeiter- und Soldatenrates wird an Deputierte ausgegeben

als seine Eroberungsphantasien auszustellen, die in der kriegsmüden Öffentlichkeit nur noch mit Gleichgültigkeit oder Ablehnung aufgenommen werden. Nicht einmal auf seine eigene Partei kann sich Miljukow in dieser Frage wirklich verlassen. Mit den Auffassungen des Arbeiter- und Soldatenrates, ohne dessen Zustimmung keinerlei Entscheidungen mehr getroffen werden dürfen, lassen sich diese Kriegsziele ohnehin nicht vereinbaren.[6]

Miljukow gibt nach, macht Konzessionen. Aber dieses Zugeständnis kommt zu spät, um die Gemüter zu besänftigen. Die Regierung gerät in eine bedrohliche Existenzkrise. Auf den Straßen der Hauptstadt brechen am 20. April Unruhen aus. Soldaten des Finnländischen Regiments marschieren im Zentrum auf, ihr Anführer verlangt vom Arbeiter- und Soldatenrat, nach der Macht zu greifen und die Minister verhaften zu lassen. Als vier Tage später Anhänger der alten und der neuen Ordnung aufeinandertreffen, bleiben Tote und Verletzte auf der

Straße zurück. Sonst aber geschieht nichts, weil niemand die Machtfrage beantwortet, niemand den Bürgerkrieg riskieren will. Nach heftigem Streit erklärt Miljukow am 2. Mai seinen Rücktritt, ihm folgt Gutschkow. Er wolle der Regierung nicht länger angehören, schreibt er an Lwow, weil er die Verantwortung für die «Zersetzung des Landes» nicht tragen könne.[7] Miljukow unternimmt noch einen Versuch, seine Parteifreunde davon zu überzeugen, daß nun die Konsequenzen aus der Ohnmacht gezogen und den Sozialisten die Regierung überlassen werden müsse. Die liberalen Minister aber glauben immer noch an die Mission, der sie zum Sieg verhelfen wollen. «In dieser schrecklichen Minute», sagt Schingarjow zu Obolenski, «können wir uns nicht der Verantwortung entziehen.»[8]

Und so verständigen sich die Minister mit dem Arbeiter- und Soldatenrat darauf, fünf Sozialisten in die Regierung aufzunehmen, unter anderen den Vorsitzenden der Sozialrevolutionären Partei Viktor Tschernow (Landwirtschaft), seinen Mitstreiter Pawel Perewersew (Justiz) und die Menschewiki Matwei Skobelew (Arbeit) und Irakli Zereteli (Post- und Fernmeldewesen). Alexander Kerenski übernimmt das Kriegsministerium, ein Schlüsselressort, in dessen Händen die Organisation des Krieges und die Sicherung der Staatsordnung liegen. Auf den ersten Blick scheint den Liberalen ein Coup gelungen zu sein. Zwar können sie sich von den Zumutungen nicht befreien, die ihnen der Arbeiter- und Soldatenrat auferlegt, aber sie zwingen die Sozialisten, unpopuläre Entscheidungen zu treffen und sich zu ihnen zu bekennen. Von nun an werden die sozialistischen Minister in der Öffentlichkeit für alle Entscheidungen haftbar gemacht, die sie im Namen des Volkes verkünden müssen. Tschernow und Skobelew beziehen Büros in den Ministerien für Landwirtschaft und Arbeit, preisen den Sozialismus, der bald kommen soll, aber sie haben den Bauern und Arbeitern ebenso wenig zu geben wie die Liberalen. Der Kriegsminister muß sich für die Mißerfolge an der Front und das Elend in den Schützengräben rechtfertigen, die Minister für Arbeit und Landwirtschaft Antworten auf die Frage finden, warum sich die Lebensverhältnisse nicht zum Besseren wenden und die Verteilung des Landes an die Bauern immer noch nicht auf ihrer Tagesordnung steht. Auch auf ihnen liegt nun der Fluch der Kollaboration. Auch sie stehen im Verdacht, gemeinsame Sache mit den Anderen, dem Klassenfeind, zu machen.[9]

Die sozialistischen Minister bringen sich in eine ausweglose Situation, weil sie versprechen, was sie nicht halten können. Ohne Legitimation, so lautet der von allen Mitgliedern der Regierung geteilte Glaubenssatz, dürfe sich keine Regierung ermächtigen, Fragen von staatsrechtlicher Bedeutung zu entscheiden. Über sie könne erst befunden werden, wenn eine verfassunggebende Versammlung gewählt und autorisiert sei, Absichten in Gesetze zu gießen. Wann aber werden die Bürger zu den Urnen gerufen? Niemand weiß es, weil sich die Verhandlungen über das Wahlgesetz quälend lang hinziehen. In dem Maße, wie sich die Sozialisten die Sicht der Liberalen zu eigen machen und sich von ihnen durch Posten und Privilegien korrumpieren lassen, verlieren sie ihre Glaubwürdigkeit unter Arbeitern, Soldaten und Bauern. Mit anderen Worten: Es sind die Sozialisten selbst, die das Feld bestellen, auf dem die Bolschewiki, die einzige politische Formation, die nichts als Opposition sein will, ihre Fußtruppen aufmarschieren lassen können. Die Duma ist längst tot, und niemand denkt daran, sie wiederzubeleben.[10] Über die Konsequenzen dieser Selbstentmachtung aber machen sich die Minister erst Gedanken, als es zu spät ist und den Bolschewiki die Welt gehört.

Wer soll das Chaos ordnen und der Masse Ziele setzen? Es gehört zur Paradoxie der Macht, daß dort, wo Institutionen verfallen, persönliche Autorität an Bedeutung zurückgewinnt. Kerenski, Gutschkows Nachfolger im Amt des Kriegsministers, der im Juli auch das Amt des Premierministers übernimmt, ist der eigentlich starke Mann im Kabinett. Ihm ist es zu verdanken, daß die Provisorische Regierung nicht aufgerieben wird, daß der Arbeiter- und Soldatenrat seinen Frieden mit ihr macht. Seine Rolle als Volkstribun kann er nur spielen, weil er als «Vermittler» wahrgenommen wird, als derjenige, der die Fäden zieht und Widersacher an einen Tisch bringt. Die Sozialisten erwarten von ihm, daß er den Kurs der Regierung korrigiert, und die Minister, daß er die Sozialisten mäßigt. Kerenski begreift, daß sich sein Aktionsraum erweitert, wenn er seine Rolle zum eigenen Vorteil nutzt. Er emanzipiert sich von den Sozialrevolutionären wie von den Liberalen, er entwirft sich nun als eine «nationale», über den Parteien stehende Figur.[11] Aber auch er kann die Selbstauflösung des Staates nicht rückgängig machen. In der Öffentlichkeit posiert er als Sozialrevolutionär und Diktator napoleonischen Formats, hält feurige Reden, umgibt sich mit jungen Offizieren und Adjutanten und versucht, durch Charisma auszugleichen, was auf dem Verordnungsweg nicht mehr gelingt. Für Gesetzgebungsverfahren und das Studium von Akten interessiert sich der russische Napoleon nicht. Immerhin wirkt Kerenski im Kreis der liberalen Minister wie ein Mann der Tat, wie Paléologue seinem Tagebuch erleichtert anvertraut.[12] Kerenski hält Tag und Nacht Reden, seine physische Erscheinung ist das wirksamste Element seines Einflusses auf die Massen, erst im Zusammenspiel von Körper und Klang wird überhaupt begreiflich, was dieser Mann bewirkt. Nichts sei ergreifender, fährt der Botschafter fort, als ihn auf der Kanzel zu erleben, mit «seinem fahlen, fiebernden, hysterischen, tief durchfurchten Antlitz.» Eine geheimnisvolle Aura umweht den Volkstribun, «ein Hauch, der ihn wie magnetische Strömungen umstrahlt. ... Da gehen wahre Schauer über die Zuhörerschaft.»[13]

Kerenski zieht alle Register seiner Redekunst. Man spürt, daß er vollkommen in seiner Rolle aufgeht, er, der in seiner Jugend mit dem Gedanken gespielt hat, Opernsänger zu werden. Im Mai hört der britische Konsul Bruce Lockhart eine Rede des Kriegsministers im Moskauer Bolschoi-Theater. Die Stimmung ist aufgeheizt. Kerenski trifft mit Verspätung im Saal ein, um die Spannung zu steigern, und wird mit brausendem Applaus begrüßt. «Das Publikum erhebt sich, eine Handbewegung, und die Rede beginnt. Er sieht krank und erschöpft aus, aber reißt sich zu seiner vollen Höhe auf, als ob er die letzten Reserven aus sich heraushole. Dann verkündet er mit einem rauschenden Wortstrom das Evangelium des Leidens. Nichts, was wert ist, besessen zu werden, ist ohne Leiden zu haben. Die Bestimmung des Menschen in dieser Welt ist Leiden. Die größte Revolution der Weltgeschichte hat am Kreuz auf Golgatha begonnen. Undenkbar, daß die eigene Revolution anders als durch Leiden Gestalt gewinnen wird.» Der Zar, ruft

Kerenski in den Saal, habe Rußland eine schwere Erbschaft hinterlassen, die Bevölkerung hungere, die Infrastruktur sei zerrüttet. Die Soldaten in den Schützengräben seien ohne Waffen und Versorgung, sie litten, aber niemals hätten sie sich über ihr schweres Los beklagt. Die Reichen und Gebildeten aber weigerten sich, ihre Pflicht zu tun, während die Armen freudig ihr Leben für das Vaterland hergäben. «Die Augen auf die Logen gerichtet, redet er sich in heftigen Stakkatosätzen in Glut. Soll Rußland zusammenbrechen, soll die Schuld des schamlosesten Verrats auf Euch fallen, während die Ärmsten ihre Pflicht erfüllen?» Kaum hat Kerenski seine Rede beendet, fällt er seinem Adjutanten theatralisch in die Arme. Soldaten geleiten den erschöpften Redner von der Bühne. Das Publikum gerät in Ekstase, tosender Applaus erfüllt den Saal, Frauen schleudern Perlenketten auf die Bühne, Juwelen werden von den Rängen hinabgeworfen. «Die Rede hat zwei Stunden gedauert, der Effekt in Moskau und im Rest von Rußland zwei Tage.»[14]

Kerenski überläßt nichts dem Zufall, er inszeniert seine Auftritte en détail, und am Ende fällt er stets in Ohnmacht. Einmal steht Viktor Schklowski vor dem Gebäude des Marineministeriums, in dem Kerenski gerade eine Rede hält. Der Chauffeur des Kriegsministers lächelt und sagt zu Schklowski: «Gleich tragen sie ihn hinaus.» Und tatsächlich wird er wenig später von Soldaten aus dem Gebäude getragen und in sein Auto gesetzt. Bevor sich der Kriegsminister erschöpft in den Sitz fallen läßt, ruft er den Umstehenden noch zu: «Wille und Beharrlichkeit, das ist die Hauptsache.»[15]

Kerenski sieht sich in der Rolle eines Diktators, der vollzieht, was Regierung und Exekutivkomitee nicht mehr vermögen. Eigentlich ist er bis zum Juli nur der Kriegsminister der Provisorischen Regierung, und dennoch führt er sich auf, als sei er ihr Dompteur. Unentwegt zieht er durch das Land, spricht in Zirkusarenen, auf Plätzen und in Stadtparlamenten, bereist die Front und hält Ansprachen vor den kriegsmüden Soldaten. Er trägt jetzt eine schmucklose Uniform, umgibt sich mit großem Gefolge und geht, wie der Zar vor ihm, in Begleitung von Adjutanten auf die Straße. An seiner Limousine läßt er eine gewaltige Fahne befestigen, die seiner Bedeutung Ausdruck verleihen soll, und Gäste empfängt er nur noch im Winterpalast.[16] Und dennoch stehen die herrischen Gesten und anmaßenden Reden in keinerlei Verhältnis zu seinen Möglichkeiten.

Die öffentliche Wirkung Kerenskis verpufft in wenigen Monaten, weil auch die schönste Rede all die tristen Einsichten nicht verdecken kann, die sich in den ersten Monaten nach dem Sturz des Zaren in den Köpfen festsetzen: daß der Krieg kein Ende nehmen will, daß die öffentliche Ordnung zerfällt und die Not auf den Straßen die Gemüter verfinstert. Im Mai ist Kerenski noch ein charismatischer Führer, im September nur noch ein Verlierer, der sich für einen Meister der Ansprachen hält. Am Ende gehorchen ihm weder die Generäle noch die Soldaten in den Schützengräben. In Wahrheit ist er nur ein Repräsentant simulierter Staatlichkeit, ein eingebildeter Diktator, der hysterische Reden hält, aber nichts zu vertreten und zu verteidigen hat und der im entscheidenden Augenblick, als die Machtfrage gestellt wird, kläglich versagt. «Niemand hat Rußland mehr Schaden zugefügt als Kerenski», schreibt Rodsjanko in seinen Erinnerungen. Ein Mann der billigen Effekte, der nicht versteht, wie ein Staat zu regieren ist. Am Ende bleibt von ihm nichts als die Erinnerung an einen exaltierten Menschen, der die Revolution verspielt, weil er nicht weiß, wie man Schlachten schlägt und Siege erringt.[17]

Die Achillesferse der Ordnung sind die Streitkräfte. Sie aber lösen sich nach und nach auf. Im März schon verkündet Kriegsminister Gutschkow, daß die Armee demokratisiert werden müsse. Er teilt mit, daß es Soldaten erlaubt sei, in der Öffentlichkeit zu rauchen und Karten zu spielen, Restaurants und Clubs zu besuchen und nach Belieben mit der Eisenbahn zu fahren, in allen drei Klassen, wie alle anderen Bürger auch. Die Soldaten verstehen den Aufruf auf ihre Weise. Sie reisen mit dem Zug, ohne Fahrkarten zu lösen und sie glauben, daß alle Regeln, die in der Armee einst galten, aufgehoben sind. «Freiheit, und fertig», wie Denikin die neue Wirklichkeit auf den Begriff bringt. Zur gleichen Zeit werden die Offiziere angewiesen, die Epauletten von ihren Uniformen abzutrennen und durch rote Streifen zu ersetzen, die von nun an ihren Dienstgrad ausweisen sollen.[18]

Kerenski in Uniform spricht zu den Soldaten, Mai 1917

Die Furcht vor den verrohten Soldatenmassen ist allgegenwärtig. Die Soldateska ist außer Rand und Band. Offiziere sind nun vogelfrei, und wer sich dem Willen der Soldaten nicht sofort beugt, spielt mit seinem Leben. Nicht nur in der Hauptstadt, sondern auch in ihren Vororten, in Kronstadt und Sveaborg, wird der «Befehl Nr. 1» als Ermächtigung verstanden, Offiziere nach Belieben zu verhaften oder zu töten. In Kronstadt richten Matrosen ein Blutbad an, töten den kommandierenden Admiral und dutzende von Offizieren.[19] Die Marinefestung vor den Toren Petrograds verwandelt sich in eine eigenständige Matrosenrepublik, die sich selbst verwaltet, Offiziere werden gelyncht oder inhaftiert. 20 000 Soldaten, die sich im Aufruhr befinden! Die Herren von einst werden gezwungen, die Straßen zu kehren, Toiletten zu säubern und am Hafen unter Aufsicht ihrer Soldaten schwere Arbeiten zu verrichten. Man hält sie in schmutzigen und kalten Zellen gefangen und schlägt sie bei jeder sich bietenden Gelegenheit. Im finnischen Helsinki töten verrohte Matrosen ihre Offiziere, in einer Kirche werfen sie einen Sarg um, in dem die aufgebahrte Leiche eines ermordeten Leutnants liegt.[20]

Die Provisorische Regierung ist hilflos und schutzlos. 100 000 Soldaten, die in den Kasernen Petrograds leben und eine ganze Stadt in Geiselhaft nehmen. Der Arbeiter- und Soldatenrat verhindert den Abtransport der Soldaten an die Front und er unterbindet alle Versuche des Militärbefehlshabers der Hauptstadt, zuverlässige Soldaten in die Stadt zu verlegen. Im Ernstfall, sagt Kornilow zu Gutschkow, könne er 3500 loyale Offiziersschüler mobilisieren. Was aber sollen sie gegen 100 000 bewaffnete Soldaten ausrichten? «Die ganze Garnison war in ihren Händen», so Gutschkow, «und sie hätten die Provisorische Regierung liquidieren können.»[21] Auch Alexejew, der einflußreiche Chef des Generalstabes, spürt im Frühjahr, daß es ein Fehler gewesen ist, die Ordnung widerspruchslos zur Disposition zu stellen. Als er sich bei den Mitgliedern des Exekutivkomitees des Arbeiter- und Soldatenrates über den Zerfall der militärischen Disziplin beklagt, entgegnet ihm der Menschewik Irakli Zereteli, daß es nun einmal leichter sei, eine Revolution zu beginnen, als sie zu beenden. Die Minister glauben selbst nicht mehr daran, was sie verkünden, die Soldaten sind des Krieges müde. Niemand hört den wechselnden Oberbefehlshabern Alexejew, Brussilow, Kornilow, Nikolai Duchonin in jenem Frühling und Sommer noch zu, kein Befehl wird mehr erteilt, ohne zuvor die Zustimmung der Soldatenkomitees einzuholen, die auch in Mogiljow das Kommando übernommen haben. Er sei nicht der «Oberkommandierende» seiner Armee, spottet General Lukomski, sondern nur noch ein «Oberüberredender» (Glavnougovarivajuschtschom).[22]

Überall verlassen die Soldaten die Schützengräben. Warum sollen sie in letzter Minute auf irgendeinem Hügel in Galizien ihr Leben lassen? «Die Exzellenz bekommt dafür ein Georgs-Kreuz», beklagen sich Soldaten gegenüber ihren Offizieren. Aber was haben sie, die Rekruten, davon? Sie legt man ins Grab.[23] Manche Generäle machen aus der Not eine Tugend. Vielleicht werden die Soldaten gehorchen, wenn die Generäle sich bei ihnen beliebt machen? In Minsk erklärt Alexei Ewert vor Soldaten, er sei immer schon ein Freund des Volkes und ein

Anhänger der Revolution gewesen, und Brussilow läßt sich in Berditschew, umgeben von roten Fahnen, auf einem Sessel durch die Straßen tragen, nachdem er feierlich verkündet hat, er sei ein General der Revolution.[24]

Für die Generäle ist die Revolte ein nicht enden wollender Alptraum. Denn sie können nicht verhindern, daß Agitatoren der revolutionären Parteien an der Front erscheinen und den Soldaten einreden, daß es ungerecht sei, die Freiheit nur solchen Soldaten zu geben, die in der Hauptstadt dienen und noch kein Pulver gerochen haben. Bald machen sich auch bolschewistische Agitatoren bemerkbar, die überall neue Wahrheiten verkünden: daß der Krieg keinem anderen Zweck diene als Rußlands Soldaten für die Interessen der britischen Imperialisten zu opfern. Im Juni bereist ein Delegierter des Moskauer Arbeiter- und Soldatenrates die Schützengräben an der Südwestfront, ruft den Soldaten zu, daß die Regierung eine Versammlung von Kapitalisten und Großgrundbesitzern sei. «Soldaten, hört nicht auf die Wölfe im Schafspelz. Sie rufen Euch in ein neues Schlachthaus». Es sei an der Zeit, die Waffen niederzulegen und Frieden zu schließen.[25]

Nun beginnt der große Exodus. Die Soldaten desertieren. Zuerst verlassen die Mitglieder der Komitees die Schützengräben, ihnen folgen die Soldaten, denen es gelungen ist, Militärärzte mit vorgehaltener Waffe zu zwingen, sie für dienstuntauglich zu erklären. Manche bleiben, wo sie sind, aber sie verweigern die Befehle, die man ihnen erteilt, und verbrüdern sich sogar mit deutschen Soldaten.[26] Inzwischen ist selbst Kerenski, der von einem Frontabschnitt zum anderen fährt und wie verzückt patriotische Ansprachen hält, zu Bewußtsein gekommen, daß die Soldaten und nicht er und seine Generäle darüber entscheiden, wie dieser Krieg noch weitergeführt werden kann. Auf der Bühne habe er großspurige Reden über die Demokratisierung der Armee gehalten, so Denikin, dann aber in seinem Waggon gesessen und zu seinem Adjutanten gesagt: «Schaffen Sie mir diese verfluchten Komitees vom Hals.»[27]

In dieser Situation verlangt Kerenski im Juni von den Generälen, sich auf eine neue, durchschlagende Offensive vorzubereiten, die den entscheidenden Sieg über die Mittelmächte bringen soll. Brussilow, der inzwischen zum Oberbefehlshaber ernannt worden ist, teilt den Optimismus des Kriegsministers nicht, wenngleich er annimmt, daß Soldaten, die kämpfen, wenigstens das Interesse an der Politik verlieren. Auch Denikin, der in diesen Tagen die Truppen an der Südwestfront inspiziert, hält die Pläne des Hauptquartiers für lachhaft. Wenige Tage später erscheint eine Delegation des Arbeiter- und Soldatenrates an der Südwestfront. Ihr Anführer ist Sokolow, der Autor des «Befehls Nr. 1». Inzwischen hat er sich in einen Patrioten verwandelt und fordert die Soldaten auf, ihre Pflicht zu erfüllen und dem Feind den Garaus zu machen. Erst schreien sie ihn nieder, dann schlagen sie ihn «halbtot», wie Denikin mit einer gewissen Genugtuung notiert. Noch bevor die Offensive überhaupt begonnen hat, haben sich mehr als 170 000 Soldaten ins Hinterland abgesetzt.[28]

Die Offensive, die Kerenskis Namen trägt, scheitert kläglich. Manche Einheiten verweigern den Befehl, andere ziehen sich ins Hinterland zurück und diejenigen Regimenter, die dem Gegner zusetzen und die feindlichen Linien überrennen, fluten nach wenigen Tagen zurück. Im Hinterland verbreiten Banden von Deserteuren Furcht und Schrecken, plündern und rauben, weil es keine Ordnungsmacht gibt, die sie daran hindern könnte. Das ist das Ende. Von diesem Desaster werden sich die russischen Streitkräfte nie wieder erholen. «Danach desertieren sie zu Millionen», schreibt Denikin. «Wie eine Lawine ergießt sich die Soldatenmasse über Schienen, Flüsse und ungepflasterte Straßen, sie zertrampelt, vernichtet die letzten Nerven des armen wegelosen Rußland.» Bald schon erschallt in den Dörfern der Ruf nach Erlösung. «Mein Gott, wenn nur die Deutschen bald kämen!»[29] Rußland ist verloren, nach der gescheiterten Offensive ist das Schicksal der Regierung besiegelt, weil ihr niemand mehr folgen will. Wer weiß, was geschehen wäre, wenn Kerenski den Mut aufgebracht hätte, die Mittelmächte um Frieden zu bitten? Dafür ist es nun zu spät. Die Armee löst sich auf, der Untergang auch der neuen Ordnung scheint besiegelt. Kerenski ist nur noch ein Papiertiger, die Generäle Befehlshaber ohne Armeen. Die Zukunft gehört den Soldaten und den Bolschewiki, die die Wut des Volkes für ihre Zwecke nutzen. Denikin, Alexejew, Kornilow – sie alle werden im nächsten Jahr schon die Truppen der Gegenrevolution in die Schlacht führen. Das demokratische Experiment verdampft im Theater ausufernder Gewalt.[30]

Am 3. April spät in der Nacht trifft Lenin, der im plombierten Waggon durch Deutschland gereist ist, in Petrograd ein. Tschcheidse und eine Ehrenformation des Arbeiter- und Soldatenrates empfangen ihn am Finnländischen Bahnhof, Alexandra Kollontai, die Grande Dame der Partei, überreicht ihm einen Blumenstrauß. Lenin weist ihn schroff zurück. Wie könne man im Angesicht der Revolution an Blumen denken? Und auch den freundlichen Worten Tschcheidses schenkt er keine Beachtung. Für Versöhnler, Demokraten und Liberale hat er nur Verachtung übrig. Gestikulierend läuft er aus dem Bahnhofsgebäude hinaus, steigt auf die Ladefläche eines Lastwagens, der auf dem Vorplatz steht und hält eine Ansprache. Die Regierung müsse gestürzt werden, schreit er, die Macht den Räten übertragen werden. Selbst die Getreuen sind schockiert von solcher Kompromißlosigkeit.[31]

Lenin ist ein Mann von großer Willenskraft, ein Fanatiker, der für die Revolution lebt und für sonst nichts. Seine Rücksichtslosigkeit, bemerkt der britische Konsul Bruce Lockhart, sei geradezu «unmenschlich» gewesen.[32] Er träumt davon, Rußland aus den Angeln zu heben, wie er es 15 Jahre zuvor in seinem Traktat «Was tun?» angekündigt hat. Seine Revolution ist ein Werk, das von Berufsrevolutionären vollbracht wird, die zu glauben wissen, was das Volk will und wie man seine Wünsche erfüllt. Auf die Geschichte kann einer wie Lenin nicht warten. Was sich die orthodoxen Marxisten von der Zukunft, vom Lauf der Geschichte versprechen, will er sofort erreichen, und es ist ihm einerlei, ob Rußland auf sein Experiment vorbereitet ist oder nicht. Das Volk gilt ihm als formbare Masse, die er einem Experiment aussetzt, dessen Ausgang ungewiß ist. Für ihn, schreibt Gorki, sei die Arbeiterklasse dasselbe, was für die Metallurgen das Erz sei – ein formbares Objekt.[33]

Kaum ist Lenin in Petrograd eingetroffen, schlägt er sein Hauptquartier in der Villa der berühmten Primaballerina Matilda Kschessinskaja auf. Die Kschessinskaja wird aus ihrer Wohnung geworfen, ihre Möbel konfisziert. Nicht einmal Kerenski wagt es, sich dieser Zumutung durch ein Machtwort zu erwehren. Man läßt Lenin gewähren.

Tag für Tag steht er, umgeben von seinen Getreuen, auf dem Balkon der Villa und schreit seine Hasstiraden heraus. Nicholas Nabokow, der Neffe des liberalen Politikers und Cousin des Schriftstellers, hört im April zufällig, was Lenin den Passanten an einem verregneten Nachmittag zuruft. «Hier war ein weltgewandter Mann, der all diese unpatriotischen Dinge in dieser nach Oberschicht klingenden Sprache sagte. Unverzüglicher Frieden ohne Kontributionen oder Annexionen, unverzügliche Abschaffung des Eigentums an Grundbesitz ohne Entschädigung der Landbesitzer, unverzügliche Demobilisierung, unverzügliche Machtergreifung der Arbeiter- und Bauernräte und die vollständige Abschaffung des Privateigentums. Ich kam verwirrt und tief besorgt nach Hause. Da war etwas Bedrohliches in dieser frühen Erfahrung mit der bolschewistischen Ideologie. Kaum sechs Monate später wußten wir alle, die Lenin die blutdürstige, erbärmliche Klasse der Bourgeois genannt hatte, daß er meinte, was er sagte.»[34]

Niemand weiß besser als Lenin, daß die Grausamkeit und die anarchistischen Gefühle des desorientierten Volkes Triebkräfte sind, die sich der revolutionäre Wille zunutze machen kann. Nicht verbrüdern will er sich mit den Massen. Er will sie vielmehr zwingen, dem Ruf der Wissenden zu folgen und sich von sich selbst zu befreien. Auf Technik und Strategie, nicht auf Programm und Überredung kommt es in diesen Tagen an. Lenins Credo ist der ununterbrochene Aufmarsch, die unaufhörliche Mobilmachung. Wichtiger als der Sieg ist der Kampf, das Getümmel, in dem Entscheidungen fällig werden, und das der Behaglichkeit ein Ende setzt. Wo Gesetze und Verordnungen nicht mehr vollstreckt werden, weiß er, kann sich nur noch Geltung verschaffen, wer die Gewalt sprechen läßt. Man schafft klare Verhältnisse und macht sich über die Legitimation Gedanken, wenn erreicht ist, was man sich vorgenommen hat. Lenin gehört zu jenen wütenden, verbitterten Männern, die den Ort ihrer Zurückweisung aus der Welt schaffen wollen, die bis zum äußersten egozentrisch sind.[35] Das Chaos ist der Zustand, in dem sie sich wohl fühlen.

Lenin schaut als Emigrant und aus der Vogelperspektive auf das vergangene Geschehen, er weiß, welche Fehler die Regierung des Zaren gemacht hat und welche Gelegenheiten die Revolutionäre versäumt haben. Und er ist mit finanziellen Mitteln ausgestattet, die es ihm erlauben, jenen Unfrieden in Rußland zu stiften, den die Reichsregierung in Berlin ungeduldig erwartet. Wofür sonst hat man Lenin mit Geld versorgt und ihn nach Petrograd bringen lassen? Schon kurz nach seiner Rückkehr verlangt er von den Arbeiter- und Soldatenräten, nach der Macht zu greifen und die Liberalen zum Teufel zu jagen. Alles Land soll an die Bauern verteilt, der Beamtenapparat und die Armee aufgelöst werden. Anfangs nimmt ihn und seine «Aprilthesen» niemand ernst, man hält sie für Wahngebilde. Aber unter dem Eindruck der Verhältnisse gewinnt Lenin nach und nach die Unterstützung, die er braucht.[36] Er schwimmt auf einer Welle der Unzufriedenheit und des Protests, und er artikuliert die Wut des Volkes, ohne dafür auch nur die geringste Verantwortung tragen zu müssen. Seine Partei ist nicht an der Regierung beteiligt. Wer sich mit den Versöhnlern einläßt, denkt Lenin, ist selbst schuld. Eigentlich muß er nur noch stoßen, was schon im Fall begriffen ist. Es wird der Tag kommen, an dem das Unerwartete geschieht. Von nun an wartet er nur noch auf den richtigen Augenblick.[37]

Anfang Juli, Lenin hat sich nach den Strapazen der vergangenen Wochen zur Erholung nach Finnland zurückgezogen, brechen plötzlich Unruhen in Petrograd aus. Ein Maschinengewehrregiment, das den Bolschewiki nahesteht, rebelliert gegen seine Verlegung an die Front. Am Nachmittag des 3. Juli strömen zehntausende Arbeiter und Soldaten aus den Vororten in das Stadtzentrum, die aber nicht wissen, was sie mit den Waffen anstellen sollen, die sie in den Händen halten. Die Soldaten glauben, daß sich wiederholen lasse, was ihnen im Februar gelungen ist. Aber es gibt keinen Anführer, der ihnen Ziele setzt. Es gab eine «Stimmung», wie Suchanow schreibt, aber kein Ziel, keine Führung. Und so bleibt die Demonstration folgenlos.[38] Doch unter dem Druck der Ereignisse treten zur gleichen Zeit die Mitglieder des Zentralkomitees der bolschewistischen Partei in ihrem Hauptquartier zusammen und beschließen, dem Aufruhr, der sie unvorbereitet getroffen hat, eine Stimme und eine Form zu geben. Flugblätter werden gedruckt und schon am Abend verteilt, auf denen zu lesen ist, daß die Macht in die Hände des Arbeiter- und Soldatenrates gelegt werden müsse. Ein Bote eilt nach Finnland, um Lenin über die Absichten des Zentralkomitees zu informieren und ihn nach Petrograd zu bringen. Als der Revolutionsführer am frühen Morgen des 4. Juli in der Villa der Kschessinskaja eintrifft, beschwören ihn seine Gefolgsleute, die Machtfrage zu stellen. Aber Lenin zaudert, er glaubt nicht, daß der Moment gekommen ist, der ihm den Sieg bringen könnte, obgleich am Vormittag 20 000 bewaffnete Matrosen der Garnison von Kronstadt in der Hauptstadt eintreffen – eine gewaltige Streitmacht, die in der Nähe des Winterpalastes von Bord geht und mit deren Hilfe sich die Bolschewiki im Nu an die Macht hätten putschen können. Kaum sind die Matrosen an Land gegangen, machen sie sich auf den Weg zum bolschewistischen Hauptquartier, und sie erwarten, daß Lenin ihnen sagen werde, was nun zu tun sei. Er erscheint auf dem Balkon, sagt einige unverbindliche Worte und läßt die Matrosen ratlos zurück, die nicht begreifen, warum der Meister der Entschlossenheit Nerven zeigt.[39]

Umsonst aber soll ihr Ausflug nicht gewesen sein, und so wälzt sich die Masse, die auf 50 000 Menschen anwächst, unaufhaltsam zum Taurischen Palais. Unterwegs rauben die Matrosen Geschäfte aus, vor allem Wein- und Tabakläden, schießen auf Passanten, und am späten Nachmittag sind hunderte Menschen tot oder verletzt. Aber im Exekutivkomitee des Arbeiter- und Soldatenrates geht niemand auf ihre Forderungen ein.[40] Was können sie jetzt noch tun, nachdem man ihnen die kalte Schulter gezeigt hat? Sie fühlen sich betrogen und gedemütigt, sind umsonst herbeigelaufen. Die Sozialisten wollen die Macht nicht, die man ihnen anbietet, nicht einmal die Bolschewiki sind zur letzten Tat bereit, und sie selbst sind nicht imstande, Tatsachen zu schaffen. Und so ziehen sie wieder ab. Am Abend irren Arbeiter und Matrosen noch in der Stadt umher, plündern und schießen auf Passanten, weil sie nicht wissen, worauf sie ihren Zorn sonst lenken können. Am frühen Morgen des 5. Juli setzen sie sich aus der Innenstadt ab und kehren auf den Booten und Kähnen, mit denen sie gekommen sind, nach Kronstadt zurück.[41]

Am gleichen Tag marschieren loyale Regimenter in der Hauptstadt auf, vertreiben die letzten Demonstranten von den Straßen, und am

6. Juli besetzen Soldaten die Villa der Kschessinskaja, verhaften mehr als 500 Bolschewiki, unter ihnen auch Lew Trotzki, der im Mai aus dem Exil nach Petrograd zurückgekehrt ist und sich seither den Bolschewiki angenähert hat. Lenin entkommt, bartlos und mit einem Toupet auf dem Kopf flieht er aus der Stadt und hält sich in einem Vorort versteckt. Es scheint, als seien seine Tage gezählt, der Bolschewismus besiegt. Der Justizminister setzt eine Kommission ein, die sich mit den Ursachen des Aufstandes befassen und nachweisen soll, daß die Bolschewiki Agenten des deutschen Kaisers seien, Geld genommen hätten und am Untergang Rußlands arbeiten. Aber Lenins Widersacher sind unentschlossen. Lwow tritt vom Amt des Premierministers zurück, weil er die Verantwortung für die Gewalt, die er anordnen müßte, um die Bolschewiki politisch zu neutralisieren, nicht übernehmen will. Er könne unter gar keinen Umständen den Befehl geben, auf Menschen zu schießen, erklärt der sanfte Mann und übergibt sein Amt an Kerenski. Aber auch im Arbeiter- und Soldatenrat will sich niemand mit den Generälen und der Konterrevolution gegen die Bolschewiki verbinden. Immerhin sind Lenin und seine Getreuen Brüder im Geiste, und die Menschewiki träumen auch jetzt noch davon, sich eines Tages mit ihnen wieder zu versöhnen. Und so endet der Putschversuch mit einer Rehabilitierung der Bolschewiki. Ihre Anführer werden freigelassen, das Vorhaben, Anklage gegen Lenin zu erheben, fallen gelassen.[42]

Kerenski und die sozialistischen Minister distanzieren sich nun vom Arbeiter- und Soldatenrat und versuchen, sich mit den Generälen und Apologeten der Ordnung zu verbinden. Symbolisch vollzieht sich dieser Bruch in dem Augenblick, als das Kabinett seine Sitzungen in den Winterpalast verlegt und der Arbeiter- und Soldatenrat in das Smolny-Institut umzieht, ein ehemaliges Mädchenpensionat, das am Rand der Innenstadt liegt. Die einen halten es mit der Restauration, so scheint es, die anderen verlieren ihren Einfluß, weil sie im entscheidenden Augenblick nicht nach der Macht gegriffen haben. Nun wird die Provisorische Regierung zur Geisel der Gegenrevolution. Es gibt jetzt für sie nur noch zwei Möglichkeiten. Entweder man greift zu den Waffen und schafft den Arbeiter- und Soldatenrat aus der Welt, und mit ihm alle Verordnungen, die er inzwischen erlassen hat, oder man nutzt den Aufruhr, um sich von ihm treiben und an die Macht bringen zu lassen. Mit anderen Worten: Im Juli gibt es nur noch die Wahl zwischen einer Diktatur des Militärs und einer Diktatur der Bolschewiki. Kerenski aber ist weder auf die eine, noch auf die andere Variante vorbereitet, und er will sich auch nicht festlegen.[43]

Der unbestrittene Anführer der Gegenrevolution ist Kornilow, ein sibirischer Kosak und Draufgänger, der sich bereits im russisch-japanischen Krieg und an der galizischen Front ausgezeichnet hat. Er umgibt sich mit ihm ergebenen Soldaten, turkmenischen Leibwächtern und Männern aus dem Kaukasus, und ist ein loyaler Kommandeur, der vollstreckt, was die Politiker von ihm verlangen. Selbst im Juni 1917 ist er noch erfolgreich, als er mit der 8. Armee eine gewaltige Bresche in die österreichische Abwehrfront schlägt. Aber seine Truppen kommen nicht weiter voran, weil sich die Soldaten weigern, den Angriff fortzusetzen und tausendfach desertieren. Das ist die Erfahrung, die den unpolitischen General in einen Konterrevolutionär verwandelt. Er weiß, daß er sich auf die zentrale Staatsgewalt nicht mehr verlassen kann, und dafür tragen Kerenski und der Arbeiter- und Soldatenrat in seinen Augen die Verantwortung. Am 20. Juli ernennt Kerenski Kornilow zum Oberkommandierenden der Streitkräfte – eine verhängnisvolle Entscheidung, wie sich bald herausstellt. Denn Kornilow emanzipiert sich von der Regierung und verrichtet auf eigene Faust, was er für angemessen hält. Terror, so glaubt er, ist das einzige Mittel, um die Streitkräfte zusammenzuhalten und den Verfall des Imperiums abzuwenden. Er setzt die «Wilde Division», die sich aus georgischen, aserbaidschanischen und daghestanischen Soldaten zusammensetzt, gegen Meuterer und Deserteure ein. Sie soll Rache nehmen für die Ermordung von Offizieren und Deserteure mitleidlos erschießen. Plündernde Soldaten, die sich aus der Armee absetzen, läß Kornilow durch Maschinengewehrfeuer auseinanderjagen, Deserteure in Gruppen erschießen. Alle Männer im wehrfähigen Alter, die Kornilows Soldaten in den Dörfern hinter der Front aufspüren, werden verhaftet und deportiert.[44]

Wo der General sich auch zeigt, hinterläßt er Terror und verbrannte

Erde. Denn seine «Wilde Division» bekämpft nicht nur Deserteure und Verräter, sie selbst ist Urheberin exzessiver Gewalt. In Tarnopol und Brody plündern und vergewaltigen seine Soldaten und verbreiten Panik unter der lokalen Bevölkerung. Kornilow aber nimmt in Kauf, was seine Einheiten anrichten, er ist das konterrevolutionäre Spiegelbild Lenins. Nun verlangt er Zugeständnisse von der Regierung. Der Einfluß von Kommissaren und Soldatenkomitees müsse begrenzt und die Todesstrafe in der Armee wieder eingeführt werden. Nur so lasse sich die verloren gegangene Disziplin wiederherstellen. Auch verlangt er für sich das alleinige Recht, alle Frontkommandeure zu ernennen. Über ganz Rußland müsse der Ausnahmezustand verhängt, der Arbeiter- und Soldatenrat entmachtet und eine Diktatur errichtet werden. Kerenski jedoch laviert zwischen den Sozialisten und dem General, weil er weder den Bolschewiki noch dem Militär die Macht in die Hand geben will.[45]

Kornilow aber will offenbar gar nicht Diktator werden, sondern Kerenski dazu treiben, die Macht selbst in seine Hände zu nehmen und sie dem Arbeiter- und Soldatenrat zu entreißen. Für die Rolle des Diktators fehlen ihm nicht zuletzt der Glanz der charismatischen Persönlichkeit und der politische Weitblick. Und dennoch ist Kornilows Auftritt vor der sogenannten Staatskonferenz in Moskau, auf der sich Mitte August Repräsentanten aller politischen Kräfte versammeln, um über die Zukunft Rußlands zu beraten, ein einziges Mißverständnis. Er wird von Offizieren auf Händen getragen und als Retter in der Not bejubelt und gefeiert. Kornilow spricht von der Diktatur des Militärs, und davon, daß die Garnison von Kronstadt aufgelöst und ihre Soldaten auf Fronteinheiten verteilt werden sollen. Kerenski ist nur noch eine Nebenfigur, der niemand mehr zutraut, das Staatsschiff in ruhige Gewässer zu geleiten.

Nun fürchten Kerenski und die Sozialisten im Arbeiter- und Soldatenrat, daß die Warlords nach der ganzen Macht greifen, Rußland in blutigem Terror ersticken könnten. Mit allen Mitteln versuchen sie, die vermeintliche Gefahr zu bannen. Am 25. August erreicht die Konfrontation ihren Höhepunkt. Kornilow weist General Alexander Krymow an, mit Kosaken und Teilen der «Wilden Division» nach Petrograd zu

Lawr Kornilow (1870–1918), General, Generalstabschef der russischen Armee und führender Kopf der Gegenrevolution im August 1917

marschieren, den Arbeiter- und Soldatenrat aufzulösen, die Garnison der Hauptstadt zu entwaffnen und die Führer der bolschewistischen Partei zu verhaften, die er verdächtigt, die Macht an sich zu reißen. Ihnen will er nun zuvorkommen. Kornilow ist im Glauben, im Einverständnis mit Kerenski zu handeln. Kerenski aber fürchtet sich vor der Konterrevolution, er glaubt, daß Kornilow sich zum Militärdiktator ausrufen könnte, und so weist er Krymow an, der auf dem Weg in die Hauptstadt ist, seine Truppen zurückzuziehen.[46]

Inzwischen hat sich der Arbeiter-und Soldatenrat mit Kerenski darauf verständigt, Kornilow zu neutralisieren, und Kerenski glaubt, leichtes Spiel zu haben. Eisenbahnarbeiter werden angewiesen, die Strecke in der Nähe von Luga, 150 Kilometer südlich von Petrograd, zu blockieren. Krymow und seine Einheit sitzen fest, wie General Iwanow sechs Monate vor ihnen. Die Konterrevolution steht auf dem Abstellgleis und Krymow, der in seinem Abteil sitzt, sieht vom Fenster aus noch, wie sich seine Soldaten mit den Aufrührern verbrüdern. Auf Befehl der Regierung wird er unter Bewachung nach Petrograd geschafft und am 30. August von Kerenski selbst verhört, der den General unter Arrest stellen läßt. Am nächsten Tag erschießt sich Krymow mit seinem Revolver. Das Imperium und sein Staat seien verloren, es lohne sich nicht, in einer solchen Welt zu leben, sagt er, bevor er seinem Leben ein Ende setzt. Kornilow wird auf Anweisung Kerenskis verhaftet und mit seinen Getreuen, zu denen auch Denikin gehört, in ein Kloster eingesperrt, das sich außerhalb von Mogiljow befindet. Dort bleiben sie eine Weile, bevor es ihnen gelingt, zu fliehen.[47]

Kornilow versteht zu spät, daß man ihn getäuscht hat und Kerenski begreift nicht, daß der Vorhang schon längst gefallen, sein Staat nicht mehr zu retten ist. Das ist die Stunde Lenins. Er erkennt sie, und er nutzt sie. Nichts außer dem Willen zur Macht kann gegen ihn noch ins Spiel gebracht werden. Allenfalls Kornilow und seine Gefolgsmänner, die Kerenski hat verhaften lassen, wären jetzt noch imstande gewesen, sich ihm entgegenzustellen. Und so bedrängt Lenin die Mitglieder des Zentralkomitees, die Gunst der Stunde zu nutzen und Tatsachen zu schaffen, die nur mit Gewalt widerlegt werden können.

Trotzki, der inzwischen den Vorsitz im Arbeiter- und Soldatenrat führt und sein Militärrevolutionäres Komitee leitet, die eigentliche Schaltstelle der Macht, hat den Umsturz sorgfältig vorbereitet und schon seit Tagen das Gerücht gestreut, die Regierung wolle die Soldaten der Garnison an die Front schicken. In Flugblättern beschwört er die Gefahr der Konterrevolution und facht die Unruhe an, die er für den Coup d'État braucht. Tagelang haben Matrosen und Arbeiter, die den Bolschewiki treu ergeben sind, die Besetzung von Bahnhöfen und Telegraphenstationen simuliert, und es ist ihnen gelungen, dieses Manöver vor den Augen der Sicherheitsorgane zu verbergen. Trotzki teilt die Stadt in Sektoren ein, weist Gruppen von Matrosen klar definierte Aufgaben zu. In der Nacht vom 24. auf den 25. Oktober schafft er Tatsachen. Auf Befehl des Militärrevolutionären Komitees werden die Schaltstellen der Macht besetzt, Verkehrs- und Kommunikationskanäle unterbrochen und alle Minister verhaftet, die sich noch im Winterpalast befinden. Es fällt gar nicht auf, daß kleine Gruppen von Bewaffneten den Bolschewiki zur Macht verhelfen. Die Verteidiger haben mit Massen von Menschen gerechnet, auf Trotzkis Stoßtrupps sind sie nicht vorbereitet. Der Staatsstreich ist keine Massenbewegung, sondern ein technischer Schachzug, der die Regierung mattsetzt, ehe sie begriffen hat, was mit ihr geschieht.[48]

Der Oktoberumsturz vollzieht sich fast unbemerkt. Manche sitzen im Theater, speisen im Restaurant, als draußen das Drama seinen Höhepunkt erreicht. Benois, dessen Töchter ihren Abend im Opernhaus verbringen, schreibt am Abend in sein Tagebuch, daß niemand begreift, was geschieht, weil nichts auf ein außergewöhnliches Ereignis hinweist. Erst als in der Nacht Schüsse fallen, kommt eine Ahnung auf, wie er schreibt, daß dies «keine zufällige Schießerei war, wie sie in diesen Tagen eine alltägliche und gewöhnliche Erscheinung war, daß dies ein wirklicher Kampf, ein Gefecht war.»[49] Am Vormittag aber kehrt schon wieder Ruhe ein. Am 25. Oktober, gegen 11 Uhr, so erinnert sich Schidlowski, sei er durch die Straßen gezogen, «um den Kampf zu verfolgen, den alle erwarteten, aber einen solchen Kampf sah ich nirgendwo, sondern mir fiel nur auf, daß das auf den Straßen herumlaufende Publikum überall lachte: ‹Haben Sie schon gehört, die Bolschewiki haben die Macht ergriffen, wenn, dann aber nicht länger als für drei Tage, ha, ha.›»[50]

Lenin und seine Getreuen sind überrascht, wie leicht es ist, die Regierung in wenigen Stunden um ihre Macht zu bringen. Nicht nur sie fragen sich, warum sich ihnen kaum jemand widersetzt, warum niemand den Versuch unternimmt, sie mit Gewalt von den Schalthebeln der Macht wieder zu vertreiben. Gewalt könnte mit Gewalt vergolten werden. Aber nichts dergleichen geschieht, keine Revolte, keine Gegenwehr, die die Usurpatoren ernst nehmen müßten. Kerenskis Versuch, zurückzuschlagen, scheitert kläglich. Er hat sich aus der Hauptstadt abgesetzt, um 3 Uhr morgens schickt er ein Telegramm an den Kommandeur der Nordfront und bittet ihn, Truppen in die Hauptstadt zu entsenden. Kerenski fährt ihnen entgegen in der Absicht, an der Spitze loyaler Regimenter die Bolschewiki aus der Hauptstadt zu vertreiben. Er scheitert, wie Iwanow und Krymow vor ihm. Am südlichen Stadtrand wird seine Einheit zurückgeschlagen, er selbst flieht.[51]

Was aber sollen die Bolschewiki mit der Macht anfangen, die ihnen zugefallen ist? Darüber hat sich niemand Gedanken gemacht. «On s'engage, et puis on voit», wie Napoleon gesagt hat. Das ist auch Lenins Devise. Aber kann man mit einer solchen Haltung ein Imperium regieren? Niemand will mit den neuen Herren kooperieren, niemand will sich ihnen unterwerfen. Als Trotzki, der sich für die Reinkarnation des Messias und edelstes Werkzeug der Geschichte hält, im Außenministerium erscheint und verkündet, daß künftig seinen Befehlen Folge geleistet werden müsse, lachen ihn die Diplomaten aus. Sie können sich einen Außenminister, der Lederjacken trägt und verrückte Reden hält, einfach nicht vorstellen. Lenin und Dada. So hat der amerikanische Historiker Stephen Kotkin das Geschehen in den ersten Wochen nach der Machtergreifung beschrieben.[52] Chaos und Anarchie überall. Aber die Bolschewiki sind Meister der Krise und der Improvisation. Sie nutzen das Chaos und die Gewalt, die sich auf den Straßen vollzieht, um ihre Gegner gegeneinander auszuspielen, die Beamten in Angst zu versetzen und sie durch Drohungen und Vergünstigungen gefügig zu machen. Wer nicht gehorcht, erhält keine Lebensmittelkarten, wer sich unterwirft, kann es weit bringen, vor allem all jene Arbeiter und Soldaten, die auf den Straßen das große Wort führen und denen man es überläßt, die Herren von einst zu terrorisieren. Langsam beginnt man zu verstehen, daß die Bolschewiki aus der Not eine Tugend machen. Sie lassen die Gewehre sprechen, der Gewalt ihren freien Lauf. Wer mit dem Überleben beschäftigt ist, denken sie, hat keine Zeit, sich mit anderen gegen die Macht zu verbünden. Lenin versteht, daß er keine Wahl hat, wenn er nicht verlieren will, was er sich genommen hat. Er steht mit dem Rücken zur Wand. Zurück kann er ohnehin nicht. Wohin auch? Diese Einsicht aber bringt ihn überhaupt erst in die Möglichkeit, die Gefolgsleute hinter sich zu scharen und an sich zu binden. Und so macht er die «terroristischen Neigungen», wie Gorki schreibt, zu seiner effizientesten Waffe.[53]

Die Bolschewiki tun, was ihre Vorgänger stets vermieden haben. Sie schaffen Tatsachen und kümmern sich nicht um Recht und Moral. Aber kaum jemand glaubt in diesen Oktobertagen daran, daß Lenin und seine Anhänger an der Macht bleiben werden. Für den Aufruhr sind sie wie geschaffen, aber können sie auch einen Staat lenken? Im April 1917 hat Lenin noch gefordert, die Macht in die Hände der Arbeiter- und Soldatenräte zu legen. Davon will er jetzt, nachdem er erfolgreich nach der Macht gegriffen hat, nichts mehr wissen. Denn seine Partei hat keine Mehrheit in den Räten, deshalb braucht er sie nur noch als Akklamationsorgane, die seine Herrschaft legitimieren. Unmittelbar nach dem Staatsstreich stimmen Rußlands Bürger in freien Wahlen über die Zusammensetzung der verfassunggebenden Versammlung ab. Im Januar 1918 kommen die Abgeordneten in Petrograd zusammen, um über Rußlands politische Ordnung zu befinden. Lenin und seine Anhänger aber haben nicht nach der Macht gegriffen, um sie in die Hände eines Parlaments zu legen, in dem sie keine Mehrheit haben. Lenin löst die Versammlung im Januar 1918 mit der Begründung auf, über die politische Ordnung sei bereits entschieden worden. «Die konstituierende Versammlung», so Trotzki, «stand der revolutionären Bewegung im Weg und wurde hinweggefegt.»[54]

So verfährt Lenin mit allen Institutionen, die ihm im Weg stehen. Seine Regierung, der Rat der Volkskommissare, ist durch nichts als den Willen zur Macht legitimiert, die bolschewistische Partei das eigentliche Instrument souveräner Entscheidung. Ihr aber macht niemand Vorschriften, und niemand kontrolliert sie. Die Partei versteht sich als Werkzeug der Weltgeschichte, und als solches emanzipiert sie sich von allen rechtlichen und moralischen Bindungen. Was immer die Bolschewiki auch vollbringen, sie vollstrecken nur, was historisch an der Zeit ist. Das ist das Bild, das sie von sich und ihrer Vision in der Öffentlichkeit entwerfen. Und es ermächtigt sie, ihre Feinde zu töten, Parteien und Zeitungen zu verbieten, Furcht und Schrecken, Terror und Gewalt zu verbreiten und einen Bürgerkrieg zu entfesseln, der die Gräuel des Weltkrieges noch in den Schatten stellen wird.

Im Geschehen der Revolution, das Lenin an die Macht bringt, enthüllt sich der Kern der souveränen Diktatur auf unvergleichliche Weise. Sie setzt eine neue Ordnung in die Welt, ohne sich um Bedenken, Traditionen und Legitimationen zu kümmern. Schon im Jahr 1901 schreibt Lenin, daß der Bürgerkrieg eine Schule der politischen Erziehung sei, in der sich erst zeigt, wer Freund und wer Feind ist. Klassenkampf ist Bürgerkrieg, der nach Gelegenheiten sucht, mit potentiellen Feinden abzurechnen. Der Bürgerkrieg ist grausam, unerbittlich, weil er sich als Spektakel der Unversöhnlichkeit entfaltet, als Kampf auf Leben und Tod. Wo der Krieg tobt, denkt er, kann er alle Rücksichten fallen lassen und den Angriff zur Verteidigung erklären. Lenin wehrt Gefahren ab, Angreifer sind immer nur die anderen. Der Bruderkrieg kennt keinen

Vermittler und keinen Kompromiß. Das Normative wird im Faktischen aufgelöst, allein der Kampf entscheidet, wer im Recht ist, und wer es nicht ist.[55] Zweifel an der eigenen Sache gilt als Verrat, jeder Versuch, zu einem Einvernehmen zu kommen, als Begünstigung des Feindes und Akt der Illoyalität.

Später wird sich der Sieger gegen jede Evidenz moralisch als derjenige ins Recht setzen, dessen Sieg unvermeidlich war: seht her, wird er sagen, was die Geschichte gewollt und vollbracht hat! Eigentlich hätten die bolschewistischen Führer sich lieber mit den Kameraden aus den anderen sozialistischen Parteien verständigt. Daran aber hat Lenin nicht das geringste Interesse. Alles oder nichts, das ist seine Devise. Er weiß, daß allein der Erfolg ihm und seiner Tatphilosophie Recht geben wird. Lenins Staat ist eine Kreatur, die den Geist des Krieges verströmt, seine Anhänger verstehen sich als Krieger, die Festungen stürmen und Feinde vernichten. Mit eiserner Faust errichten sie das Imperium auf neuen Fundamenten. Aber zu welchem Preis ist all dies geschehen?

Am Anfang steht eine Brotrevolte, am Ende eine Revolution, die das Fundament des Imperiums zum Einsturz bringt. Alles hätte anders kommen können, wenn der Zar nicht ins Hauptquartier nach Mogiljow gefahren und wenig später in die Irre geführt worden wäre, wenn der Innenminister und der Militärkommandant der Hauptstadt nicht den Verstand verloren und die Generäle sich nicht hätten hinters Licht führen lassen. Was wäre geschehen, wenn sich der Zar nicht nach Pskow, sondern nach Mogiljow begeben hätte, wenn die Revolutionäre nicht dem Rat Bublikows gefolgt wären und sich nicht in den Besitz der Infrastrukturen gebracht hätten? Wenn Miljukow und Kerenski nicht nach der Macht gegriffen, Russki und Alexejew nicht nachgegeben hätten? Und wenn Lenin im April 1917 nicht nach Rußland gelangt wäre? Wie immer man darüber auch urteilen mag, so ist eines doch gewiß: Das Leben folgt keinem Plan, es ist eine Aneinanderreihung von Augenblicken.[56] Was Menschen auch tun mögen – stets befinden sie sich in Situationen, die neue Möglichkeiten eröffnen, aber keine Gewißheit vermitteln. Es kann immer anders kommen als man glaubt. Und dennoch läßt sich aus dem revolutionären Geschehen doch auch eine Lehre ziehen. Wo sich die Zukunft von der Herkunft emanzipiert, ist die Gefahr groß, daß menschliches Handeln maßlos und bedenkenlos wird. Das Leben aber ist kurz, man kann nicht alles neu machen, nicht alles aufs Spiel setzen, ohne zu verlieren, was der eigenen Existenz Halt gibt. Um es mit den Worten des Philosophen Odo Marquard zu sagen: «Vernünftig ist, wer den Ausnahmezustand vermeidet.»[57]

XV.

Abspann

Was danach geschieht

Das alte Rußland ist in wenigen Tagen und Wochen zugrunde gegangen, und mit ihm verschwinden all die Menschen, die es getragen, verteidigt oder verworfen haben. Protopopow, Schtscheglowitow und Nikolai Maklakow verbringen die ersten Monate nach ihrer Verhaftung in der Peter-und-Paul-Festung, im Juni werden sie von der Untersuchungskommission der Provisorischen Regierung verhört, aber es kommt zu keiner Anklage. Nach der bolschewistischen Machtergreifung werden sie in ein Gefängnis nach Moskau verlegt und im September 1918 mit anderen ehemaligen Ministern im Petrowski-Park am Rand des Stadtzentrums erschossen, ihre Leichen gefleddert und dann verscharrt.

Nikolai Golizyn sitzt bis zur Machtergreifung der Bolschewiki in der Peter-und-Paul-Festung, wird aus unerfindlichen Gründen freigelassen und verdingt sich jahrelang als Schuster und Gärtner. 1925 verhaftet ihn die GPU, die sowjetische Geheimpolizei, und wenig später wird er unter dem Vorwand, Kopf einer monarchistischen Verschwörung gewesen zu sein, hingerichtet.

Auch Beljajew wird unmittelbar nach dem Oktoberumsturz aus der Haft entlassen, aber schon im folgenden Jahr von der Tscheka aus seiner Wohnung geholt und erschossen.

Chabalow gelingt es nach seiner Entlassung aus der Festung, sich nach Südrußland durchzuschlagen, im März 1920 besteigt er in Noworossijsk ein Schiff, das ihn nach Thessaloniki bringt. Dort stirbt er 1924 in einem Krankenhaus.

Balk wird zunächst in einer Arrestzelle des ehemaligen Polizeidepartements untergebracht und verhört, im Juni 1917 auf Anweisung Kerenskis aus der Haft entlassen. Noch bevor der Bürgerkrieg ausbricht, emigriert er nach Belgrad, wo er seine Erinnerungen verfaßt. 1957 stirbt er betagt in Brasilien.

Globatschow verbringt sechs Monate in der Peter-und-Paul-Festung, wird im Oktober 1917 auf freien Fuß gesetzt. Er flieht nach Süden und dient in der Verwaltung des ukrainischen Hetmans Pawlo Skoropadskyi, nach dem Ende des Bürgerkriegs emigriert er nach Konstantinopel, lebt eine Zeitlang in Paris und läßt sich dann in New York nieder, wo er seinen Lebensunterhalt als Kunsthändler bestreitet. Dort stirbt er 1941 auch.

Suchomlimow wird im September 1917 wegen Hochverrats zu lebenslanger Haft verurteilt und in das Kresty-Gefängnis gebracht, an seinem siebzigsten Geburtstag im März 1918 aber ausgerechnet von den bolschewistischen Machthabern auf freien Fuß gesetzt. Man erlaubt ihm, das Land zu verlassen. Über Finnland reist er nach Berlin, wo er im Februar 1926 in bitterer Armut stirbt. Man findet seinen leblosen Körper auf einer Parkbank.

Manche kommen leichter davon als andere. Pokrowski emigriert nach dem Oktoberputsch zunächst nach Finnland, läßt sich dann aber im litauischen Kaunas nieder, wo er 1930 stirbt.

Ein Glückslos zieht auch Bark. Er wird zwar inhaftiert, aber schon nach wenigen Tagen entlassen, begibt sich auf die Krim, wo er sich der weißen Bewegung als Finanzfachmann zur Verfügung stellt, 1919 reist er als Vertreter der weißen Regierung nach Paris, um an den Friedensverhandlungen teilzunehmen, die den Weltkrieg beenden. Später macht er als Sir Peter Bark eine zweite Karriere in Großbritannien. Er berät die Bank of England und ist Mitglied in den Aufsichtsräten verschiedener osteuropäischer Kreditinstitute. Im Jahr 1936 stirbt er auf dem stattlichen Anwesen seines Sohnes in Südfrankreich.

Auch Rittich fällt weich, lebt erst in Odessa, emigriert 1919 nach London, wo er es zum Direktor einer russischen Bank bringt. Er wird 1937 in London beerdigt.

Selbst die Entourage des Zaren kommt mit dem Leben davon. Spiridowitsch sitzt bis Anfang Oktober in der Peter-und-Paul-Festung, wird unter ungeklärten Umständen entlassen, emigriert nach Frankreich und macht Karriere als Schriftsteller, dessen historische Bücher sich großer Beliebtheit erfreuen. Er stirbt 1952 im Alter von 79 Jahren in Paris.

Graf Fredericks, der exzentrische Hofminister, bleibt in Freiheit, unbehelligt lebt er in der Hauptstadt. Im Jahr 1925 erlaubt ihm die sowjetische Regierung die Ausreise nach Finnland, wo er 1927 hochbetagt im Alter von 89 Jahren in der Nähe von Helsinki stirbt.

Wojejkow, der eitle und korrupte Chef der Palastwache, wird im Oktober von der Peter-und-Paul-Festung in ein Krankenhaus verlegt, irgendwann entlassen und entkommt mit gefälschten Papieren nach Kiew. Von dort reist er auf abenteuerliche Weise zuerst nach Rumänien, dann nach Berlin. Am Ende läßt auch er sich in Finnland nieder. Dort endet sein Leben im Jahr 1947.

Die Generäle des Zaren bereuen nicht nur ihren Pakt mit den Liberalen, sie sind auch erbitterte Feinde der Bolschewiki. Alexejew übernimmt im August 1918 den Oberbefehl über die Freiwilligenarmee, die Keimzelle der Weißen Bewegung, im Oktober 1918 erliegt er einem Herzinfarkt, seine Leiche wird in Sicherheit gebracht, nach Belgrad überführt und dort bestattet.

Russki bezahlt für seinen Flirt mit der Revolution einen hohen Preis. Im September 1918 wird er in Pjatigorsk, im Nordkaukasus, von der Tscheka erst in Geiselhaft genommen und dann erschossen.

Iwanow, der nach kurzer Haft auf Anweisung Kerenskis freigelassen wird, schließt sich nach dem Oktoberputsch der Freiwilligenarmee im Dongebiet an, wird im Oktober 1918 Oberbefehlshaber der weißen Truppen im Süden, erkrankt aber schon im Januar 1919 in Odessa an Typhus und stirbt.

Danilow paktiert zunächst mit den Bolschewiki, nimmt, wie auch der ehemalige Kriegsminister Alexei Poliwanow, an den Friedensverhandlungen in Brest-Litowsk teil, bricht aber mit Lenin, weil er die demütigenden Friedensbedingungen nicht akzeptieren mag und schließt sich im Sommer 1918 den Weißen an. Nach dem Ende des Bürgerkriegs emigriert er über Konstantinopel nach Paris, wo er 1937 stirbt.

Denikin übernimmt 1919 das Oberkommando der weißen Armeen, erzielt zunächst spektakuläre militärische Erfolge und rückt von Süden auf Moskau vor. Nach der Niederlage seiner Truppen geht er ins Exil, zuerst nach England, dann nach Belgien und Ungarn, und schließlich nach Frankreich. Nach dem Ende des Zweiten Weltkrieges emigriert Denikin in die USA. 1947 erliegt er in Ann Arbor einer schweren Krankheit.

Kornilow begibt sich im November 1917 nach Süden ins Dongebiet, wo er gemeinsam mit Alexejew das Kommando über die Freiwilligenarmee übernimmt. Mit Feuer und Schwert, mit gnadenlosem Terror, sagt er, wolle er Rußland überziehen, um die Revolution niederzuwerfen. Aber er scheitert auch als Heerführer. Im April 1918 wird er während der Belagerung von Jekaterinodar durch eine Granate getötet, die sein Hauptquartier trifft. Die siegreichen Bolschewiki stellen seine Leiche öffentlich aus und werfen sie dann auf eine Müllhalde.

Brussilow, der schon immer ein Opportunist gewesen ist und das Fähnchen auch später nach dem Wind dreht, läßt sich auf eine Kooperation mit den roten Machthabern ein, berät sie in militärischen Fragen, gehört sogar dem Militärrat des neuen Staates an. Er rechtfertigt seine Kollaboration mit dem Hinweis, daß es die Bolschewiki seien, die das zerfallene Imperium wieder zusammenfügen. Im Jahr 1926 stirbt er in Moskau und wird mit militärischen Ehren auf dem Friedhof des Neujungfrauenklosters in Moskau beigesetzt.

Rodsjanko verläßt die Hauptstadt unmittelbar nach der Machtergreifung der Bolschewiki und läßt sich zunächst in Rostow am Don, später auf der Krim nieder und unterstützt die weiße Bewegung. Als deren Sache verloren ist, emigriert er nach Serbien, wo sein Leben im Jahr 1924 in bitterer Armut endet.

Miljukow wird im November 1917 als Abgeordneter in die verfassunggebende Versammlung gewählt, seine Partei aber im Dezember verboten. Und so flieht er in das Don-Gebiet, wo er sich den weißen Generälen als Berater anbietet. Nach dem Ende des Bürgerkrieges emigriert er nach Frankreich und läßt sich in einem kleinen Ort in der Auvergne nieder, wo er 1943 stirbt. Am Ende seines Lebens geht er mit den Versäumnissen des Liberalismus hart ins Gericht. Er schreibt seine Erinnerungen und eine Geschichte der russischen Revolution, die mehr ist als nur eine Rechtfertigung der eigenen Vergangenheit. An einen Sturz der Bolschewiki glaubt er ohnehin nicht mehr.

Wladimir Nabokow verläßt Petrograd nach dem Oktoberumsturz und wird Justizminister in der kurzlebigen Regierung Denikins. Er schreibt seine Erinnerungen an die Revolution auf, emigriert zuerst nach London, dann nach Berlin. Im März 1922 verüben russische Rechtsextremisten in der Berliner Philharmonie ein Attentat auf Miljukow. Nabokow wirft sich schützend vor ihn und wird von einer Kugel getroffen, die seinem Leben ein Ende setzt. Am 1. April wird er auf dem russischen Friedhof im Berliner Stadtteil Tegel beerdigt. Sein Sohn, der gleichnamige Schriftsteller, wird sein Andenken fortan in Ehren halten.

Lwow verläßt die Hauptstadt nach dem Oktoberumsturz und begibt sich mit seiner Familie nach Tjumen in Sibirien. Dort wird er im Februar 1918 von der Tscheka verhaftet und nach Jekaterinburg gebracht. Filip Goloschtschokin, der lokale bolschewistische Kriegskommissar, erteilt im April 1918 die Anweisung, Lwow erschießen zu lassen. Aus Moskau aber erreicht ihn der Befehl, den ehemaligen Ministerpräsidenten der Provisorischen Regierung zu verschonen und unter Hausarrest zu stellen. Lwow nutzt die Unachtsamkeit seiner Bewacher und flieht nach Omsk, nach dem Ende des Bürgerkrieges emigriert er nach Paris. Dort stirbt er 1925 verarmt.

Sergei Schidlowski läßt sich nach dem Ende des Bürgerkrieges in Estland nieder, arbeitet im dortigen Justizministerium und stirbt 1922 in Tallin.

Andrei Schingarjow tritt im Juli 1917 vom Amt des Finanzministers zurück, im November wird er auf Anweisung Lenins verhaftet und als «Konterrevolutionär» in die Peter-und-Paul-Festung gebracht. Im Januar 1918 wird er in das Krankenhaus der Haftanstalt verlegt und dort von enthemmten Soldaten erschossen.

Wassili Maklakow wird im Oktober, unmittelbar vor dem Putsch der Bolschewiki, als Gesandter der Provisorischen Regierung nach Paris geschickt. Er verbringt noch einige Jahre in der Botschaft, weil die französische Regierung die neuen Machthaber in Petrograd nicht anerkennt. Danach koordiniert Maklakow die politischen Aktivitäten russischer Emigranten in Frankreich und pflegt eine intensive Korrespondenz mit Wassili Schulgin, der in Jugoslawien lebt. Während des Zweiten Weltkriegs macht er seinen Frieden mit den Bolschewiki, stattet der sowjetischen Botschaft in Paris einen Besuch ab und erhebt sein Glas auf Stalin, den Bezwinger Hitlers. Im Jahr 1957 stirbt Maklakow in Baden in der Nähe von Zürich.

Bublikow verläßt Russland nach der Machtübernahme der Bolschewiki. Er emigriert in die USA und stirbt dort im Jahr 1941.

Sein Mitarbeiter Juri Lomonossow arbeitet zunächst in der russischen Botschaft in Washington, wird 1919 von den neuen Machthabern aber nach Rußland zurückgerufen und nach Berlin geschickt, wo er Verträge mit deutschen Firmen über den Bau und die Lieferung von Lokomotiven verhandelt und abschließt. Er kehrt nicht wieder in die Heimat zurück, emigriert zuerst nach England, 1948 nach Kanada. Sein Leben endet 1952 in Montreal.

Auch Gutschkow kehrt der Hauptstadt nach dem Oktoberputsch den Rücken, schließt sich den weißen Generälen an, die er in logistischen Fragen berät. Noch während des Bürgerkrieges emigriert er nach Berlin, wo er einen Salon unterhält, in dem sich führende Köpfe der eurasischen Bewegung treffen. Dort endet 1936 auch Gutschkows Leben.

Schulgin flieht im Oktober 1917 nach Kiew, wo er die antisemitische Zeitung «Kiewljanin» (Der Kiewer) herausgibt, 1920 flüchtet er nach Belgrad, kehrt aber 1925 inkognito in die Sowjetunion zurück und schreibt auf, was er dort zu sehen bekommt. Er bleibt bis ins nächste Jahr, danach lebt er wieder in Jugoslawien und unterhält enge Beziehungen zu den weißen Generälen in der Emigration. Im Jahr 1937 zieht er sich aus der Politik zurück. Als die Rote Armee 1944 in Belgrad einzieht, wird Schulgin verhaftet, in die Sowjetunion verschleppt und zu 25 Jahren Lagerhaft verurteilt. Chruschtschows Abrechnung mit den Verbrechen Stalins im Jahr 1956 bringt auch ihm die Freiheit. Schulgin macht seinen Frieden mit den Kommunisten, die er nun für die eigentlichen Sachwalter des Imperiums hält. Er nimmt 1961 als Gast am XXII. Parteitag der KPdSU teil, tritt in einem 1964 gedrehten Dokumentarfilm über die Revolution als Zeitzeuge in Erscheinung, reist durch die Sowjetunion, hält Vorträge und schreibt Bücher. Nach dem Sturz Chruschtschows wird Schulgin wieder zum Schweigen gebracht. Er stirbt im Alter von 98 Jahren in Wladimir östlich von Moskau, ungebrochen. Bis zuletzt hält er an seinen Überzeugungen fest.

Alexander Kerenski emigriert erst nach Paris, wo er bis 1940 lebt, dann in die USA, wo er an mehreren Universitäten lehrt und seine Memoiren schreibt. Im Alter von 89 Jahren stirbt er 1970 in New York. Die russisch-orthodoxe Gemeinde verweigert ihm ein christliches Begräbnis, weil sie ihn für den Triumph der Bolschewiki verantwortlich macht. Er findet seine letzte Ruhestätte deshalb auf einem Friedhof in London.

Sensinow wird, wie Miljukow auch, für die Sozialrevolutionäre in die verfassunggebende Versammlung gewählt, begibt sich im Juni 1918 nach Samara, wo das Parlament ein Exil gefunden hat, gehört eine Zeitlang dem «Direktorium» an, der Regierung der weißen Bewegung. 1919 emigriert er nach Paris, schließt sich im folgenden Jahr dem Exilzentrum der Sozialrevolutionären Partei an und schreibt für verschiedene Emigrantenzeitungen. Im September 1939 verlegt er seinen Wohnsitz nach Finnland und arbeitet an seinen Erinnerungen. Ein Jahr später emigriert Sensinow in die USA, wo sein Leben 1953 ein Ende findet.

Suchanow bleibt in der Sowjetunion, weil er glaubt, daß die Kampfgenossen von einst ihn leben lassen werden. Er verfaßt seine mehrbändigen Erinnerungen an die Revolution, die in der Sowjetunion aber nicht erscheinen dürfen, 1931 muß er sich im Schauprozeß gegen die Menschewiki als Angeklagter verantworten, wird zu Gefängnishaft verurteilt und 1940 in Omsk erschossen.

So ergeht es auch Schljapnikow. Zu Beginn gehört er der bolschewistischen Regierung noch als Arbeitsminister an, überwirft sich aber mit Lenin und seinem autoritären Kurs. Als Anführer der innerparteilichen «Arbeiteropposition» wird er aus dem Führungskreis verbannt,

1933 aus der Partei ausgeschlossen, 1935 zu fünf Jahren Haft verurteilt und im September 1937 in Moskau erschossen.

Nikolai Sokolow, der Autor des berüchtigten «Befehls Nr. 1», bleibt auch nach dem Umsturz im Oktober 1917 in Rußland, verliert aber seinen politischen Einfluß. Er arbeitet als Jurist in verschiedenen sowjetischen Behörden und gehört der Rechtsanwaltskammer von Moskau an. 1928 stirbt er in Jalta auf der Krim.

Nikolos Tschcheidse wird im Jahr 1918 zum Parlamentspräsidenten der unabhängigen Republik Georgien gewählt, drei Jahre später verläßt er Tiflis und emigriert nach Paris, wo er 1926 seinem Leben selbst ein Ende setzt.

Sergei Mstislawski schließt sich nach der Oktoberrevolution zunächst den linken, dann den ukrainischen Sozialrevolutionären an und nimmt im März 1918 als Mitglied der sowjetischen Delegation an den Friedensverhandlungen von Brest-Litowsk teil. Seit 1921 gehört er keiner Partei mehr an, bleibt in der Sowjetunion und schreibt Bücher, unter anderem eine offizielle Biographie Molotows, die aber aus dem Verkehr gezogen wird, weil sie dem Außenminister mißfällt. 1943 stirbt Mstislawski im sibirischen Irkutsk.

Prokofjew verläßt Rußland 1918, emigriert in die USA, wo er allerdings keinen Erfolg hat. Seit 1920 lebt er in Frankreich, tourt als Dirigent und Pianist durch ganz Europa und hat auch ein Gastspiel in der Sowjetunion, wo er 1927 mehrere Konzerte gibt. Die sowjetischen Machthaber umwerben ihn, und 1936, auf dem Höhepunkt des stalinistischen Terrors, kehrt der weltfremde Komponist in die Heimat zurück, angelockt durch das Versprechen, daß es ihm an nichts fehlen werde und er komponieren dürfe, was ihm gefalle. Im Februar 1948 gerät auch er in die Mühlen des stalinistischen Terrors, man bezichtigt ihn des Formalismus, seine erste Frau wird in ein Lager gesperrt, manche seiner Werke nicht mehr aufgeführt. Prokofjew komponiert Tag für Tag, aber er ist am Ende ein gebrochener Mann. Er erliegt, unbeachtet von der Weltöffentlichkeit, am 5. März 1953 in Moskau einem Herzleiden, am gleichen Tag wie Stalin.

Benois bleibt auch nach dem Umsturz in Rußland, er arbeitet für die Eremitage und für verschiedene Theater, 1926 kehrt er von einer Auslandsreise nicht zurück und läßt sich in Paris nieder. Er verbringt den Rest seines Lebens im Umfeld der «Ballets Russes» und beschäftigt sich mit der Dekoration von Theaterkulissen und der Herrichtung von Kostümen. 1960 stirbt er im Alter von 90 Jahren in Paris.

Sinaida Hippius und ihr Mann, Dmitri Mereschkowski, setzen sich im Winter 1919 aus Petrograd ab, finden Zuflucht erst in Warschau und dann in Paris. Dort unterhält das Paar einen literarischen Salon, in dem Exilschriftsteller ein und aus gehen. Später zeigen sie offen ihre Sympathie für die nationalsozialistischen Besatzer und isolieren sich in ihrer französischen Umgebung. Im September 1945 stirbt Hippius in Paris.

Nikolai Karabtschewski kehrt Russland schon vor dem Oktoberputsch den Rücken. Vor der Revolution galt der berühmte Strafverteidiger als linksliberaler Demokrat und unerbittlicher Gegner der Autokratie. Nun verwandelt er sich in einen konservativen Bewahrer, der die Liberalen dafür verachtet, den Staat und seine Rechtsordnung vernichtet zu haben, ohne die, wie er glaubt, doch keine Demokratie gedeihen könne. Der Großfürst Kirill Wladimirowitsch, der Thronprätendent, der im Februar 1917 selbst noch mit der Revolution geflirtet hat, ernennt den Rechtsanwalt 1924 zu seinem Sprecher. Im folgenden Jahr stirbt Karabtschewski in Rom.

Paléologue bleibt bis zum Oktoberumsturz als Botschafter in Rußland, dann kehrt er nach Frankreich zurück, arbeitet für kurze Zeit im Außenministerium. Im Ruhestand verfaßt er mehrere Bücher, darunter Erinnerungen an seine Zeit als Botschafter in St. Petersburg. Sein Leben endet 1944 in Paris.

Maria Fjodorowna, die Mutter Nikolais II., lebt nach der Abdankung ihres Sohnes auf einem Gut in der Nähe von Jalta. Erst 1919 wird sie auf einem britischen Kriegsschiff nach London gebracht. Von dort aus reist sie nach Kopenhagen, an den Hof ihres Neffen, Christian X., wo sie 1928 stirbt. Ihre letzte Ruhestätte findet sie neben ihrem Vater in der Gruft der dänischen Könige. Bis zuletzt hält sie an ihrem Glauben fest, daß ihr Sohn und seine Familie noch am Leben seien.

Michail Alexandrowitsch, der verhinderte Thronfolger und Bruder des Zaren, lebt erst in Gatschina, wird im März 1918 aber auf Befehl der bolschewistischen Regierung von der Tscheka verhaftet und nach Perm verbannt, wo er eine Zeitlang in einem Hotel lebt. Obwohl der Großfürst unter Hausarrest steht, darf er sich in der Stadt frei bewegen. Er hätte fliehen können, aber wie sein Bruder ist auch er ein willenloser Phlegmatiker. Am 12. Juni 1918 wird er von fünf Mitarbeitern der Tscheka abgeholt, in einen Wald außerhalb Perms gefahren und erschossen. Seine sterblichen Überreste werden niemals gefunden.[1]

Der Onkel des Zaren, Nikolai Nikolajewitsch, zieht sich im April 1917 auf sein Anwesen auf der Krim zurück, man stellt ihn unter Hausarrest. Nach dem Frieden von Brest-Litowsk okkupieren deutsche Truppen die Krim und bringen den Großfürsten in Sicherheit. Im November 1918 übergeben sie ihn englischen Offizieren, die ihn, zusammen mit der Mutter des Zaren, auf einem Kriegsschiff außer Landes bringen. Nikolai Nikolajewitsch läßt sich in Paris nieder, seither ist er das Oberhaupt der Romanow-Familie. Im Januar 1929 stirbt er in Antibes, einem Erholungsort an der französischen Riviera.

Wie an jedem Tag, so steht der Zar auch am 15. September 1917 früh auf, spricht ein Gebet, geht spazieren und arbeitet im Garten. Nach dem Mittagessen, das er stets am späten Nachmittag einnimmt, liest er in einem Buch von Arthur Conan Doyle, unterrichtet seinen Sohn und verbringt den Abend im Kreis der Familie. Am Vorabend hat er zusammen mit Alexandra einen Gottesdienst besucht, der in einer Kirche ganz in der Nähe zelebriert wurde. Nikolai ist zufrieden. Mehr erwartet er von seinem Leben nicht. «Ein schöner, klarer Herbsttag, ich verbrachte ihn wie die anderen Tage». So vermerkt er in seinem Tagebuch.[2]

Nikolai II. und seine Familie befinden sich seit August 1917 im sibirischen Tobolsk, wo sie ihre Tage im Haus des ehemaligen Gouverneurs verbringen. Die Romanows führen ein sorgloses Leben, sie dürfen Spaziergänge in der Umgebung unternehmen, sie besuchen den Gottesdienst in einer in der Nähe gelegenen Kirche und lesen Zeitungen, die ihnen zugestellt werden. Nikolai sägt Brennholz, liest aus Büchern vor und fühlt sich im Kreis seiner Familie offenbar wirklich zu Hause. Nach dem Oktoberumsturz werden die Wachmannschaften ausgetauscht und das Aufsichtsregime verschärft, wenngleich die Familie immer noch einen vergleichsweise komfortablen Lebensstil führt. Der Regierung in Moskau ist das Schicksal der Zarenfamilie einerlei. Denn sie hat andere Sorgen. Nach dem Frieden von Brest-Litowsk im März 1918 aber geraten die Bolschewiki unter Druck, die Sozialrevolutionäre wenden sich von ihnen ab und in ihrer Partei gärt es, weil die Unzufriedenheit über den Schandfrieden, dem Lenin zugestimmt hat, groß ist. In Samara an der Wolga konstituiert sich eine Gegenregierung, in Omsk greifen die weißen Generäle nach der Macht. Zu allem Überfluß erheben sich die Soldaten der tschechischen Legion, die an der Seite des Zarenreiches gegen die Mittelmächte gekämpft haben und nun in Wladiwostok eingeschifft und nach Westeuropa gebracht werden sollen, gegen die neuen Machthaber und erobern entlang der transsibirischen Eisenbahntrasse Ort um Ort. Gefahr ist im Verzug. Der Zar gilt den Bolschewiki als ein lebendes Symbol der Gegenrevolution. Unter gar keinen Umständen dürfen ihn die Weißen in die Hände bekommen. Auch fürchten die lokalen Bolschewiki, es könne Nikolai und seiner Familie gelingen, zu fliehen.

Schon im Mai 1918 wird im Zentralkomitee die Frage ausgeworfen, was mit dem ehemaligen Zaren geschehen solle. Von einem öffentlichen Schauprozeß ist die Rede, der in Moskau stattfinden und auch im Radio übertragen werden soll. Trotzki selbst, so heißt es, soll die Anklage vertreten. Und so fällt die Entscheidung, den Zaren zunächst nach Jekaterinburg zu bringen, eine Stadt, die abseits der transsibirischen Trasse zwischen Samara und Omsk liegt. Von dort aus soll er nach Moskau geschafft werden. Aber die Abreise verzögert sich, weil der bluterkranke Alexei mit Schmerzen zu Bett liegt und nicht reisefähig ist. Unter gar keinen Umständen will Alexandra Nikolai allein reisen lassen. Sie besteht darauf, ihn zu begleiten, weil sie ahnt, daß er ohne sie hilflos wäre. Und so fahren sie am 30. April im Konvoi voraus, wenig später folgen ihnen Sohn und Töchter, der Leibarzt, der Hauslehrer und einige Diener nach Jekaterinburg. Das kaiserliche Paar reist auf einem ungefederten Fuhrwerk, das nur mit Stroh bedeckt ist, auf einer Strecke von 230 Kilometer Länge bis nach Tjumen, wo Nikolai und seine Frau einen Zug besteigen, der sie nach Jekaterinburg bringt.

Alexandra ist mürrisch, stolz, sie verweigert jedes Gespräch mit ihren Bewachern. Nikolai hingegen gibt sich auch jetzt selbstbeherrscht und höflich, kein häßliches Wort, keine Beschwerde kommt ihm über die Lippen. Er fügt sich in sein Schicksal auf eine Weise, die selbst den Kommandanten des Konvois beeindruckt.

Als Nikolai und Alexandra am Bahnhof von Jekaterinburg eintreffen, ist von einer Fortsetzung der Reise nach Moskau schon nicht mehr die Rede. Man bringt die Romanows in einem requirierten Adelshaus unter, wo sie ihre Tage unter strenger Bewachung verbringen. Niemand darf das Haus verlassen, nicht einmal ein Spaziergang ist Nikolai vergönnt. Verrohte Arbeiter aus der Umgebung, die der Roten Garde angehören, machen dem Zaren und seiner Frau das Leben schwer, dringen in ihre Wohnräume ein, verhöhnen sie mit obszönen Bemerkungen und bestehlen sie. Aber Nikolai weicht auch hier nicht von seiner Gewohnheit ab, die Contenance zu wahren. Er ist höflich und liebenswürdig bis zur Selbstaufgabe, spielt mit seinem Sohn und liest «Krieg und Frieden» von Tolstoi.

Anfang Juli werden die Wachen durch Mitarbeiter der Geheimpolizei, der Tscheka, ersetzt. Die Tschekisten und ihr Anführer Jakow Jurowski verhalten sich abweisend, aber korrekt. Sie verstehen sich als Soldaten der Revolution, die eine Mission zu erfüllen haben und sich Emotionen nicht leisten wollen. Ihre Aufgabe ist es, den Zaren in Schach zu halten und ihn zu beseitigen, sollte ihnen ein solcher Befehl erteilt werden. Als der Kriegskommissar des Uralgebiets, Filip Goloschtschokin, im Juli in Moskau mit der Parteiführung über die Verteidigung Jekaterinburgs spricht, kommt auch das Schicksal des Zaren zur Sprache. Man fordert ihn auf, Vorbereitungen für einen Prozeß zu treffen und den ehemaligen Herrscher in die Hauptstadt zu bringen. Aber dann verschlechtert sich die militärische Lage, die Weißen belagern Jekaterinburg, und es ist nicht sicher, ob noch Zeit für die Inszenierung eines solchen Spektakels bleibt. Trotzki ist ohnehin mit anderen Angelegenheiten beschäftigt. Auch fürchten die lokalen Parteifunktionäre, der Zar könne von den Truppen der Gegenrevolution womöglich befreit werden. Und so treffen sie die Entscheidung, ihn zu töten. Niemand weiß, wer dazu letztlich den Befehl erteilt hat, ob Lenin selbst oder das Ge-

Nach dem Mord: Der Raum, in dem der Zar und seine Familie erschossen wurden

bietsparteikomitee in Jekaterinburg dafür verantwortlich ist. Offenbar gibt es ein Einverständnis zwischen Zentrum und Peripherie darüber, daß der Zar erschossen werden müsse, falls der Plan mißlinge, ihn und seine Familie zu evakuieren.

Wie immer es auch gewesen sein mag: Am Vormittag des 16. Juli, vier Tage nach der Rückkehr Goloschtschokins aus Moskau, versammelt Jurowski die Mitarbeiter der Tscheka in seinem Büro, verteilt zwölf Revolver, mit denen die Opfer erschossen werden sollen, und legt fest, wer wen zu töten habe. In der Nacht auf den 17. Juli betreten er und sein Exekutionskommando das Haus, in dem der Zar und seine Familie wohnen. Goloschtschokin steht vor dem Haus und achtet darauf, daß niemand erfährt, was nun geschehen wird. Jurowski weckt zuerst Jewgeni Botkin, den Leibarzt, und fordert dann auch alle übrigen Bewohner des Hauses auf, ihm ins Erdgeschoß zu folgen. Nikolai, der vollkommen ahnungslos ist, hält Alexei in seinen Armen, als er den kargen, nackten Raum betritt, in dem kein Tisch und kein Stuhl zu sehen sind. Alexandra, ihre Töchter, die Kissen in ihren Händen halten, und die Diener, sind irritiert, als man sie auffordert, sich in einer Reihe aufzustellen. Dann ruft Jurowski das Exekutionskommando herein und verkündet, daß der Arbeiterrat die Hinrichtung des Bürgers Romanow angeordnet habe. «Wie bitte?», sagt Nikolai, und blickt zu seinem Sohn. Jurowski streckt den Zaren mit einem gezielten Schuß nieder. Die Tschekisten aber verlieren die Nerven, sie schießen mit ihren Revolvern ziellos auf die vor ihnen stehenden Menschen. Der Reihe nach fallen sie zu Boden, aber nicht alle sind sofort tot. Alexandra und Alexei werden mit Kopfschüssen, die Töchter des Zaren durch mehrere Stöße mit dem Bajonett getötet. Ein furchtbares Blutbad, dessen Spuren sofort beseitigt werden, weil niemand erfahren soll, was sich in der Nacht zugetragen hat. Die Tschekisten wickeln die Leichen in Decken ein, verfrachten sie auf einen Lastwagen und laden sie außerhalb der Stadt ab, wo man sie verscharrt.[3]

Nikolai ist vom Unglück verfolgt, seit er den Thron bestiegen hat. Er ist nie Selbstherrscher, stets nur eine Figur auf dem Schachbrett der Macht gewesen. Und so endet sein Leben, wie es begonnen hat: in den Fängen anderer Menschen.

Anmerkungen

Vorwort

1 Lew Tolstoi, Krieg und Frieden, Bd. 2, München 2018, 8. Aufl., S. 931.
2 Odo Marquard, Schwierigkeiten mit der Geschichtsphilosophie. Aufsätze, Frankfurt am Main 1982, S. 13.

I. Vor dem Sturm

1 Sergey Prokofiev, Diaries 1915–1923. Behind the Mask, London 2008, S. 169.
2 Maurice Paléologue, Am Zarenhof während des Weltkrieges, Bd. 2, München 1929, 2. Aufl., S. 377.
3 Vasilij Maklakov, Kanun revoljucii, in: Novyj Žurnal 14 (1946), S. 306–314, hier S. 306–307; Pavel Kurlov, Gibel' imperatorskoj Rossii. Vospominanija, Moskva 2002, S. 289; Konstantin Globačev, Pravda o russkoj revoljucii. Vospominanija byvšego načal'nika Petrogradskogo ochrannogo otdelenija, Moskva 2016, S. 88; Grigori Peretc, V citadeli russkoj revoljucii. Zapiski komendanta tavričeskogo dvorca 27 fevralja – 23 marta 1917 g., Petrograd 1917, 2. Aufl., S. 11; Viktor Schklowskij, Sentimentale Reise, Berlin 2017 (erstmals Berlin 1922), S. 10; Ivan Chugurin, The Memoirs of Ivan Chugurin, in: Revolutionary Russia 24 (2011), S. 1–12, hier S. 8; Vladimir Obolenskij, Moja žizn' i moi sovremenniki. Vospominanija 1869–1920, Bd. 2, Moskva 2017 (erstmals Prag 1937), S. 147–148; Aleksandr Benua, Moj dnevnik 1916–1917–1918, Moskva 2003, S. 116.
4 Pavel Miljukov, Vospominanija, Moskva 2001, S. 556; Aleksandr Blok, Poslednie dni starogo režima, in: Archiv Russkoj Revoljucii 4 (1922), S. 5–54, hier S. 14–15, 19–20; Pavel Buryškin, Moskva kupečeskaja, Moskva 1991, S. 292; Eduard Burdzhalov, Russia's Second Revolution. The February 1917 Uprising in Petrograd, Bloomington/Ind. 1987, S. 71–74.
5 Miljukov, Vospominanija, S. 541; Petr Bark, Vospominanija poslednogo ministra finansov Rossijskoj Imperii 1914–1917, Bd. 1, Moskva 2017, S. 113–114, Bd. 2, S. 198; Semion Lyandres, Progressive Block Politics on the Eve of

the Revolution: Revisiting P. N. Miliukov's «Stupidity or Treason» Speech of November 1, 1916, in: Russian History 31 (2004), S. 447–464, hier S. 453.

6 Nikolaj Pokrovskij, Poslednij v Mariinskom dvorce, Vospominanija ministra innostrannych del, Moskva 2015, S. 164–165; Bark, Vospominanija, Bd. 2, S. 244–245; Paléologue, Am Zarenhof, Bd. 2, S. 220, 257.

7 Blok, Poslednie dni starogo režima, S. 9.

8 Zum Regierungssystem des späten Zarenreiches vgl. Vladimir Gurko, Features and Figures of the Past. Government and Opinion in the Reign of Nicholas II., Stanford/Cal. 1939.

9 Vgl. dazu ausführlich Jörg Baberowski, Der sterbliche Gott. Macht und Herrschaft im Zarenreich, München 2024, S. 659–711; Blok, Poslednie dni starogo režima, S. 6–8; Dominic Lieven, Nicholas II. Emperor of all the Russias, London 1993; György Dalos, Der letzte Zar. Der Untergang des Hauses Romanow, München 2017; Boris Kolonickij, «Tragičeskaja erotika». Obrazy imperatorskoj sem'i v gody pervoj mirovoj vojny, Moskva 2010; Douglas Smith, Rasputin. Faith, Power, and the Twilight of the Romanovs, New York 2016.

10 Joshua Sanborn, Unsettling the Empire: Violent Migrations and Social Disaster in Russia During World War I, in: Journal of Modern History 77 (2005), S. 290–324; ders, The Genesis of Russian Warlordism: Violence and Governance During the First World War and the Civil War, in: Contemporary European History 19 (2010), S. 195–213; Bruce W. Lincoln, Passage through Armageddon. The Russians in War and Revolution 1914–1918, New York 1986, S. 136–163; Peter Gatrell, A Whole Empire Walking. Refugees in Russia During Word War I, Bloomington/Ind. 1999.

11 Jurij Daniloff, Dem Zusammenbruch entgegen. Ein Abschnitt aus der letzten Epoche der russischen Monarchie, Hannover 1928, S. 145.

12 Schklowskij, Sentimentale Reise, S. 8, 11; Aleksandr Spiridovič, Velikaja vojna i fevral'skaja revoljucija, Bd. 3, New York 1962, S. 113–114; Aleksandr Verchovskij, Rossija na Golgofe (iz pochodnogo dnevnika 1914–1918 gg.), Moskva 2014 (erstmals Petrograd 1918), S. 90; Aleksandr Bubnov, V carskoj stavke. Vospominanija admirala Bubnova, New York 1955, S. 319; Aleksandr Rediger, Istorija moej žizni. Vospominanija voennogo ministra, Bd. 2, Moskva 1999, S. 445; Paléologue, Am Zarenhof, Bd. 2, S. 249.

13 Burdzhalov, Russia's Second Revolution, S. 34–36. Zur Armee in der Revolution vgl. Allan Wildman, The End of the Russian Imperial Army. The Old Army and the Soldier's Revolt (March-April 1917), Princeton/N. J. 1980.

14 Blok, Poslednie dni starogo režima, S. 19; Andrej Vladmirovič, Voennyj dnevnik velikogo knjazja Andreja Vladimiroviča Romanova (1914–1917), Moskva 2008, S. 301. Vgl. auch Globačev, Pravda o russkoj revoljucii, S. 83; Spiridovič, Velikaja vojna i fevral'skaja revoljucija, Bd. 3, S. 47; Bark, Vospominanija, Bd. 2, S. 325.

15 Dopros generala S. S. Chabalova, in: Pavel Ščegolev (Hg.), Padenie carskogo režima. Stenografičeskie otčety doprosov i pokazanij, dannych v 1917 g. v Črezvyčajnoj Sledstvennoj Komissii Vremennogo Pravitel'stva, Bd. 1, Leningrad 1926, S. 214; Michael Smilg-Benario, Der Zusammenbruch der Zarenmonarchie, Wien 1928, S. 134–135.

16 Aleksei Vassilyev, The Ochrana. The Russian Secret Police, London 1930, S. 220–221; Burdzhalov, Russia's Second Revolution, S. 102–103.

17 Vladimir Zenzinov, Fevral'skie dni, in: Novyj Žurnal 34 (1953), S. 188–211, hier S. 192–194; Spiridovič, Velikaja vojna i fevral'skaja revoljucija, Bd. 3, S. 42–43; Fevral'skaja revoljucija i ochrannoe otdelenie, in: Byloe 29 (1918), Nr. 1, S. 158–176, hier S. 160–161.

18 Spiridovič, Velikaja vojna i fevral'skaja revoljucija, Bd. 3, S. 43–44, 51.

19 Blok, Poslednie dni starogo režima, S. 22–24.

20 Blok, Poslednie dni starogo režima, S. 22–24.

21 Zenzinov, Fevral'skie dni, S. 194; Miljukov, Vospominanija, S. 555; Spiridovič, Velikaja vojna i fevral'skaja revoljucija, Bd. 3, S. 52. Zur Entstehung des «Progressiven Blocks» vgl. Raymond Pearson, The Russian Moderates and the Crisis of Tsarism 1914–1917, London 1977; Boris Grave, Buržuazija nakanune fevral'skoj revoljucii, Moskva 1927.

22 Blok, Poslednie dni starogo režima, S. 25; Aleksandr Šljapnikov, Semnadcatyj god, Moskva 1992, S. 53; Sinaida Hippius, Petersburger Tagebücher 1914–1919, Berlin 2014, S. 69; Boris Kolonickij, «Tovarišč Kerenskij». Antimonarchičeskaja revoljucija i formirovanie kul'ta «voždja naroda», mart-ijun' 1917 goda, Moskva 2017, S. 84–85.

23 Alexander Solschenizyn, Lenin in Zürich, Bern 1977, S. 115–116; Nadežda Krupskaja, Vospominanija o Lenine, Moskva 1957, S. 271; Vasilij Šul'gin, Dni. 1920 god, Moskva 2017 (erstmals Berlin 1925), S. 100; Jurij Kir'janov, Rabočie Rossii i vojna: novye podchody k analizu problem, in: Vladimir Mal'kov (Hg.), Pervaja Mirovaja Vojna. Prolog XX veka, Moskva 1998, S. 432–445, hier S. 443; Šljapnikov, Semnadcatyj god, S. 443; Zenzinov, Fevral'skie dni, S. 195; Paléologue, Am Zarenhof, Bd. 2, S. 365.

24 Aleksandr Bublikov, Russkaja revoljucija. Vpetčatlenija i mysli očevidca i učastnika, Moskva 2016, S. 48–49; Sergej Mstislavskij, Pjat' dnej. Načalo i konec fevral'skoj revoljucii, Moskva 2017 (erstmals Berlin 1922), S. 17–18; Zenzinov, Fevral'skie dni, S. 190, 192; Šljapnikov, Semnadcatyj god, S. 63; Obolenskij, Moja žizn', Bd. 2, S. 148; Schklowskij, Sentimentale Reise, S. 12.

25 Dnevniki imperatora Nikolaja II. 1894–1918, Bd. 2, Teil 2, Moskva 2013, S. 293.

26 Spiridovič, Velikaja vojna i fevral'skaja revoljucija, Bd. 3, S. 70.

II. Der Zar fährt ins Hauptquartier

Mittwoch, 22. Februar 1917

1 Georgij Šavel'skij, Vospominanija poslednogo protopresvitera russkoj armii i flota, Bd. 2, Moskva 1996, S. 283–284.
2 Dopros D. N. Dubenskogo, in: Ščegolev, Padenie carskogo režima, Bd. 6, S. 388.
3 Dnevniki Imperatora Nikolaja II, Bd. 2, Teil 2, S. 294; Anatolij Mordvinov, Otryvki iz vospominanij, in: Russkaja Letopis' 5 (1923), S. 65–177, hier S. 84–85; Dmitrij Dubenskij, Fevral'skaja revoljucija, ili kak proizošel perevorot v Rossii. Vospominanija general-majora svity gosudarja imperatora Nikolaja II, Moskva 2017, S. 70; Vladimir Voejkov, S carem i bez carja. Vospominanija poslednogo dvorcovogo komendanta gosudarja imperatora Nikolaja II., Moskva 2016, S. 177; Spiridovič, Velikaja vojna i fevral'skaja revoljucija, Bd. 3, S. 57, 68–69, 81–82.
4 Dopros Dubenskogo, S. 388.
5 Jurij Danilov, Moi vospominanija ob Imperatore Nikolaj II-om i Vel. Knjaz Michajl Aleksandroviče, in: Archiv Russkoj Revoljucii 19 (1928), S. 212–242, hier, S. 218; Dubenskij, Fevral'skaja revoljucija, ili kak proizošel perevorot, S. 69–70.
6 Mordvinov, Otryvki iz vospominanij, S. 84–85; Voejkov, S carem, S. 181.
7 Dnevniki imperatora Nikolaja II., Bd. 2, Teil 2, S. 294; Dubenskij, Revoljucija, ili kak proizošel perevorot v Rossii, S. 70.
8 Dnevniki imperatora Nikolaja II., Bd. 2, Teil 2, S. 294; Dubenskij, Fevral'skaja revoljucija, ili kak proizošel perevorot, S. 70; Mordvinov, Otryvki iz vospominanij, S. 86.

III. Der Protest beginnt

Donnerstag, 23. Februar 1917

1 Fevral'skaja revoljucija i ochrannoe otdelenie, in: Byloe 29 (1918), Nr. 1, S. 158–176, S. 162–163; Spiridovič, Velikaja vojna i fevral'skaja revoljucija, Bd. 3, S. 77–78; Blok, Poslednie dni carskogo režima, S. 25; Tsuyoshi Hasegawa, The February Revolution. Petrograd, 1917, Seattle/Washington 1981, S. 215–221; Daniloff, Dem Zusammenbruch entgegen, S. 144–145; Diane Koenker/William Rosenberg, Strikes and Revolution in Russia, 1917, Princeton/N.J. 1989, S. 23; Manfred Hildermeier, Die russische Revolution, 1905–1921, Frankfurt am Main 1989; Laura Engelstein, Russia in Flames. War, Revolution, Civil War 1914–1921, Oxford 2018.

2 Šljapnikov, Semnadcatyj god, S. 70; Chugurin, The Memoirs of Ivan Chugurin, S. 8; Burdzhalov, Russia's Second Revolution, S. 104–112; Orlando Figes/Boris Kolonitskii, Interpreting the Russian Revolution. The Language and Symbols of 1917, New Haven/CT 1999, S. 37.

3 Fevral'skaja revoljucija i ochrannoe otdelenie, S. 163–166; Dnevnik gimnaziasta o sobytijach v Petrograde, in: Rossijskij Archiv, Bd. 9, S. 529–532, hier S. 529; Hippius, Petersburger Tagebücher, S. 74–75; Olga Poutiatine, War and Revolution. Excerpts from the Letters and Diaries of the Countess Olga Poutiatine, Tallahassee/Fl. 1971, S. 45; Spiridovič, Velikaja vojna i fevral'skaja revoljucija, Bd. 3, S. 78–79; Zenzinov, Fevral'skie dni, S. 199; Šljapnikov, Semnadcatyj god, S. 70–77.

4 Louis de Robien, The Diary of a Diplomat in Russia, 1917–1918, London 1969, S. 7.

5 Aleksandr Balk, Poslednie pjat' dnej carskogo Petrograda (23–28 fevralja 1917 g.), in: Russkoe Prošloe 1 (1991), S. 26–72, hier S. 27; Zametki studenta A. Alenkova o nekotorych sobytijach fevral'skoj revoljucii v Petrograde, in: Rossijskij Archiv, Bd. 9, S. 528–529; Burdzhalov, Russia's Second Revolution, S. 114–115; Hasegawa, The February Revolution, S. 222–225.

6 Poutiatine, War and Revolution, S. 44–45; George Buchanan, Meine Mission in Russland, Göttingen 2018, S. 269; Semion Lyandres, The Fall of Tsarism. Untold Stories of the 1917 Revolution, Oxford 2013, S. 90; Chugurin, The Memoirs of Ivan Chugurin, S. 9.

7 Gosudarstvennaja Duma. Četvertyj sozyv, sessija 5, 23. 2. 1917 g. Stenografičeskij otčet, Petrograd 1917, S. 1593.

8 Gosudarstvennaja Duma. Četvertyj sozyv, sessija 5, 23. 2. 1917 g. Stenografičeskij otčet, Petrograd 1917, S. 1642–1653, Zitate S. 1642, 1649, 1653. Über Kerenskis rhetorisches Talent schreibt: Kolonickij, «Tovarišč Kerenskij», S. 60–63.

9 Chugurin, The Memoirs of Ivan Chugurin, S. 7.

10 Šul'gin, Dni, S. 101; Vasilij Kajurov, Šest' dnej fevral'skoj revoljucii, in: Proletarskaja Revoljucija (1923), Nr. 13, S. 157–170, hier S. 158–159; Stepan Skalov, 27 fevralja 1917 g. v Peterburge, in: Krasnaja Nov' (1931), Nr. 3, S. 115–121, hier S. 117; Michajl Frenkin, Russkaja armija i revoljucija 1917–1918, München 1978, S. 35–39; Hasegawa, The February Revolution, S. 221–229.

11 Dopros Chabalova, S. 214–216; Balk, Poslednie pjat' dnej carskogo Petrograda, S. 28–29; Blok, Poslednie dni starogo režima, S. 25–26; Vassilyev, The Ochrana, S. 220; Wassili Gurko, Rußland 1914–1917. Erinnerungen an Krieg und Revolution, Berlin 1920, S. 212.

12 Reč, 25. Februar 1917, Nr. 53.

13 Blok, Poslednie dni starogo režima, S. 16–18; Lyandres, The Fall of Tsarism,

S. 72; Jurij Kir'janov, Byl li antivoennye stački v Rossii v 1914 godu?, in: Voprosy Istorii (1994), Nr. 2, S. 43–52; Robert McKean, St. Petersburg Between the Revolutions. Workers and Revolutionaries, June 1907 – February 1917, New Haven/CT 1990, S. 297–317.

14 Dopros Chabalova, S. 218; Balk, Poslednie pjat' dnej carskogo Petrograda, S. 29–30; Vassilyev, The Ochrana, S. 219–220; Spiridovič, Velikaja vojna i fevral'skaja revoljucija, Bd. 3, S. 79–81. Zur Revolution von 1905 vgl. Baberowski, Der sterbliche Gott, S. 1014–1048.

15 Benua, Moj dnevnik, S. 109–110; de Robien, The Diary of a Diplomat, S. 7–8.

16 Paléologue, Am Zarenhof, Bd. 2, S. 378.

17 Šavel'skij, Vospominanija, Bd. 2, S. 284–285.

18 Joseph Fuhrmann (Hg.), The Complete Wartime Correspondence of Tsar Nicholas II and the Empress Alexandra, April 1914 – March 1917, Westprot/CT 1999, S. 688–689; Dnevniki imperatora Nikolaja II., Bd. 2, Teil 2, S. 294; Mark Steinberg/Vladimir Khrustalev (Hrsg.), The Fall of the Romanovs. Political Dreams and Personal Struggles in a Time of Revolution, New Haven/CT 1995, S. 67–68.

19 Šavel'skij, Vospominanija, Bd. 2, S. 285; Dubenskij, Fevral'skaja revoljucija, ili kak proizošel perevorot, S. 71.

20 Dubenskij, Fevral'skaja revoljucija, ili kak proizošel perevorot v Rossii, S. 71; Blok, Poslednie dni starogo režima, S. 27.

IV. Der Aufruhr erreicht die Innenstadt

Freitag, 24. Februar 1917

1 Fevral'skaja revoljucija i ochrannoe otdelenie, S. 167–168; Leo Trotzki, Geschichte der Russischen Revolution. Erster Teil: Februarrevolution, Bd. 1, Frankfurt am Main 1982, 3. Aufl., S. 98; Spiridovič, Velikaja vojna i fevral'skaja revoljucija, Bd. 3, S. 83–84; Hasegawa, The February Revolution, S. 232–239; Koenker/Rosenberg, Strikes and Revolution in Russia, S. 24.

2 De Robien, The Diary of a Diplomat, S. 8; Elisaveta Fen, Remember Russia, London 1973, S 61–62.

3 Sergej Friš, Skvoz' prizmu vremeni. Vospominanija, Moskva 1992, S. 31; Nicolas Nabokov, Bagazh. Memoirs of a Russian Cosmopolitan, New York 1975, S. 88; Dnevnik Gimnaziasta, S. 530; Spiridovič, Velikaja vojna i fevral'skaja revoljucija, Bd. 3, S. 83–84, Zitat S. 83.

4 Dnevnik gimnaziasta, S. 530; Kak načalas' revoljucija 1917 goda? Očerk, napisannyj soldatami učebnoj komandy volynskogo polka, Petrograd 1917; Šljapnikov, Semnadcatyj god, S. 80–81; Zenzinov, Fevral'skie dni, S. 199–200; Hasegawa, The February Revolution, S. 232–239. Zur Bedeutung des

Snamenskaja-Platzes als symbolischer Ort der Revolution vgl. Figes/Kolonitskii, Interpreting the Russian Revolution, S. 31, 37.

5 Smilg-Benario, Der Zusammenbruch der Zarenmonarchie, S. 127.

6 Prokofiev, Diaries 1915–1923, S. 175–176.

7 Prokofiev, Diaries 1915–1923, S. 175–176.

8 Jurij Lomonosov, Vospominanija o martovskoj revoljucii 1917 g., Stockholm 1921, S. 17–18.

9 Hippius, Petersburger Tagebücher, S. 76.

10 Balk, Poslednie pjat' dnej carskogo Petrograda, S. 31; Pokrovskij, Poslednij v Marijnskom dvorce, S. 214.

11 Gosudarstvennaja Duma. Četvertyj sozyv, sessija V, 24. 2. 1917 g. Stenografičeskij otčet, S. 1704–1730, Zitat S. 1730; Aleksej Tatiščev, Zemli i ljudi. V gušče pereselenčeskogo dviženija 1906–1921, Moskva 2001, S. 258–259.

12 Maklakov, Kanun' revoljucii, S. 310–311; Šul'gin, Dni, S. 102–103.

13 Michajl Rodzjanko, Gosudarstvennaja duma i fevral'skaja 1917 goda revoljucija, in: Archiv Russkoj Revoljucii 6 (1922), S. 5–80, hier S. 56. Zur Revolution von 1905 vgl. Abraham Ascher, The Revolution of 1905: Russia in Disarray, Stanford/Cal. 1988.

14 Dopros Chabalova, S. 214–216; Blok, Poslednie dni starogo režima, S. 27; Peretc, V citadeli russkoj revoljucii, S. 12–13; Rodzjanko, Gosudarstvennaja duma i fevral'skaja 1917 revoljucija, S. 56; Hippius, Petersburger Tagebücher, S. 77; Spiridovič, Velikaja vojna i fevral'skaja revoljucija, Bd. 3, S. 86–88; Smilg-Benario, Der Zusammenbruch der Zarenmonarchie, S. 135; Burdzhalov, Russia's Second Revolution, S. 143–144.

15 Spiridovič, Velikaja vojna i fevral'skaja revoljucija, Bd. 3, S. 86–87.

16 Telegramma gl. načal'nika Petrogradskogo voennogo okruga gen. Chabalova načal'niku štaba verch. glavnokom. Gen. Alekseevu 25 fevralja 1917 g., in: Krasnyj Archiv 2, 21 (1927), S. 4–5; Mstislavskij, Pjat' dnej, S. 14.

17 Dopros Chabalova, S. 218–219; Blok, Poslednie dni starogo režima, S. 26; Paléologue, Am Zarenhof, Bd. 2, S. 379; Globačev, Pravda o russkoj revoljucii, S. 89; Spiridovič, Velikaja vojna i fevral'skaja revoljucija, Bd. 3, S. 40; Hasegawa, The February Revolution, S. 244–246.

18 Rediger, Istorija moej žizni, Bd. 2, S. 440.

19 Spiridovič, Velikaja vojna i fevral'skaja revoljucija, Bd. 3, S. 88.

20 Fuhrmann (Hg.), The Complete Wartime Correspondence of Tsar Nicholas II and the Empress Alexandra, S. 690–691; Dnevniki Imperatora Nikolaja II., Bd. 2, Teil 2, S. 295; Perepiska Nikolaja i Aleksandry Romanovych, Moskva/Leningrad 1927, Bd. 5, S. 215; K istorii poslednych dnej carskogo režima (1916–1917 gg.), in: Krasnyj Archiv 14, 1 (1926), S. 246; de Robien, The Diary of a Diplomat, S. 8–9; Steinberg/Khrustalev, The Fall of the Romanovs, S. 69–70; Dubenskij, Fevral'skaja revoljucija, ili kak proizošel pere-

vorot, S. 72, 75; Mordvinov, Otryvki iz vospominanij, S. 86–89. Zum Körperkult des Zaren vgl. Lieven, Nicholas II., S. 36–37.

V. Die Gewalt eskaliert

Samstag, 25. Februar 1917

1 Zenzinov, Fevral'skie dni, S. 200–201; Dnevnik gimnaziasta, S. 530; Spiridovič, Velikaja vojna i fevral'skaja revoljucija, Bd. 3, S. 93.

2 Pokazanija general-majora A. P. Balka tovarišču prokurora Petrogradskogo okružnogo suda P. G. Kostenko 9 aprelja 1917 g., in: Russkoe Prošloe 1 (1991), S. 19–24, hier S. 21; Zametki studenta Alenkova, S. 528; Spiridovič, Velikaja vojna i fevral'skaja revoljucija, Bd. 3, S. 93; Šljapnikov, Semnadcatyj god, S. 92–93.

3 Dopros Chabalova, S. 219; Spiridovič, Velikaja vojna i fevral'skaja revoljucija, Bd. 3, S. 93; Hasegawa, The February Revolution, S. 247–250.

4 Telegramma gl. načal'nika Petrogradskogo voennogo okruga gen. Chabalova načal'niku štaba verch. glavnokom. Gen. Alekseevu 25 fevralja 1917 g., in: Krasnyj Archiv 2, 21 (1927), S. 4–5; Fevral'skaja revoljucija i ochrannoe otdelenie, S. 171–172; Balk, Poslednie pjat' dnej carskogo Petrograda, S. 35–36; Spiridovič, Velikaja vojna i fevral'skaja revoljucija, Bd. 3, S. 95; Poutiatine, War and Revolution, S. 46–47; Zenzinov, Fevral'skie dni, S. 202; Kajurov, Šest' dnej fevral'skoj revoljucii, S. 162–163; Lomonosov, Vospominanija, S. 18; Blok, Poslednie dni starogo režima, S. 27; Šljapnikov, Semnadcatyj god, S. 90–94; Pawel Komaroff-Kurloff, Das Ende des russischen Kaisertums. Persönliche Erinnerungen des Chefs der russischen Geheimpolizei, Generals der Kavallerie Komaroff-Kurloff, Berlin 1920, S. 359; Burdzhalov, Russia's Second Revolution, S. 129–130; Hasegawa, The February Revolution, S. 250–255.

5 De Robien, The Diary of a Diplomat, S. 9–10.

6 Vladimir Nabokov, Erinnerung sprich. Wiedersehen mit einer Autobiographie. Gesammelte Werke, Bd. 22, Reinbek 2009, 4. Aufl., S. 114.

7 Kak načalas' revoljucija 1917 goda?, S. 2–3; Šljapnikov, Semnadcatyj god, S. 147.

8 Kak načalas' revoljucija 1917 goda?, S. 6.

9 Kak načalas' revoljucija 1917 goda?, S. 7.

10 Kak načalas' revoljucija 1917 goda?, S. 10–11.

11 Kak načalas' revoljucija 1917 goda?, S. 9.

12 Benua, Moj dnevnik, S. 112–113.

13 Pavel Miljukov, Istorija vtoroj russkoj revoljucii, Moskva 2002 (erstmals 1920 erschienen), S. 40. Zur Strategie Sergei Wittes, die Opposition durch Zugeständnisse zu spalten vgl. Baberowski, Der sterbliche Gott, S. 987–1014.

14 Sipridovič, Velikaja vojna i fevral'skaja revoljucija, Bd. 3, S. 98.

15 Sipridovič, Velikaja vojna i fevral'skaja revoljucija, Bd. 3, S. 98.

16 Blok, Poslednie dni starogo režima, S. 28; Mstislavskij, Pjat' dnej, S. 21–23.

17 Hippius, Petersburger Tagebücher, S. 78.

18 Andrej Vladimirovič, Voennyj dnevnik velikogo knjazja Andreja Vladimiroviča, S. 301–302.

19 Eduard Kriger-Vojnovskij, Zapiski inženera. Vospominanija, vpetčatlenija, mysli o revoljucii, Moskva 1999, S. 96–97.

20 Spiridovič, Velikaja vojna i fevral'skaja revoljucija, Bd. 3, S. 96–97; Šljapnikov, Semnadcatyj god, S. 95; Zenzinov, Fevral'skie dni, S. 203.

21 Šljapnikov, Semnadcatyj god, S. 95–96; Frenkin, Russkaja armija i revoljucija, S. 42.

22 Fevral'skaja revoljucija i ochrannoe otdelenie, S. 172–174, Zitat S. 174; Balk, Poslednie pjat' dnej carskogo Petrograda, S. 38; Šljapnikov, Semnadcatyj god, S. 95–96; Hasegawa, The February Revolution, S. 262–263

23 Dnevniki Imperatora Nikolaja II., Bd. 2, Teil 2, S. 295; Dopros Dubenskogo, S. 392; Dubenskij, Fevral'skaja revoljucija, ili kak proizošel perevorot, S. 76–78; N. N. Lejchtenbergskij, Beseda s žurnalistom L. Ganom o poslednich dnjach Nikolaja II v stavke, in: Pavel Ščegolev (Hg.), Otrečenie Nikolaja II. Vospominanija očevidcev, dokumenty, Leningrad 1927, S. 198–200, hier S. 200; Mordvinov, Otryvki iz vospominanij, S. 86; Bubnov, V carskoj stavke, S. 179–182.

24 Telegramma gl. načal'nika Petrogradskogo voennogo okruga gen. Chabalova načal'niku štaba verch. glavnokom Alekseevu 25 fevralja 1917 g., in: Krasnyj Archiv 2, 21 (1927), S. 4.

25 Blok, Poslednie dni starogo režima, S. 28. Das Telegramm Protopopows ist abgedruckt in: Dnevniki Imperatora Nikolaja II., Bd. 2, Teil 2, S. 354, Fußnote 30; Fuhrmann (Hg.), The Complete Wartime Correspondence of Tsar Nicholas II and the Empress Alexandra, S. 692–693. Am gleichen Tag sendet auch Kriegsminister Beljajew ein Telegramm mit beruhigenden Nachrichten an den Zaren. Vgl. Aleksandr Lukomskij, Iz vospominanij, in: Archiv Russkoj Revoljucii 2, Berlin 1921, S. 14–44, hier S. 16; Spiridovič, Velikaja vojna i fevral'skaja revoljucija, Bd. 3, S. 157–159; Steinberg/Khrustalev, The Fall of the Romanovs, S. 73.

26 Dnevniki Imperatora Nikolaja II., Bd. 2, Teil 2, S. 295; Dubenskij, Fevral'skaja revoljucija, ili kak proizošel perevorot, S. 76–78; N. N. Lejchtenbergskij, Beseda s žurnalistom L. Ganom o poslednich dnjach Nikolaja II v stavke, S. 200; Mordvinov, Otryvki iz vospominanij, S. 86; Blok, Poslednie dni starogo režima, S. 29; Bubnov, V carskoj stavke, S. 179–182.

27 Dopros Chabalova, S. 220–221; Telegramma gl. načal'nika Petrogradskogo voennogo okruga gen. Chabalova načal'niku štaba verch. glavnokom. Gen.

Alekseevu 26 fevralja 1917 g., in: Krasnyj Archiv 2, 21 (1927), S. 4–5; Fevral'skaja revoljucija i ochrannoe otdelenie, S. 171–172; Zenzinov, Fevral'skie dni, S. 202; Kajurov, Šest' dnej fevral'skoj revoljucii, S. 162–163; Spiridovič, Velikaja vojna i fevral'skaja revoljucija, Bd. 3, S. 98–100; Lomonosov, Vospominanija, S. 18; Blok, Poslednie dni starogo režima, S. 29; Komaroff-Kurloff, Das Ende des russischen Kaisertums, S. 359.

28 Balk, Poslednie pjat' dnej carskogo Petrograda, S. 38–41; Pokrovskij, Poslednij v Mariinskom dvorce, S. 214; Bark, Vospominanija, Bd. 2, S. 326; Blok, Poslednie dni starogo režima, S. 29–30; Spiridovič, Velikaja vojna i fevral'skaja revoljucija, Bd. 3, S 101.

29 Tatiščev, Zemli i ljudi, S. 259; Paléologue, Am Zarenhof, Bd. 2, S. 380; Prokofiev, Diaries, 1915–1923, S. 176.

VI. Der Zar läßt schießen

Sonntag, 26. Februar 1917

1 Balk, Poslednie pjat' dnej carskogo Petrograda, S. 42; Zenzinov, Fevral'skie dni, S. 203.

2 Michajl Prišvin, Dnevniki. 1914–1917, S.-Peterburg 2007, S. 367–369; Šljapnikov, Semnadcatyj god, S. 110–111; Elizaveta Naryškina, Moi vospominanija. Pod vlast'ju trech carej, Moskva 2014, S. 409; de Robien, The Diary of a Diplomat, S. 11.

3 Friš, Skvoz' prizmu vremeni, S. 32.

4 Benua, Moj dnevnik, S. 114.

5 Zenzinov, Fevral'skie dni, S. 205.

6 Dopros Chabalova, S. 225; Vosstanie l.-gv. Volynskogo polka v fevrale 1917 g., in: Byloe (1917), Nr. 5/6, S. 5–16, hier S. 8–9; Chugurin, The Memoirs of Ivan Chugurin, S. 9; Šljapnikov, Semnadcatyj god, S. 106–108; Spiridovič, Velikaja vojna i fevral'skaja revoljucija, Bd. 3, S. 107–109; Smilg-Benario, Der Zusammenbruch der Zarenmonarchie, S. 142–143; Trotzki, Geschichte der russischen Revolution, Bd. 1, Erster Teil, S. 111–113.

7 Peretc, V citadeli russkoj revoljucii, S. 15–20; Kak načalas' revoljucija 1917 goda?, S. 12–18, Zitat S. 16; Kajurov, Šest' dnej fevral'skoj revoljucii, S. 163–164.

8 Poutiatine, War and Revolution, S. 47–49.

9 Kak načalas' revoljucija 1917 goda?, S. 17; Vosstanie l.-gv. Volynskogo polka, S. 9–10; Smilg-Benario, Der Zusammenbruch der Zarenmonarchie, S. 144, 152.

10 Dopros Chabalova, S. 225–226; Blok, Poslednie dni starogo režima, S. 32; Zenzinov, Fevral'skie dni, S. 206–207; Šljapnikov, Semnadcatyj god, S. 144–

145; Hippius, Petersburger Tagebücher, S. 79; Spiridovič, Velikaja vojna i fevral'skaja revoljucija, Bd. 3, S. 113–114; Bark, Vospominanija, Bd. 2, S. 327; Smilg-Benario, Der Zusammenbruch der Zarenmonarchie, S. 142–143.

11 Vosstanie l.-gv. Volynskogo polka, S. 11–12; Spiridovič, Velikaja vojna i fevral'skaja revoljucija, Bd. 3, S. 122; Kak načalas' revoljucija 1917 goda?, S. 19–20.

12 Pokrovskij, Poslednij v Mariinskom dvorce, S. 214–215; Maklakov, Kanun' revoljucii, S. 310–312.

13 Telegramma predsedatelja Soveta Ministrov kn. Golicyna carju 27 fevralja 1917 g., in: Krasnyj Archiv 2, 21 (1927), S. 7; Pokrovskij, Poslednij v Mariinskom dvorce, S. 216, Vassilyev, The Ochrana, S. 223; Miljukov, Istorija vtoroj russkoj revoljucii, S. 40–41.

14 Miljukov, Vospominanija, S. 558.

15 Šul'gin, Dni, S. 103; Richard Pipes, Struve. Liberal on the Right, 1905–1944, Cambridge/Mass. 1980, S. 232

16 Obolenskij, Moja žizn', Bd. 2, S. 150–151.

17 Šul'gin, Dni, S. 105–106.

18 Šul'gin, Dni, S. 105–106; Daniloff, Dem Zusammenbruch entgegen, S. 147.

19 Zenzinov, Fevral'skie dni, S. 207–210, Zitate S. 208–209; Spiridovič, Velikaja vojna i fevral'skaja revoljucija, Bd. 3, S. 118.

20 Maklakov, Kanun' revoljucii, S. 313; Pokrovskij Poslednyj v Mariinskom dvorce, S. 216.

21 Dnevniki Imperatricy Marii Fedorovny (1914–1920, 1923 gody), Moskva 2005, S. 174.

22 Spiridovič, Velikaja vojna i fevral'skaja revoljucija, Bd. 3, S. 114–115; Globačev, Pravda o russkoj revoljucii, S. 90–92.

23 Dopros Chabalova, S. 222–223; Pokrovskij, Poslednij v Mariinskom dvorce, S. 217; Spiridovič, Velikaja vojna i fevral'skaja revoljucija, Bd. 3, S. 116–117.

24 Prokofiev, Diaries 1915–1923, S. 177.

25 Rediger, Istorija moej žizni, Bd. 2, S. 440; Zigfrid Kel'son, Milicija fevral'skoj revoljucii. Vospominanija, in: Byloe 29 (1925), Nr. 1 S. 161–179, hier S. 161.

26 Wladimir Nabokow, Petrograd 1917. Der kurze Sommer der Revolution, Berlin 1992, S. 21.

27 Nikolaj Karabčevskij, Čto glaza moi videli, Bd. 2, Berlin 1921, S. 114.

28 Hippius, Petersburger Tagebücher, S. 81.

29 De Robien, The Diary of a Diplomat, S. 11; Paléologue, Am Zarenhof während des Weltkrieges, Bd. 2, S. 382.

30 Spiridovic, Velikaja vojna i fevral'skaja revoljucija, Bd. 3, S. 118.

31 Dubenskij, Revoljucija, ili kak proizošel perevorot v Rossii, S. 79–81; Mordvinov, Otryvki iz vospominanij, S. 89; Daniloff, Dem Zusammenbruch entgegen, S. 148; Bubnov, V carskoj stavke, S. 306–307; N. N., Der Zar fährt in

die Revolution. Aus den unveröffentlichten Erinnerungen des Stabsoffiziers und Zugkommandanten N. N., in: Die Furche, 25. Dezember 1958, S. 2.

32 Telegramma gen. Chabalova gen. Alekseevu 26 fevralja 1917 g., in: Krasnyj Archiv 2, 21 (1927), S. 5.

33 Telegramma predsedatelja Gosudarstvennoj dumy Rodzjanko gen. Alekseevu 26 fevralja 1917 g., in: Krasnyj Archiv 2, 21 (1927), 21, S. 5–6.

34 Telegramma predsedatelja Gosudarstvennoj dumy Rodzjanko gen. Alekseevu 26 fevralja 1917 g., in: Krasnyj Archiv 2, 21 (1927), S. 5–6.

35 Dnevniki imperatora Nikolaja II., Bd. 2, Teil 2, S. 353–354; Fuhrmann (Hg.), The Complete Wartime Correspondence of Tsar Nicholas II and the Empress Alexandra, S. 694–695; Blok, Poslednie dni starogo režima, S. 33; Spiridovič, Velikaja vojna i fevral'skaja revoljucija, Bd, 3, S. 161; Steinberg/Khrustalev, The Fall of the Romanovs, S. 79–80.

36 Bubnov, V carskoj stavke, S. 307.

37 Fuhrmann (Hg.), The Complete Wartime Correspondence of Tsar Nicholas II and the Empress Alexandra, S. 696; Dnevniki Imperatora Nikolaja II., Bd. 2, Teil 2, S. 295.

VII. Meuterei

Montag, 27. Februar 1917

1 Vosstanie l.-gv. Volynskogo polka, S. 13–14; Spiridovič, Velikaja vojna i fevral'skaja revoljucija, Bd. 3, S. 123; Vassilyev, The Ochrana, S. 225–226; Šljapnikov, Semnadcatyj god, S. 150–151; Peretc, V citdeli russkoj revoljucii, S. 22; Kak načalas' revoljucija 1917 goda?, S. 21–22; Wildman, The Old Army and the Soldier's Revolt, S. 143.

2 Zenzinov, Fevral'skie dni, S. 208; Globačev, Pravda o russkoj revoljucii, S. 92; Viktor Šklovskij, Kindheit und Jugend, Frankfurt am Main 1968, S. 153; Mstislavskij, Pjat' dnej, S. 14–16; Kak načalas' revoljucija 1917 goda?, S. 23–24.

3 Peretc, V citadeli russkoj revoljucii, S. 23; Šljapnikov, Semnadcatyj god, S. 151–152.

4 Zenzinov, Fevral'skie dni, in: Novyj Žurnal 35 (1953), S. 214–215; Šljapnikov, Semnadcatyj god, S. 152–153; Spiridovič, Velikaja vojna i fevral'skaja revoljucija, Bd. 3, S. 124–125; Chugurin, The Memoirs of Ivan Chugurin, S. 10; Fevral'skaja revoljucija i ochrannoe otdelenie, S. 176; Kak načalas' revoljucija 1917 goda?, S. 24–25, 28–29.

5 Kak načalas' revoljucija 1917 goda?, S. 26; Fevral'skaja revoljucija i ochrannoe otdelenie, S. 175–176; Komaroff-Kurloff, Das Ende des russischen Kaisertums, S. 360.

6 Vladimir Stankevič, Vospominanija 1914–1919, Moskva 1994, S. 32.

7 Skalov, 27 fevral'ja 1917 g. v Peterburge, S. 116.

8 Smilg-Benario, Der Zusammenbruch der Zarenmonarchie, S. 159; Moisei Rafes, Moi vospominanija, in: Byloe 19 (1922), S. 177–197, hier S. 184–185; Benua, Moj dnevnik, S. 114–115; Hippius, Petersburger Tagebücher, S. 83; Kak načalas' revoljucija 1917 goda?, S. 30–31.

9 Dnevnik P. A. Saburova, in: Rossijskij Archiv. Istorija otečestva v svidetel'stvach i dokumentach XVIII–XX vv. Bd. 9, Moskva 1999, S. 525–528, hier S. 525.

10 Pawel Dybenko, Die Rebellen. Erinnerungen aus der Revolutionszeit, Hamburg 1923, S. 28; Kurlov, Gibel' imperatorskoj Rossii, S. 291.

11 Rafes, Moi vospominanija, S. 188; Šljapnikov, Semnadcatyj god, S. 123, 153–154; Paléologue, Am Zarenhof, Bd. 2, S. 385–386; Blok, Poslednie dni starogo režima, S. 34; Vassilyev, The Ochrana, S. 231; de Robien, The Diary of a Diplomat, S. 14; Karabčevskij, Čto glaza moi videli, Bd. 2, S. 116; Benua, Moj dnevnik, S. 114–115; Lyandres, The Fall of Tsarism, S. 146; Kriger-Vojnovskij, Zapiski inženera, S. 91; Voejkov, S carem, S. 286–287; Naryškina, Moi vospominanija, S. 409.

12 Suchanov, Zapiski o revoljucii, Bd. 1, S. 80.

13 Stankevič, Vospominanija, S. 33; Paulette Pax, Journal d'une comedienne française sous la terreur bolchevique, Paris 1919, zitiert in: Richard Kohn (Hg.), Die russische Revolution in Augenzeugenberichten, München 1977, 2. Aufl., S. 404; de Robien, The Diary of a Diplomat, S. 12–13; Nabokow, Petrograd 1917, S. 23.

14 Smilg-Benario, Der Zusammenbruch der Zarenmonarchie, S. 155.

15 Hippius, Petersburger Tagebücher, S. 82; Mstislavskij, Pjat' dnej, S. 21.

16 Prokofiev, Diaries 1915–1923, S. 178–179.

17 Prokofiev, Diaries 1915–1923, S. 180.

18 Prokofiev, Diaries 1915–1923, S. 181.

19 Paléologue, Am Zarenhof, Bd. 2, S. 384–385; Buchanan, Meine Mission in Russand, S. 273.

20 Tatiščev, Zemli i ljudi, S. 260.

21 Michail fon Taube, «Zarnicy». Vospominanija o tragičeskoj sud'be predrevoljucionnoj Rossii (1900–1917), Moskva 2007, S. 209; Tatiščev, Zemli i ljudi, S. 259–260.

22 Karabčevskij, Čto glaza moi videli, Bd. 2, S. 116–117; de Robien, The Diary of a Diplomat, S. 13.

23 Pitirim Sorokin, Leaves from a Russian Diary, New York 1924, S. 12–13; Pax, Journal d'une comedienne, zitiert in: Kohn, Die russische Revolution in Augenzeugenberichten, S. 406; Paléologue, Am Zarenhof, Bd. 2, S. 384. Vgl. auch Figes/Kolonitskii, Interpreting the Russian Revolution, S. 48–50 und Richard Stites, Revolutionary Dreams. Utopian Visions and Experimental Life in the Russian Revolution, New York 1989, S. 61–78.

24 Sorokin, Leaves, S. 15–16; Paléologue, Am Zarenhof, Bd. 2, S. 392–393.

25 Dopros Chabalova, S. 236–237, 240–242; Pokazanija general-majora A. P. Balka, S. 22; de Robien, The Diary of a Diplomat, S. 16; Šljapnikov, Semnadcatyj god, S. 71; Dybenko, Die Rebellen, S. 30; Schklowskij, Sentimentale Reise, S. 19; Hippius, Petersburger Tagebücher, S. 88–89; Lola Kinel, Under Five Eagles. My Life in Russia, Poland, Austria, Germany and America, 1916–1936, London 1937, S. 24–25.

26 Globačev, Pravda o russkoj revoljucii, S. 103; Vassilyev, The Ochrana, S. 226–227; Helen Rappoport, Caught in the Revolution, London 2016, S. 99.

27 Poutiatine, War and Revolution, S. 51–52; Sorokin, Leaves, S. 12; Suchanov, Zapiski o revoljucii, Bd. 1, S. 108–109.

28 Anton Denikin, Očerki russkoj smuty. Krušenie vlasti i armii. Fevral'-sentjabr' 1917 g., Bd. 1, Teil 1, Moskva 1991 (erstmals Paris 1921), S. 117; Douglas Smith, Der letzte Tanz. Der Untergang der russischen Aristokratie, Frankfurt am Main 2014, S. 111; Orlando Figes, Die Tragödie eines Volkes. Die Epoche der russischen Revolution 1891–1924, Berlin 1998, S. 347. Frenkin spricht von 1382 Toten, unter ihnen seien 869 Soldaten gewesen. Vgl. Frenkin, Russkaja armija i revoljucija, S. 43.

29 Telegramma gen. Chabalova carju 27 fevralja 1917 g., in: Krasnyj Archiv 2, 21 (1927), S. 8.

30 Balk, Poslednie pjat' dnej carskogo Petrograda, S. 45.

31 Telegramma voennogo ministra gen Beljaeva gen. Alekseevu 27 fevralja 1917 g., in: Krasnyj Archiv 2, 27 (1927), S. 8.

32 Blok, Poslednie dni starogo režima, 32.

33 Dopros Chabalova, S. 228–229, 244; Aleksandr Kutepov, Pervye dni revoljucii v Petrograde, in: General Kutepov, Moskva 2009, S. 401–420, hier S. 403; ders., Pervye dni revoljucii v Petrograde. Otryvok iz vospominanii, napisannych generalom Kutepovym v 1926 godu, in: ders., Sbornik statej, Paris 1934, S. 159–179; S. 161; Balk, Poslednie pjat' dnej carskogo Petrograda, S. 45–46; Boris Štejfon, General A. P. Kutepov, in: General Kutepov, S. 9–226, hier S. 17–19; Spiridovič, Velikaja vojna i fevral'skaja revoljucija, Bd. 3, S. 127–128; Blok, Poslednie dni starogo režima, S. 34; Blok, Poslednie dni starogo režima, S. 34.

34 De Robien, The Diary of a Diplomat, S. 12–14.

35 Globačev, Pravda o russkoj revoljucii, S. 96; Vassilyev, The Ochrana, S. 228–229; Spiridovič, Velikaja vojna i fevral'skaja revoljucija, Bd. 3, S. 131.

36 Balk, Poslednie pjat' dnej carskogo Petrograda, S. 48–49; Spiridovič, Velikaja vojna i fevral'skaja revoljucija, Bd. 3, S. 128–129.

37 Paul von Benckendorff, Last Days at Tsarskoe Selo. Being the Personal Memoirs of Count Paul Benckendorff, London 1927, S. 3–4;

38 Spiridovič, Velikaja vojna i fevral'skaja revoljucija, Bd. 3, S. 129; Buchanan,

Meine Mission in Russland, S. 248; Blok, Poslednie dni starogo režima, S. 35–36; Komaroff-Kurloff, Das Ende des russischen Kaisertums, S. 340–341; Gurko, Rußland, S. 148–150; Daniloff, Dem Zusammenbruch entgegen, S. 148; Smilg-Benario, Der Zusammenbruch der Zarenmonarchie, S. 49–50.

39 Stankevič, Vospominanija, S. 38.

40 Isaak Štejnberg, Dnevnik socialista-revolutionera, Ufa 1917, S. 4.

41 Šul'gin, Dni, S. 107.

42 Alexander Kerenski, Die Kerenski-Memoiren. Russland und der Wendepunkt der Geschichte, Wien 1966, S. 215; Lyandres, The Fall of Tsarism, S. 145.

43 Sergej Šidlovskij, Vospominanija, Bd. 2, Berlin 1923, S. 51–52.

44 Obolenskij, Moja žizn', Bd. 2, S. 152–153.

45 Šul'gin, Dni, S. 108–109; Zenzinov, Fevral'skie dni, S. 209.

46 Šul'gin, Dni, S. 112; Miljukov, Istorija vtoroj russkoj revoljucii, S. 41–42; Zenzinov, Fevral'skie dni 35 (1953), S. 210; Kerenski, Die Kerenski-Memoiren, S. 217.

47 Šidlovskij, Vospominanija, Bd. 2, S. 55; Stankevič, Vospominanija, S. 35; Hippius, Petersburger Tagebücher, S. 88–89; Spiridovič, Velikaja vojna i fevral'skaja revoljucija, Bd. 3, S. 126; Obolenskij, Moja žizn', Bd. 2, S. 153, 162; Sorokin, Leaves, S. 9; Lyandres, The Fall of Tsarism, S. 145–146.

48 Suchanov, Zapiski o revoljucii, Bd. 1, S. 75; Kolonickij, «Tovarišč Kerenskij», S. 92–95.

49 Stankevič, Vospominanija, S. 34.

50 Miljukov, Istorija vtoroj russkoj revoljucii, S. 44; Obolenskij, Moja žizn', Bd. 2, S. 154; Schklowskij, Sentimentale Reise, S. 17; Peretc, V citadeli russkoj revoljucii, S. 29, 46; Lyandres, The Fall of Tsarism, S. 77, 148; Bublikov, Russkaja revoljucija, S. 57.

51 Suchanov, Zapiski o revoljucii, Bd. 1, S. 75; Smilg-Benario, Der Zusammenbruch der Zarenmonarchie, S. 159; Rafes, Moi vospominanija, S. 186.

52 Hippius, Petersburger Tagebücher, S. 95–96; Georges, Sorèl, Über die Gewalt, Frankfurt am Main 1981, S. 209; Karl Löwith, Von Hegel zu Nietzsche. Der revolutionäre Bruch im Denken des neunzehnten Jahrhunderts, Hamburg 1995, S. 179–180

53 Herbert Storing (Hg.), The Complete Anti-Federalist, Bd. 2,9, Chicago 1981, S. 20. Vgl. auch Jörke, Die Größe der Demokratie. Über die räumliche Dimension von Herrschaft und Partizipation, Berlin 2019, S. 66–80; Skadi Siiri Krause, Eine politische Wissenschaft für eine neue Welt. Alexis de Tocqueville im Spiegel seiner Zeit, Berlin 2017, S. 193–199; Pierre Rosanvallon, Die gute Regierung, Berlin 2018, S. 15–19.

54 Skalov, 27 fevralja 1917 g. v Peterburge, S. 118.

55 Zitiert in: Suchanov, Zapiski o revoljucii, Bd. 1, S. 107; Rodzjanko, Gosu-

darstvennaja duma i fevral'skaja revoljucija, S. 77–79; Frenkin, Russkaja Armija i revoljucija, S. 48–49.

56 Stankevič, Vospominanija, S. 35; Šljapnikov, Semnadcatyj god, S. 178–179.

57 Šul'gin, Dni, S. 124, 141; Hippius, Petersburger Tagebücher, S. 84; Zenzinov, Fevral'skie dni, S. 209.

58 Obolenskij, Moja žizn', Bd. 2, S. 161.

59 Suchanov, Zapiski o revoljucii, Bd. 1, S. 83.

60 Hasegawa, February Revolution, S. 332.

61 Sorokin, Leaves, S. 8.

62 Zenzinov, Fevral'skie dni, in: Novyj Žurnal 35 (1953), S. 215–216; Suchanov, Zapiski o revoljucii, Bd. 1, S. 76; Smilg-Benario, Der Zusammenbruch der Zarenmonarchie, S. 160–161.

63 Šliapnikov, Semnadcatyj god, S. 125–126, 129; Suchanov, Zapiski o revoljucii, Bd. 1, S. 76; Zenzinov, Fevral'skie dni, S. 216; Rafes, Moi vospominanija, S. 190–191; Sorokin, Leaves, S. 10–11.

64 Suchanov, Zapiski o revoljucii, Bd. 1, S. 91.

65 Šljapnikov, Semnadcatyj god, S. 126–130; Suchanov, Zapiski o revoljucii, Bd. 1, S. 90; Frenkin, Russkaja armija i revoljucija, S. 43–44.

66 Zenzinov, Fevral'skie dni 35 (1953), S. 209–210.

67 Marc Szeftel. The Russian Constitution of April 23, 1906. Political Institutions of the Duma Monarchy, Bruxelles 1976; Andrew Verner, The Crisis of Russian Autocracy. Nicholas II. and the 1905 Revolution, Princeton/N. J. 1990, S. 281–325; Geoffrey Hosking, The Russian Constitutional Experiment. Government and Duma, 1904–1914, Cambridge 1973, S. 1–13.

68 Aleksandr Ivanovič Gučkov rasskazyvaet ... Vospominanija predsedatelja Gosudarstvennoj Dumy i voennogo ministra Vremennogo Pravitel'stva, Moskva 1993, S. 15.

69 Telegramma Rodzjanko Carju 27 fevralja 1917 g., in: Krasnyj Archiv 2, 27 (1927), S. 6–7.

70 Zitiert in: Blok, Poslednie dni starogo režima, S. 31; Miljukov, Vospominanija, S. 557; Spiridovič, Velikaja vojna i fevral'skaja revoljucija, Bd, 3, S. 163.

71 Voejkov, S carem, S. 183.

72 Dnevniki Imperatora Nikolaja II., Bd. 2, Teil 2, S. 295. Zur «Palastrevolte» des Jahres 1916 vgl. Semion Lyandres, Conspiracy and Ambition in Russian Politics before the Revolution of 1917: The Case of Prince Georgii Evgen'evich L'vov, in: Journal of Modern Russian History and Historiography 8 (2015), S. 99–133; Sergej Melgunov, Na putjach k dvorcovomu perevorotu. Zagovory pered revoljuciej 1917 goda, Paris 1931.

73 Smilg-Benario, Der Zusammenbruch der Zarenmonarchie, S. 189–191.

74 Rodzjanko, Gosudarstvennaja duma i fevral'skaja 1917 goda revoljucija, S. 57; Lyandres, The Fall of Tsarism, S. 147.

75 Telegramma voennogo ministra Beljaeva načal'niku štaba verchovnogo glavnokomandujuščego gen. Alekseevu, in: Krasnyj Archiv 21 (1927), S. 9; Dopros Chabalova, S. 231; Blok, Poslednie dni starogo režima, S. 35.

76 Lyandres, The Fall of Tsarism, S. 147; Blok, Poslednie dni starogo režima, S. 36; Spiridovič, Velikaja vojna i fevral'skaja revoljucija, Bd. 3, S. 132–133; Bark, Vospominanija, S. 333–335; Pokrovskij, Poslednyij v Mariinskom dvorce, S. 219

77 Razgovor po prjamomu provodu gen. Alekseeva s vel. knjazem Michajlom Aleksandrovičem 27 fevralja 1917 g., in: Krasnyj Archiv 2, 21 (1927), S. 11–12; Smilg-Benario, Der Zusammenbruch der Zarenmonarchie, S. 192–193; Blok, Poslednie dni starogo režima, S. 36–37; Bark, Vospominanija, Bd. 2, S. 330–333; Daniloff, Dem Zusammenbruch entgegen, S. 147; Spiridovič, Velikaja vojna i fevral'skaja revoljucija, Bd. 3, S. 170; Lukomskij, Iz vospominanij, S. 17–18.

78 Spiridovič, Velikaja vojna i fevral'skaja revoljucija, Bd. 3, S. 133–134; Lyandres, The Fall of Tsarism, S. 147.

79 Telegramma gen. Chabalova gen. Alekseevu 27 fevralja 1917 g., in: Krasnyj Archiv 2, 21 (1927), S. 15–16.

80 Spiridovič, Velikaja vojna i fevral'skaja revoljucija, Bd. 3, S. 125; Globačev, Pravda o russkoj revoljucii, S. 94.

81 Mstislavskij, Pjat' dnej, S. 24–26

82 Lyandres, The Fall of Tsarism, S. 120.

83 Prišvin, Dnevniki, S. 374.

84 Globačev, Pravda o russkoj revoljucii, S. 27–28.

85 Denikin, Očerki russkoj smuty, Bd. 1, Teil 1: Krušenie vlasti i armii. Fevral'-sentjabr' 1917 g., S. 44.

86 Šul'gin, Dni, S. 107.

87 Šul'gin, Dni, S. 146.

88 Miljukov, Istorija vtoroj russkoj revoljucii, S. 43; ders., Vospominanija, S. 561; Victor Chernov, The Great Russian Revolution, New Haven/CT 1936, S. 78–79.

89 Elias Canetti, Masse und Macht, München 1960, S. 84; Trotzki, Geschichte der russischen Revolution, Bd. 1, Erster Teil, S. 111–113.

90 Šul'gin, Dni, S. 112–113; Kerenski, Die Kerenski-Memoiren, S. 223; Smilg-Benario, Der Zusammenbruch der Zarenmonarchie, S. 198.

91 Miljukov, Vospominanija, S. 560–561; Šidlovskij, Vospominanija, Bd. 2, S. 52–53; Miljukov, Istorija vtoroj russkoj revoljucii, S. 41–42; Šul'gin, Dni, S. 112–113; Spiridovič, Velikaja vojna i fevral'skaja revoljucija, Bd. 3, S. 126, 146; William Rosenberg, Liberals in the Russian Revolution. The Constitutional Democratic Party, 1917–1921, Princeton/N.J. 1974, S. 49–52.

92 Das Protokoll der Besprechung findet sich in: Robert Browder/Alexander

Kerensky (Hrsg.), The Russian Provisional Government 1917. Documents, Stanford/Cal. 1961, Bd. 1, S. 45–47; Peretc, V citadeli russkoj revoljucii, S. 26; Miljukov, Istorija vtoroj russkoj revoljucii, S. 41–42; Šul'gin, Dni, S. 112–113; Miljukov, Vospominanija, S. 560–561; Bublikov, Russkaja revoljucija, S. 53; Daniloff, Dem Zusammenbruch entgegen, S. 150–151.

93 Suchanov, Zapiski o revoljucii, Bd. 1, S. 98; Kerenski, Die Kerenski-Memoiren, S. 218; Chernov, The Great Russian Revolution, S. 76–77; Smilg-Benario, Der Zusammenbruch der Zarenmonarchie, S. 199.

94 Suchanov, Zapiski o revoljucii, Bd. 1, S. 88; Melissa Stockdale, Paul Miliukov and the Quest for a Liberal Russia, 1880–1918, Ithaca/N.Y. 1996, S. 241.

95 Telegramma glavnokomandujuščego jugo-zapadnym frontom gen. Brusilova gen. Alekseevu 27 fevralja 1917 g., in: Krasnyj Archiv 2, 21 (1927), S. 7; Telegramma glavnokomandujuščego zapadnym frontom gen.-ad. Everta gen. Alekseevu 27 fevralja 1917 g., in: Krasnyj Archiv 2, 21 (1927), S. 8–9.

96 Telegramma glavnokomandujuščego severnym frontom gen. Ruzskago carju 27 fevralja 1917 g., in: Krasnyj Archiv 2, 27 (1917), S. 13; Vasilij Boldyrev, Iz denvnika gen. V. G. Boldyreva, in: Krasnyj Archiv 23 (1927), S. 250–273, hier S. 250; Miljukov, Istorija vtoroj russkoj revoljucii, S. 48; Blok, Poslednie dni starogo režima, S. 33; Daniloff, Dem Zusammenbruch entgegen, S. 154.

97 Benckendorff, Personal Memoirs, S. 4–7; Mordvinov, Otryvki iz vospominanij, S. 93–95; Pierre Gilliard, Thirteen Years at the Russian Court. A Personal Record of the Last Years and Death of Czar Nicholas II. and his Family, London 1921, S. 210–211.

98 Voejkov, S carem, S. 185–187.

99 Lukomskij, Iz vospominanij, S. 19; Spiridovič, Velikaja vojna i fevral'skaja revoljucija, Bd. 3, S. 182–183; Lejchtenbergskij, Beseda, S. 201; Bubnov, V carskoj stavke, S. 309–311; Mordvinov, Otryvki iz vospominanij, S. 94.

100 Dubenskij, Fevral'skaja revoljucija, ili kak proizošel perevorot, S. 82–83; Blok, Poslednie dni starogo režima, S. 38.

101 Boldyrev, Iz dnevnika, S. 251; Mordvinov, Otryvki iz vospominanij, S. 94.

102 Dokladnaja zapiska glavnokom. Vojskami Petrogradskogo voennogo okruga gen.-ad. Ivanova gen. Alekseevu 28 fevralja 1917 g., in: Krasnyj Archiv 2, 21 (1927), S. 18–19; Dubenskij, Fevral'skaja revoljucija, ili kak proizošel perevorot, S. 84–85; Peretc, V citadeli russkoj revoljucii, S. 30–31.

103 Dopros generala N. I. Ivanova, in: Ščegolev, Padenie carskogo režima, Bd. 5, S. 313–314; Dopros Dubenskogo, S. 39; Dubenskij, Fevral'skaja revolucija, ili kak proizošel perevorot, S. 83–85; Šul'gin, Dni, S. 182.

104 Dubenskij, Fevral'skaja revoljucija, ili kak proizošel perevorot, S. 88; Blok, Poslednie dni starogo režima, S. 40.

105 Bubnov, V carskoj stavke, S. 308–309. Vgl. auch die Dokumentation der Strafexpeditionen der Jahre 1905 und 1906: Arvid Drezen (Hg.), Carizm v bor'be

s revoljuciej 1905–1907 gg. Sbornik dokumentov, Moskva 1936; Vladimir Maksakov (Hg.), Karatel'nye ekspedicii v Sibiri v 1905–1906 gg. Dokumenty i materialy, Moskva 1932.

106 Razgovor po prjamomu provodu gen. Alekseeva s načal'nikom štaba severnogo fronta gen. Danilovym 27 fevralja 1917 g., in: Krasnyj Archiv 2, 21 (1927), S. 9.

107 Telegramma gen. Alekseeva gen. Beljaevu 27 fevralja 1917 g., in: Krasnyj Archiv 2, 21 (1927), S. 10–11.

108 Dnevniki Imperatora Nikolaja II., Bd. 2, Teil 2, S. 295; Mordvinov, Otryvki iz vospominanij, S. 90–91.

VIII. Über den Rubikon

Dienstag, 28. Februar 1917

1 Dopros Chabalova, S. 232–233; Balk, Poslednie pjat' dnej carskogo Petrograda, S. 52–53; Blok, Poslednie dni starogo režima, S. 37, 41.

2 Pokazanija general-majora A. P. Balka, S. 22; Telegramma gen. Beljaeva gen. Alekseevu 28 fevralja 1917 g., in: Krasnyj Archiv 2, 21 (1927), S. 27; Balk, Poslednie pjat' dnej carskogo Petrograda, S. 53–55, 58–60; Dopros Chabalova, S. 232–236; Blok, Poslednie dni starogo režima, S. 42–43; Mstislavskij, Pjat' dnej, S. 39; Spiridovič, Velikaja vojna i fevral'skaja revoljucija, Bd. 3, S. 137–144, 190; Daniloff, Dem Zusammenbruch entgegen, S. 149; Denikin, Očerki russkoj smuty. Krušenie vlasti i armii, Bd. 1, Teil 1, S. 43–44; Figes, Die Tragödie eines Volkes, S. 367.

3 Telegramma gen. Beljaeva dvorcovomu komendantu gen-ad. Voejkovu 28 fevralja 1917 g., in: Krasnyj Archiv 2, 21 (1927), S. 16; Telegramma gen. Beljajeva gen. Alekseevu 28 fevralja 1917 g., in: Krasnyj Archiv 2, 21 (1927), S. 20.

4 Telegramma grafa Kapnista načal'niku morskogo štaba verch. glavnokomandujuščego adm. Rusinu 28 fevralja 1917 g., in: Krasnyj Archiv 2, 21 (1927), S. 14–15; Peretc, V citadeli russkoj revoljucii, S. 25; Blok, Poslednie dni starogo režima, S. 43.

5 Poutiatine, War and Revolution, S. 52.

6 Poutiatine, War and Revolution, S. 53.

7 Rosen, Forty Years of Diplomacy, Bd. 2, S. 240–246.

8 Bark, Vospominanija, Bd. 2, S. 338–339.

9 Prokofiev, Diaries 1915–1923, S. 182–183.

10 Zametki studenta Alenkova, S. 529; Dnevnik gimnaziasta, S. 531.

11 Benua, Moj dnevnik, S. 116–117; de Robien, The Diary of a Diplomat, S. 15.

12 Schklowskij, Sentimentale Reise, S. 21; Tsuyoshi Hasegawa, Crime and Punishment in the Russian Revolution. Mob Justice and Police in Petrograd, Cambridge/Mass. 2017, S. 42–43.
13 Sorokin, Leaves, S. 12; Paul Grabbe, Windows on the River Neva. A Memoir, New York 1977, S. 131–135; David Francis, Russia from the American Embassy. April 1916 – November 1928, New York 1922, S. 110–111; Smith, Der letzte Tanz, S. 110–111.
14 Nikol'ski, Dnevnik, Bd. 2, S. 278–279.
15 Smith, Der letzte Tanz, S. 109–110.
16 Šul'gin, Dni, S. 158–159; Denikin, Očerki russkoj smuty. Krušenie vlasti i armii, Bd. 1, Teil 1, S. 43; Mstislavskij, Pjat' dnej, S. 48; Blok, Poslednie dni starogo režima, S. 48; de Robien, The Diary of a Diplomat, S. 17.
17 Lyandres, The Fall of Tsarism, S. 92–93; Poutiatine, War and Revolution, S. 53.
18 Nabokow, Petrograd 1917, S. 24.
19 Benua, Moj dnevnik, S. 114–115; Hippius, Petersburger Tagebücher, S. 86; Poutiatine, War and Revolution, S. 57–58; Nabokow, Petrograd 1917, S. 25–26.
20 Lev Tichomirov, Dnevnik 1915–1917 gg., Moskva 2008, S. 344–345.
21 Alexander Barmine, One who Survived. The Life Story of a Russian under the Soviets, New York 1945, S. 36.
22 Solomon Ansky, The Enemy at his Pleasure. A Journey through the Jewish Pale of Settlement during World War I, New York 2002, S. 286–295. So auch im Tagebuch des Militärarztes Wassili Krawkow. Vgl. Vasilij Kravkov, Velikaja vojna bez retuši. Zapiski korpusnogo vrača, Moskva 2014, S. 292.
23 Dnevniki Imperatricy Marii Fedorovny, S. 174.
24 Suchanov, Zapiski o revoljucii, Bd. 1, S. 116; Vladmir Zenzinov, Iz žizni revoljucionera, Paris 1919, S. 39; Nabokow, Petrograd 1917, S. 28; Kerenski, Die Kerenski-Memoiren, S. 220–221; Wladimir Woytinsky, Stormy Passage. A Personal History Through two Russian Revolutions to Democracy and Freedom: 1905–1960, New York 1961, S. 254–255.
25 Suchanov, Zapiski o revoljucii, Bd. 1, S. 93.
26 Mstislavskij, Pjat' dnej, S. 67; Suchanov, Zapiski o revoljucii, Bd. 1, S. 114–116.
27 Suchanov, Zapiski o revoljucii, Bd. 1, S. 114–115; Smilg-Benario, Der Zusammenbruch der Zarenmonarchie, S. 163, 178–184.
28 De Robien, The Diary of a Diplomat, S. 18.
29 Dopros Chabalova, S. 232; Peretc, V citadeli russkoj revoljucii, S. 51; Suchanov, Zapiski o revoljucii, Bd. 1, S. 139; Bublikov, Russkaja revoljucija, S. 57; de Robien, The Diary of a Diplomat, S. 18; Paléologue, Am Zarenhof, Bd. 2, S. 395.

30 Suchanov, Zapiski o revoljucii, Bd. 1, S. 120–121; Šljapnikov, Semnadcatyj god, S.168.

31 Vgl. dazu Figes/Kolonitskii, Interpreting the Russian Revolution, S. 104–126.

32 Mstislavskij, Pjat' dnej, S. 54–55.

33 Iwan Bunin, Verfluchte Tage. Ein Revolutionstagebuch, Frankfurt am Main 2008 (erstmals 1935 erschienen), S. 48. Iwan Schtscheglowitow war Justizminister zwischen 1906 und 1915, Pawel Maljantowitsch der letzte Justizminister der Provisorischen Regierung.

34 Schklowskij, Sentimentale Reise, S. 31; Hippius, Petersburger Tagebücher, S. 88.

35 So beschreibt es 1909 der Philosoph Michail Gerschenson. Vgl. Michail Geršenzon, Schöpferische Selbsterkenntnis, in: Vechi. Wegzeichen. Zur Krise der russischen Intelligenz, Frankfurt am Main 1990, S. 140–175.

36 Šidlovskij, Vospominanija, Bd. 2, S. 55; Obolenskij, Moja žizn', Bd. 2, S. 162; Stankevič, Vospominanija, S. 35.

37 Šidlovskij, Vospominanija, Bd. 2, S. 55–56; Dybenko, Die Rebellen, S. 30–31.

38 Šul'gin, Dni, S. 115–118, Zitat S. 118.

39 Fen, Remember Russia, S. 62; Tolstoi, Krieg und Frieden, Bd. 2, S. 1049.

40 Curzio Malaparte, Technik des Staatsstreichs, Berlin 1968, S. 179.

41 Ascher, The Revolution of 1905. Russia in Disarray, S. 214; Henry Reichman, Railwaymen and Revolution. Russia 1905, Berkeley/Cal. 1987, S. 201–237; ders., The 1905 Revolution on the Siberian Railroad, in: The Russian Review 47 (1988), S. 25–48.

42 Zur Bedeutung der Infrastruktur vgl. Dirk van Laak, Alles im Fluß. Die Lebensadern unserer Gesellschaft – Geschichte und Zukunft der Infrastruktur, Frankfurt am Main 2018, S. 282–287; Steffen Richter, Infrastrukturen. Ein Schlüsselkonzept der Moderne und die deutsche Literatur 1848–1914, Berlin 2018, S. 11–41.

43 Suchanov, Zapiski o revoljucii, Bd. 1, S. 81–82; Malaparte, Technik des Staatsstreichs, S. 11–42; Roger Pethybridge, The Spread of the Russian Revolution. Essays on 1917, London 1972, S. 21–27; Richard Pipes, Die russische Revolution, Bd. 2: Die Macht der Bolschewiki, Berlin 1992, S. 179–286.

44 Suchanov, Zapiski o revoljucii, Bd. 1, S. 76–77.

45 Suchanov, Zapiski o revoljucii, Bd. 1, S. 76–77; Smilg-Benario, Der Zusammenbruch der Zarenmonarchie, S. 214; Mstislavskij, Pjat' dnej, S. 22.

46 Smilg-Benario, Der Zusammenbruch der Zarenmonarchie, S. 163–164; Vassilyev, The Ochrana, S. 239; Suchanov, Zapiski o revoljucii, Bd. 1, S. 82.

47 Mstislavskij, Pjat' dnej, S. 23; Ves' Peterburg, S.-Peterburg 1914; Šljapnikov, Semnadcatyj god, S. 158–159; Suchanov, Zapiski o revoljucii, Bd. 1, S. 101.

48 Bublikov, Russkaja revoljucija, S. 56.

49 Bublikov, Russkaja revoljucija, S. 57–58; Kerenski, Die Kerenski-Memoiren, S. 222–223; Pethybridge, The Spread of the Russian Revolution, S. 60–61.

50 Lomonosov, Vospominanija o martovskoj revoljucii, S. 20–26; Bublikov, Russkaja revoljucija, S. 58. Vgl. auch die Biographie von Anthony Heywood, Engineer of Revolutionary Russia. Iurii V. Lomonosov (1876–1952) and the Railways, Farnham 2011.

51 Lomonosov, Vospominanija o martovskoj revoljucii, S. 20–26.

52 Lomonosov, Vospominanija o martovskoj revoljucii, S. 20–26; Bublikov, Russkaja revoljucija, S. 58.

53 Lomonosov, Vospominanija o martovskoj revoljucii, S. 28–29; Peretc, V citadeli russkoj revoljucii, S. 44–45; Spiridovič, Velikaja vojna i fevral'skaja revoljucija, Bd. 3, S. 189–199.

54 Bublikov, Russkaja revoljucija, S. 56, 59, 61–62; Kerenski, Memoiren, S. 222–223; Manfred Hellmann (Hg.), Die Russische Revolution 1917. Von der Abdankung des Zaren bis zum Staatsstreich der Bolschewiki, München 1977, 3. Aufl., S. 132–133; Lomonosov, Vospominanija o martovskoj revoljucii, S. 25, 27–28; Smilg-Benario, Der Zusammenbruch der Zarenmonarchie, S. 206. Vgl. auch Roger Pethybridge, The Significance of Communication in 1917, in: Soviet Studies 18 (1967/68), S. 109–114; George Katkov, Russia 1917. The February Revolution, London 1969, S. 502–503.

55 Zenzinov, Fevral'skie dni, S. 219–220.

56 Hannah Arendt, Macht und Gewalt, München 2008, 18. Aufl., S. 50–51; Heinrich Popitz, Phänomene der Macht, Tübingen 1992, 2. Aufl., S. 213; Edward Luttwak, Coup d'État. A Practical Handbook, London 1968, S. 54–55.

57 Peretc, V citadeli russkoj revoljucii, S. 42; Smilg-Benario, Der Zusammenbruch der Zarenmonarchie, S. 201–202.

58 Tatiščev, Zemli i ljudi, S. 260–261; Georg Simmel, Die Selbsterhaltung der sozialen Gruppe, in: ders., Gesamtausgabe, Bd. 11: Soziologie, Frankfurt am Main 1992, S. 556–686.

59 Lyandres, The Fall of Tsarism, S. 148.

60 Pokrovskij, Poslednij v Mariinskom dvorce, S. 220; Kriger-Vojnovskij, Zapiski inženera, S. 92–93; so auch Beljajew in seinem letzten Telegramm an Alexejew: Telegramma gen. Beljaeva gen. Alekseevu 28 fevralja 1917 g., in: Krasnyj Archiv 2, 21 (1927), S. 25.

61 Kriger-Vojnovskij, Zapiski inženera, S. 93–95; Bublikov, Russkaja revoljucija, S. 55.

62 Kurlov, Gibel' imperatorskoj Rossii, S. 292–293.

63 Bark, Vospominanija, Bd. 2, S. 343–344.

64 Vladimir Kokovcov, Iz moego prošlogo. Vospominanija 1909–1919, Bd. 2, Moskva 1992 (erstmals Paris 1933), S. 342–343.

65 Suchanov, Zapiski o revoljucii, Bd. 1, S. 117; Balk, Poslednie pjat' dnej carskogo Petrograda, S. 61–62; Blok, Poslednie dni starogo režima, S. 45–46.

66 Aleksandr Dem'janov, Moja služba pri Vremennom Pravitel'stve, in: Archiv Russkoj Revoljucii 4 (1922), S. 55–120, hier S. 58; Suchanov, Zapiski o revoljucii, Bd. 1, S. 85; Zenzinov, Fevral'skie dni, in: Novyj Žurnal 35 (1953), S. 212–213; Kerenski, Die Kerenski-Memoiren, S. 218–219; Lyandres, The Fall of Tsarism, S. 77–78, 148; Sorokin, Leaves, S. 16; Bublikov, Russkaja revoljucija, S. 54–55, 77–78; Komaroff-Kurloff, Das Ende des russischen Kaisertums, S. 362–368; Kerenski, Die Kerenski-Memoiren, S. 219–220; Blok, Poslednie dni starogo režima, S. 43–46.

67 Wladimir Suchomlinow, Erinnerungen, Berlin 1924, S. 448.

68 Globačev, Pravda o russkoj revoljucii, S. 112; Hippius, Petersburger Tagebücher, S. 96; Smilg-Benario, Der Zusammenbruch der Zarenmonarchie, S. 170; Suchanov, Zapiski o revoljucii, Bd. 1, S. 144–145.

69 Suchomlinow, Erinnerungen, S. 449.

70 Šul'gin, Dni, S. 131; Peretc, V citadeli russkoj revoljucii, S. 39–40.

71 Bark, Vospominanija, Bd. 2, S. 346–347; Globačev, Pravda o russkoj revoljucii, S. 124; Vassilyev, The Ochrana, S. 240–242; Peretc, V citadeli russkoj revoljucii, S. 27, 37–41, 62, 104.

72 Globačev, Pravda o russkoj revoljucii, S. 123–124, Zitat S. 124; Kurlov, Gibel' imperatorskoj Rossii, S. 294; Obolenskij, Moja žizn', Bd, 2, S. 162; Hippius, Petersburger Tagebücher, S. 98.

73 Šul'gin, Dni, S. 120, 129–132, Zitat S. 129; Šljapnikov, Semnadcatyj god, S. 136; Peretc, V citadeli russkoj revoljucii, S. 43–44.

74 Zitiert in: Peretc, V citadeli russkoj revoljucii, S. 57.

75 Pavel Ščegolev, Črezvyčajnaja sledstvennaja komissija vremennogo pravitel'stva 1917 g., in: ders. (Hg.), Padenie carskogo režima, S. 3–25; Peretc, V citadeli russkoj revoljucii, S. 39, 46, 65–66; Vassilyev, The Ochrana, S. 243- 248; Kurlov, Gibel' imperatorskoj Rossii, S. 294–295; Kolonickij, «Tovarišč Kerenskij», S. 147.

76 Lyandres, The Fall of Tsarism, S. 60.

77 Spiridovič, Velikaja vojna i fevral'skaja revoljucija, Bd. 3, S. 240–241.

78 Telegramma gen. Alekseeva komandujuščemu vojskami Moskovskogo voennogo okruga gen. Morozovskomu 28 fevralja 1917 g., in: Krasnyj Archiv 2, 21 (1927), S. 17; Telegramma gen. Alekseeva gen. Beljaevu 28 fevralja 1917 g., in: Krasnyj Archiv 2, 21 (1927), S. 25, 27.

79 Telegramma gen. Alekseeva, glavnokomandujuščim frontami, in: Krasnyj Archiv 2, 21 (1927), S. 22–24.

80 Telegramma gen. Danilova gen. Alekseevu 28 fevralja 1917 g., in: Krasnyj Archiv 2, 21 (1927), S. 14.

81 Blok, Poslednie dni starogo režima, S. 42; Peretc, V citadeli russkoj revoljucii, S. 31–33.

82 Paléologue, Am Zarenhof, Bd. 2, S. 388–389.

83 Blok, Poslednie dni starogo režima, S. 40; Peretc, V citadeli russkoj revoljucii, S. 33.

84 Peretc, V citadeli russkoj revoljucii, S. 34.

85 Sofija Buksgevden, Vencenosnaja mučenica. Žizn' i tragedija Aleksandry Fedorovny, imperatricy vserossijskoj, Moskva 2006, S. 398–399

86 Buksgevden, Vencenosnaja mučenica, S. 399–400; Spiridovič, Velikaja vojna i fevral'skaja revoljucija, Bd. 3, S. 150, 196–199.

87 Julia Den, Podlinnaja carica. Vospominanija blizkoj podrugi imperatricy Aleksandry Fedorovny, S.-Peterburg 1999, S. 130–134; Olga Palej, Vospominanija o Rossii, Moskva 2005, S. 26–27; Gilliard, Thirteen Years at the Russian Court, S. 211–212; John Trewin, Tutor to the Tsarevich. An Intimate Portrait of the Last Days of the Russian Imperial Family, compiled from the papers of Charles Sydney Gibbes, London 1975, S. 52; Peretc, V citadeli russkoj revoljucii, S. 45; Spiridovič, Velikaja vojna i fevral'skaja revoljucija, Bd. 3, S. 200–201.

88 Dnevniki Imperatora Nikolaja II., Bd. 2, Teil 2, S. 295; Mordvinov, Otryvki iz vospominanij, S. 94; Dubenskij, Fevral'skaja revoljucija, ili kak proizošel perevorot, S. 88; Voejkov, S carem, S. 187; Daniloff, Dem Zusammenbruch entgegen, S. 148.

89 Dnevniki Imperatora Nikolaja II., Bd. 2, Teil 2, S. 295; Mordvinov, Otryvki iz vospominanij, S. 96; N. N., Der Zar fährt in die Revolution, in: Die Furche, 25. Dezember 1958, S. 2.

90 Fuhrmann (Hg.), The Complete Wartime Correspondence of Tsar Nicholas II and the Empress Alexandra, S. 697; Dnevniki Nikolaja II i imperatricy Aleksandry Fedorovny v dvuch tomach, Bd. 1 (1 janvarja – 31 ijulja 1917), Moskva 2019, S. 232; Blok, Poslednie dni starogo režima, S. 44; Spiridovič, Velikaja vojna i fevral'skaja revoljucija, Bd. 3, S. 228–229.

91 Mordvinov, Otryvki iz vospominanij, S. 98–99; Voejkov, S carem, S. 187.

92 Dubenskij, Fevral'skaja revoljucija, ili kak proizošel perevorot, S. 88; Mordvinov, Otryvki iz vospominanij, S. 99; Bublikov, Russkaja revoljucija, S. 59; N. N., Der Zar fährt in die Revolution, in: Die Furche, 25. Dezember 1958, S. 2.

93 Dubenskij, Fevral'skaja revoljucija, ili kak proizošel perevorot, S. 89; Spiridovič, Velikaja vojna i fevral'skaja revoljucija, Bd. 3, S. 231; N. N., Der Zar fährt in die Revolution, in: Die Furche, 25. Dezember 1958, S. 2; Blok, Poslednie dni starogo režima, S. 44.

94 Razgovor po prjamomu provodu gen. Everta s gen. Lukomskim 1 marta 1917 g., in: Krasnyj Archiv 2, 21 (1927), S. 36–37.

95 Kopija telegrammy načal'nika štaba zapadnogo fronta gen. Kvecinskogo komandujuščim II, III i X armijami 28 fevralja 1917 g., in: Krasnyj Archiv 2, 21 (1927), S. 38.
96 Naryškina, Moi vospominanija. S. 410; Spiridovič, Velikaja vojna i fevral'skaja revoljucija, Bd. 3, S. 219.
97 Dnevnik Saburova, S. 526; Zametki studenta Alenkova, S. 529.

IX. Die Irrfahrt des Zaren

Mittwoch, 1. März 1917

1 Lyandres, The Fall of Tsarism, S. 151–152; Dubenskij, Fevral'skaja revoljucija, ili kak proizošel perevorot, S. 89; Bublikov, Russkaja revoljucija, S. 59; N. N., Der Zar fährt in die Revolution, in: Die Furche, 1. Januar 1959, S. 1; Hasegawa, The February Revolution, S. 448–449.
2 Dubenskij, Fevral'skaja revoljucija, ili kak proizošel perevorot, S. 90–91.
3 Voejkov, S carem, S. 188–189; N. N., Der Zar fährt in die Revolution, in: Die Furche, 1. Januar 1959, S. 1; Blok, Poslednie dni starogo režima, S. 44.
4 Dopros Dubenskogo, S. 403; Dubenskij, Fevral'skaja revoljucija, ili kak proizošel perevorot, S. 90–91; Mordvinov, Otryvki iz vospominanij, S. 101–102.
5 Dubenskij, Fevral'skaja revoljucija, ili kak proizošel perevorot, S. 90–92; über Russki vgl. Daniloff, Dem Zusammenbruch entgegen, S. 129–130, 158–159.
6 Zitiert in: Andrej Vladimirovič, Voennyj dnevnik velikogo knjazja Andreja Vladimiroviča, S. 247–248; Mordvinov, Otryvki iz vospominanij, S. 102–103.
7 Andrej Vladimirovič, Voennyj dnevnik velikogo knjazja Andreja Vladimiroviča, S. 248–249; Paléologue, Am Zarenhof, Bd. 2, S. 398.
8 Lomonosov, Vospominanija o martovskoj revoljucii, S. 30–31; Lyandres, The Fall of Tsarism, S. 152.
9 Lyandres, The Fall of Tsarism, S. 152.
10 Lyandres, The Fall of Tsarism, S. 151–152.
11 Benckendorff, Personal Memoirs, S. 9–11.
12 Lomonosov, Vospominanija o martovskoj revoljucii, S. 33–34; Smilg-Benario, Der Zusammenbruch der Zarenmonarchie, S. 226–227.
13 Voejkov, S carem, S. 190.
14 Lomonosov, Vospominanija o martovskoj revoljucii, S. 33–34.
15 Lomonosov, Vospominanija o martovskoj revoljucii, S. 35–37.
16 Šidlovskij, Vospominanija, Bd. 2, S. 82–85.
17 Suchanov, Zapiski o revoljucii, Bd. 1, S. 137; Šljapnikov, Semnadcatyj god, S. 191–192.
18 Šidlovskij, Vospominanija, Bd. 2, S. 82–85.

19 Suchanov, Zapiski o revoljucii, Bd. 1, S. 137–138.

20 Über Gutschkow und seine Biographie vgl. Bernard Pares, My Russian Memoirs, London 1931, S. 328–331; William Gleason, Alexander Guchkov and the End of the Russian Empire, Philadelphia 1983, S. 30–54; Aleksandr Senin, Aleksandr Ivanovič Gučkov, Moskva 1996, S. 7–106; Louis Menashe, «A Liberal with Spurs»: Alexander Guchkov, a Russian Bourgeois in Politics, in: Russian Review 26 (1967), S. 38–53.

21 Šul'gin, Dni, S. 159.

22 Rafes, Moi vospominanija, S. 193–194; Suchanov, Zapiski o revoljucii, Bd. 1, S. 174.

23 Lomonosov, Vospominanija o martovskoj revoljucii, S. 38–39; Dubenskij, Fevral'skaja revoljucija, ili kak proizošel perevorot, S. 92–93; Kopija telegrammy komissara Ispol. Komiteta Gosud. Dumy Bublikova upravljajuščemu i načal'niku dviženija Vindavskoj žel. dorogi 1 marta 1917 g., in: Krasnyj Archiv 2, 21 (1927), S. 36; Lyandres, The Fall of Tsarism, S. 76–77; N. N., Der Zar fährt in die Revolution, in: Die Furche, 1. Januar 1959, S. 1.

24 Lomonosov, Vospominanija o martovskoj revoljucii, S. 38–39.

25 Telegramma gen. Klembovskogo glavnokomandujuščim armijami 1 marta 1917 g., in: Krasnyj Archiv 2, 21 (1927), S. 40–41; Razgovor po prjamomu provodu gen. Klembovskogo gen.-kvart. severnogo fronta Boldyrevym 1 marta 1917 g., in: Krasnyj Archiv 2, 21 (1927), S. 41–42.

26 Danilov, Moi vospominanija ob Imperatore, S. 220–221.

27 Dubenskij, Fevral'skaja revoljucija, ili kak proizošel perevorot, S. 93.

28 Voejkov, S carem, S. 189–190; Bublikov, Russkaja revoljucija, S. 61; Blok, Poslednie dni starogo režima, S. 45.

29 Blok, Poslednie dni starogo režima, S. 44.

30 Daniloff, Dem Zusammenbruch entgegen, S. 159; Danilov, Moi vospominanija ob Imperatore, S. 221.

31 Dubenskij, Fevral'skaja revoljucija, ili kak proizošel perevorot, S. 94; Daniloff, Dem Zusammenbruch entgegen, S. 156–159.

32 Dopros Dubenskogo, S. 405; Dubenskij, Fevral'skaja revoljucija, ili kak proizošel perevorot, S. 94–95; Mordvinov, Otryvki iz vospominanij, S. 106; Voejkov, S carem, S. 191.

33 Prebyvanie Nikolaja II v Pskove 1 i 2 marta 1917 g. Beseda s generalom S. N. Vil'čkovskim, in: Otrečenie Nikolaja II, S. 151–152; Lejchtenbergskij, Beseda, S. 202; Dubenskij, Fevral'skaja revoljucija, ili kak proizošel perevorot, S. 96–97; Mordvinov, Otryvki iz vospominanij, S. 104–105.

34 Mordvinov, Otryvki iz vospominanij, S. 105–106; Danilov, Moi vospominanija ob Imperatore, S. 222; Daniloff, Dem Zusammenbruch entgegen, S. 159–160.

35 Dnevniki Imperatora Nikolaja II., Bd. 2, Teil 2, S. 295.

36 Lukomskij, Iz vospominanij, S. 22; Boldyrev, Iz dnevnika, S. 252.

37 Telegramma gen. Alekseeva carju 1 marta 1917 g., in: Krasnyj Archiv 2, 21 (1927), S. 53–54; Telegramma gen. Klembovskogo glavnokomandujuščim armijami 1 marta 1917 g., in: Krasnyj Archiv 2, 21 (1927), S. 40–41; Steinberg/Khrustalev, The Fall of the Romanovs, S. 88–89; Prebyvanie Nikolaja II v Pskove, S. 153; Voejkov, S carem, S. 192–193; Dubenskij, Fevral'skaja revoljucija, ili kak proizošel perevorot, S. 63.

38 Voejkov, S carem, S. 192–193; Blok, Poslednie dni starogo režima, S. 48–49; Gurko, Rußland, S. 213; Andrej Vladimirovič, Voennyj dnevnik velikogo knjazja Andreja Vladimiroviča, S. 302–303; Smilg-Benario, Der Zusammenbruch der Zarenmonarchie, S. 238.

39 Dubenskij, Fevral'skaja revoljucija, ili kak proizošel perevorot, S. 98–99, 104–105.

40 Dopros Ivanova, S. 320–321; Blok, Poslednie dni starogo režima, S. 45.

41 Lukomskij, Iz vospominanij, S. 20–21; Blok, Poslednie dni starogo režima, S. 46–47; Spiridovič, Velikaja vojna i fevral'skaja revoljucija, Bd. 3, S. 221–222; Paléologue, Am Zarenhof, Bd. 2, S. 395–396.

42 Telegramma gen. Alekseeva v Carskoe Selo gen. Ivanovu 28 fevralja 1917 g., in: Krasnyj Archiv 2, 21 (1927), S. 31; Blok, Poslednie dni starogo režima, S. 47–48; Peretc, V citadeli russkoj revoljucii, S. 53, 67; Lukomskij, Iz vospominanij, S. 21; Daniloff, Dem Zusammenbruch entgegen, S. 156–157, 162; Šul'gin, Dni, S. 182; Steinberg/Khrustalev, The Fall of the Romanovs, S. 93–95

43 Lukomskij, Iz vospominanij, S. 21; Blok, Poslednie dni starogo režima, S. 48.

44 Blok, Poslednie dni carskogo režima, S. 49.

45 Lomonosov, Vospominanija o martovskoj revoljucii, S. 42–42.

46 Lomonosov, Vospominanija o martovskoj revoljucii, S. 45.

47 Lomonosov, Vospominanija o martovskoj revoljucii, S. 43.

48 Zur Bedeutung von Verkehr und Kommunikation für den Erfolg der Februarrevolution vgl. auch Roger Pethybridge, The Significance of Communication in 1917, in: Soviet Studies 18 (1967/68), S. 109–114; Katkov, Russia 1917, S. 502–503.

49 Dopros Ivanova, S. 324–325; Blok, Poslednie dni starogo režima, S. 49–50; Šul'gin, Dni, S. 260–261.

50 Blok, Poslednie dni starogo režima, S. 50; Daniloff, Dem Zusammenbruch entgegen, S. 156–157, 162; Peretc, V citadeli russkoj revoljucii, S. 68; Vassilyev, The Ochrana, S. 233–234; Šul'gin, Dni, S. 182; Steinberg/Khrustalev, The Fall of the Romanovs, S. 93–95; Smilg-Benario, Der Zusammenbruch der Zarenmonarchie, S. 234.

51 Jan-Philipp Reemtsma, Machtergreifung als konkrete Utopie oder Was heißt schon «Symbolpolitk»?, in: Berliner Colloquien zur Zeitgeschichte. Beilage zum Mittelweg 36 (2016), Nr. 1, S. 79–98.

52 Lomonosov, Vospominanija o martovskoj revoljucii, S. 42.

X. Eine neue Regierung

Mittwoch/Donnerstag, 1./2. März 1917

1 Šul'gin, Dni, S. 142–143.

2 Suchanov, Zapiski o revoljucii, Bd. 1, S. 129–130, 132.

3 Suchanov, Zapiski o revoljucii, Bd. 1, S. 123.

4 Šljapnikov, Semnadcatyj god, S. 178–179, 186; Frenkin, Russkaja armija i revoljucija, S. 50–51; Wildman, The End of the Russian Imperial Army. The Old Army and the Soldier's Revolt, S. 159–201.

5 Suchanov, Zapiski o revoljucii, Bd. 1, S. 145–146; Hippius, Petersburger Tagebücher, S. 108; Frenkin, Russkaja armija i revoljucija, S. 51; Šljapnikov, Semnadcatyj god, S. 189–191; Kerenski, Die Kerenski-Memoiren, S. 225–226. Der Text des Befehls befindet sich in: Hellmann, Die russische Revolution, S. 153–154.

6 Frenkin, Russkaja armija i revoljucija, S. 52–53.

7 Šidlovskij, Vospominanija, Bd. 2, S. 78–79, Zitat S. 79.

8 Šul'gin, Dni, S. 152–157, Zitate S. 154–155, 157.

9 Suchanov, Zapiski o revoljucii, Bd. 1, S. 140–144.

10 Suchanov, Zapiski o revoljucii, Bd. 1, S. 147–149, Zitat S. 149.

11 Suchanov, Zapiski o revoljucii, Bd. 1, S. 141–152, Zitat S. 150.

12 Suchanov, Zapiski o revoljucii, Bd. 1, S. 141–152, Zitat S. 151; Šljapnikov, Semnadcatyj god, S. 214–215; Peretc, V citadeli russkoj revoljucii, S. 59–60.

13 Šul'gin, Dni, S. 150–151; Rosenberg, Liberals in the Russian Revolution, S. 54–59.

14 Tichon Polner, Žiznennyj put' kn. G. E. L'vova, Paris 1932; Nabokow, Petrograd 1917, S. 68–69; Fedor Stepun, Das Antlitz Rußlands und das Gesicht der Revolution. Aus meinem Leben 1884–1922, München 1961, S. 277.

15 Nabokow, Petrograd 1917, S. 68–72; Telegramma Rodzjanko gen. Alekseevu 1 marta 1917 g., in: Krasnyj Archiv 21 (1927), S. 36; Suchanov, Zapiski o revoljucii, Bd. 1, S. 143; Bublikov, Russkaja revoljucija, S. 64; Miljukov, Vospominanija, S. 565; Rodzjanko, Gosudarstvennaja Duma i fevral'skaja 1917 revoljucija, S. 56–57; Buchanan, Meine Mission in Russland, S. 309; Hasegawa, February Revolution, S. 442–458; Lyandres, Conspiracy and Ambition in Russian Politics, S. 99–133; Polner, Žiznennyj put' kn. G. E. L'vova.

16 Suchanov, Zapiski o revoljucii, Bd. 1, S. 128–129, 154.

17 Suchanov, Zapiski o revoljucii, Bd. 1, S. 128–129, 154.

18 Suchanov, Zapiski o revoljucii, Bd. 1, S. 166–168; Mstislavskij, Pjat' dnej, S. 59–65; Zenzinov, Fevral'skie dni, S. 2301–231; Šljapnikov, Semnadcatyj god, S. 215.

19 Suchanov, Zapiski o revoljucii, Bd. 1, S. 166–168; Zenzinov, Fevral'skie dni, S. 230–231; Peretc, V citadeli russkoj revoljucii, S. 57–58; Kerenski, Die Kerenski-Memoiren, S. 229–230; Richard Abraham, Alexander Kerensky. The First Love of the Revolution, New York 1987, S. 141–145.
20 Nabokow, Petrograd 1917, S. 29; Šul'gin, Dni, S. 118–119.
21 Zenzinov, Fevral'skie dni, S. 226–227; Šljapnikov, Semnadcatyj god, S. 125–126; Miljukov, Istorija vtoroj russkoj revoljucii, S. 42.
22 Stankevič, Vospominanija, S. 36.
23 Peretc, V citadeli russkoj revoljucii, S. 55–56; Rosenberg, Liberals in the Russian Revolution, S. 54–59.
24 Zitiert in: Suchanov, Zapiski o revoljucii, Bd. 1, S. 169.
25 Zenzinov, Fevrals'skie dni, S. 236–237; Šljapnikov, Semnadcatyj god, S. 213–214; Isaak Steinberg, In the Workshop of the Revolution, London 1955, S. 17.
26 Miljukov, Istorija vtoroj russkoj revoljucii, S. 49; Suchanov, Zapiski o revoljucii, Bd. 1, S. 168–169; Benua, Moj dnevnik, S. 130.
27 Hippius, Petersburger Tagebücher, S. 91.
28 Suchanov, Zapiski o revoljucii, Bd. 1, S. 175.

XI. Die Abdankung

Donnerstag, 2. März 1917

1 Oleg Airapetov, Revolution and Revolt in the Manchurian Armies, as Perceived by a Future Leader of the White Movement, in: Jonathan Smele/Anthony Heywood (Hrsg.), The Russian Revolution of 1905. Centenary Perspectives, London 2005, S. 94–118, hier S. 95, 103–105.
2 Razgovor po prjamomu provodu gen Ruzskogo s Rodzjanko 1 marta 1917 g., in: Krasnyj Archiv 2, 21 (1927), S. 55–56.
3 Razgovor po prjamomu provodu gen Ruzskogo s Rodzjanko 1 marta 1917 g., in: Krasnyj Archiv 2, 21 (1927), S. 56–59; Rodzjanko, Gosudarstvennaja duma i fevral'skaja 1917 goda revoljucija, S. 60.
4 Razgovor po prjamomu provodu gen Ruzskogo s Rodzjanko 1 marta 1917 g., in: Krasnyj Archiv 2, 21 (1927), S. 56–59; Danilov, Moi vospominanija ob Imperatore, S. 225–226; Suchanov, Zapiski o revoljucii, Bd. 1, S. 152; Andrej Vladimirovič, Voennyj dnevnik velikogo knjazja Andreja Vladimiroviča, S. 304–305; Voejkov, S carem, S. 194–195; Mordvinov, Otryvki iz vospominanij, S. 108; Smilg-Benario, Der Zusammenbruch der Zarenmonarchie, S. 239.
5 Telegramma gen. Danilova gen. Alekseevu 2 marta 1917 g., in: Krasnyj Archiv 2, 21 (1927), S. 62–63; Lukomskij, Iz vospominanij, S. 24; Witold S. Sworakowski, The Authorship of the Abdication Document of Nicholas II, in: The Russian Review 30 (1971), S. 277–286, hier S. 279–280.

6 Razgovor po prjamomu provodu gen. Alekseeva s gen. Brusilovym 2 marta 1917 g., in: Krasnyj Archiv 2, 21 (1927), S. 68–69; Aleksej Brusilov, Moi vospominanija, Moskva 2001, S. 205; Smilg-Benario, Der Zusammenbruch der Zarenmonarchie, S. 242.

7 Brusilov, Moi vospominanija, S. 205; Ruzskij, Beseda, S. 143; Daniloff, Dem Zusammenbruch entgegen, S. 172–174.

8 Razgovor po prjamomu provodu gen. Everta s gen. Klembovskim 2 marta 1917 g., in: Krasnyj Archiv 2, 21 (1927), S. 67–68; Fevral'skaja revoljucija 1917 g. Dokumenty stavki Verchovnogo Glavnokomandojuščego, in: Krasnyj Archiv 21 (1927), S. 68–69.

9 Telegramma gen. Sacharova gen. Ruzskomu 2 marta 1917 g., in: Krasnyj Archiv 2, 21 (1927), S. 74; Telegramma Alekseeva carju 2 marta 1917 g., in: Krasnyj Archiv 2, 21 (1927), S. 72–73; Lukomskij, Iz vospominanij, S. 24; Smilg-Benario, Der Zusammenbruch der Zarenmonarchie, S. 243.

10 Telegramma generala Alekseeva na imja Nikolaja II, peredannaja 2 marta 1917 g., v 14 č. 30 min., in: Ščegolev, Otrečenie Nikolaja II, S. 238–239; Voejkov, S carem, S. 196–197, 202; Gurko, Rußland, S. 214; Steinberg/Khrustalev, The Fall of the Romanovs, S. 88–91.

11 Boldyrev, Iz dnevnika, S. 253; Denikin, Očerki russkoj smuty. Krušenie vlasti i armii, Bd. 1, Teil 1, S. 61.

12 Zitiert in: Šavel'skij, Vospominanija, Bd. 2, S. 288–289,

13 Dubenskij, Fevral'skja revoljucija, ili kak proizošel perevorot, S. 102.

14 Razgovor po prjamomu provodu gen. Lukomskogo s gen. Danilovym 2 marta 1917 g., in: Krasnyj Archiv 2, 21 (1927), S. 74–75.

15 Danilov, Moi vospominanija ob Imperatore, S. 231.

16 Sergej Savvič, Prinjatie Nikolaem II rešenija ob otrečenii ot prestola, in: Ščegolev, Otrečenie Nikolaja II., S. 195–198, hier S. 197–198.

17 Prebyvanie Nikolaja II v Pskove, S. 160; Daniloff, Dem Zusammenbruch entgegen, S. 175.

18 Savvič, Prinjatie Nikolaem, S. 198; Danilov, Moi vospominanija ob Imperatore, S. 231.

19 Sworakowski, The Authorship, S. 280. Russki behauptete später, er habe das Telegramm überhaupt nicht verschickt, sondern habe erst die Ankunft Schulgins und Gutschkows in Pskow abwarten wollen. Vgl. Andrej Vladimirovič, Voennyj dnevnik velikogo knjazja Andreja Vladimiroviča, S. 306–307.

20 Telegramma Nikolaja II. načal'niku štaba verchovnogo glavnokomandujuščego gen. Alekseevu, in: Ščegolev, Otrečenie Nikolaja II., S. 240; Voejkov, S carem, S. 241; Ruzskij, Beseda, S. 143.

21 Mordvinov, Otryvki iz vospominanij, S. 109.

22 Voejkov, S carem, S. 196.

23 Dopros Dubenskogo, S. 393; Dubenskij, Fevral'skaja revoljucija, ili kak

proizošel perevorot, S. 106–107; Blok, Poslednie dni starogo režima, S. 50–51; Mordvinov, Otryvki iz vospominanij, S. 111; Daniloff, Dem Zusammenbruch entgegen, S. 178; Danilov, Moi vospominanija ob Imperatore, S. 233; Savvič, Prinjatie Nikolaem, S. 197–198; Voejkov, S carem, S. 194–195.

24 Dopros Dubenskogo, S. 394, 409; Dubenskij, Fevral'skaja revoljucija, ili kak proizošel perevorot, S. 104; Šavel'skij, Vospominanija, Bd. 2, S. 289; Blok, Poslednie dni starogo režima, S. 51; Benckendorff, Personal Memoirs, S. 47; Voejkov, S carem, S. 205; Gilliard, Thirteen Years at the Russian Court, S. 195–196; Mordvinov, Otryvki iz vospominanij, S. 111–112.

25 Paléologue, Am Zarenhof, Bd. 2, S. 416.

26 Boldyrev, Iz dnevnika, S. 254; Voejkov, S carem, S. 206; N. N., Der Zar fährt in die Revolution, in: Die Furche, 1. Januar 1959, S. 2; Šul'gin, Dni, S. 161, 173; Dubenskij, Fevral'skaja revoljucija, ili kak proizošel perevorot, S. 108; Smilg-Benario, Der Zusammenbruch der Zarenmonarchie, S. 246; Suchanov, Zapiski o revoljucii, Bd. 1, S. 171–172.

27 Šul'gin, Dni, S. 174; Voejkov, S Carem, S. 206; Mordvinov, Otryvki iz vospominanij, S. 118; Danilov Moi vospominanija ob Imperatore, S. 236.

28 Mordvinov, Otryvki iz vospominanij, S. 120; Voejkov, S carem, S. 207; Daniloff, Dem Zusammenbruch entgegen, S. 180.

29 Andrej Vladimirovič, Voennyj dnevnik velikogo knjazja Andreja Vladimiroviča, S. 308–309.

30 Šul'gin, Dni, S. 174; Dubenskij, Fevral'skaja revoljucija, ili kak proizošel perevorot, S. 108–109.

31 Gučkov, V carskom poezde, S. 191; Šul'gin, Dni, S. 174–175; Blok, Poslednie dni starogo režima, S. 51–52; Protokol otrečenija Nikolaja II., in: Ščegolev, Otrečenie Nikolaja II., S. 219–220.

32 Protokol otrečenija Nikolaja II., S. 220; Aleksandr Gučkov, V carskom poezde, in: Ščegolev, Otrečenie Nikolaja II, S. 186–190, hier S. 190; Šul'gin, Dni, S. 176; Ruzskij, Beseda, S. 144.

33 Šul'gin, Dni, S. 176; Blok, Poslednie dni carskogo režima, S. 52.

34 Protokol otrečenija Nikolaja II., S. 221; Aleksandr Lukomskij, Otrečenie Nikolaja II. Iz vospominanij, in: Ščegolev, Otrečenie Nikolaja II., S. 191–195, hier S. 195; Šul'gin, Dni, S. 176; Gučkov rasskazyvaet, S. 69; Blok, Poslednie dni starogo režima, S. 51; Daniloff, Dem Zusammenbruch entgegen, S. 181.

35 Danilov, Moi vospominanija ob Imperatore, S. 237.

36 Dnevniki Imperatora Nikolaja II., Bd. 2, Teil 2, S. 360–364, Fußnote 36, Zitat S. 362–363.

37 Gučkov, V carskom poezde, S. 192; Blok, Poslednie dni starogo režima, S. 52.

38 Šul'gin, Dni, S. 179–180; Ruzskij, Beseda, S. 144–145

39 Manifest otrečenija Nikolaja II., in: Ščegolev, Otrečenie Nikolaja II., S. 221–222; Hellmann, Die russische Revolution, S. 138.

40 Šul'gin, Dni, S. 180.
41 Miljukov, Istorija vtoroj russkoj revoljucii, S. 49.
42 Paléologue, Am Zarenhof, Bd. 2, S. 429.
43 Šul'gin, Dni, S. 180; Gučkov, V carskom poezde, S. 192; Blok, Poslednie dni starogo režima, S. 53; Prinz Roman Romanow, Am Hof des letzten Zaren. Die glanzvolle Welt des alten Rußland, München 2005, 2. Aufl., S. 389–391. Wojejkow aber erinnerte sich daran, daß Nikolai die Ernennung Lwows zum Regierungschef bereits vor dem Eintreffen Gutschkows und Schulgins verfügt habe. Vgl. Voejkov, S carem, S. 242.
44 Daniloff, Dem Zusammenbruch entgegen, S. 183.
45 Dubenskij, Fevral'skaja revoljucija, ili kak proizošel perevorot, S. 110.
46 Šul'gin, Dni, S. 181.
47 Šul'gin, Dni, S. 181–182; Daniloff, Dem Zusammenbruch entgegen, S. 184.
48 Dnevniki Imperatora Nikolaja II., Bd. 2, Teil 2, S. 296.
49 Ruzskij, Beseda, S. 145.
50 Mordvinov, Otryvki iz vospominanij, S. 127.
51 Prebyvanie Nikolaja II v Pskove, S. 146, 163–168.

XII. Das Ende

Freitag, 3. März 1917

1 Steinberg/Khrustalev, The Fall of the Romanovs, S. 103–105.
2 Razgovor po prjamomu provodu gen. Ruzskogo s M.V. Rodzjanko i kn. L'vovym, in: Otrečenie Nikolaja II, S. 242–244; Šul'gin, Dni, S. 186–189; Boldyrev, Iz dnevnika, S. 255; Denikin, Očerki russkoj smuty. Krušenie vlasti i armii, Bd 1, Teil 1, S. 60–61; Kerenski, Die Kerenski-Memoiren, S. 236; Lomonosov, Vospominanija o martovskoj revoljucii, S. 60–61; Daniloff, Dem Zusammenbruch entgegen, S. 185; Danilov, Moi vospominanija ob Imperatore, S. 240.
3 Šul'gin, Dni, S. 185.
4 Šul'gin, Dni, S. 186–189.
5 Šul'gin, Dni, S. 187–188; Bublikov, Russkaja revoljucija, S. 62–63; Lomonosov, Vospominanija o martovskoj revoljucii, S. 57–59; Rodzjanko, Gosudarstvennaja duma i fevral'skaja 1917 goda revoljucija, S. 62, Jurij Lomonosov, Podlinnik manifesta ob otrečenii v Petrograde, in: Ščegolev, Otrečenie Nikolaja II, S. 211–217, hier S. 213–215.
6 Šul'gin, Dni, S. 190.
7 Lyandres, The Fall of Tsarism, S. 150.
8 Šul'gin, Dni, S. 192.

9 Šul'gin, Dni, S. 192; Gučkov rasskazyvaet, S. 62; Miljukov, Istorija vtoroj russkoj revoljucii, S. 51–52; Kerenski, Die Kerenski-Memoiren, S. 237–238.

10 Paléologue, Am Zarenhof, Bd. 2, S. 391–392, 404.

11 Šul'gin, Dni, S. 193.

12 Šul'gin, Dni, S. 193–194; Rodzjanko, Gosudarstvennaja duma i fevral'skaja 1917 goda revoljucija, S. 61.

13 Lyandres, The Fall of Tsarism, S. 150.

14 Miljukov, Istorija vtoroj russkoj revoljucii, S. 51–52; Šidlovskij, Vospominanija, Bd. 2, S. 88–89; Šul'gin, Dni, S. 195; Paléologue, Am Zarenhof, Bd. 2, S. 403–406.

15 Šul'gin, Dni, S. 196–198, Zitat S. 198; Boris Nolde, Dalekoe i blizkoe. Istoričeskie očerki, Paris 1930, S. 143–145; Nabokow, Petrograd 1917, S. 38; Lomonosov, Vospominanija o martovskoj revoljucii, S. 69–70; Miljukov, Istorija vtoroj russkoj revoljucii, S. 52–53; Lyandres, The Fall of Tsarism, S. 151.

16 Šul'gin, Dni, S. 196–198, Zitat S. 198; Nolde, Dalekoe i blizkoe, S. 143–145; Nabokow, Petrograd 1917, S. 39–40; Lomonosov, Vospominanija o martovskoj revoljucii. S. 69–70; Lyandres, The Fall of Tsarism, S. 151.

17 Nabokow, Petrograd 1917, S. 38; Hippius, Petersburger Tagebücher, S. 102.

18 Suchanov, Zapiski o revoljucii, Bd. 1, S. 126; Poutiatine, War and Revolution, S. 63.

19 Mordvinov, Otryvki iz vospominanij, S. 141.

20 Danilov, Moi vospominanija ob Imperatore, S. 241–242.

21 Karabčevskij, Čto glaza moi videli, Bd. 2, S. 118.

22 Lyandres, The Fall of Tsarism, S. 150.

23 Nabokow, Petrograd 1917, S. 34–35. Das Thronfolgegesetz aus dem Jahre 1797 findet sich in der Sammlung aller Gesetze des Rußländischen Reiches: Polnoe sobranie zakonov Rossijskoj Imperii s 1649 goda, Bd. 24: s 6 nojabrja 1796 po 1798, S.-Peterburg 1830, S. 587–589.

24 Gučkov rasskazyvaet, S. 61–62, Zitat S. 62; Nabokow, Petrograd 1917, S. 34–35; Miljukov, Vospominanija, S. 558–559.

25 Nabokow, Petrograd 1917, S. 35–36; Maklakov, Iz vospominanij, S. 377–378.

26 Nabokow, Petrograd 1917, S. 37.

27 Dnevniki imperatora Nikolaja II, Bd. 1, S. 290.

28 Andrej Vladimirovič, Voennyj dnevnik velikogo knjazja Andreja Vladimiroviča, S. 245.

29 Alexander Mikhailovich, Once a Grand Duke, London 1931, S. 319.

30 Fuhrmann (Hg.), The Complete Wartime Correspondence of Tsar Nicholas II and the Empress Alexandra, S. 698–699; Steinberg/Khrustalev, The Fall of the Romanovs, S. 93–94.

31 Benckendorff, Personal Memoirs, S. 16–17; Trewin, Tutor to the Tsarevich, S. 53.

32 Fuhrmann (Hg.), The Complete Wartime Correspondence of Tsar Nicholas II and the Empress Alexandra, S. 701–702; Steinberg/Khrustalev, The Fall of the Romanovs, S. 109.

33 Benua, Moj dnevnik, S. 127.

34 Paléologue, Am Zarenhof, Bd. 2, S. 412; Gurko, Rußland, S. 209–210; Figes/Kolonitskii, Interpreting the Russian Revolution, S. 72.

35 Aleksandr Spiridovič, Pri carskom režime, in: Archiv Russkoj Revoljucii 15 (1924), S. 85–206, hier S. 154; Jeremiah Schneiderman, Sergei Zubatov and Revolutionary Marxism. The Struggle for the Working Class in Tsarist Russia, Ithaca/N.Y. 1976, S. 361.

XIII. Abschied von der alten Ordnung

Freitag, 3. März, bis Donnerstag, 9. März 1917

1 Dnevniki Imperatora Nikolaja II., Bd. 2, Teil 2, S. 296.

2 Voejkov, S carem, S. 212.

3 Bublikov, Russkaja revoljucija, S. 82; Iosif Kolyško, Velikij raspad. Vospominanija, S.-Peterburg 2009, S. 51.

4 Dnevniki Imperatora Nikolaja II., Bd. 2, Teil 2, S. 296.

5 Zitiert in: Blok, Poslednie dni starogo režima, S. 53.

6 Dubenskij, Fevral'skaj revoljucija, ili kak proizošel perevorot, S. 114, 118.

7 Nikolai Tichmenev, Poslednij priezd Nikolaja II v Mogilev, in: Otrečenie Nikolaja II., S. 203–212, hier S. 208; Voejkov, S carem, S. 214–215.

8 Dnevniki Imperatricy Marii Fedorovny, S. 175.

9 Dnevniki Imperatricy Marii Fedorovny, S. 176; Alexander Mikhailovich, Once a Grand Duke, S. 319–320; Mordvinov, Otryvki iz vospominanij, S. 136–138, Dubenskij, Fevral'skaja revoljucija, ili kak proizošel perevorot, S. 119–120.

10 Alexander Mikhailovich, Once a Grand Duke, S. 321.

11 Dnevniki Imperatora Nikolaja II., Bd. 2, Teil 2, S. 297; John Hanbury-Williams, The Emperor Nicholas II. As I Knew Him, London 1922, S. 164–165; Dubenskij, Fevral'skaja revoljucija, ili kak proizošel perevorot, S. 119, 122–123.

12 Dopros Dubenskogo, S. 414; Dnevniki imperatricy Marii Fjodorovny, S. 177; Voejkov, S carem, S. 222–223, 236–237; Dubenskij, Fevral'skaja revoljucija, ili kak proizošel perevorot, S. 119, 123–124; Mordvinov, Otryvki iz vospominanij, S. 138–139.

13 Dubenskij, Fevral'skaja revoljucija, ili kak proizošel perevorot, S. 123.

14 Peretc, V citadeli russkoj revoljucii, S. 90–95, Zitat S. 95.

15 Voejkov, S carem, S. 281; N. N., Die Fahrt des Zaren in die Revolution, in: Die Furche, 1. Januar 1959, S. 2.

16 Voejkov, S carem, S. 282.

17 Hanbury-Williams, The Emperor, S. 168–172; Dubenskij, Fevral'skaja revoljucija, ili kak proizošel perevorot, S. 129.

18 Dubenskij, Fevral'skaja revoljucija, ili kak proizošel pereverot, S. 128.

19 Lukomskij, Iz vospominanij, S. 27; Dubenskij, Fevral'skaja revoljucija, ili kak proizošel perevorot, S. 135–136; Bark, Vospominanija, Bd. 1, S. 148–149, Bd. 2, S. 371; Bubnov, V carskoj stavke, S. 314–315; Tichmenev, Poslednij priezd, S. 212; Alexander Mikhailovich, Once a Grand Duke, S. 322; Anatole Marie Bariatinsky, My Russian Life, London 1923, S. 257.

20 Dnevniki Imperatora Nikolaja II., Bd. 2, Teil 2, S. 297; Dubenskij, Fevral'skaja revoljucija, ili kak proizošel perevorot, S. 136.

21 Dnevniki Imperatricy Marii Fedorovny, S. 177; Feliks Jusupov, Memuary v dvuch knigach. Bd. 1: Do izgnanija. 1887–1919, Moskva 2001, S. 228.

22 Mordvinov, Otryvki iz vospominanij S. 150–151; Dubenskij, Fevral'skaja revoljucija, ili kak proizošel perevorot, S. 147–148; Denikin, Očerki russkoj smuty. Krušenie vlasti i armii, Bd. 1, Teil 1, S. 127

23 Dnevniki Imperatora Nikolaja II., Bd. 2, Teil 2, S. 296–297; Lukomskij, Iz vospominanij, S. 28; Voejkov, S carem, S. 261; Dubenskij, Fevral'skaja revoljucija, ili kak proizošel perevorot, S. 148–149; Paléologue, Am Zarenhof, Bd. 2, S. 423.

24 Bublikov, Russkaja revoljucija, S. 86–93.

25 Dubenskij, Fevral'skaja revoljucija, ili kak proizošel perevorot, S. 149; Bublikov, Russkaja revoljucija, S. 89; Alexander Mikhailovich, Once a Grand Duke, S. 324.

26 Dnevniki Imperatora Nikolaja II., Bd. 2, Teil 2, S. 297.

27 Dnevniki Imperatricy Marii Fedorovny, S. 178, 605–606; Bariatinsky, My Russian Life, S. 259–260, 267–268.

28 Dopros Ivanova, S. 325; Blok, Poslednie dni starogo režima, S. 53–54; Lomonosov, Vospominanija o martovskoj revoljucii, S. 51; Voejkov, S carem, S. 227–230.

29 Peretc, V citadeli russkoj revoljucii, S. 75.

30 Dubenskij, Fevral'skaja revoljucija, ili kak proizošel perevorot, S. 151–152; Hanbury-Williams, The Emperor, S. 187.

31 Dubenskij, Fevral'skaja revoljucija, ili kak proizošel perevorot, S. 125; Alexander Mikhailovich, Once a Grand Duke, S. 323; N. N., Der Zar fährt in die Revolution, in: Die Furche, 1. Januar 1959, S. 2.

32 Denikin, Očerki russkoj smuty. Krušenie vlasti i armii, Bd. 1, Teil 1, S. 92; Hanbury-Williams, The Emperor, S. 171; Voejkov, S carem, S. 235; Dubenskij, Fevral'skaja revoljucija, ili kak proizošel perevorot, S. 141.

33 Lukomskij, Iz vospominanij, S. 26; Dubenskij, Fevral'skaja revoljucija, ili kak proizošel perevorot, S. 130; Prebyvanie Nikolaja II v Pskove, S. 163; Kerenski, Die Kerenski-Memoiren, S. 258–259; Bublikov, Russkaja revoljucija, S. 86; Sergej Mel'gunov, Sud'ba imperatora Nikolaja II posle otrečenija, New York 1991 (erstmals Paris 1951), S. 23; Frenkin, Russkaja armija i revoljucija, S. 58–59.

34 Boldyrev, Iz dnevnika, S. 257–258; Marija Pavlovna, Memuary, Moskva 2003 (erstmals New York 1931), S. 250–251.

35 Voejkov, S carem, S. 283–284; Peretc, V citadeli russkoj revoljucii, S. 90–91.

36 Daniloff, Dem Zusammenbruch entgegen, S. 151. Ähnliches geschieht offenbar auch in den Räumen des Marienpalastes: Paléologue, Am Zarenhof, Bd. 2, S. 432.

37 Benckendorff, Personal Memoirs, S. 29–38; Marija Pavlovna, Memuary, S. 259; Trewin, Tutor to the Tsarevich, S. 54; Mel'gunov, Sud'ba imperatora, S. 35

38 Dnevniki Imperatora Nikolaja II., Bd. 2, Teil 2, S. 297.

39 Gilliard, Thirteen Years at the Russian Court, S. 215–216; Marija Pavlovna, Memuary, Moskva 2003, S. 261–262; Anna Wyrubowa, Glanz und Untergang der Romanows, Zürich 1927, S. 179–193; Naryškina, Moi vospominanija, S. 411–412; Bariatinsky, My Russian Life, S. 262–263

40 Buchanan, Meine Mission in Russland, S. 305; Miljukov, Vospominanija, S. 602; Paléologue, Am Zarenhof, Bd. 2, S. 423–424; Steinberg/Khrustalev, The Fall of the Romanovs, S. 110–111.

41 Nabokow, Petrograd 1917, S. 57–58; Buchanan, Meine Mission in Russland, S. 305–306. Zum Angebot Wilhelms II., den Zaren aufzunehmen, vgl. Boris Chavkin, Germanija i sud'ba carskoj sem'i v 1917–1918 gg., in: Rossijskaja Istorija (2019), Nr. 2, S. 130–141; Ingeborg Fleischhauer, Die russische Revolution. Lenin und Ludendorff (1905–1917), Borsdorf 2017.

42 Mel'gunov, Sud'ba imperatora, S. 13–22, Zitat S. 17, 41–42; Šljapnikov, Semnadcatyj god, S. 258–259.

43 Mstislavskij, Pjat' dnej, S. 72; Nabokow, Petrograd 1917, S. 56–58; Steinberg/Khrustalev, The Fall of the Romanovs, S. 130–131; Kerenski, Die Kerenski-Memoiren, S. 260–261.

44 Mstislavskij, Pjat' dnej, S. 78–79.

45 Mstislavskij, Pjat' dnej, S. 78–79.

46 Mstislavskij, Pjat' dnej, S. 89.

47 Mstislavskij, Pjat' dnej, S. 93; Benckendorff, Personal Memoirs, S. 49–50; Naryškina, Moi vospominanija, S. 412.

48 Karabčevskij, Čto glaza moi videli, Bd. 2, S. 146. Vgl. auch Mel'gunov, Sud'ba imperatora, S. 41–51.

49 Mstislavskij, Pjat' dnej, S. 88.

50 Hanbury-Williams, The Emperor, S. 184–191; Dubenskij, Fevral'skaja revoljucija, ili kak proizošel perevorot, S. 153–158; Roman Romanow, Am Hof des letzten Zaren, S. 395–404, Zitat S. 396; Kolonickij, «Tragičeskaja erotika», S. 510; Paul Robinson, Grand Duke Nikolai Nikolaevich. Supreme Commander of the Russian Army, DeKalb/Ill. 2016, S. 292–303.

51 Benckendorff, Personal Memoirs, S. 54–61; Trewin, Tutor to the Tsarevich, S. 55; Paléologue, Am Zarenhof, Bd. 2, S. 460.

52 Gilliard, Thirteen Years at the Russian Court, S. 217; Mordvinov, Otryvki iz vospominanij, S. 124–127; Bublikov, Russkaja revoljucija, S. 84; Gurko, Rußland, S. 214; Chavkin, Germanija i sud'ba carskoj sem'i, S. 130–141; Wendy Slater, The Many Deaths of Tsar Nicholas II. Relics, Remains and the Romanovs, London 2007, S. 1–15.

53 Kerenski, Die Kerenski-Memoiren, S. 358–359; Pipes, Die Russische Revolution, Bd. 2, S. 713–750.

XIV. Dem Abgrund entgegen

1 Benua, Moj dnevnik, S. 126–131.

2 Hippius, Petersburger Tagebücher, S. 103–104.

3 Nabokow, Petrograd 1917, S. 27; Nikol'ski, Dnevnik, Bd. 2, S. 280; Poutiatine, War and Revolution, S. 60–61; Prokofiev, Diaries 1915–1923, S. 183; De Robien, The Diary of a Diplomat, S. 19–21.

4 Bruce Lockhart, Vom Wirbel erfaßt. Bekenntnisse eines britischen Diplomaten, Stuttgart 1933, S. 155; Jörg Baberowski, Der bedrohte Leviathan. Staat und Revolution in Rußland, Berlin 2021, S. 77–89; ders., Die entfesselte Furie. Staat und Revolution in Rußland, in: Oliver Auge/Knut-Hinrik Kollex (Hrsg.), Die große Furcht. Revolution in Kiel – Revolutionsangst in der Geschichte, Kiel 2021, S. 65–96.

5 De Robien, The Diary of a Diplomat, S. 22; Stepun, Das Antlitz Rußlands, S. 275–276.

6 Nolde, Dalekoe i blizkoe, S. 149–150; Nabokow, Petrograd 1917, S. 104–112; Stockdale, Miliukov, S. 252–253; Horst Günther Linke, Das zarische Russland und der Erste Weltkrieg. Diplomatie und Kriegsziele 1914–1917, München 1982, S. 227–230; Sean McMeekin, Russlands Weg in den Krieg. Der Erste Weltkrieg – Ursprung der Jahrhundertkatastrophe, München 2014, S. 344–345.

7 Obolenskij, Moja žizn', Bd. 2, S. 173–177; Stockdale, Miliukov, S. 253–256; Gučkov rasskazyvaet, S. 108.

8 Obolenskij, Moja žizn', Bd. 2, S. 176.

9 Miljukov, Istorija vtoroj russkoj revoljucii, S. 102–104.

10 Bublikov, Russkaja revoljucija, S. 78–79; Gučkov rasskazyvaet, S. 122; Rodzjanko, Gosudarstvennaja duma i fevral'skaja 1917 goda revoljucija, S. 70; Michael C. Hickey, The Rise and Fall of Smolensk's Moderate Socialists: The Politics of Class and the Rhetoric of Crisis in 1917, in: Donald J. Raleigh (Hg.), Provincial Landscapes. Local Dimensions of Soviet Power, Pittsburgh 2001, S. 14–35; Figes, Die Tragödie eines Volkes, S. 384–386; Oliver Radkey, Russia goes to the Polls. The Elections to the All-Russian Constituent Assembly 1917, Ithaca/N.Y. 1990.

11 Viktor Černov, Pered burej: Vospominanija, New York 1953, S. 338; Kolonickij, «Tovarišč Kerenskij», S. 122–139.

12 Paléologue, Am Zarenhof, Bd. 2, S. 433; Šidlovskij, Vospominanija, Bd. 2, S. 127; Stepun, Das Antlitz Rußlands, S. 278–279; Nabokow, Petrograd 1917, S. 61–68; Kolonickij, «Tovarišč Kerenski», S. 139; Pethybridge, The Spread of the Russian Revolution, S. 149–150.

13 Paléologue, Am Zarenhof, Bd. 2, S. 498.

14 Lockhart, Vom Wirbel erfaßt, S. 159–160. Weitere Beispiele bei Kolonickij, «Tovarišč Kerenskij», S. 177, 185–189.

15 Schklowskij, Sentimentale Reise, S. 26–27.

16 Šidlovskij, Vospominanija, Bd. 2, S. 129, 131–133.

17 Rodzjanko, Gosudarstvennaja duma i fevral'skaja 1917 goda revoljucija, S. 69; Šidlkovskij, Vospominanija, Bd. 2, S. 139; Benckendorff, Personal Memoirs, S. 96–97; Bubnov, V carskoj stavke, S. 348–349; Daniloff, Dem Zusammenbruch entgegen, S. 169; Gučkov rasskazyvaet, S. 106–107; Figes/Kolonitskii, Interpreting the Russian Revolution, S. 89–96.

18 Denikin, Očerki russkoj smuty. Krušenie vlasti i armii, S. 63; Figes/Kolonitskii, Interpreting the Russian Revolution, S. 53.

19 Smilg-Benario, Der Zusammenbruch der Zarenmonarchie, S. 218–219, 222–223; Suchanov, Zapiski o revoljucii, Bd. 1, S. 154–159; Šljapnikov, Semnadcatyj god, S. 188–191.

20 Paléologue, Am Zarenhof, Bd. 2, S. 447, 465, 485; Lomonosov, Vospominanija o martovskoj revoljucii, S. 73–75; Benua, Moj dnevnik, S. 146; Karabčevskij, Čto glaza moi videli, Bd. 2, S. 143; Denikin, Očerki russkoj smuty. Krušenie vlasti i armii, Bd. 1, Teil 2, S. 100–105.

21 Gučkov rasskazyvaet, S. 72–75, Zitat S. 72.

22 Gurko, Rußland, S. 236; Lukomskij, Iz vospominanij, S. 33, 37; Bubnov, V carskoj stavke, S. 332–333.

23 Stepun, Das Antlitz Rußlands, S. 267; Kravkov, Velikaja vojna bez retuši, S. 332–334.

24 Gučkov rasskazyvaet, S. 102; Denikin, Očerki russkoj smuty. Krušenie vlasti i armii, Bd. 1, Teil 2, S. 161–162.

25 Zitiert in: Denikin, Očerki russkoj smuty. Krušenie vlasti i armii, Bd. 1, Teil 2,

S. 101; Kravkov, Velikaja vojna bez retuši, S. 324, 332; Gurko, Rußland 1914–1917, S. 210; Gučkov rasskazyvaet, S. 65.

26 Denikin, Očerki russkoj smuty. Krušenie vlasti i armii, Bd. 1, Teil 2, S. 92–93.

27 Denikin, Očerki russkoj smuty. Krušenie vlasti i armii, Bd. 1, Teil 1, S. 145; Stepun, Das Antlitz Rußlands, S. 298–299.

28 Denikin, Očerki russkoj smuty. Krušenie vlasti i armii, Bd. 1, Teil 2, S. 152–161; Figes, Die Tragödie eines Volkes, S. 440–442.

29 Denikin, Očerki russkoj smuty. Krušenie vlasti i armii, Bd. 1, Teil 2, S. 104; George Katkov, The Kornilov Affair. Kerensky and the Break-Up of the Russian Army, London 1980, S. 30–32; Kolonickij, «Tovarišč Kerenskij», S. 387–393.

30 Lukomski, Iz vospominanij, S. 42–44;

31 Šklovskij, Kindheit und Jugend, S. 158–159; Stepun, Das Antlitz Rußlands, S. 284; Robert Service, Lenin. Eine Biographie, München 2000, S. 341–348; Beatrice Farnsworth, Aleksandra Kollontai. Socialism, Feminism, and the Bolshevik Revolution, Stanford/Cal. 1980, S. 73–74; Catherine Merridale, Lenins Zug. Die Reise in die Revolution, Frankfurt am Main 2017.

32 Lockhart, Vom Wirbel erfaßt, S. 217; Louis Fischer, Das Leben Lenins, Bd. 1, München 1970, S. 94. So urteilte auch Pjotr Struwe über Lenin. Vgl. Richard Pipes, Struve. Liberal on the Left, 1870–1905, Cambridge/Mass. 1970, S. 132–135.

33 Maxim Gorkij, Unzeitgemäße Gedanken, über Kultur und Revolution, Frankfurt am Main 1974, S. 98; Wladimir Lenin, Was tun? Brennende Fragen unserer Bewegung, in: ders., Ausgewählte Werke, Bd. 1, Berlin (Ost) 1978, S. 159–314; Nikolay Valentinov, Encounters with Lenin, London 1968, S. 26–27. Hanno Kesting, Lenin, in: Alfred Weber, Einführung in die Soziologie, München 1955, S. 120–143.

34 Nabokov, Bagazh, S. 142–143, 28; Joseph Noulens, Mon ambassade en Russie Soviétique 1917–1919, Bd. 1, Paris 1933, S. 28; Kinel, Under Five Eagles, S. 15–88; Nabokow, Petrograd 1917, S. 135; Hasegawa, Crime and Punishment in the Russian Revolution, S. 82–84.

35 Stepun, Das Antlitz Rußlands, S. 312–313; Service, Lenin, S. 352–353; Crane Brinton, Anatomie der Revolution, Wien 2017 (erstmals 1965 erschienen), S. 137; Eckard Bolsinger, The Autonomy of the Political. Carl Schmitt's and Lenin's Political Realism, Westport/CT 2001, S. XIV; Peter Sloterdijk, Die schrecklichen Kinder der Neuzeit. Über das anti-genealogische Experiment der Moderne, Berlin 2014, S. 147–148.

36 Wladimir Lenin, Über die Aufgaben des Proletariats in der gegenwärtigen Revolution, in: ders., Werke, Bd. 24, Berlin (Ost) 1959, S. 1–8; Service, Lenin, S. 348–350, 354.

37 Obolenskij, Moja žizn', Bd, 2, S. 188; Service, Lenin, S. 368–371.

38 Suchanov, Zapiski o revoljucii, Bd. 2, S. 323–324; Nabokow, Petrograd 1917, S. 136–139; Stepun, Das Antlitz Rußlands, S. 315–316.

39 Suchanov, Zapiski o revoljucii, Bd. 2, S. 329–330; Miljukov, Istorija vtoroj russkoj revoljucii, S. 196–197; Stepun, Das Antlitz Rußlands, S. 317.

40 Suchanov, Zapiski o revoljucii, Bd. 2, S. 330–331, 333–334, 336; Miljukov, Istorija vtoroj russkoj revoljucii, S. 197–198; Robert Service, Trotzki. Eine Biographie, Berlin 2012, S. 226.

41 Suchanov, Zapiski o revoljucii, S. 337.

42 Miljukov, Istorija vtoroj russkoj revoljucii, S. 199; Suchanov, Zapiski o revoljucii, Bd. 2, S. 344–359; Nabokow, Petrograd 1917, S. 141.

43 Stepun, Das Antlitz Rußlands, S. 318–319; Figes/Kolonitskii, Interpreting the Revolution, S. 96–103.

44 Sergei Kournakoff, Savage Squadrons, Boston 1935, S. 338–341.

45 Sanborn, The Genesis of Russian Warlordism, S. 204–205; Alexander Kerensky, The Prelude to Bolshevism. The Kornilov Rising, New York 1919, S. 27; Katkov, The Kornilov Affair, S. 45–53; Stepun, Das Antlitz Rußlands, S. 335.

46 Kerenski, Die Kerenski-Memoiren, S. 399–404; Katkov, The Kornilov Affair, S. 83–104; Sanborn, The Genesis of Russian Warlordism, S. 106.

47 Sanborn, The Genesis of Russian Warlordism, S. 207; Katkov, The Kornilov Affair, S. 105–120.

48 Malaparte, Technik des Staatsstreichs, S. 23–24, 30–32; Service, Trotzki, S. 241–242; Miljukov, Istorija vtoroj russkoj revoljucii, S. 623–625; Nabokow, Petrograd 1917, S. 152–159.

49 Benua, Moj dnevnik 1916–1917–1918, S. 198–200.

50 Šidlovskij, Vospominanija, Bd. 2, S. 144–145.

51 Kerenski, Die Kerenski-Memoiren, S. 458–463; Nolde, Dalekoe i blizkoe, S. 164–166; Service, Trotzki, S. 242.

52 Bunin, Verfluchte Tage, S. 51; Stephen Kotkin, Stalin. Paradoxes of Power, 1878–1928, London 2014, S. 227–229.

53 Gorki, Unzeitgemäße Gedanken, S. 123; Hippius, Petersburger Tagebücher, S. 255.

54 Leo Trotzki, Terrorismus und Kommunismus. Anti-Kautsky, Hamburg 1920, S. 29, Nabokow, Petrograd 1917, S. 29, 166–170; Radkey, Russia goes to the Polls, S. 14–23, 34–35.

55 Wladimir Lenin, Die proletarische Revolution und der Renegat Kautsky, in: ders., Ausgewählte Werke, Bd. 3, Berlin (Ost) 1970, 8. Aufl., S. 69–163, hier S. 80–83; ders., Das Militärprogramm der proletarischen Revolution, in: ders., Werke, Bd. 23, Berlin (Ost) 1975, 7. Aufl., S. 72–83, hier S. 74; ders., Die Verfolger des Semstwos und die Hannibale des Liberalismus, 1901, in: ders., Werke, Bd. 5, Berlin (Ost) 1975, 7. Aufl., S. 21–73, hier S. 60–61; ders.,

Die russische Revolution und der Bürgerkrieg, 1917, in: ders., Werke Bd. 26, Berlin (Ost) 1975, 7. Aufl., S. 11–25, hier S. 21–22; Lars Lih, Lenin Rediscovered, Chicago/Ill. 2008, S. 770; Slavoj Žižek, Lenin heute. Erinnern, Wiederholen und Durcharbeiten, Darmstadt 2018, S. 74–76; Enzo Traverso, Im Bann der Gewalt. Der europäische Bürgerkrieg 1914–1945, München 2008, S. 113–115; Giorgio Agamben, Ausnahmezustand (Homo sacer, II, 1), Frankfurt am Main 2004, S. 44.

56 José Ortega y Gasset, Der Aufstand der Massen, München 2002 (erstmals Madrid 1930), S. 79; Hannah Arendt, Vita Activa oder Vom tätigen Leben, München 2007, 6. Aufl., S. 215–217, 226–227, 236.

57 Odo Marquard, Apologie der Bürgerlichkeit, in: ders., Philosophie des Stattdessen. Studien, Stuttgart 2000, S. 94–107, hier S. 107.

XV. Abspann

Was danach geschieht

1 Pipes, Die Russische Revolution, Bd. 2, S. 709–710.

2 Dnevniki imperatora Nikolaja II, Bd. 2, Teil 2, S. 332.

3 Vgl. dazu die Dokumentation von Steinberg/Khrustalev, The Fall of the Romanovs, S. 277–366; Mel'gunov, Sud'ba imperatora, S. 237–413 und Pipes, Die Russische Revolution, Bd. 2, S. 679–750.

Bildnachweis

mauritius images/ Trinity Mirror/Mirrorpix/Alamy: S. 15
mauritius images/Historic Collection/Alamy: S. 21, 114
Wikimedia Commons: S. 29, 38, 77, 240
mauritius images/The Picture Art Collection/Alamy: S. 39
mauritius images/World History Archive/Alamy: S. 41
Alexej A. Brussilow: Meine Erinnerungen, Ostberlin 1988: S. 51
mauritius images/History and Art Collection/Alamy: S. 62, 110, 289
Imago Images/Sputnik: S. 64
Heritage Images/akg-images/Heritage Art: S. 97
akg-images: S. 104
akg-images/Pictures From History: S. 122
mauritius images/Classic Image/Alamy Stock Photos: S. 129
akg-images/Universal Images Group/Sovfoto: S. 142
Heritage Images/The Print Collector/akg-images: S. 147
mauritius images/GL Archive/Alamy: S. 150
mauritius images/The History Collection/Alamy: S. 159
Šul'gin, Vasilij, Dni. 1920 god, Moskva 2017: S. 182, 244
akg-images/fine-art-images: S. 193, 217, 257, 271, 277
akg-images/World History Archive: S. 199
mauritius images/Archive PL/Alamy: S. 205
mauritius images/GL Archive/Alamy: S. 221
mauritius images/World of Triss/Alamy: S. 237
mauritius images/Hum Images/Alamy: S. 255, 306
mauritius images/Pictorial Press Ltd/Alamy Stock Photos: S. 295
mauritius images/Alamy Stock Photos: S. 325

Personenregister

Ortsregister

Aus dem Verlagsprogramm

Russische Geschichte

Manfred Hildermeier

Geschichte Russlands

Vom Mittelalter bis zur Oktoberrevolution

3. Auflage. 2016. 1504 Seiten mit 11 Karten. Leinen
Historische Bibliothek der Gerda Henkel Stiftung Band

Manfred Hildermeier

Geschichte der Sowjetunion 1917–1991

Entstehung und Niedergang des ersten sozialistischen Staates
Mit einem zusätzlichen Kapitel über das postsowjetische Russland 1991–2016

3., durchgesehene Auflage. 2022. 1348 Seiten mit 79 Tabellen,
10 Diagrammen und einer Karte. Leinen
Historische Bibliothek der Gerda Henkel Stiftung Band

Karl Schlögel

Das sowjetische Jahrhundert

Archäologie einer untergegangenen Welt

4., durchgesehene Auflage. 2018. 912 Seiten mit 86 Abbildungen. Gebunden
Edition der Carl Friedrich von Siemens Stiftung Band

Martin Schulze Wessel

Der Fluch des Imperiums

Die Ukraine, Polen und der Irrweg in der russischen Geschichte

4. Auflage. 2023. 352 Seiten mit 22 Abbildungen und 6 Karten. Gebunden

Jörg Baberowski

Verbrannte Erde

Stalins Herrschaft der Gewalt

4. Auflage. 2022. 606 Seiten mit 74 Abbildungen. Gebunden

Verlag C.H.Beck

Finnland
Wyborg
Helsingfors/Helsinki
Finnischer Meerbusen
Ostsee
Reval
Narwa
Dagö
Ösel
Peipussee
Rigaer Meerbusen
Pskow (Pleskau)
Riga
Düna
Memel
Dwinsk (Dünaburg)
Memel
Kaunas
Ost-preußen
Vilnius (Vilna)
Minsk